Hoverbeck

Leopold Freiherr von Hoverbeck

(geboren 1822, gestorben 1875).

Ein Beitrag zur vaterländischen Geschichte

von

Ludolf Parisius.

Erster Theil.

Mit drei Bildnissen.

Berlin SW48.
Wilhelmstraße 119/120.
J. Guttentag, Verlagsbuchhandlung.
1897.

Frau Leopoldine von Hoverbeck
geb. Käswurm

und

Fräulein Olga von Hoverbeck

zu

Nickelsdorf

In Verehrung

gewidmet

vom Verfasser.

Vorwort.

Schon vor zwölf Jahren hatte ich mir vorgenommen, eine Lebensschilderung Hoverbecks zu schreiben, dessen Faktionsgenosse ich im preußischen Abgeordnetenhause von 1862—1871 und im deutschen Reichstage von 1874—75 gewesen bin. Im Anschluß an eine Schilderung Hoverbecks und seiner politischen Thätigkeit wollte ich die parlamentarischen Kämpfe zur Zeit der neuen Ära und des preußischen Verfassungskonflikts nach eigenen Erinnerungen und den Akten, Drucksachen und stenographischen Berichten des Abgeordnetenhauses darstellen. Ich war Jahr und Tag bemüht, alles zu sammeln, was für eine Lebensschilderung Hoverbecks erheblich sein konnte. Drei seitdem verstorbene langjährige Königsberger Freunde Hoverbecks unterstützten mich und stellten mir ihren Briefwechsel mit dem Verstorbenen zur Verfügung: Oberlehrer Professor Carl Witt, der 1848 der preußischen Nationalversammlung angehört hatte, Justizrath Krieger, vormals in Goldap, von 1862—67 Mitglied des Abgeordnetenhauses, und Professor Dr. Julius Möller, von 1864—66 Mitglied des Abgeordnetenhauses, von 1881 bis zu seinem Tode 1887 Mitglied des deutschen Reichstages. Witt gestattete mir, einen von ihm verfaßten, ursprünglich nicht zur Veröffentlichung bestimmten Aufsatz über Hoverbecks Jugendzeit im „Reichsfreund" ohne Nennung seines Namens abzudrucken.

Zeitereignisse und persönliche Erlebnisse nöthigten mich, die Ausführung meines Planes zu vertagen. Vor zwei Jahren habe ich die Arbeit wiederaufgenommen, von der jetzt der erste Theil erscheint. Reiches Material über Hoverbecks Jugend und vorparlamentische Thätigkeit verdanke ich seiner Familie, darunter das Tagebuch seiner landwirthschaftlichen Studienreise und die von ihm in einer pomologischen Zeitschrift veröffentlichten Aufsätze über Obstbau. In Königsberg gelang es mir, seine volkswirthschaftlichen Beiträge für Oberlehrer Witts Dorfzeitung zu ermitteln, und in den Akten und Druckschriften der ostpreußischen Landschaft, bei der er von 1862 bis zu seinem Tode das Ehrenamt des Landschaftsdirektors für das Departement Mohrungen bekleidet hat, fand ich Aufschlüsse über seine erfolgreichen Arbeiten zur Reform des landschaftlichen Taxwesens und der landschaftlichen Verwaltung. Aus den Königsberger Bibliotheken und Archiven, sowie vor allem aus dem hiesigen geheimen Staatsarchiv konnte ich manches bisher nicht veröffentlichte über einen hervorragenden Vorfahren Hoverbecks beibringen. Der hochverdiente Mitarbeiter des großen Kurfürsten an dem Werke der brandenburgisch-preußischen Staatsgründung, der Minister Reichsfreiherr Johann v. Hoverbeck wurde, in Polen geboren, der Stammvater des preußischen Zweiges der aus den Niederlanden während der Schreckensherrschaft des Herzogs Alba ausgewanderten Familie.

Herzlichen Dank habe ich auszusprechen allen denjenigen, die mich bei meiner Arbeit freundlich unterstützt haben. Außer den Anverwandten Hoverbecks gebührt mein Dank namentlich den Herren Dr. Emil Arnoldt, Bürgermeister Brinkmann, Oberstleutenant z. D. Gallandi, Direktor Dr. Krieger in Königsberg, Rittergutsbesitzer Bon-Neuhausen (ostpreußischer Generallandschaftsdirektor), Justizrath Engelbrecht in Königsberg (ostpreußischer Generallandschaftssyndikus), Oekonomierath Stöckel in Insterburg, Amtsgerichtsrath Hermenau in Allenstein, Hauptmann a. D. von Lukowitz im Bad Kranz, sowie dem Herrn Archivar Dr. Meinecke in Berlin. Mehrere andere Förderer meiner Arbeit, vor allem den Herrn Stadtbibliothekar A. Wittig in Königsberg, der für mich ausführliche Auszüge über die Vorfahren Hoverbecks und deren Besitz aus den Akten des dortigen geheimen Staatsarchivs anfertigte, die Herren Landgerichtsrath Mahraun in Allenstein, Stadtrath Robert Graf in Königsberg und Rentner Karl Käswurm in Sodehnen ereilte der Tod, bevor ich an dieser Stelle ihnen öffentlich meinen Dank aussprechen konnte.

Charlottenburg, 20. Mai 1897.

Ludolf Parisius

Inhaltsverzeichniß.

Das Bild Leopold v. Hoverbeck's vor dem Titelblatt ist einer Photographie von 1862, das seines Vaters Ernst v. Hoverbeck, S. 32, einer Daguerrotypie aus den fünfziger Jahren nachgebildet.

Das Bild Johann v. Hoverbeck's nach S. 16 ist eine Nachbildung eines alten Oelgemäldes im Besitz des Rittergutsbesitzers v. Schmiedeseck auf Woplauken, eines Nachkommen einer Tochter Johann v. Hoverbeck's. Fräulein Olga v. Hoverbeck photographirte das Bild für das Buch 1896.

Berichtigungen.

S. 4, Zeile 1 von unten, 5, Zeile 5 von oben, 8, Z. 3 v. o., 157, Z. 9 v. u., 158, Z. 14 v. u., 164, Z. 18 v. u., 165, Z. 22 v. u., 166, Z. 18 v. u. lies Forckenbeck, statt Forkenbeck.
S. 22, Z. 8 v. u. lies 1890, statt 1810.
S. 102, Z. 12 v. o., 153, Z. 17 v. u. lies Wentzel, statt Wenzel.
S. 102, Z. 19 v. o. lies Jacoby, statt Jacobi.
S. 192, Z. 5 v. u. lies Stephann, statt Stephan.
S. 206, Z. 10 muß bei Delius noch hinzugefügt werden „† 1888".
S. 205, Z. 5 v. u. muß es 1823, statt 1826 (Geburtsjahr von Krieger) heißen.

Hoverbeck

geboren den 25. Juli 1822, gestorben den 12. August 1875.

Treu bis zum Tode der Wahrheit, dem Rechte,
Ingrimmig hassend das Feige, das Schlechte,
Weise beim Rate, gewaltig beim Streiche,
Immer der Gleiche;

Selbstlos in Liebe die Freunde umschlingend,
Staunende Achtung den Feinden abzwingend,
Ritterlich edel, von Furcht frei und Tadel,
Wahrhaft von Adel;

Nimmer begehrt er nach glänzendem Lohne,
Warb um des Bürgers bescheidene Krone,
Hielt in des Wetters gefährlichster Wolke
Standhaft zum Volke.

Ruhm ihm und Ehre, den wir beklagen,
Hoch wird und herrlich sein Bildniß stets ragen,
Aller Getreuen weitleuchtende Warte,
Stern und Standarte!

1875. Albert Träger.

Erstes Kapitel.

Zur Einleitung.

Ein Vierteljahrhundert nach Gründung des deutschen Reiches herrscht überall im deutschen Vaterlande, in allen Klassen der Bevölkerung, ohne Unterschied der politischen Partei tiefe Unzufriedenheit mit den öffentlichen Zuständen. Das Volk ist von Jahr zu Jahr uneiniger geworden. In den vergeblichen Kämpfen gegen die Widersacher der Freiheit erlahmte die Kraft des deutschen Bürgerthums. Ermüdung und Verdrossenheit griffen immer mehr um sich, seitdem der Staatsmann, der — vordem ein heftiger Gegner der nationalen Bewegung — in erster Linie das Band der äußeren Einheit hatte schmieden helfen, im Innern des Reiches die Interessenpolitik schürte, Klassen gegen Klassen hetzte und, statt den freiheitlichen Ausbau des Reiches zu betreiben, mit Erfolg Minderung der Volksrechte erstrebte. Das jüngere Geschlecht, das in den letzten Jahrzehnten in das öffentliche Leben eingetreten ist, wuchs auf im „Götzendienst des Erfolges",[1]) in falschem Personenkultus, in Wahnvorstellungen von der Allmacht und Zaubergewalt des Staates. Liebedienerei und Bedientensinn, Streberthum und Heuchelei sind durch das dreißigjährige Bismarck'sche Regiment großgezogen. Die höheren Aemter waren nur Männern zugänglich, die seinem System huldigten. Der Staatsdienst verlor die Anziehungskraft für Männer fester, unabhängiger Gesinnung. Talent, Schaffenslust und Unternehmungsgeist finden im gegenwärtigen „Zeitalter der Naturwissenschaften",[2]) wo durch die schnell wachsende Herrschaft der Menschen über die Naturkräfte sich große Umwälzungen in Produktion und Verkehr vollziehen, ihre Arbeitsstätte in den zu gewaltigem Aufschwung gelangten technischen Gewerben.

Vollständige Umkehr zu einer freiheitlichen Reformpolitik ist im Reich wie in Preußen nothwendig. Dazu bedarf es einer Erstarkung des Volksgeistes. Das deutsche Bürgerthum muß sich aufraffen zu muthigem Widerstand wider Junker und Pfaffen, wider Militarismus und Bureaukratie, wider Staatssozialismus und Antisemitismus. Ohne mannhaftes Eintreten des Bürgerthums für die alten Forderungen der Demokratie läßt sich das konstitutionelle Volksrecht für die deutsche Nation nicht erringen. Um Selbstvertrauen und Kraft zu schöpfen, gilt es aus der trüben Gegenwart zurückzublicken auf die der Gründung des Reiches voraufgehenden Jahre der nationalen Bewegung. Ohne den festen Muth, die selbstlose Opferwilligkeit und die zähe Ausdauer des Bürgerthums in jenen Kämpfen für Wahrheit und Recht, für Einheit und Freiheit des Vaterlandes wäre die Einheit niemals errungen.

Für die Geschichte jener Jahre fehlt es noch ganz an einer unparteiischen, wahrheitsgetreuen Darstellung. Schon die jedermann zugänglichen Drucksachen und stenographischen Berichte des preußischen Landtages beweisen vielfache Verdunklungen und grobe Entstellungen der Wahrheit durch die neuere Geschichtsschreibung. Einen nicht geringen Theil der Schuld trägt Fürst Bismarck und sein mangelhaftes Gedächtniß. Die heftigen Angriffe, die er gegen die deutsche Fortschrittspartei und deren Mitglieder wegen ihres politischen Verhaltens bei dem Polenaufstande von 1863 und beim Dänischen Krieg 1864, in der deutschen Frage während der Konfliktszeit von 1863 bis 1866, beim Französischen Kriege 1870 und 1871 und beim Kulturkampf, nicht etwa in bloßen Plaudereien an seinen parlamentarischen Abenden, sondern öffentlich im deutschen Reichstage und im preußischen Landtage richtete, stützten sich zum überwiegenden Theil auf Behauptungen, deren Unrichtigkeit nach den Drucksachen und Akten der Volksvertretung feststeht. Von der Zuverlässigkeit seiner Erinnerungen überzeugt, veranlaßte oder gestattete er, daß die an amtlicher Stelle, in Gegenwart Betheiligter gehaltenen Reden mit ihren zahlreichen unwahren Verdächtigungen seiner alten Widersacher, in hunderttausenden von Abdrücken über das ganze deutsche Reich versandt wurden. Jedes Wort des großen Mannes wurde und wird von jungen und alten Bewunderern fast wie eine göttliche Offenbarung behandelt. Allein die Wahrheit kann nicht immer verdunkelt werden. Heute leben nur noch wenige von den Männern, die der deutschen Fortschrittspartei des preußischen Abgeordnetenhauses während des schweren Verfassungskampfes der Konfliktszeit angehörten. Immerhin mag noch ein Menschenalter vergehen, ehe eine gerechte Geschichtsforschung die Männer voll und gerecht würdigen wird, die auf dornenreichem Pfade ohne Wanken und Schwanken bei rastloser opfervoller Arbeit im politischen Kampfe gegen die allmächtige Reaktion ausharrten.

Die Führung der Partei fiel mit Beginn der Konfliktszeit sechs Männern zu, von denen nur noch Einer unter den Lebenden weilt: Waldeck, Schulze-Delitzsch, Twesten, Virchow, Forkenbeck,[3])

Hoverbeck, — zwei achtundvierziger Demokraten, denen wegen ihrer hervorragenden Thätigkeit in der preußischen Nationalversammlung das freigesinnte Bürgerthum volles Vertrauen bewahrt hatte und vier jüngeren Männern, die 1848 das Alter der Wählbarkeit zur Volksvertretung noch nicht erreicht hatten. Twesten und Forkenbeck trennten sich 1866 von ihren Freunden und gründeten die nationalliberale Partei, um sich der schwierigen Aufgabe zu unterziehen, „im Zusammenwirken mit einer Regierung, die jahrelang den Verfassungskonflikt aufrecht erhalten und ohne Budgetgesetz verwaltet hatte, mit unvollkommenen konstitutionellen Waffen die freiheitliche Entwicklung zu fördern.“[4]) Die Hoffnung, Bismarck werde nach den großen Erfolgen seiner Politik zur Herstellung der deutschen Einheit 1866 nun dem deutschen Volke auch die ihm gebührenden konstitutionellen Rechte und Freiheiten verschaffen, ging nicht in Erfüllung. Bald begann eine neue rückläufige Bewegung. Durch die Kriegserfolge geblendet, wandte sich ein großer Theil des Bürgerthums von der Fortschrittspartei ab. Wenn damals Männer wie Waldeck, Schulze-Delitzsch, Virchow, Hoverbeck aus Mißmuth über die Unbeständigkeit des Volkes und über den Abfall der alten Freunde, sich vom politischen Schauplatz zurückgezogen hätten, gleichwie es die achtundvierziger Demokraten 1850 thaten, — wie unwiderstehlich würde sich dann die rückläufige Strömung erwiesen haben. Aber sie hielten aus. Sie meinten „es sei selbstsüchtig und feige, wenn sie den unerquicklichen Kampf gegen die Leichtgläubigkeit und Verblendung der Masse aufgeben wollten.“[5]) Sie thaten recht daran. Mag eine höfische Geschichtsschreibung bis heute mit Spott und Hohn der machtlosen Opposition der deutschen Fortschrittspartei gedenken, — jenen Führern der Konfliktszeit verblieb im Leben und über das Grab hinaus die treue Liebe und Dankbarkeit des unabhängigen Bürgerthums.

Gegen Rudolf Virchows Weltruf als Gelehrter zeigte sich die Verfolgungssucht der politischen Gegner machtlos; selbst der preußische Kultusminister nannte ihn jüngst in öffentlicher Festrede einen Fürsten der Wissenschaft. — Ein marmornes Standbild Waldecks steht seit 1890 in Berlin, „nachkommenden Geschlechtern eine Mahnung zur Arbeit im Dienste der Freiheit, eine Stärkung der Hoffnung auf Sieg.“[6]) Ueber zehn Jahre hatte das Denkmal fertig in des Bildhauers Werkstatt gestanden, da die Genehmigung, das Standbild des Führers der preußischen Demokratie von 1848 auf einem öffentlichen Platze Berlins aufzustellen, nicht in Aussicht war.

Schulze-Delitzsch sah sich wenige Monate vor seinem Tode veranlaßt, noch einmal den Verleumdungen politischer und wirthschaftlicher Gegner, der konservativen und offiziösen Presse in einem längeren Aufsatze einer wissenschaftlichen Zeitschrift entgegen zu treten, um „die großen Verdienste der deutschen Fortschrittspartei um die Errichtung des deutschen Reiches als Bundesstaat mit Parlament und preußischer Spitze darzuthun."[7]) Bald nach seinem Tode trat ein Komité zusammen, öffentliche Beiträge zu einem würdigen Denkmal Schulze's in der Reichshauptstadt einzufordern.

In dem Aufruf hieß es: „Wenige von denen, die gleich ihm so weit voranstanden im öffentlichen Leben, haben in so hohem Maaße die allgemeine Anerkennung gefunden. Nicht nur die Größe der Aufgaben, die er sich gestellt, nicht nur die unerwartete Fülle der Früchte, welche er geerntet hat, erregten die Bewunderung der Zeitgenossen. Noch viel mehr Freunde hat er gewonnen, und noch mehr dauernde Hochschätzung wird er finden wegen des sittlichen Ernstes, der vollendeten Selbstlosigkeit, der Unermüdlichkeit seines, den Zielen edelster Humanität zugewendeten Strebens. Ihm ist das unschätzbare und so seltene Glück zu Theil geworden, die Saat, welche er gesäet hatte, nicht nur aufgehen und reifen zu sehen, sondern auch das Fest der Ernte mit zu begehen. Er sah das deutsche Reich neu erstehen, um dessen Wiedergewinnung er so mannhaft gekämpft hatte."[8])

Der Kaiser hat zur Aufstellung des Denkmals auf einem von der Stadt vorgeschlagenen Platze die Genehmigung ertheilt und bald wird die Reichshauptstadt wieder ein Denkmal eines Führers der Demokratie von 1848 und der deutschen Fortschrittspartei erstehen sehen.

Das Leben und Wirken des jüngsten der fortschrittlichen Führer der Konfliktszeit, des uns vor zwanzig Jahren im kräftigsten Mannesalter entrissenen Leopold Freiherrn v. Hoverbeck, soll dieses Buch darstellen. Als 1866 im preußischen Abgeordnetenhause die Mehrheit der Fortschrittspartei sich weigerte, vor voller Wiederherstellung verfassungsmäßiger Zustände, vor Beseitigung des noch überall im Lande aufrecht erhaltenen Systems des rechts- und verfassungsbrüchigen Regiments der verflossenen Jahre, die erforderte Indemnität zu ertheilen, und die Minderheit deshalb die Partei verließ, da übernahm Hoverbeck in den unserer inneren Freiheit verhängnißvollen Jahren hohen Glanzes und Ruhmes von 1867 bis 1875 an erster Stelle mit starker, sicherer Hand die Führung der deutschen Fortschrittspartei und damit die Leitung der liberalen Sache.

Nur während der Sessionen weilte er in Berlin, die übrige Zeit des Jahres widmete er seinem Beruf als Landwirth und Gutsbesitzer, unter pflichtmäßiger Betheiligung an der Selbstverwaltung im Kreise und in der Provinz. Im Parlament war er stets auf dem Posten. Lange Reden zu halten, liebte er nicht. Aber er war allzeit gerüstet und bereit, knapp und klar seiner und seiner Partei

Meinung darzulegen. Unvergessen sind die erregten Sitzungen im Reichstage, in denen Bismarck den alten Gegnern der Konfliktszeit mit zornigen Worten entgegentrat. Schlag auf Schlag folgte Rede auf Gegenrede. Da erhob sich die hohe kräftige Gestalt des demokratischen Freiherrn an der Spitze der deutschen Fortschrittspartei zu kurzer Erwiderung. In schlichter, schmuckloser Rede, vorgetragen in der scharfen, schneidigen Mundart seiner ostpreußischen Heimath, ging Hoverbeck stets in geradester Linie auf den Kern der Sache und traf den Gegner ohne alle Finten rückhaltlos, oft rücksichtslos gerade da, wo er eine Blöße gegeben hatte. Alle Parteien des Reichstages lauschten dem Redner, der an Klarheit und Kürze der Darstellung von niemand übertroffen wurde. Scharfer Verstand, reiches Wissen, lebhaftes Rechtsgefühl, strengste Wahrhaftigkeit, stets gleiche Pflichttreue, vollendete Selbstlosigkeit sicherten dem edlen Patrioten die Hochachtung auch seiner Gegner. Ein schneller Tod raffte ihn in der Vollkraft des Lebens dahin. Er starb im felsenfesten Vertrauen auf die deutsche Nation, daß sie sich endlich die Freiheit, die echte, wahre Freiheit erringen und dem Recht und dem Gesetz des Verfassungsstaates eine dauernde Stätte bereiten werde.

Dieses Buch soll sich nicht auf die Schilderung des politischen und parlamentarischen Wirkens Hoverbeck's beschränken, es soll auch darstellen, wie dieser Sprosse eines uralten, um Brandenburg-Preußen und die Hohenzollern hochverdienten Adelsgeschlechtes, in seiner ostpreußischen Heimath, fernab vom öffentlichen Leben, in selbstlosem Ringen nach der Wahrheit unter strenger Pflichterfüllung emporwuchs zu einem unbeugsamen Vertreter demokratischer Grundsätze, zu einem mannhaften, ebenso entschlossenen wie besonnenen Vorkämpfer für Recht und Freiheit des deutschen Volkes.

Anmerkungen zum ersten Kapitel.

1) Als Berichterstatter der Adreßkommission sagte Virchow am 23. Aug. 1866 im Abgeordnetenhause: „Hüten wir uns, den Götzendienst des Erfolges zu treiben" (Stenograph. Berichte S. 72).

2) Ueber Werner Siemens Vortrag „über das naturwissenschaftliche Zeitalter" in der Eröffnungssitzung des Kongresses der Naturforscher und Aerzte im Herbst 1886 s. W. v. Siemens Lebenserinnerungen (1892) S. 284. Siemens Mitbegründer der deutschen Fortschrittspartei s. daselbst S. 188.

3) Benedict Franz Leo Waldeck, geb. zu Münster i. W. am 31. Juli 1802, 1848 bereits Obertribunalsrath in Berlin, starb daselbst am 12. Mai 1870. — Hermann Schulze-Delitzsch, geb. zu Delitzsch am 29. August 1808, 1848 Oberlandesgerichtsassessor, starb am 30. April 1883 zu Potsdam. — Karl Twesten, geb. zu Kiel am 22. April 1820, 1861 bei Gründung der Fortschrittspartei Stadtgerichtsrath

in Berlin; starb daselbst am 14. Oktober 1870. — Dr. med. Rudolf **Virchow**, geb. zu Schievelbein in Pommern am 31. Oktober 1821, war 1861 Professor in Berlin. — Max v. **Forkenbeck**, geb. am 21. Oktober 1821 zu Münster i. W., 1858 bei der Wahl zum Abgeordneten Rechtsanwalt in Mohrungen i. P., starb am 26. Mai 1892 als Oberbürgermeister von Berlin.

4) Wörtlich aus dem Programm der Nationalliberalen Partei vom Juni 1867. Siehe L. Parisius, Deutschlands politische Parteien (1878) S. 100.

5) Aus einem Briefe Hoverbecks an Krieger-Goldap v. 24. Okt. 1866 (s. Reichsfreund 1885 S. 285).

6) Rede Virchows bei Uebergabe des Waldeck-Denkmals am 30. Juni 1890 (Reichsfreund 1890 S. 209).

7) Der Aufsatz „Die deutschen Abgeordnetentage von 1862 und 1868" von Dr. Schulze-Delitzsch befindet sich in Richard Fleischers „Deutscher Revue über das gesammte nationale Leben der Gegenwart." Jahrgang VIII Heft 1 Januar 1888 (Seite 42 bis Seite 60).

8) Der Aufruf vom 18. Juni 1883 rührt aus der Feder Virchows her.

Zweites Kapitel.

Die Vorfahren.

Johann v. Hoverbeck.

In der Zeit des preußischen Verfassungskampfes erinnerte im Abgeordnetenhause bei einer Verhandlung über die Schleswig-Holsteinische Frage am 21. Januar 1864 der konservative Abgeordnete v. Blankenburg-Zimmerhausen, der Jugendfreund Bismarcks und Roons, seinen politischen Gegner, den Freiherrn Leopold v. Hoverbeck an die Zeit, als ein Freiherr v. Hoverbeck auf Befehl seines Herrn sogar gegen das Völkerrecht einen Herrn v. Kalkstein in Warschau gefangen genommen habe. Zweifellos habe der Kurfürst einen offenen Verfassungsbruch begangen; verbriefte und beschworene Rechte seien dadurch gekränkt worden; aber die Weltgeschichte habe die That gepriesen.

Hoverbeck antwortete in persönlicher Bemerkung:

„Meine Herren, der Herr Abgeordnete v. Blankenburg hat mir vorgehalten, daß einer meiner Vorfahren vor einigen hundert Jahren zu Gunsten des großen Kurfürsten einen völkerrechtlichen Frevel verübte, indem er einen Herrn v. Kalkstein in Warschau gefangen genommen habe. Ich gestehe, daß mir das herzlich leid thut — ich kann aber nichts dafür. (Heiterkeit.) Auch will ich dem Herrn Abgeordneten v. Blankenburg zu seiner Beruhigung die Versicherung geben, daß ich zu Gunsten keines Fürsten der Welt so handeln würde."

Wie aus der Antwort hervorgeht, wußte Hoverbeck, daß er ein Nachkomme des berühmten Rathgebers des großen Kurfürsten sei. Aber vielleicht wußte er nicht, daß Blankenburgs Behauptung unrichtig war. Johann v. Hoverbeck hatte mit der Verhaftung Kalksteins nichts zu schaffen. Kalkstein ist allerdings im Dezember 1670 in Warschau heimlich gefangen und fortgeschleppt, aber nicht durch Johann v. Hoverbeck, sondern durch den Residenten Eusebius v. Brandt. Der große Kurfürst hat die That nicht ausdrücklich befohlen, aber Eusebius v. Brandt, „noch ein junger Mensch, von Natur etwas hitzig," glaubte der Billigung seines Herrn sicher zu sein. Ein widerrechtlich eingesetztes Ausnahmegericht verfügte über den Gefangenen auf Befehl des Kurfürsten die Folter und verurtheilte ihn zum Tode. Die Hinrichtung Kalksteins erfolgte im November 1672. Hoverbeck war bei der Entführung Kalksteins nicht in Warschau. Er hatte, nach Warschau zurückgekehrt, die schwere Aufgabe, den über Bruch des Völkerrechts entrüsteten König Michael zu versöhnen und ihn auf die baldige Bestrafung der Schuldigen zu vertrösten. Auf Befehl des Kurfürsten wurde Brandt zum Verlust aller Chargen und Güter und zur Verbannung aus dem kurfürstlichen Gebiete verurtheilt. Aber das Urtheil wurde nicht publizirt. Eusebius v. Brandt blieb in Brandenburgischen Diensten; 1642 geboren, starb er 1706 zu Küstrin als Präsident des Oberappellationsgerichts. Hoverbeck war mit dem Verfahren gegen Kalkstein durchaus nicht einverstanden. Er bedauerte, daß der Kurfürst so schlecht berathen sei.[1])

Nach den seit einer Reihe von Jahren veröffentlichten Urkunden und Aktenstücken zur Geschichte des großen Kurfürsten[2]) war Johann v. Hoverbeck einer der hervorragendsten Staatsmänner jener Zeit. Große Verdienste hat er sich um die Lostrennung des Herzogthums Preußen von der Lehnsherrschaft Polens (1657) erworben. Seine in den Archiven aufbewahrten Gesandtschaftsberichte sind für die Geschichtsforschung von großer Bedeutung. Über seine Jugendzeit kann ich Folgendes mittheilen. Er ist 1606 am 1. Dezember auf dem Gute Alexandrowiz unweit Krakau geboren. Sein Vater hieß Nicolaus, seine Mutter Ursula. Der Vater wurde im Juli 1607 hochverrätherischer Umtriebe verdächtigt und verhaftet. Er blieb in längerer Gefangenschaft, bis seine Unschuld glänzend zu Tage kam. 1614 wurde der achtjährige Johann auf das damals berühmte deutsche Gymnasium der zu Polen gehörenden Stadt Danzig geschickt. 1623 bei seinem Abgang mit vollendetem 16. Lebensjahre mußte er nach damaliger Sitte öffentlich vom Katheder disputiren. Er wurde zu der für junge Edelleute jener Zeit beliebten diplomatischen Laufbahn bestimmt. Sein Vater war inzwischen gestorben. Die Mutter sandte ihn auf Reisen; er sollte nicht nur fremde Länder sehen, fremde Sitten und Einrichtungen kennen lernen, sondern auch fremde Höfe aufsuchen und dort Bekanntschaften anknüpfen. Im August 1624 ging er von Danzig zu Schiff nach Amsterdam. Er durchwanderte die Niederlande, hielt sich längere Zeit in England auf und ging von dort nach Frankreich, wo er mehrere Jahre verweilte. Von da nach Italien. Auf der Rückreise durchzog er Ungarn und einen großen Theil Deutschlands Er hatte auf seinen Reisen nicht unterlassen, berühmte Gelehrte aufzusuchen und ihre Vorträge zu hören. Wie es für einen Edelmann dazumal unerläßlich war, hatte er sich auch der Kriegskunst befleißigt. In Frankreich war er bei der Eroberung der Stadt Rochelle zugegen gewesen. In Holland hatte er bei der Belagerung von Herzogenbusch unter dem Prinzen Moritz von Oranien 1629 mitgekämpft.[3]) Bald nach seiner Heimkehr ist er in brandenburgisch-preußische Dienste getreten, wahrscheinlich zuerst bei der kurfürstlichen Hofkanzlei in Kölln an der Spree. Er wurde 1634 kurfürstlicher Resident in Warschau. Aus der am 3. Juni 1634 zu Kölln an der Spree vom Kurfürsten Georg Wilhelm ausgestellten Bestallungsurkunde geht hervor, daß er sich bereits mehrere Jahre im Staatsdienste bewährt hatte. Es wird von ihm gesagt, er habe ins dritte, vierte Jahr hinein seine Verrichtungen sowohl im Konzipiren, als in allen übrigen Aufwartungen in fleißige, getreue Obacht genommen; seine Expeditionen werden gelobt; sie hätten genugsam bewiesen, daß er zu mehrerer und höherer Verrichtung zu gebrauchen sei.[4]) Er wird deßhalb zum Kurfürstlichen Rath bestellt; neben Konzipiren und anderen Obliegenheiten soll er auch Reisen und Schickungen in preußischen, polnischen, oder anderen in- und ausländischen Sachen besten Fleißes verrichten, auf Erfordern bei Hofe erscheinen und zur Sache votiren und reden und die vorgefundenen Sachen und Deliberationen zu Protokoll bringen und alsdann expediren — alles wie es einem fleißigen, braven Rath und Diener obliegt — dazu Verschwiegenheit bis ins Grab beobachten. Die Anstellung erfolgte auf beiderseitige halbjährliche Kündigung. Wenn etwas Mißfälliges vorkäme, solle er zuerst auf seine Verantwortung gehört werden. Er bezog dafür 350 Thaler Gehalt neben freiem Tisch für sich und seinen Diener. Nach zwei Jahren wurde er wegen seiner „vorzüglichen Kapazität und guten Qualität" zum preußischen, am königlich polnischen Hofe residirenden Rath befördert mit jährlich tausend Thaler Gehalt. Außerdem erhielt er aus Gnaden wegen seiner getreuen nützlichen und unverdrossenen Dienste dreitausend Thaler „Rekompens."

Eine ausführliche Instruktion vom Mai 1636, mehr noch die Indigenatsurkunde vom 28. Mai 1639, bezeugen, wie sehr er sich das Vertrauen des Kurfürsten Georg Wilhelm erworben hatte. Das Indigenat (Privilegium indigenatus) im Herzogthum Preußen verlieh ihm alle Rechte und Freiheiten der preußischen Edelleute. Der Kurfürst, der seit Sommer 1638 in Königsberg weilte, und ihn in dieser Zeit an seinen Hof gezogen und dort verwendet hatte, ordnete im August 1639 an, daß ihm die Oberrichter den Eid abnehmen sollten, bevor er in besonderer Mission als Gesandter nach Dänemark ging. In dieser Urkunde steht: Er habe Geschlecht und adlige Abkunft vom Vater aus Flandern, von der Mutter aber aus Polen nachgewiesen. Damals schrieb er sich, dem niederländischen Ursprung entsprechend „Johann von „Hoëuerbeeke."[5])

Mit seiner Abkunft von einem adligen Geschlecht aus Flandern verhält es sich folgendermaßen: Sein Großvater Johann v. Hoverbeck (in den Brüsseler Urkunden Jean van Overbeke genannt) ist mit seiner Familie 1570 aus Flandern ausgewandert. 1568 hatte in den Niederlanden die Schreckensherrschaft des Herzogs Alba begonnen in grausamen Verfolgungen der Ketzer, der Reformirten, durch die spanische Inquisition. Viele Tausende sind durch den eingesetzten Blutrath zum Tode verurtheilt und hingerichtet; ihre Güter wurden eingezogen. Gegen mehr als 8000 Personen wurde die Verbannung ausgesprochen. Vermuthlich hat Johann v. Hoverbeck auch zu den Verbannten gehört. Ueber seine Vorfahren wird in der belgischen Genealogie Bernards van der Straeten, der um 1670 gelebt hat,[6]) berichtet, daß Johann v. Peteghem nahe bei Oudenarde in Flandern um 1288 das Schloß Overbeke gebaut und mit einer Herrschaft seinem Sohn Johann vererbt habe. Dieser und seine Nachkommen nannten sich seitdem van Overbeke, zuweilen auch wohl van Overbeke-Peteghem. Ein Nachkomme dieses ersten Hoverbeck — eines Urenkels Urenkel — mit Vornamen Gautier (Walter) fiel 1476 in der Schlacht zu Nancy, nachdem er seine Herrschaft verkauft hatte, um dem Herzog Karl von Burgund in den Krieg zu folgen. Dessen Urenkels Sohn war jener Johann v. Hoverbeck, der in die Verbannung nach Polen auswanderte, wo damals vollkommene Religionsfreiheit bestand. Dieses Mannes gleichnamiger Enkel aber war der spätere Minister Johann Hoverbeck. Die Mutter desselben, Ursula, soll nach der Indigenatsurkunde die adlige Abkunft aus Polen nachgewiesen haben. Sie war eine Tochter des Erbherrn auf Sielce, Gorenitz und Ostroczyn Valerian Dobrodzieiski-Gutteter. Da die erste Hälfte des Namens nur eine polnische Uebersetzung des deutschen Gutthäter ist, so wird die Familie ursprünglich deutsch gewesen sein, dafür spricht auch, daß von den Frauen dieses Geschlechts in aufsteigender Linie deutsche Familiennamen gemeldet werden.[7])

Vom August 1639 an war Johann Hoverbeck mehrere Monate als Gesandter des Kurfürsten am dänischen Hofe. Ueber „Irrungen zwischen Polen und Dänemark wegen des preußischen Seezolles" sandte er von Glückstadt, wo der dänische König Christian IV. im Sommer residirte, und dann von Fredensburg bei Kopenhagen mehrere bogenlange Berichte an den Kurfürsten. Sie zeichnen sich durch klare, sachliche Darlegung, feine Beobachtung und genaue Wiedergabe der Unterredungen mit dem ihm wohlwollenden König und anderen maßgebenden Personen aus. Durch die Indigenatsertheilung war Hoverbeck aller Privilegien und Freiheiten, die im Herzogthum Preußen der heimische Adel genoß, theilhaftig geworden; erst dadurch erhielt er die Fähigkeit zu Aemtern und zum Erwerb von Gütern. Beides war in Preußen wie anderwärts an die heimische Herkunft gebunden.

Wie hoch Kurfürst Georg Wilhelm seine Leistungen am dänischen Hofe schätzte, ergiebt sich daraus, daß er ihm am 7. November 1640 die Zusage auf ein Gnadengeschenk von 20000 Mark preußisch ertheilte und das 80 Hufen große Dorf Baranowen zur Hypothek einsetzte, bis ihm die 20000 Mark entrichtet seien. Hoverbeck blieb bis 1658 im Pfandbesitze des Dorfes und erhielt es dann als Eigenthum verschrieben.[8])

In verhängnißvoller Zeit war Johann v. Hoverbeck in den brandenburgisch-preußischen Staatsdienst getreten. Der letzte Hochmeister des deutschen Ordens, der Hohenzoller Markgraf Albrecht hatte mit seinem Austritt aus dem Orden unter Einführung der Reformation 1525 das Land Preußen als polnisches, weltliches Herzogthum und Kronlehn erworben; es blieb noch in polnischer Lehnherrschaft, als es 1618 unter Kurfürst Johann Siegismund mit Brandenburg vereinigt wurde. Unter seinem Sohne Georg Wilhelm (1619—1640) „gerieth das Land bis an die äußerste Grenze der Erschöpfung, indem gleichzeitig der dreißigjährige und der schwedisch-polnische Krieg Land und Leuten unermeßliche Forderungen auferlegten."[9]) Johann v. Hoverbeck war bereits an zehn Jahre in brandenburgisch-preußischen Diensten, als der zwanzigjährige Kurfürst Friedrich-Wilhelm 1640 „aus der machtlosen Hand des Vaters die Leitung des unzusammenhängenden, zerrütteten, größtentheils vom Feinde besetzten Staates übernahm, um ihn sodann als eine europäische Macht des zweiten Ranges wohlgeordnet seinen Nachfolgern zu überlassen, um ein Drittel vergrößert, in allen Theilen durch Abrundung und verschiedenartige Erweiterung einander näher gerückt.[9])"

Der große Kurfürst kannte die hervorragenden Eigenschaften Hoverbecks. Er ernannte ihn am 19. Februar 1643 zum „geheimbten Rath" auf Lebenszeit mit der Verpflichtung, alle Reichstage der Krone Polen zu besuchen. Zum „Unterhalt und Traktament" wurde ihm das im Jahr 1636 bewilligte Einkommen von 1000 Reichsthalern und 6 Last Hafer für seine Lebenszeit zugesichert. Sechs Tage darauf verlieh ihm der Kurfürst die Hauptmannschaft über das Amt Hohenstein. Hoverbeck bedankte sich, als er den Arrendevertrag erhielt, bat aber den Kanzler vorsichtig, auch die Königsberger Räthe zu benachrichtigen und sie zu beauftragen, das preußische Siegel unter den Vertrag zu setzen, da der Kurfürst damals nicht im Lande (im Herzogthum) gewesen sei.

Die Uebernahme der Hauptmannschaft von Hohenstein beweist, daß Johann Hoverbeck, der im November 1642 auch einen Pachtvertrag über Vorwerk und Dorf Eichmedien nebst Budzisken auf 9 Jahr abgeschlossen hatte, damals ein recht vermögender Mann gewesen ist. Amt Hohenstein mit 8 Dörfern, 265 Scharwerkshufen mit 12 Schulzen, 126 Bauern und 9 Kaufgärtnern war 1630 dem Kastellan des Königs von Polen und Schweden Johannes Zawatzki für 40000 M. auf zehn Jahre in Pfandbesitz gegeben, er hatte nach vier Freijahren das 5. und 6. Jahr jährlich 5000 M., die letzten vier Jahre 7500 M. preußisch zu zahlen. Als der Pfandvertrag ablief, konnte Johann Zawatzki, nunmehr polnischer Kammerherr und Woiwode, dessen Forderung 50000 M. preußisch betrug, kein Geld bekommen. Da hat Johann Hoverbeck, „der königlichen Majestät zu Polen und Schweden Kammerherr"[10]) den Pfandschilling von 50000 M. preußisch „in guten gangbaren groben Gold- und Silbersorten" dem Kurfürsten „zur Erhaltung seines Kredits" vorgeschossen. Durch Vertrag vom 25. Febr. 1643 ist ihm das Amt Hohenstein mit allen Zubehörungen, auch der großen und kleinen Gerichtsbarkeit und dem Straßengericht mit der einzigen Einschränkung, daß die das Leben angehenden Strafurteile vor der Vollstreckung (ante executionem) dem preußischen Hofgericht kommunizirt werden sollten. Ausgeschlossen war aber das Patronatsrecht, der Haß der Lutheraner gegen die Reformirten gestattete es nicht; es wurde dem Hauptmann von Oletzko übertragen. Bei Ausgang der sechs Jahre sollte beiden Theilen frei stehen, ein Jahr zuvor den Pfandvertrag aufzukündigen. Hoverbeck sollte dann die 50000 M. preußisch und die erweislichen Auslagen zur Melioration baar ausgezahlt erhalten.

Im Sommer 1644 heirathete Johann Hoverbeck Anna Sofie von Rochow, die Tochter eines kurbrandenburgischen Hof- und Kammergerichtsrathes. Das Schloß Hohenstein ward der dauernde Wohnsitz der Familie. Hier weilte Johann, sobald er sich nicht in Diensten des Kurfürsten auf seinem Gesandtschaftsposten in Warschau oder anderswo aufzuhalten hatte. Hier wurden seine Kinder geboren. Die beiden ältesten waren Töchter. Zur Taufe der ältesten Tochter, geboren im August 1645, lud er seinen Nachbar, „den polnischen Hofjunker Friedrich Bielinski auf Wittichenwalde Erbsassen" als Pathe nach Hohenstein und im Oktober 1646 bat er denselben, seinen „Herrn Gevatter", er möge „seiner Herzliebsten" vergönnen, daß sie seines zweiten Töchterleins „treue Pathin und unsere hochgeehrte Frau Gevatterin sei und verbleibe."[11])

Bei der Reform des Geheimen Raths (Ministerium) 1650 wurde Hoverbeck zum residirenden Geheimrath an dem königlich polnischen Hofe zu Warschau, zugleich auch zum kurfürstlichen Minister bestellt. Sein Gehalt, das zuletzt 1600 Thaler betragen hatte, wurde auf 2000 Thaler erhöht. War er bei Hofe, so erhielt er freien Tisch und 15 Wispel Hafer für vier Pferde, für die Reise von Warschau nach Berlin jedesmal 200 Thaler.

Die folgenden Jahrzehnte brachten der Polenpolitik des großen Kurfürsten die glänzenden Erfolge, zu denen die Thätigkeit Johann v. Hoverbeck's wesentlich beitrug. In dem Kriege zwischen Karl X. König von Schweden und dem letzten polnischen König aus dem Hause Wasa Johann Kasimir war der große Kurfürst Bundesgenosse des Schwedenkönigs. Von diesem, dem Eroberer Polens, nahm er das Herzogthum Preußen zuerst noch als schwedisches Lehn; dann aber im Vertrage zu Labiau 1656 erhielt er von Schweden die volle Souveränität und diese wurde, als König Johann Kasimir wieder zur Herrschaft gelangte, von Polen im Frieden von Wehlau September 1656 anerkannt und durch den Frieden zu Oliva im März 1660 von Frankreich und den Seemächten garantirt.[12])

Ehre und Anerkennung erntete Johann v. Hoverbeck in diesen Zeiten in reichem Maße, allein aus der Geldnoth kam der vordem reiche Mann nicht heraus. Im Laufe der Jahre hatte er seinen Grundbesitz vermehrt, 1653 auch Vorwerk und Dorf Eichmedien nebst Budziskеn zu Eigenthum erhalten. Es scheint aber, als ob der furchtbar verheerende Raubzug, in dem nach der dreitägigen Schlacht bei Warschau im Herbst 1656 die Tartarenschaaren des Lithauischen Heeres in sieben Tage 13 Städte und 249 Dörfer Preußens niederbrannten, auch seine Güter betroffen hat. Seine Besoldung, die zur Hälfte auf das Amt Insterburg angewiesen war, wurde ganz unregelmäßig bezahlt. Im Herbst 1660 war er zum Hof berufen, hatte aber kein Geld zur Reise und der Statthalter Fürst Radziwill konnte ihm auch keins schaffen.[13]) Ende 1661 bat er von Warschau aus, ihm zu vergönnen, auf drei oder vier Monat nach seiner Armuth zu sehen, um „solches wieder einzurichten" — denn sonst werde es ihm unmöglich fallen, was er zulegen müsse, beizuschaffen . . .

„Wegen erlittenen Brandschadens zu Eichmedien und Hohenstein" waren ihm vom Kurfürsten 20 Last Getreide vorgestreckt, davon später die Hälfte „gnädigst geschenkt." Die übrigen zehn Last wurden ihm am 18. Juni 1663, wo auf seine Bitte der Hohensteiner Pfandvertrag geändert wurde, ebenfalls erlassen. Er hatte geklagt über die Schäden, die er sowohl seiner „Abwesenheit und kontinuirlichen Reisen halber, als auch wegen ausgestandener Kriegsschäden" und anderer Unfälle erlitten. Jetzt wurde ihm durch den neuen Vertrag „in Anbetracht seiner bisher geleisteten treuen und nützlichen Dienste und gethanen absonderlichen und kostbaren Reisen" der Nießbrauch des Amtes Hohenstein mit allem Zubehör auf 30 Jahre überlassen. Wenn er es nach 30 Jahren zurückliefere, sollte er aber wegen des Kapitals und der Interessen, noch den vorigen Meliorationen oder Baukosten nichts ferner zu fordern haben.[14])

Der Geldnoth freilich wurde durch diesen Vertrag nicht abgeholfen. Auf die „beweglichen Klagen", die Hoverbeck dem Fürsten Radziwill, Statthalter von Preußen, 1667 bei dessen Anwesenheit in Warschau über sein „Geldbedürfniß" vortrug, wurde auf Radziwills Antrag befohlen, ihm die aus dem Insterburger Amt seit zwei Jahren rückständigen zweitausend Thaler zu zahlen; außerdem wurde ihm ein Zuschuß von achthundert Thalern gewährt. Aber die Zahlung erfolgte nicht. Im April 1668 bat er die Oberrichter in Königsberg, ihm von den angewiesenen zweitausend Thalern doch einige hundert Thaler zu schicken.[15])

Im Dezember 1654 war ihm und seiner Descendenz das Erbtruchseßamt der Kur- und Neumark Brandenburg „konferirt" worden. Als er aber am 30. November 1664 um die wirkliche Beleihung einkam, ward ihm erklärt, daß er sich zuvor mit einem Stadtgut dieser Charge gemäß in der Kurmark Brandenburg versehen und „concessionirt machen" müsse, damit darauf die Charge fundirt werde. . . . So in einem mittelmärkischen Kopialbuch zu lesen. Es scheint nicht, als ob Joh. Hoverbeck diese Bedingung erfüllt hat. Sie wird ihm vermuthlich erlassen sein, denn er und später auch sein ältester Sohn Johann Dietrich werden in amtlichen Urkunden als Inhaber des Erbtruchseßamtes bezeichnet. 1663 wurde Johann v. Hoverbeck mitsammt seinen ehelichen Leibeserben „männlichen und fraulichen Geschlechts" durch den Kaiser Leopold „nicht blos in Betracht seiner uralten adeligen Herkunft, sondern auch wegen seiner eigenen rühmlichen Tugenden und Meriten" Freiherr des Heiligen Römischen Reichs. Diese Ernennung wurde 1669 vom Kurfürsten bestätigt. In der am 20. März zu Königsberg ausgestellten Bestätigungsurkunde heißt es von ihm, er hat „unseren Landen und Leuten eine geraume Zeit schon bei unterschiedenen Okkasionen, in Sonderheit bei den vorgewesenen Traktaten und Friedensverhandlungen und offenen Legationen und Schickungen in und außerhalb des Heiligen Römischen Reiches, bevorab bei den königlich polnischen Wahl-, Krönungs- und Reichstagen viele ersprießliche und staatliche Dienste geleistet." Das Wappen blieb ein geviertelter Balken mit drei Merlitten (schwarzen Wappenvögeln). Zu derselben Zeit stellte Hoverbeck eine Berechnung über seine außerordentlichen Forderungen auf. Er war vom März bis Juli 1666, dann vom August 1666 bis Oktober 1668, also 29¹/₃ Monate fern von Hohenstein in kurfürstlichen Diensten gewesen und hatte dafür nach dienstlichem Abkommen monatlich zweihundert Thaler, zusammen 5866 Thaler zu fordern. 4700 Thaler hatte er davon erst bekommen: aus Zöllen und Akzisen 3700 Thaler, 1000 Thaler hatte er zu Krakau in Ermangelung anderer Mittel einem zu Gratialen (Trinkgeldern und Geschenken) bestimmten Fonds entnommen. Mit der Rechnungslegung scheint man es dazumal überhaupt nicht eilig gehabt zu haben.

1676 drang der 70jährige Staatsmann bei „herannahendem Alter" darauf, seine Abrechnung wegen des Amtes Hohenstein in Richtigkeit zu bringen. Er wurde hierbei von der Rechnungslegung über die Gratialgelder befreit, die er auf Befehl des Kurfürsten am polnischen Hofe wiederholt ausgegeben hatte und über die er keine Quittungen beibringen konnte. Ohne Bestechungen war damals in Polen nichts auszurichten. Noch ein anderer Gnadenakt wurde ihm jetzt zu Theil. Aus seiner reich mit Kindern gesegneten

Ehe mit Anna Sofie von Rochow, die vor ihm verstorben ist, hatte er neben sechs Töchtern,[16]) die sich sämtlich an angesehene Männer des preußischen Adels verheiratheten, zwei wohlgerathene Söhne Johann Dietrich und Ludwig. Diesen schenkte der Kurfürst 1676 zur Fortsetzung ihrer Reisen und Studien zweitausend Thaler; in der Hoffnung, daß sie „in ihres Vaters Fußstapfen treten und künftig im Dienst gleichmäßig Treue und Fleiß spüren lassen.“ [17])

Am 6. April 1682 starb Johann v. Hoverbeck zu Hohenstein im 76. Lebensjahre. Der Kurfürst ließ sich bei der erst im Juli veranstalteten Begräbnißfeier zu Königsberg vertreten. Die „hinterlassenen Erben“ hatten ihn darum gebeten — „nicht allein zu sonderbarem Ruhm und Nachklang der unterthänigst geleisteten Dienste des Verstorbenen, sondern auch zur Aufrichtung der Erben in ihrem Leidwesen und Trauerstand.“ Der Kurfürst überwies ihnen auch auf ihre Bitten zum Trauerschmause durch seinen Oberförster: ein Elenthier, zwei kleine Hirsche, zwei wilde Schweine, drei Rehe.[18])

Ueber fünfzig Jahre hat Johann von Hoverbeck dem schnell emporblühenden Brandenburg-Preußen in hohen Staatsämtern seine Kräfte gewidmet. Seine persönlichen Eigenschaften, vorzügliche Gaben, ausgezeichnete Leistungen sicherten ihm die einstimmige Anerkenntniß seiner Zeitgenossen und die wachsende Gunst des großen Kurfürsten. Zahlreiche Berichte, Denkschriften und Gutachten aus seiner vielseitigen diplomatischen Thätigkeit werden in den Archiven aufbewahrt und bieten zu einer besonderen Schilderung des Lebens und Wirkens des ausgezeichneten Staatsmannes reiches Material. Möge sich für diese Arbeit bald ein Historiker finden, der der dankbaren Aufgabe gewachsen ist.

Auch der hervorragendste Geschichtsschreiber des großen Kurfürsten Professor Dr. B. Erdmannsdörffer in Heidelberg theilt diesen Wunsch. Er schreibt mir am 22. Januar 1896 darüber:

Ueber Privatcharakter und persönliche Verhältnisse Johann v. Hoverbecks wird wahrscheinlich nicht sehr viel herauszubringen sein;[19]) aber als politischer Charakter ließe er sich sehr wohl auf Grund der vorhandenen Materialien zeichnen. Und da ist er mir immer als einer der tüchtigsten und sympathischsten unter den Räthen und Vertrauensmännern des großen Kurfürsten erschienen, klug und kenntnißreich, schneidig und geschmeidig, ein guter Menschenkenner, und darum ein trefflicher Diplomat. In dem Wirrsal des polnischen Parteigetriebes namentlich kennt er sich vollständig aus und der so glückliche und erfolgreiche Verlauf der Polenpolitik des großen Kurfürsten wäre ohne seine geschickte Hand garnicht denkbar. Wenn man die Verdienstantheile der Mitarbeiter Friedrich Wilhelms an dem Werke der brandenburgisch-preußischen Staatsgründung feststellen und repartiren will, so fällt auch auf Joh. v. Hoverbeck ein sehr ansehnliches Loos.“

Die Familienlegende will wissen, Johann von Hoverbeck habe als Dank für seinen Verdienst um die Loslösung Preußens von der Lehnsherrschaft Polens vom Kurfürsten sechzig Rittergüter erhalten. Das ist übertrieben, aber es sind ihm wie anderen Räthen des großen Kurfürsten eine Anzahl Hufen[20]) von verfallenen Lehngütern zu magdeburgischem Rechte verliehen worden.

Er hatte Privatvermögen, als er in brandenburgische Dienste trat. Aus demselben durch bedeutende Vorschüsse den bedrängten Finanzen des Kurfürsten zu Hilfe zu kommen und sich dadurch in Sorge und Noth zu stürzen, war er stets bereit, selbst in Zeiten, wo die Aussicht auf Erstattung gering oder doch in weite Ferne gerückt war. Das Glück war ihm hold und der Kurfürst dankbar.

Johann Hoverbeck hinterließ einen bedeutenden Grundbesitz. Erwähnt ist bereits der Erwerb von Baranowen, erst als Pfandbesitz, dann zum Eigenthum, von Eichmedien und Budzisken, erst als Pachtung, dann zum Eigenthum. Vor 1650 besaß er schon Domkau, Geyerswalde, Döhlau und 3½ Hufen zu Wilkau. 1664 erhielt er 19 kaduzirte Hufen zu Queden (Kreis Rastenburg), die viele Jahre wüst gelegen hatten und auf denen keine Gebäude standen. In demselben Jahre wurde ihm die Anwartschaft ertheilt auf 60 Hufen an adligen Lehnen im Herzogthum Preußen, die zuerst sich erledigen möchten. Demgemäß erhielt er 1678 vom Gute Pomehlen (Kreis Mohrungen), früher dem Geschlechte der vom Egloffstein gehörig, 60 Hufen.[21])

Johann Hoverbecks Söhne.

Die beiden Söhne Johann Hoverbecks erbten von ihm die Pacht des Amtes Hohenstein und den Grundbesitz, der Aeltere die Güter Queden und Eichmedien nebst Budzisken, der Jüngere Baranowen und Domkau. Der Aeltere, Johann Dietrich, geboren 1652, erhielt schon 1671 die Anwartschaft (Primarium) auf die erste erledigte Rathsstelle am preußischen Hofgericht, 1674 wurde er „introducirt und in Pflicht genommen." Im Juli 1677 ertheilte ihm der Kurfürst die Erlaubniß, auf eine Zeitlang nach Nimwegen, wo die Friedensverhandlungen stattfanden, zu reisen, „um sich" — wie es in der Verordnung heißt — „so viel mehr zu unserm Dienst zu perfektioniren." 1678 im April verordnete der Kurfürst, daß dem Joh. Dietrich Freiherr v. Hoverbeck, „weil derselbe in Nimwegen bei unserer Gesandtschaft auf seine eigenen Kosten aufwartet" . . „dieser seiner Abwesenheit halber bei dem Kollegio des Hofgerichts nichts nachtheiliges zugefügt, sondern ihm seine Besoldung nach wie vor gezahlt werden möge." Joh. Dietrich blieb bei der Diplomatie. Im Dezember 1684 befahl der Kurfürst den preußischen Oberräthen, ihm während er noch auf dem Reichstage zu Regensburg amtlich thätig war, sein Gehalt richtig zu zahlen.[22]) 1686 erhielt er 1000 Thlr. zur Equipage, als er nach Kopenhagen als Gesandter ging. Bald darauf wurde er wie sein Vater Geheimer Rath. Als Geheimer Rath und als außerordentlicher Gesandter am königlich polnischen Hof wird er im September 1694 in dem Pachtvertrage bezeichnet, der nach Ablauf der 30jährigen Pachtperiode über Amt Hohenstein mit ihm und seinem Bruder Ludwig, der gewesener Oberappellationsgerichtsrath genannt wird, auf sechs Jahr abgeschlossen wurde. Die Brüder hatten die ersten drei Jahr jährlich 6000, die letzten drei Jahre 6500 Mark preußisch Pacht zu zahlen. Nach Ablauf der sechs Jahre erneuerten die Brüder die Pacht nicht.[23])

Ludwig v. Hoverbeck wurde Tribunalsrath und der Stammvater derjenigen Linie, die den Namen Hoverbeck-Schönaich annahm, als sie Anfang dieses Jahrhunderts durch Adoption in den Besitz der Schönaichschen Güter in Westpreußen gelangte. Er starb vor 1713.

Johann Dietrich von Hoverbeck starb am 5. Juni 1714, fast gleichzeitig mit seiner Frau. Sie sind beide in einer Gruft im Erbbegräbniß zu Eichmedien beigesetzt.[24])

Johann Dietrich v. Hoverbeck hatte zwei Söhne. Johann Friedrich erbte Eichmedien mit Budzisken, Karl Dietrich (geboren 1695) Queden. Beide Güter kamen aus der Familie erst durch den Sohn des letzteren, Albert Ferdinand, den Großvater Leo v. Hoverbecks.

Ferdinand v. Hoverbeck.

Albert Ferdinand v. Hoverbeck, geboren 1754, starb im 50. Lebensjahre am 4. April 1803. Man erzählt sich von ihm, durch seine Schuld, durch verschwenderisches Leben, wie es damals unter Vernachlässigung der Landwirthschaft die meisten Edelleute in den polnischen Grenzbezirken führten und durch Spiel sei der reiche Familienbesitz verloren gegangen. Sein Sohn Ernst, Leopold Hoverbecks Vater, der beim Tode seines Vaters 14 Jahr alt war, sprach nicht viel von ihm. Nach den Grundakten hat dieser nur ein Rittergut, das seinem Urgroßvater 1664 verliehene Queden, ererbt (1777), aber eine Reihe anderer Rittergüter in den nächsten zwanzig Jahren gekauft und wieder verkauft. Er war zweimal verheirathet; seine erste Frau, eine geborene Krause, starb früh. Im

Dezember 1782 hat er seinem Sohn erster Ehe Ferdinand Georg statt seines Muttererbtheils das Gut Gr. Haselberg übereignet, das er vielleicht schon früher als Queden besessen hat.

Seine zweite Frau Eleonore Friederike, geborene Gräfin von und zu Eulenburg, eine Tochter des Geheimraths Jonas v. Eulenburg, brachte ihm ein für jene Zeit nicht unerhebliches Vermögen ein. Gleich bei der Verheirathung (1779) kauften sie gemeinschaftlich das Gut Romsdorf. Hier wohnten sie, da Queden schon 1780 verkauft war, einige Jahre. Romsdorf wurde 1786 verkauft und 1787 wurden die Rittergüter Bosemb und Wolka gekauft. In Bosemb ist 1788 Ernst Hoverbeck geboren. 1792 kauften die Eheleute das Rittergut Laxdoyen. Erwerb und Besitz adeliger Güter wurden in dieser Zeit wesentlich erleichtert durch die 1788 erfolgte Gründung der Ostpreußischen Landschaft. Die Hoverbeckschen Güter wurden bald stark mit Pfandbriefschulden belastet. Um 1796 übernahm Ferdinand v. Hoverbeck nach dem Tode eines Vetters die schon von Johann v. Hoverbeck besessenen „Eichmedienschen Güter", die Rittergüter Eichmedien und Budzisken. Im Juni 1796 fand zwischen Ferdinand v. Hoverbeck und seiner Gemahlin, wie es scheint, in der Absicht eine gerichtliche Ehescheidung vorzubereiten, eine vollständige Vermögens-Auseinandersetzung statt. Die Frau wurde alleinige Eigenthümerin der bisher gemeinschaftlich besessenen Rittergüter Bosemb, Wolka und Laxdoyen und quittirte in Anrechnung auf das Kaufgeld über ihr Eingebrachtes. Als Motiv wurde in den Verträgen angegeben, daß Ferdinand v. Hoverbeck die Eichmedienschen Güter erstanden habe und „ihm die Wirthschaft, im Fall er noch seine jetzigen Güter beibehielte, zu weitläufig würde, seine Frau Gemahlin sich aber nach eigener Wirthschaft sehnt." Aber schon 1797 verkaufte der Mann Eichmedien und Budzisken und 1799 die Frau Bosemb und Wolka. Die letzten Lebensjahre hat Ferdinand v. Hoverbeck getrennt von seiner Frau in Grünwalde bei Rhein (im Kreise Lötzen) verlebt. Sein Sohn erster Ehe hatte 1798 das Gut Haselberg verkauft und sodann das Gut Miodunsken unweit Rhein gekauft.[25]) Der Vater kaufte nun im Februar 1798 das dicht dabei belegene köllmische Gut Grünwalde, verkaufte es aber schon nach wenigen Monaten. Er blieb in Grünwalde bis zu seinem am 1. April 1803 erfolgten plötzlichen Tode wohnen.[26]) Frau v. Hoverbeck überlebte ihren Mann um 37 Jahr. Sie verkaufte das letzte Gut Laxdoyen 1808 und lebte seitdem in Rastenburg und nach Verheirathung ihres Sohnes öfters auch auf längere Zeit bei ihm in Nickelsdorf.

Anmerkungen zum zweiten Kapitel.

1) Paczkowski, „der große Kurfürst und Christ. Ludw. v. Kalkstein" S. 120, Bd. 3, zweite Hälfte der Forschungen zur brandenburgischen und preußischen Geschichte, herausgegeben von R. Koser (1890).

2) Vgl. das große Sammelwerk: Urkunden und Aktenstücke zur Geschichte des Kurfürsten Friedrich Wilhelm von Brandenburg u. s. w. Bd. 1 herausgegeben von B. Erdmannsdörffer (1864). Bisher 15 Bände erschienen.

3) Die Jugendgeschichte ist nach der gedruckten lateinischen Leichenintimation — als funeratio vom Rektor und Senat der Königsberger Akademie ihren Bürgern gewidmet — aus einem Sammelband der Königsberger Bibliothek von Herrn Bibliothekar Wittich mitgetheilt. Die übrigen Mittheilungen dieses Kapitels über die persönlichen Verhältnisse, Gehälter u. s. w. sind, soweit sie sich in Geschichtswerken nicht finden, aus Akten des Königl. Geh. Staatsarchivs in Berlin von mir zusammengesucht, und aus den Akten des Geh. Staatsarchivs zu Königsberg durch Herrn Wittich ergänzt.

4) Er hatte als „Geheimbter Sekretarius", wie es scheint in der kurfürstlichen Hofkanzlei zu Kölln gearbeitet. In Orlichs Geschichte des preußischen Staats im 17. Jahrhundert (1839) ist Band I S. 62 gesagt, er sei als königlich polnischer Kammerherr in kurfürstliche Dienste gekommen. In der Urkunde vom 25. Juli 1643 über Amt Hohenstein finde ich eine Bestätigung; er wird darin „der Königlichen Majestät zu Polen und Schweden Kammerherr" genannt.

5) Orlich a. a. O. nennt ihn Johann von Hoverbeeke, so habe er sich geschrieben Hoverbecks Originalbriefe im hiesigen und Königsberger Staatsarchive zeigen dieselbe charakteristische kleine feste Schrift. Anfänglich (1639 bis 1645) unterschrieb er Johann von Hoëuerbeeke, sodann Johann von Hoeuerbeeke, später (1660) Johann von Hoverbeeke, endlich (1674) Joh. Frh. v. Hoverbeeke. Wittich meint, ein „e" stehe nicht am Ende des Namens; er hält dies vielmehr für ein flüchtig geschriebenes „m" in dem für manu propria üblichen Schnörkel. In Schriftstücken der kurfürstlichen Kanzlei und in Briefen, die sonst an ihn gerichtet sind, wird er schon in den vierziger Jahren Huëverbeck, Hueverbeck und Hüverbeck geschrieben. Hundert Jahr nach seinem Tode trug einer seiner Nachkommen, ein Oberst und Kommandeur des Leibkürassierregiments vor, in Hamburg sei Jobst von Oberbeck verstorben und habe zu Erben seines großen Vermögens alle Namensvettern eingesetzt, die ihre Herkunft aus den Niederlanden nachwiesen. Seine, des Obersten Vorfahren, seien nach Dokumenten 1570 um der Religion aus Flandern gezogen. Ueber den Verbleib der Dokumente und deren Inhalt, ist aus dem Staatsarchiv nichts zu ersehen.

6) Herr Fétis Direktor (Le Conservateur en chef) der königlich belgischen Bibliothek zu Brüssel hat mir durch einen mit diesen Arbeiten vertrauten Beamten einen Auszug aus einer Genealogie der Familie van Overbeke von Bernard van der Straeten, der 1670 lebte, fertigen lassen. Den „polnischen Zweig" der Familie betreffend, schließt sie ab mit Joh. Hoverbeck (Jean van Overbeck), führt aber noch die Vornamen von 7 seiner Kinder auf. Vermuthlich gründeten sich auf diese Genealogie die Hoverbeckschen Stammtafeln, die sich (nach brieflicher Mittheilung des Oberstlieutenants z. D. Gallandi) in der sogenannten Rabeschen Sammlung der v. Wallenrothschen Bibliothek zu Königsberg befinden. Sie geben nur den polnisch-preußischen Zweig und die direkte Stammlinie weiter hinauf. Jene Sammlung ist gegen Mitte vorigen Jahrhunderts vom damaligen Vorstand der Bibliothek Rabe zusammengestellt. In der Belgischen Genealogie ist ein Grund für die Auswanderung von 1570 nicht angegeben. In der Einleitung des mir aus der Brüsseler Bibliothek gesandten Auszugs heißt es:

„Cette génealogie mentionna plusieurs hauts fonctinnairs et grands dignitaires parmi les membres de cette famille. On n'y trouve aucune allusion à des sympathies pour la Réforme." Dagegen schrieb mir der Direktor des Staatsarchivs, der mich auf die Genealogien in der königl. Bibliothek aufmerksam zu machen die Güte hatte: Je vois dans le registre 18989 de la Chambre des Comptes que les biens de Jacques van Overbeque ont été confisqués au pays de Waes et de Beveren en 1588 pour cause de troubles.“ Danach haben also die 1570 im Lande zurückgebliebenen Familienglieder noch später Verfolgungen erlitten. — In der Provinz Ostflandern liegen im Arrondissement von Oudenarde unweit dieser Stadt nach einem Bericht des Belgischen statistischen Büreaus über die Zählungsergebnisse v. 31. Dez. 1890 die Orte Hoorebeke-St. Corneille mit 754 und Hoorebeke-St. Marie mit 1586 Bewohnern; in der Provinz Brabant im Arrondissement von Louvain (Löwen) Oirbeck mit 239 Bewohnern.

7) Die Mutter wird in der Leichenintimation Ursula von Pirkhausen-Kippenhan genannt, des Großvaters Dobrodzicíski Frau war eine geborene Schilling, deren Schwiegermutter eine Kurzbockin aus Schlesien.

8) Nach Urkunden im Königsberger Archiv. Bei der Verwandlung des deutschen Ordenslandes Preußen in ein weltliches Herzogthum waren die Güter des Ordens in Landesdomänen umgestaltet, aus deren Einkünften der herzogliche Hofhalt und die Ausgaben für die Landesverwaltung bestritten werden sollten. Baranowen wird Domäne gewesen sein.

Die kurfürstlichen Domänen (Aemter) waren entweder gegen ein gewisses Geld verpfändet, so daß in einer gewissen Reihe Jahren Kapital und 6 % Zinsen abgewohnt wurden, oder arrendirt, oder standen unter Kammerverwaltung, s. Droysen, Geschichte der preußischen Politik, der Staat des Großen Kurfürsten, Bd. 2 (1863), S. 522.

9) Aus dem Aufsatz des Professors F. W. Schubert über kulturhistorische Entwicklung der Provinz Preußen in der Festgabe für die Versammlung deutscher Land- und Forstwirthe in Königsberg 1863. Dr. Schubert, Geh. Regierungsrath und Professor der Geschichte in Königsberg, geb. 1799, gest. 1868, war von 1850 bis 1851 und von 1859 bis 1863, wo er ins Herrenhaus berufen wurde, liberales Mitglied des preußischen Abgeordnetenhauses.

10) S. oben Anmerkung 4.

11) Die beiden Pathenbriefe sind im Königsberger Archiv. Auf der Außenseite des ersten hat Bilinski geschrieben: „Loisa Maria heißet die Path.“

12) Nach Schubert a. a. O.

13) Orlich a. a. O. Bd. II S. 3.

14) Königl. Staatsarchiv in Berlin.

15) Orlich a. a. O. S. 18 nach dem Geh. Archiv zu Königsberg. Die Bitte war dahin motivirt „Maßen ich mich ganz verzehrt und auf diese Gelder Kredit gemacht. Auch sonst mich für den unglücklichsten aller kurfürstlichen Minister halten muß, dem in der Fremde innerhalb zwei Jahren nicht ein Pfennig an Zehrungskosten geschickt worden ist.“ Er mußte aber noch länger warten, da das Geld für eine Gesandtschaft nach Moskau verwandt wurde.

16) In einem Aufsatz des Kirchen- und Schulraths Hennig in Königsberg, Präsident der deutschen Gesellschaft in dem von dieser Gesellschaft herausgegebenen preußischen Archiv, 7. Jahrgang 1796 Maiheft waren 6 Töchter aufgeführt:

a) Marie Luise, verheirathet an den Oberburggraf Fink v. Finkenstein,

b) Johanna Elisabeth, verheirathet an den Oberstlieutenant v. Perbandt,

c) Hedwig Sofie, verheirathet an den Hof- und Legationsrath v. Tettau, Erbherr auf Körnen (wohl Körpen Kr. Braunsberg),

d) Anna Margarethe, verheirathet an Major v. Reibnitz, Erbherr auf Kerschitten; Rittergut Kerschitten (375 ha im Kreise Pr. Holland) ist ein der Familie verbliebenes Majorat, dessen Besitzer seit 1810 der zur freisinnigen Volkspartei gehörende Reichstagsabgeordnete für Tilsit Hans v. Reibnitz ist,

e) Eleonore Charlotte, verheiratet mit Oberst v. Knobelsdorf,

f) Sofie Elisabeth, verheirathet mit dem preußischen Oberkastenherrn und Legationsrath v. Tettau.

In dem belgischen Stammbaum sind die Namen der ältesten vier Töchter ebenso angegeben, die fünfte aber ist Charlotte Elisabeth genannt; eine sechste ist nicht aufgeführt.

17) Geh. Staatsarchiv zu Berlin. Die 2000 Thlr. sollten zu der Hohensteinschen Forderung geschlagen werden; Hoverbeck oder seine Erben brauchten Hohenstein nicht eher abzutreten, als auch diese 2000 Thlr. bezahlt seien.

18) In der Eingabe an den Kurfürsten hatten sie um „einiges Wildpret" gebeten, in einer Eingabe an den Oberförster den Wunsch auf ein paar Elent, 4 Hirsche, 4 wilde Schweine, 5 Rehe und etwas Federwild gerichtet. Schon vorher hatten sie um Auszahlung der für $^3/_4$ Jahr rückständigen Besoldung wegen der Begräbnißkosten gebeten. Endlich baten sie auch, anzuordnen, daß der Verstorbene im Kneiphofischen Dome hinter dem Altar beigesetzt werde, „bei der jetzigen heißen Zeit sei es unmöglich, ihn in sein Erbbegräbniß zu fahren." (Staatsarchiv.) Diese „Anordnung" ist keinesfalls erfolgt. Denn die Geistlichen des im Kneiphof belegenen Domes waren streng lutherisch und die Feindschaft zwischen Lutheranern und Reformirten groß. Auf dem Königsberger Staatsarchiv (Mittheilung von Wittich) befinden sich Schriftstücke, durch die von den Hinterbliebenen zur Theilnahme an dem Leichengefolge und den übrigen Begräbnißfeierlichkeiten eingeladen wurde. Die Eingeladenen wurden ersucht, „gesetzten Tages allhier zu Königsberg in des Herrn Hauptmanns von Loetzen uns vergönnten und auf dem Tragheimb gelegenen Saal mit 1 Uhr nach Mittag zu erscheinen, der christlichen Leiche letztes Ehrengeleit durch ihre Gegenwart in dem kurfürstl. brandenburgisch reformirten Kirchensaal zu bewürdigen."

Der Hauptmann von Loetzen war Daniel v. Tettau. Die Reformirten hatten damals in Königsberg keine Kirche. Ihr Gottesdienst wurde in einem Saale auf dem Schlosse abgehalten. Die Leiche ist ohne Zweifel in dem Erbbegräbniß zu Eichmedien beigesetzt.

19) Nach meinen Erfahrungen ist dies nicht aussichtslos.

20) Eine Kulmische Hufe hat 67 Morgen 163 $^2/_3$ □-Ruthen Magdeburgisch, eine Oletzkosche Hufe 61 Morgen 5,9 □-Ruthen Magdeburgisch.

21) Das gesammte Grundeigenthum, was Joh. Hoverbeck in Preußen hinterließ, hat jetzt etwa 7400 ha Flächeninhalt. Es sind im Kreise Sensburg die Rittergüter Baranowen (1220 ha), Eichmedien (957 ha) und Budziskeu (528 ha), im Kreise Osterode die Rittergüter Domkau (699 ha), Geierswalde (959 ha), Döhlau 2052 ha) und $3^1/_2$ Hufe (etwa 70 ha) zu Wilkau, im Kreise Rastenburg das Rittergut Queden (437 ha), im Kreise Mohrungen das Rittergut Pomehlen (424 ha). In der Intimation wird er auch Herr von Starovis u. Sparow genannt. Diese Güter müssen in Polen oder Lithauen liegen; Hoverbeck hatte vom König von Polen 1657 das jus indigenatus für Polen und Lithauen erhalten.

22) Die vorstehenden Daten sind nach Urkunden im Königsberger Archiv.

23) Geh. Staatsarchiv in Berlin enthält die betreffenden Urkunden.

24) Die Leichenintimation befindet sich in der Universitätsbibliothek zu Königsberg.

25) Dieser Sohn erster Ehe Ferdinand Georg ist nach 1803 lange Jahre auf Reisen in anderen Welttheilen gewesen. Nach Deutschland zurückgekehrt lebte er mit gelehrten Studien beschäftigt in Braunsberg. Er starb daselbst im Alter von 85 Jahren am 4. Juli 1862.

26) In dem Freiherrn-Kalender des Gothaischen Handbuches wird Ferdinand v. Hoverbeck als Herr auf Queden, Laxdoyen, Bosemb, Wolka, Eichmedien, Romsdorf, Hasselpusch und Gottesgnade bezeichnet. Er hat die genannten Rittergüter niemals gleichzeitig besessen. Aus den Grundakten ergiebt sich über seinen und seiner Frau Eleonore geborene Gräfin Eulenburg Grundbesitz Folgendes:

a) Rittergut Queden, Kreis Rastenburg (jetzt 548 ha), erbte er von seinem Vater 1777 und verkaufte es 1780 für 5100 Thaler.

b) Rittergut Romsdorf, Kreis Friedland (jetzt 991 ha) ging durch Kaufverträge vom 9. Oktober und 1. Dezember 1779 in den Besitz Hoverbecks und seiner Frau über und wurde im Dezember 1786 für 24500 Thaler wiederverkauft.

c) Das adelige Allodialgut Bosemb, Kreis Sensburg (jetzt 1354 ha) und das freie Allodialgut Wolka, Kreis Rastenburg (jetzt 163 ha) kauften die Eheleute im März 1787; 1796 überließ Ferdinand v. Hoverbeck beide Güter gleichzeitig mit Laxboyen seiner Frau zum alleinigen Eigenthum, diese verkaufte Bosemb und Wolka im September 1799 für 43300 Thaler.

d) Das zu adlig köllmischen Rechten verliehene Rittergut Laxdoyen, Kreis Rastenburg (jetzt 570 ha) kauften die Eheleute 1792 für 31650 Thaler. 1796 überließ Ferdinand das Gut gleichzeitig mit Bosemb und Wolka seiner Frau zum alleinigen Eigenthum. Diese behielt es auch nach dem Ableben ihres Mannes bis 1808, wo sie es für 31500 Thaler verkaufte.

e) Die Eichmedien'schen Güter, die schon Johann v. Hoverbeck besessen hatte, nämlich Eichmedien (jetzt 957 ha) und Budzisken (jetzt 527 ha) im Kreise Sensburg übernahm Ferdinand durch Kauf und Erbvergleich von den Erben eines Vetters 1795. Er verkaufte sie 1797.

f) Ueber Hasselpusch (jetzt 427 ha), Kreis Heiligenbeil, sind mir die Grundakten nicht zugänglich gewesen.

g) Das adlige Gut Groß Haselberg, zu dem als Vorwerk das köllmische Gut Gottesgnade gehörte (zusammen jetzt 652 ha), Kreis Heiligenbeil, hat Ferdinand v. Hoverbeck seinem Sohne Ferdinand Georg am 6. Dez. 1782 „statt seines Muttererbantheils" abgetreten. Dieser hat es am 27. August 1798 verkauft; er war damals Regierungsreferendarius in Königsberg.

h) Das köllmische Gut Grünwalde (jetzt 309 ha) und das köllmische Gut Bartlickshöfchen (jetzt 147 ha), Kreis Lötzen, kaufte Ferdinand am 18. Februar 1799 für zusammen 12000 Thlr., verkaufte sie aber schon am 26. August desselben Jahres.

Drittes Kapitel.

Der Vater als Berufssoldat.

Hoverbecks Vater Johann Ernst v. Hoverbeck, geb. 4. April 1787 zu Bosemb, erreichte das Lebensalter von 81 Jahren. Als Greis erzählte er seinem Enkel Georg Thiel manche scherzhaften Erlebnisse der Jugendzeit. Im Juni wallfahrteten Tausende von Katholiken aus Ost-, West- und Neuostpreußen nach der heiligen Linde im Kreise Rössel. Mit den Wallfahrten war ein Jahrmarkt verbunden, der mehrere Wochen andauerte. Der ganze Landadel, katholisch und protestantisch, fand sich mit Kind und Kegel zu Spiel und Tanz, Schmausereien, Trinkgelagen und anderen Vergnügungen ein; die meisten kampirten unter freiem Himmel, in Zelten. Man kam in feierlichem Aufzuge an; die Knaben in rothen Jacken, weißen Hosen, Stulpstiefeln, prächtig ausgeputzt, ritten auf Ponies. Ernst v. Hoverbeck erzählte, wie er einst auf der Fahrt kurz vor der heiligen Linde, vom Pony abgeworfen, bis an den Hals in eine Pfütze gefallen sei. Er empfing eine tüchtige Tracht Prügel und durfte, da der Anzug verdorben war, das Zelt während des ganzen Aufenthaltes nicht verlassen. Ernst Hoverbecks Vater, Ferdinand, war ein leidenschaftlicher Jäger. Er wollte, sein Sohn sollte es auch werden. Deshalb nahm er den Knaben, sobald er Kraft genug hatte, ein Gewehr abzuschießen, mit auf die Jagd und lehrte ihn schießen und treffen. Lief ein Hase in die Schußlinie, so kommandirte der Vater: Junge schieß! Der Schuß fiel, der Hase lief ungetroffen fort und der Junge bekam eine derbe Ohrfeige. Dies wiederholte sich bis er aus Furcht vor dem unbarmherzigen Vater treffen gelernt hatte. So wurde er ein ebenso ausgezeichneter wie eifriger Jäger.

Frühzeitig kam er in die Kadettenanstalt zu Kulm in Westpreußen. Die Kadetten stammten zum überwiegenden Theil aus den neu erworbenen polnischen Provinzen. Viele verstanden kein Deutsch. Die Lehrer waren meist alte Unteroffiziere. Sie brachten den Schülern herzlich wenig bei. Kam es zu einer Revision, so wurden die Wenigen, die etwas gelernt hatten, über alle Klassen vertheilt und ausschließlich nur über Gegenstände befragt, in denen sie gut beschlagen waren. Ernst war besonders taktfest in der Religion und in Bibelsprüchen. Sie blieben ihm bei seinem ausgezeichneten Gedächtniß bis ins hohe Alter haften und wurden von ihm in der Unterhaltung oft angewendet. Von Kulm kam er auf die Kadettenanstalt zu Berlin. Da kam der Krieg von 1806. Ernst v. Hoverbeck rückte 1806 als Fähnrich eines Infanterieregiments ins Feld und machte die Schlacht bei Jena mit. Hier fiel ihm die Aufgabe zu, mit einem Halbzug eine kleine Brücke zu vertheidigen, er ließ sie mit Düngerwagen aus den benachbarten Bauerhöfen befahren und stellte seine Leute dahinter auf. Aber der Feind kam nicht und schließlich wurde das Regiment in die wilde Flucht des Hohenloheschen Korps mit hinein gerissen. Hoverbeck, inzwischen Lieutenant geworden, blieb bei Blüchers Truppentheil, schlug sich tapfer mit den verfolgenden Franzosen herum, bis er mit seinen Leuten bei einem Flußübergang von den Franzosen eingeschlossen und nach tapferer Gegenwehr gefangen genommen wurde. Nach dem Frieden von Tilsit wurde er als Lieutenant zur Disposition gestellt. Er verbrachte die Jahre bis 1812 als Offizier auf Halbsold mit vier Thalern monatlich in Masuren bei seiner Mutter und auf den Gütern gastfreier Verwandten und Freunde. Meilenweite Ritte scheute er nicht, um den Einladungen zu Jagden, Tanzvergnügungen und anderen Festlichkeiten zu folgen. Der kühne Reiter, ausgezeichnete Jäger und elegante Tänzer war überall beliebt und durfte nirgends fehlen. Auf diesen Gütern lernte er mit klugen Augen die Ursachen erkennen, aus denen der Landadel allmählich durch eigene Schuld den ererbten Besitz verlieren mußte.

1812 stellte er sich wieder zur Verfügung. Als die Trümmer

der großen Armee aus Rußland heimkehrten, war er Etappenkommandant zu Johannisburg. Dann kam die große Erhebung 1813. Ernst v. Hoverbeck trat als Landwehrkavallerist in ein neugebildetes ostpreußisches Nationalregiment ein. Als Premierlieutenant machte er den ganzen Feldzug mit, doch bekam er vom Feinde nicht viel zu sehen. Bei Belagerung der Festungen Torgau und Magdeburg hatte er reiche Muße, seine landwirthschaftlichen Beobachtungen fortzusetzen. In einem Brief vom 8. Juni 1814 aus Osterwedding bei Magdeburg schrieb er seiner Mutter von dem Einzug in Magdeburg am 24. Mai 1814, von der Illumination und dem den Offizieren des Corps gegebenen brillanten Ball. Das Regiment fürchte jeden Tag nach Westfalen gehen zu müssen, da der größte Theil des Corps bereits aufgebrochen sei. „Jeder von uns wünscht nun, da der Krieg zu Ende, wieder ins Vaterland zu kommen und jede Verzögerung kann uns, besonders bei der Ungewißheit der Absicht der Bestimmung, welche man der Landwehr geben wird, nur unangenehm sein, weil die mehrsten der Mitglieder derselben recht gern bald zu ihrem väterlichen Herde und gewohnten Beruf zurückkehren." Er hatte, weil sein Rittmeister den Abschied genommen, das Kommando der Schwadron bekommen, aber ohne die Zulage, die dem ältesten Premierlieutenant zufiel.

Nach dem Kriege blieb er wieder im aktiven Dienst als Premierlieutenant eines neugebildeten Ulanenregiments. Als solcher machte er im II. ostpreußischen Landwehr-Kavallerie-Regiment in dem 6. Armeekorps unter dem General v. Tauentzien den Feldzug 1815 mit. Seine Erlebnisse hat er in einem Notizbuch[1]) vom Juni an kurz verzeichnet. Seinem Enkel hat er als Greis oft erzählt, die Hauptfrucht seiner kriegerischen Reisen in Frankreich, West- und Süddeutschland sei die Erlernung der rationellen Landwirthschaft gewesen. Zeugniß davon giebt allerdings das Tagebuch. Neben Aussprüchen patriotischer Gedanken, finden sich Betrachtungen über Wirthschaftsmethoden und Düngen mit Plaggen, über wohlfeile und dauerhafte Art das Vieh anzubinden, über bessere Häckselladen mit Vorrichtung das Stroh zum Schnitt zusammenzupressen und mit einer vierzinkigen Gabel mit hölzernem Griff vorzuschieben, — über ein gutes Werkzeug zum Pflanzen von Bohnen — über Behandlung des Samenklees — über Eggen und Pflügen — über praktische Dachbedeckung — über Kalken des Weizens — über Fischnetze — über Anlegung von Spalieren für Zwergobstbäume — über beste Aepfelsorten und Veredlung des Steinobstes.

Außer der Landwirthschaft widmete er sein Interesse den Fabriken. Er besichtigte eine Spiegelmanufaktur zu Neustadt a. d. Dosse; die Harkortschen Werke (Stahlschmelze, Sensenhammer, Feilenschmiede) an der Enneper Straße, eine Baumwollenspinnerei bei Bonn, einen Eisenhammer bei Ehrenbreitstein.

In Münster, wo es mehrere Ruhetage gab, traf am 8. Juli Abends die Nachricht vom Einrücken der Verbündeten in Paris ein. Hoverbeck, der deutsche Patriot schrieb:

„Morgen brechen wir auf und gehen an den Rhein. Höchst unangenehm ist dieser Marsch mir nun schon, bei der Aussicht nichts mehr wirken zu können — und zehnmal lieber wäre ich statt dessen gen Osten gezogen. So ist also denn auch dieser Krieg beendet, ohne daß wir seine Gefahren und seine Vortheile getheilt haben. Nun zweimal schon ging ich mit dem besten Willen hin, auch das Meinige für Deutschland zu thun, es ist ohne dies jetzt gerettet, sein Feind zu ohnmächtig, und meine Lust, künftig nur etwa noch für den Ehrgeiz oder die Dummheit der Fürsten zu bluten, ist nicht die größte. Mit meinem Willen also ziehe ich den Säbel nicht mehr. Gott gebe, daß nicht Verhältnisse mich zwingen, fürs Brot nur noch dienen zu müssen."

Es vergingen noch viele Monate, bevor Hoverbeck nach Hause heimkehrte. Er sah Paris und das Meer — aber als er nach Haus kam, mußte er doch noch mehrere Jahre Berufssoldat bleiben. Erst 1819 bekam er als Rittmeister den Abschied. Die letzten Jahre scheint er als Gensdarmerieoffizier gedient zu haben.

Anmerkungen zum dritten Kapitel.

Das Tagebuch besteht aus einem kleinen Oktavheft, auf dessen Deckel sich die Worte befinden: „Nicht der Neugier werth und obendrein ohne Zusammenhang und Niemand als dem Verfasser verständlich." Es umfaßt 40 Seiten; das Heft enthält außerdem landwirthschaftliche Notizen und Hausmittel. Nach dem Tagebuch ging der Marsch von Wusterhausen über Havelberg, Stendal, Gardelegen (17. Juni). „Die Liebe zur vaterländischen Flur wird bei den Preußen bestärkt, wenn sie bemerken, daß sie auf dieser Tour von hundert Meilen keinen schöneren Landstrich gefunden haben, als Ostpreußen. Und die Richtung unseres Weges durch die schlechtesten Gegenden Norddeutschlands wird dieses Gefühl nicht abstumpfen. Ich sehe schon im Geiste, wie sie sich auf dem Wege nach Münster wundern werden, statt des berühmten Deutschlands Steppen zu finden, nicht werth, von Menschen bewohnt zu sein!" — Von Bissendorf, drei Stunden von Hannover, schrieb er am 25. Juni seiner Mutter von der durch gedruckte Bekanntmachung des in Hannover residirenden Herzogs v. Cambridge verbreiteten Nachricht von der siegreichen Schlacht bei Waterloo: „Ich glaube fast, daß unser, des VI. Armeekorps unter General Tauentzien, Loos werden wird, die Festungen wieder zu belagern und die Armee beim weiteren Vordringen hinter sich zu lassen" u. s. w. Ueber die dortige Bevölkerung urtheilt er: „Gutmüthiges, ehrliches Volk in dieser Gegend und trotz der elenden Heide und dem Sande mit mehr Wohlhabenheit wie bei uns, aber auch auffallend mehr Betriebsamkeit und Fleiß." — In das Tagebuch schrieb er, als die Nachricht von dem Zusammenstoß Blüchers mit dem Feinde eintraf: „So ist denn das Loos gefallen, und ohne uns; die Hoffnung zur gütlichen Ausgleichung dahin. So wüthe denn Krieg mit deinem Jammer und deinen Hoffnungen und bringe einen segensreicheren Frieden als den letzten. Unterdrücke die Dummheit und bringe das Talent empor, du findest ein weites Feld und einen wahren Augiasstall aufzuräumen." — Lafelslohe bei Diepenau an der Weser (29. Juni): „Ein recht nettes Dörfchen. Unser Wirth, ein bloßer Dorfkrämer, macht ein sehr gutes Haus und giebt Mittag und Abend Wein. (Man vergleiche und begreife.) -- Münster den 7. Juli: „Mit vielem Interesse lese ich täglich den rheinischen Merkur. Wie kräftig spricht sich der treffliche Arndt über Deutschland und seine Verhältnisse aus. Mit hinreißender Beredtsamkeit und Kraft, ein zweiter Luther, greift er das Böse ungescheut an, und sucht den Deutschen einleuchtend zu machen, daß nur eins ihnen noth ist: Vereinigung! Ja, du großes, deutsches Gemüth, erfaßten dich Deutsche und verstünden dich; es würden andere Resultate aus diesem gährenden Chaos hervorgehen, als das Abzwacken von ein Paar Provinzen und Festungen von Frankreich, was die Politiker als letzten Zweck dieses großen Kampfes hoffen. — Am 8. Juli Abends kam die Nachricht vom Einzug der Verbündeten in Paris. In der Enneperstraße wohnte er bei dem Fabrikanten Harkort, der eine große Menge Hammerwerke, eine Stahlschmiede, Sensenhammer und Feilenschmiede und ein vorzügliches Brauhaus besaß. Zu dieser Zeit hatten zwei Söhne desselben, Friedrich und Gustav Harkort, als Landwehroffiziere die schweren Kämpfe durchgemacht. Fritz Harkort, der 40 Jahre später ein Jahrzehnt lang ein tapferer parlamentarischer Kampfgenosse von Leopold v. Hoverbeck war, lag am 15. Juni schwer verwundet in Aachen; erst nach Monaten konnte er, mit dem eisernen Kreuz geschmückt, in das Vaterhaus heimkehren. (Berger: Der alte Harkort 1890 S. 140.) Ueber Köln, Bonn, Koblenz, Verviers ging es am 12. August nach Frankreich hinein. — Am 23. sah er von St. Denis den Mont Martre. „Große Vorbereitungen zur morgenden Revue ... am 24. endlich der große Augenblick, zu deß Ende schon seit acht Tagen viel geschrieben, befohlen und befürchtet wurde. Nach althergebrachter Sitte mußten wir schon um 7 Uhr auf dem Platz stehen, weil der König uns um 11 sehen will. Viel Pomp und Putz, besonders bei den Garden. Wir gingen nach glücklich überstandener Schau über St. Germain nach Orgeval und ich für meine Person nach Paris. Diese gefeierte Hauptstadt der kultivirten Welt ist eine große Stadt wie alle anderen. Einen größeren Klumpen von Krämern sah ich noch nicht. Kein Haus, keine Thür ohne Ueberschrift. Privathäuser sah ich garnicht. Einige Straßen voll Koth und Gestank. Ewiges Getümmel und Gedränge, was das Gehen fast unmöglich macht. In allem der unverkennbare französische Charakter im höchsten Grade. — Empörende Frechheit der Freudenmädchen im Palais Royal".... Am 15. September bei Arranges Aussicht auf das atlantische Meer.... In Rouen am 13. Oktober notirte er sich die besten Aepfel- und Birnensorten. Er wollte sich davon zu Schiffe Pfropfreiser von dem würdigen Mr. Bataille im Hotel St. Arnould schicken lassen. – Ende November ging es zurück über Brüssel und am 19. Dezember 1815 über den Rhein.

Viertes Kapitel.

Die Eltern.

Ernst von Hoverbeck verheirathete sich am 16. Juni 1820 mit Emilie Wilhelmine (Minna) Thiel, geboren am 3. April 1794 zu Sperling (Kreis Angerburg), der ältesten Tochter des Domänenamtmanns David Thiel. Dieser hatte die Domäne Sperling, auf der er ein ansehnliches Vermögen erworben, bereits abgegeben und lebte als Rentner zu Königsberg. Die Trauung fand im Geburtsorte des Bräutigams, in Bosemb, statt.[1]) Wenige Monate nach der Hochzeit starb die Schwiegermutter eine geborene Stenzler; der Mann überlebte sie um mehrere Jahre. Er hatte zehn Kinder, fünf Söhne, von denen der älteste Jurist, die übrigen Landwirthe wurden und fünf Töchter, die sämtlich Offiziere geheirathet haben. Gegen Offiziere hatte er eine starke Abneigung. Nach der Verheirathung seiner ältesten Tochter mit einem früheren Berufsoffizier, erlebte er noch, daß sich die zweite und dritte Tochter mit Offizieren des ersten ostpreußischen Infanterieregiments verheiratheten und die vierte sich mit einem Offizier desselben Regiments verlobte. In der Besorgniß, die militärischen Schwiegersöhne könnten das Vermögen ihrer Frauen durchbringen, errichtete er ein sonderbares Testament. Er setzte die zehn Kinder zu Erben zu gleichen Theilen ein, aber jedes sollte erst, wenn sein eignes ältestes Kind 24 Jahre alt, in den uneingeschränkten Besitz des Erbtheils gelangen, wenn kein Kind vorhanden, erst mit dem 40. Lebensjahre. Das Testament wurde von mehreren Erben angefochten. Frau v. Hoverbeck unterwarf sich aus Pietät dem letzten Willen des Vaters. Inzwischen hatte auch ihre jüngste Schwester, die beim Tode des Vaters erst 13 Jahre alt war, einen Offizier desselben Regiments geheirathet. Der Erbprozeß dauerte 22 Jahre und wurde dann auf der fröhlichen Hochzeit einer Enkelin mit einem Enkel des Erblassers durch einen für alle Theile erfreulichen Vergleich beendet. Uebrigens war das Mißtrauen des alten Thiel ungerechtfertigt: von den vier Infanterieoffizieren blieben drei dem Beruf treu, zwei starben als Obersten a. D., einer als Major a. D., der vierte nahm als Hauptmann den Abschied, kaufte ein Gut und brachte es als Landwirth zu Wohlstand.[2])

Durch Vertrag vom 6. Januar 1821 kaufte der Rittmeister Freiherr Ernst v. Hoverbeck das zu köllmischem Recht verliehene adlige Gut Nickelsdorf, im ermländischen Kreise Allenstein, von dem Oberamtmann Noth und dessen Gattin, geb. Bissel, für 31,210 Thaler. Vom Kaufgeld wurden 16,500 Thaler Schulden übernommen und 14,710 Thaler baar ausgezahlt. Vermuthlich hatten zu dieser Zahlung Vorschüsse des Schwiegervaters Thiel und der Mutter Hoverbecks beigetragen. Unmittelbar nach Abschluß des Vertrages sagte der Verkäufer: „Lieber Baron, nun sehen Sie zu, das Krät[3]) sobald als möglich wieder los zu werden, und wenn Sie 10,000 Thaler bekommen, dann können sie froh sein.“ Der Käufer entgegnete ärgerlich, er werde ihm und den Nachbarn schon zeigen, daß das Gut, richtig bewirthschaftet, mehr als das Kaufgeld werth sei. Was der junge Offizier auf seinen Kriegsfahrten in Bezug auf Landwirthschaft kennen gelernt, verwerthete er mit eiserner Energie und fröhlichem Muthe auf seinem eigenen Grund und Boden, unbekümmert darum, daß die Nachbarn prophezeiten, der Baron werde bald mit dem weißen Stock aus Nickelsdorf gehen müssen. Damals galt dort für landwirthschaftlich richtig, um möglichst viel zu ernten, möglichst viel Fläche zu bestellen; Hoverbeck bestellte nur $^3/_4$ seines Ackers in jährlichem Wechsel und verwandte darauf die ganzen vorhandenen Düngermengen, während $^1/_4$ unbestellt blieb. Diese „schonende Fruchtfolge", seitdem allgemein anerkannt, hat Nickelsdorf zu einem der ertragfähigsten Güter gemacht. Hoverbeck war der erste, der den Anbau des rothen Klees in Ostpreußen einführte. Als sein Schwiegervater davon hörte, welche nach damaligen Verhältnissen kolossale Summe er für den Centner rothe Kleesaat bezahlt habe, meinte er ärgerlich, sein Schwiegersohn verdiene als Verschwender unter Vormundschaft gestellt zu werden.

Gerade damals begann jene Zeit des schwersten Nothstandes für die Ostpreußische Landwirthschaft. Durch die ungenügende „Art der Entschädigung der Kriegsleistungen, sowie in Folge der Sperre der Häfen während der Zeit der Kontinental-Sperre, des gänzlichen Darniederliegens des Handels und der Gewerbe in der ganzen Provinz und der ganz außergewöhnlich geringen Preise aller landwirthschaftlichen Produkte[4]) hatte die Cirkulation des Geldes in Ostpreußen fast aufgehört, und viele Gutsbesitzer geriethen außer Stande, ihre Wirthschaften fortzuführen." Es mußten Rittergüter „in großer Zahl wegen landwirthschaftlicher Zinsenreste unter Zwangsverwaltung gestellt werden und zum Zwangsverkauf kommen". 1825 standen 154 Güter unter Zwangsverwaltung, und von Johanni 1822 bis 1828 hatten auf Antrag der Landschaft 183 Güter zum Zwangsverkauf gestellt werden müssen. Ernst v. Hoverbeck und seine Gattin überwanden durch Intelligenz, Fleiß und Sparsamkeit die schweren Zeiten. Sie wohnten in einer Hütte eines Gutes mit völlig verfallenen Wirthschaftsgebäuden. In einem Brief vom 12. November 1824 schrieb Ernst v. Hoverbeck seinem „lieben Mütterchen" nach Rastenburg:

„Anlangend den Anbau. Das Allernothwendigste zum Bauen ist hier ein Pferdestall und eine Scheune, denn ich kann schon jetzt die Füllen und Stuten nicht mehr unterbringen; auch die Scheune fällt um. Nun kann ich aber nur jedes Jahr ein Gebäude bauen, folglich käme die Reihe ans Haus erst in drei Jahren. Auch sind wir schon so eingewohnt, daß wir nichts vermissen. Ein Anderes ist es aber, wenn Du, Mütterchen, die Absicht haben solltest, Dich aufs Land zu uns zurückzuziehen. Tritt dieser Fall einmal ein, so bitte ich, statt eines Vorschlages mir nur eine kurze Ordre zu geben und es soll in kurzmöglichster Zeit Alles aufs Beste und mit wahrer Freude eingerichtet werden; aber ohne Vorschuß."

Die Lebensweise des Ehepaares war überaus bescheiden. Sie gingen in einfachen Kleidern; er in einem leinenen Rock, den ihm seine Frau selbst angefertigt hatte. Im leinenen Rock ging er auch, als er schon ein hochangesehener Landschaftsdirektor war, zum Oberpräsidenten in Königsberg. Die Frau Baronin trug niemals einen Hut, sondern ein Kopftuch nach ermeländischer Sitte. Auf dem Tische sah man nur Hausmannskost. Die Stelle des Zuckers vertrat selbstgewonnener Honig. Ernst v. Hoverbecks Grundsatz war: „man muß mit der Hälfte auskommen von dem, was man hat, dann ist man ein freier Mann." Die Frau war in der Hauswirthschaft nicht minder tüchtig, als der Mann in der Landwirthschaft. Ueber die Eigenart des Ehepaares schrieb Oberlehrer Witt, der intime Freund des Sohnes, seit 1846 auch den Eltern eng befreundet:

„Der Vater Leopolds v. Hoverbeck muß in jungen Jahren ein ungewöhnlich schöner Mann gewesen sein und zwar ein martialischer Charakter; noch in hohem Greisenalter verrieth sich dies durch sein lichtsprühendes Auge und die Entschiedenheit seiner Gesichtszüge . . . . . . Die Bildung, welche er im Kadettenhause gewonnen, war wohl eine sehr oberflächliche, sie wurde indessen durch die ausgezeichneten Gaben, welche er von der Natur erhalten, sehr glücklich ergänzt. Er hatte einen lebhaften Trieb zur Bildung und dazu einen sehr gesunden Menschenverstand und ungewöhnlichen Scharfblick. Durch Lektüre und Nachdenken wußte er sich leicht über Alles ins Klare zu setzen, was Landwirthschaft und Nationalökonomie betraf, wobei ihn die Unbefangenheit, nichts auf Autorität anzunehmen, vielmehr Alles mit eigenem Urtheil zu prüfen, wesentlich unterstützte. So wurde er bald nicht bloß der gern befragte Rathgeber der benachbarten Gutsbesitzer, die ihn früher verlacht hatten", er wurde auch von den Provinzialbehörden in zweifelhaften Fällen oft um seine Meinung angegangen. „Der Hang zu mannigfaltiger Lektüre hat ihn durch sein ganzes Leben begleitet; sie erstreckte sich theils auf die praktischen Wissenschaften, theils auf die schöne Litteratur. Ebenso war er ein Freund der Musik. Klassische Musik war ihm ein hoher Genuß. Diese humanen gemüthvollen Neigungen vertrugen sich aber mit einem sehr leidenschaftlichen Temperament".

Die Ausbrüche seines Jähzorns hatten in früheren Jahren nicht selten seine Dienstboten zu empfinden. Sie wurden gut gelohnt, aber er verlangte unbedingten Gehorsam und strafte schwer, auch wohl durch körperliche Züchtigung den, der ihm nicht zu Willen that. Trotzdem war er bei seinen Dienstleuten angesehen und beliebt. Sie wußten, daß sie auf seine Gerechtigkeit und in wirklicher Noth auf seine freigebige Unterstützung bauen konnten.

Unter rauher Außenseite verbarg er ein weiches Gemüth. Die Thränen kamen ihm in die Augen, „wenn er ein kleines Kind, dem noch schlaue Berechnung fern lag, einem andern einen uneigennützigen Dienst leisten sah".

„Die Gattin dieses oft rauhen, barschen Mannes, Wilhelmine, geborene Thiel, war in mancher Beziehung sein voller Gegensatz. Nur von herzlicher Milde erfüllt, war sie ein Muster thätiger Menschenfreundlichkeit. Ihre Dienstleute erfuhren die gütigste Behandlung, und für jeden, der das Glück hatte, ihrem Hause näher zu treten, war sie von warmem Wohlwollen erfüllt, was sie auch gern in der Form geschäftiger Gastfreiheit zu erkennen gab. Ihrem zarten Gemüthe gemäß hatte sie ein inniges Wohlgefallen an Blumen. Ohne Strauß kehrte sie von keinem Spaziergange zurück und auf allen Tischen standen ihre wohlriechenden Lieblinge, Nelken, Narzissen, spanische Wicken, Centifolien, die sie in ihrem Garten selbst gepflegt und abgewartet hatte. Es mag wohl eine Zeit gegeben haben, wo sie durch die hin und wieder hervorbrechende Rauhheit ihres Gatten tief verletzt wurde, aber allmählich übertrug sich mehr und mehr von ihrer Milde auf den Charakter des Mannes." Uebrigens war Frau von Hoverbeck eine hochgebildete und hervorragend kluge Frau. Sie hatte, wie man in der Verwandtschaft sagte, die „Thiel'sche Klugheit" geerbt. Sie unterrichtete ihre heranwachsende Tochter, die keine Schule besuchte, ohne Erzieherin, auch in der Musik und im Französischen.

Beide Eheleute liebten die Musik. Sie spielte gut Klavier, und er blies die Flöte und war ein Virtuose im kunstgemäßen Pfeifen.

Ein lieber Gast des jungen Ehepaares war oftmals die in Rastenburg lebende Mutter des Mannes. Diese übertrug die zärtliche Liebe zu ihrem einzigen Sohne auch auf dessen Gattin.[6]) Im Gegensatz zu ihrem Sohne war sie sehr stolz auf ihre adlige Abkunft. Die Eulenburgs, meinte sie, seien Reichsfreiherrn, Freiherrn des Heiligen Römischen Reichs deutscher Nation, schon geworden, lange bevor die Hohenzollern nach Brandenburg kamen.[7]) Einstmals sprach sie sich zu ihrer Schwiegertochter unzufrieden über einen früh verstorbenen Stiefsohn aus. „Es war aber auch nichts Anderes von ihm zu erwarten," schloß sie, „seine Mutter war ja nur eine Mamsell Krause; und wer war die Mutter deines Mannes liebes Kind? — eine Gräfin Eulenburg. Der Sohn war zugegen. Als er mit einem Blick auf seine geliebte Frau der Mutter sein Erstaunen über ihre Aeußerung ausdrückte, erwiderte sie schnell

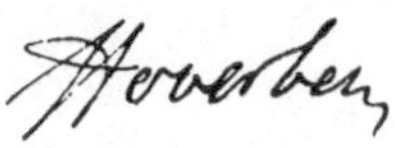

gefaßt: „Ja, lieber Sohn, deine Frau ist eine glänzende Ausnahme, es giebt nur eine Minna Thiel." Als sie einmal nach Nickelsdorf kam, fand sie ihre Enkelin in Gemeinschaft mit dem Hausmädchen Kartoffeln aufnehmend. Es setzte nachher eine Strafpredigt darüber, daß sie, eine Baronin, zusammen mit der Magd im Garten arbeite.

Anmerkungen zum vierten Kapitel.

1) Weshalb die Trauung in Bosemb stattfand, blieb mir unbekannt.

2) David Ernst Thiel, geboren 1753, starb am 5. Mai 1825 zu Königsberg, nachdem seine Frau Friederike Caroline geb. Stenzler am 30. November 1820 gestorben war.

Seine fünf Söhne waren: a) Friedrich, geboren 1790, starb 1859 zu Berlin als Direktor des Vormundschaftsgerichts. Dessen ältester Sohn Adolar, geboren 1815, war 1849, als Ober-Landesgerichtsassessor zu Köslin, Abgeordneter in der zweiten Kammer für den pommerschen Wahlkreis Fürstenthum-Schlawe-Kammin, ein Freund Buchers und Mitglied der Linken. Er starb 1870 als Appellationsgerichtsrath in Insterburg. — Ein anderer Sohn Romildo, geboren 1818 vermählte sich im Juni 1845 mit Hoverbeck's einziger Schwester Lydia und starb 1859 als Landschaftssyndikus in Mohrungen. b) Leopold, geb. 1791 starb 1850 als Rittergutsbesitzer auf Ranten und Landschaftsrath. c) Georg August geboren 1796, gestorben 1842 als Rittergutsbesitzer. d) David, geboren 8. Juni 1799 zu Sperling, gestorben 16. Mai 1881 zu Rastenburg, war Rittergutsbesitzer auf Wangotten und zugleich mit seinem Neffen von 1859 bis 1861 Mitglied des Abgeordnetenhauses; zuerst der Fraktion Vincke, dann Fraktion Behrend (Jung-Littauen). e) Moritz Theodor, geb. 1804, gest. 1878.

Die fünf Töchter waren: a) Wilhelmine v. Hoverbeck, geboren 1794, gestorben 10. März 1866. b) Christiane Henriette, geboren 1801, gestorben 1864, war vermählt mit Hauptmann Woisky, der als Oberstlieutenant a. D. zu Dresden starb. c) Friederike Antoinette, geboren 1802, gestorben 1885, war vermählt mit Premierlieutenant v. Lukowitz, der als Oberstlieutenant a. D. 1852 starb. d) Laura Natalie, geboren 1807, gestorben in hohem Alter, war vermählt mit Premierlieutenant Belian, später Rittergutsbesitzer in Trautzig bei Allenstein. e) Ida Mathilde, geboren 1813, gestorben in den achtziger Jahren, war vermählt mit Premierleutenant Freiherrn von Fircks, der als Major a. D. in Dresden starb.

3) Krät = Kröte in Ostpreußen wie anderswo in Norddeutschland, für kleines Ding mit verächtlichem Nebensinn.

4) Nach dem von der Generallandschafts-Direktion dem Generallandtage von 1826 erstatteten Bericht waren die Preise aller Getreidearten von 1820 bis 1825 in dauerndem Sinken, wie folgende Zusammenstellung unter Umrechnung in Mark ergiebt:

	Weizen	Roggen	Gerste	Hafer
1820:	5.18	3.08	2.15	1.73
1821:	4.86	2.60	1.67	1.34
1822:	4.94	3.03	2.62	1.46
1823:	4.26	3.04	2.64	1.77
1824:	3.37	1.63	1.25	1.05
1825:	2.96	1.84	1.44	1.13.

5) Aus dem von mir im Reichsfreund 1887 (Nr. 35 und 36) veröffentlichten Aufsatze Witt's.

[6]) Ein Brief an seine Mutter im Winter 1821 lautet:

„Liebstes Mütterchen, meine Minna sehnt sich schon so sehr und so lange nach Dir, und ich habe schon so oft ausgerufen: Mein Gott, wenn doch meine Ollsche einmal wieder herkäme, daß ich endlich mich entschlossen habe, ein Schiff nach Dir vom Stapel laufen zu lassen. Es erfolgt daher der Martin mit drei tüchtigen Pferden und desgleichen Wagen, den ich besonders darum so gewählt habe, weil man jetzt bei den harten Wegen mit einem schmalen Wagen besser, als mit einem breiten fährt. Martin hat Auftrag, nicht eher von dannen zu ziehen, bis Du aufgesessen bist. O, mache uns doch die Freude! — — Wenn Du und Frau Pfarrchen (eine Pfarrerswittwe, die Freundin der Frau von Hoverbeck) noch etwas Platz auf dem Wagen übrig läßt, so bitte ich, einen Sack mit Erbsen mit aufzuladen; den Rest hole ich, wenn ich Dich abschicke. Meine Frau hat bei Gelegenheit einige Bedürfnisse: 1) etwas Schabbelbohnen zur Saat, 2) dito Zuckererbsen, 3) dito Sauerampfer, 4) etwas Zwiebeln zum Gebrauch, 5) eine tüchtige eiserne Lampe zum Aufhängen in der Gesindestube, 6) wenn Du eine hölzerne Form zum Lichtziehen hast und sie nicht selbst brauchst. — Komme doch ja mit, liebe Mutter; da ich weiß, daß Du nicht viel aufs Leib hast, so schicke ich Dir einen Pelz und Decke mit. Wir erwarten Dich mit Liebe. Nun (Zerrissen — unlesbar).

Deine treuen Kinder Hoverbeck."

[7]) Die Eulenburgs wollen als Herren v. Eilenburg in der Provinz Sachsen schon 1217 Reichsfreiherren geworden sein. Bei der Belagerung von Marienburg 1457 war Ritter Went v. Ilburck Herr zu Egerberg ein dem deutschen Orden treugebliebener Hauptmann der Landsknechte (s. Voigt, Geschichte Marienburgs, 1824. S. 462). Er soll der erste Eulenburg sein, der in Preußen Besitz erwarb. Der Vater der Frau v. Hoverbeck, Geheimrath Freiherr Jonas v. Eulenburg, wurde zugleich mit dem Freiherrn Ernst Christian v. Eulenburg zu Prassen bei der Erbhuldigung in Königsberg 1786 in den Grafenstand erhoben, zugleich mit ihren Nachkommen. Jonas von Eulenburg hatte keine männlichen Nachkommen. Von Ernst Christian, seinem Bruder oder Vetter, stammen alle vier Linien der zahlreichen Grafen Eulenburg. (Gritzner, Chronologisches Material der Brandenburgisch-Preußischen Standeserhöhungen 1879.)

Fünftes Kapitel.

Goldene Jugend im Elternhause.

Leopold Freiherr v. Hoverbeck ist am 25. Juli 1822 auf dem Rittergute Nickelsdorf geboren. Das Taufregister der evangelischen Gemeinde zu Allenstein vom Jahre 1822 enthält folgende Eintragung:

„Ferdinand Ernst **Leopold** v. Hoverbeck ist geboren den 25. Juli und getauft den 26. ejusd. **Pater:** Johann Ernst v. Hoverbeck, Baron und Gutsbesitzer in Nickelsdorf. **Mater:** Emilie Wilhelmine geborene Thiel. **Testes:** Baron Ernst v. Hoverbeck, Frau Baron Eleonore v. Hoverbeck und Demoiselle Antoinette Thiel."

Leopold v. Hoverbeck (in der Regel Leo genannt) hatte neben dem Rufnamen also noch den Vornamen des Vaters und Großvaters, seine Pathen waren nur der Vater, die Großmutter und die zweite Schwester der Mutter, spätere Frau von Lukowitz. Witt sagt von ihm:

„Die besten Eigenschaften beider Eltern gingen auf den Sohn über. Wie der Vater hatte er geringe Bedürfnisse, war voll Mannesmuth, mit scharfem Verstande begabt, unbefangen, freimüthig, innig gerührt von guter Musik, ein tüchtiger praktischer Wirth — wie die Mutter tief gemüthvoll, stets thatbereit, wo es sich um fremde Noth handelte, ein Verehrer der schönen Natur, ein liebevoller und sorgsamer Pfleger von „Blumen und Bäumen."[1])

Leo war ein ungemein kräftiges Kind; groß und stark und von kerniger Gesundheit wuchs er zur Freude seiner Eltern und seiner Großmutter, deren Liebling er war, heran. Sein Vater, selbst ein Hüne von Körperkraft, beschloß den Sohn spartanisch zu erziehen. Die ersten zehn Jahre seines Lebens hat Leo Hoverbeck niemals in einem Bette gelegen, er schlief auf der Diele, in eine wollene Decke gewickelt. Des Morgens erhielt er einen Eimer kalten Wassers über den Kopf. Seine Kleidung bestand in einem leinenen Hemde. Barfuß, ohne Schuhe und Strümpfe, ohne Hosen und Jacke, ging er im Hemde auch in den Schnee und auf das Eis. Im kalten Winter fuhr einmal eine Kutsche durch das Dorf. Gegen die Kälte durch Pelze und Fußsäcke geschützt, erblickten die Reisenden auf dem Dorfteich einen kleinen Knaben, der im Hemde und barfuß sich auf dem Eise tummelte. Voller Mitleid suchten sie ihn durch freundlichen Zuruf vom Eise zu locken; — vergeblich. Am nächsten Hause hielten sie an, um die Bewohner aufzufordern, das arme Kind vom Eise herzuholen, damit es nicht erfriere. Lächelnd antwortete man ihnen: „Ach nein! Das ist ja unser junger Baron, der geht immer so!"

Der Mutter gelang es nicht, ihren Mann von der Gefahr der spartanischen Erziehung zu überzeugen, selbst nicht, als sich herausstellte, daß der Knabe nur auf einem Auge sah. Ihm selbst gefiel seine Tracht, namentlich, daß er keine Stiefeln zu tragen brauchte. Wenn er sich einen langen Splitter in die Fußsohlen getreten hatte, zog er ihn, auf einem Beine stehend, sofort schweigend heraus, ohne einen Schmerzenston hören zu lassen. Die Mutter hatte der lieben Großmutter, die dem Enkel gelegentlich Aepfel und Pfefferkuchen schickte, nur Gutes über ihn zu berichten. „Unser Leo" — schreibt sie im Februar 1826 — „ist ein allerliebster Junge, der sich besser ziehen läßt als wir erwarteten, man bedarf beinahe keines bösen Wortes". Leo ist niemals körperlich gezüchtigt worden, auch nicht von seinem jähzornigen Vater. Als dieser, der ein starker Raucher war, den kleinen Knaben einmal traf, als er mit den Tabakspfeifen spielte, gab er ihm einen kleinen Klaps mit dem Tabaksbeutel. Dem Knaben kam bald wieder einmal die Lust an, trotz des Verbots mit den Pfeifen zu spielen. Da ging er dicht an die Pfeifen heran, — aber dann ermahnte er sich selbst: „Ei ei, Leo, der Vater kommt mit dem Tabaksbeutel!"

Ein frischer fröhlicher Knabe, unempfindlich gegen Hitze und Kälte, trieb er sich mit den Dorfkindern herum, der Liebling von Jung und Alt. Die Eltern sorgten sich nur — daß er zu stark wurde. Auch den Aerzten kam dies ängstlich vor, er durfte deshalb lange Zeit kein Fleisch essen, mußte sich mit Grütze, Erbsen, Kartoffeln begnügen. Der Pflanzenkost der Kindheit maß er es wohl im Scherz bei, daß er so milden und mitleidigen Charakters geworden. Wenn er mit den Dorfkindern auf der Wiese am Waldrande spielte, konnten die größeren Kinder nicht mitspielen, weil ihnen oblag, die Kleinsten zu warten. Da übernahm Leo, damit die Großen mitspielen könnten, oft Stunden lang Aufsicht und Wartung der Kleinen.

Den ersten Unterricht erhielt er zu Hause von den Eltern. Kopfrechnen lernte er bei seinem Vater schon im sechsten Jahre so gut, daß es fürs ganze Leben vorhielt. Er hatte in der Rechenstunde unausgesetzt um einen viereckigen Tisch zu wandern; da er sich öfter an den Ecken stieß, mußte der Tischler die Ecken absägen. Mit dem achten Jahre ward er der Erziehung eines alten Dorfschullehrers katholischer Konfession anvertraut, des braven, tüchtigen, freisinnigen Lehrers und Glöckners Gruneberg in Alt-Wartenburg. Er war längere Zeit bei ihm in Pension. Jeden Sonntag wanderte er barfuß nach Hause. Ein besonderes Vergnügen war es für ihn, wenn er als Chorknabe bei der Messe fungiren konnte. Daß der barfüßige Sohn eines evangelischen Barons Chorknabendienste beim katholischen Gottesdienst verrichtete, daran nahm in der guten alten Zeit der Aufklärung Niemand Anstoß. Der Vater billigte es ausdrücklich; nur knieen dürfe er nicht. Mit dem zehnten Jahre mußte sich Leo bequemen, die Füße in Stiefel zu zwingen — er kam auf das Gymnasium zu Königsberg.

Anmerkung zum fünften Kapitel.

1) Aus dem von mir im Reichsfreunde 1887 veröffentlichten Aufsatze Karl Witt's.

Sechstes Kapitel.

Auf dem Gymnasium.

Von Michaelis 1832 bis dahin 1840 war Leo v. Hoverbeck Schüler des Friedrichskollegiums zu Königsberg, eines Gymnasiums, das sich damals unter dem Rektorat des Professor Gotthold vorzüglichen Rufes erfreute. Daß sich Hoverbeck als Gymnasiast vor seinen Mitschülern besonders hervorgethan hätte, läßt sich nicht behaupten. Das erste Jahr war er in einer Pension, in der es ihm nicht behagte. Besser gefiel es ihm, als er Michaelis 1833 zum Oberlehrer Bujack in Pension gegeben wurde. Noch vorhandene Briefe an die Eltern und die Großmutter bezeugen es.[1]) Aber freilich die Ferien bei Eltern und Geschwistern in Nickelsdorf wurden freudig ersehnt. Den Geschwistern Lydia geb. 22. Februar 1825 und Ernst geb. 17. März 1832, war er der liebevollste Bruder. Das elterliche Gut entwickelte sich allmählich zur Musterwirthschaft mit stattlichen Wirthschaftsgebäuden, hübschem Garten und einem einfachen, behaglichen Wohnhause.

In der Schule scheint Leo im Fleiß nachgelassen zu haben. Er war, als er nach Tertia kam, mit elf Jahren der Jüngste von allen; er blieb aber drei Jahre in der Klasse. Ostern 1836 bekam er eine schlechte Zensur, zur Strafe durfte er zu Pfingsten nicht nach Nickelsdorf kommen. Der Vater schrieb ihm nach Pfingsten:

„Mein lieber Leo! Wir hoffen beide, daß Du zu den Hundstagsferien ein Zeugniß Nr. 2 mitbringen wirst und bitten Dich deshalb, alle Deine Freistunden diesem Zweck zu opfern und selbst den Kirchengottesdienst so zu beschränken, wie es etwaige Vorschrift beim Colleg Fried. nur irgend gestattet oder Dich eigenes Bedürfniß dazu anspornt. Die Mutter, Lidi und der Kleine grüßen mit mir und haben herzliche Wünsche für Dein Wohlergehn. Dein treuer Vater Hoverbeck."

Leo kam Michaeli 1836 nach Sekunda und war in der neuen Klasse sehr fleißig. Nach Nickelsdorf war im Herbst die Großmutter[2]) gezogen. Die alte Dame war etwas unsteter Natur. Sie hatte schon mehrmals in Nickelsdorf ihren Wohnsitz genommen.[3]) Aber wenn sie dort war, litt sie öfters unter der Heftigkeit ihres zärtlich geliebten Sohnes, der von ihr den lebhaften Geist und feinen Humor, aber auch den heftigen, leidenschaftlichen Sinn geerbt hatte. Frau v. Hoverbeck hatte manchmal Mühe und Noth, zwischen Schwiegermutter und Gatten zu vermitteln. Schließlich kam es denn dahin, daß Großmutter im Zorn Nickelsdorf verließ und sich wieder in Rastenburg einmiethete. Bei dem Wechsel des

Wohnorts brachte sie jedesmal ihren Sarg mit, den sie sich schon in jungen Jahren hatte machen lassen. Sie wollte darin begraben werden, benutzte ihn aber inzwischen zur Aufbewahrung von Backobst. Als sie in hohem Alter starb war der Sarg unbrauchbar, das Holz verfault.

Ihr Enkel schrieb ihr nach Nickelsdorf (Dezember 1836) wie sehr er sich freue, sie dort zu begrüßen. Zwar gefiele es ihm in Königsberg jetzt so ziemlich, „aber was ist das gegen das Leben zu Hause!" Die Zensur hatte er noch nicht mitbringen können; er sandte sie erst am 6. Januar 1837 von Königsberg, nach einer Rückreise mit Hindernissen. In Allenstein hatte er noch vier Stunden auf die Post warten müssen. Der 14jährige hatte, wie er schrieb, „glücklicherweise den Homer in der Manteltasche und so habe ich mir die Zeit doch einigermaßen vertrieben." Bis Bartenstein fuhr er in einem offenen Schlitten bei guter Bahn und tüchtigen Pferden, dann in verschlossenem Postwagen.

Pfingsten 1837 machte er einen ersten Ausflug mit seinem Freunde Korff (Familie des Freiherrn Schmysing v. Korff) zu dessen Eltern nach Schönbruch. Leos Eltern gestatteten es ihm, nachdem ihm sein Freund eine schriftliche Einladung seines Vaters vorgelegt hatte. Die sorgsame Mutter gab ihm brieflich mancherlei Verhaltungsmaßregeln, was er an Wäsche mitzunehmen, wie er sich anzuziehen, wie er sich dort zu benehmen, was er für Trinkgelder zu geben habe u. s. w.[4])

Im Juni 1837 wurde er in Königsberg konfirmirt. Die Mutter war eine fromme Frau — eine fromme Christin im Sinne der rationalistischen Zeit. Ihre Frömmigkeit, frei von allem Dogmenwesen, bestand, unabhängig von ihrem Glauben an Gott und Unsterblichkeit, in der gewissenhaftesten Pflichterfüllung, in dem steten ernsten Streben, Jedermann ohne Ansehen der Person, unbekümmert um Dank oder Undank Gutes zu thun. Rührende Liebe zu ihrem Sohne offenbart sich in allen ihren Briefen. Am Konfirmationstage schrieb sie ihm von der feierlichen Stunde, wo er am Altar der Tugend ewige Treue schwöre, die rosige Kindheit zurücklasse und sich der Zahl der Jünglinge anreihen und freier werde. Zugleich aber ertheilte sie ihm ein Lob, das ihn gewiß mit Stolz erfüllte.[5])

Die Großmutter hatte damals noch in Nickelsdorf ihren Wohnsitz und scheint erst 1838 wieder nach Allenstein übergesiedelt zu sein. Ihr Sohn war viel auf Reisen. Er hatte es im Kreise und in der Provinz zu stetig wachsendem Ansehen gebracht und war schon 1835 zum Landschaftsrath gewählt worden. Die ostpreußische Landschaft war als Kreditverband für die sämmtlichen adligen Güter in Ostpreußen und Ermland 1788 begründet und wurde 1828 auf alle köllmischen und sonstigen Güter zum Taxwerth von mindestens 500 Thalern ausgedehnt. Nach ihrer damaligen Verfassung war die Verwaltung der Landschaft dem in Königsberg errichteten Generallandschaftsdirektorium und den in drei Departements (Königsberg, Angerburg, Mohrungen) befindlichen Departements-Direktionen übertragen; jede der Direktionen war kollegialisch organisirt und hatte neben dem Direktor vier Landschaftsräthe. Das Kreditinstitut war mit der ständischen Vertretung des Adels- und Ritterstandes eng verbunden. Die Lage der Landschaft hatte sich nach dem Nothstand der zwanziger Jahre so gebessert, daß 1834 nur noch zwei Güter (statt der 183 im Jahre 1828) zum Zwangsverkauf standen. 1835 konnte schon die Herabsetzung der Pfandbriefszinsen von 4 auf 3½ Prozent beschlossen werden. Freiherr v. Hoverbeck, 1835 zum Landschaftsrath des Mohrunger Departemeuts bestellt, blieb es bis 1841, wo er zum Landschaftsdirektor dieses Departements gewählt wurde. Aufgabe der Landschaftsräthe nach der ostpreußischen Landschaftsordnung war „vornehmlich die Aufnahme der Taxen und Taxnachprüfungen;“ sie hatten auch darauf zu achten „ob bepfandbriefte Güter durch schlechte Wirthschaft, Verfall der Gebäude, Verminderung des Zubehörs oder übermäßige Abholzung des Waldes in Verfall zu gerathen drohten.“ Das Amt des Landschaftsraths nöthigte den Freiherrn Hoverbeck zu vielen Reisen und ermöglichte ihm, durch Rathschläge und Mittheilung seiner Kenntnisse und Erfahrungen den Gutsbesitzern des Departements zu nützen. Welches Ansehens und welcher Beliebtheit er sich erfreute, zeigte sich, als 1839 im Mai die Scheunen in Nickelsdorf, durch den Blitz angezündet, niederbrannten. Frau v. Hoverbeck schrieb darüber ihrer Schwiegermutter, indem sie zugleich die seltene Fassung ihres Mannes, der glücklicherweise anwesend gewesen war, hervorhob.

In Sekunda hielt Leo v. Hoverbeck den zweijährigen Kursus ein. Bei strenger Wahrheitsliebe und ausgeprägtem Rechtsgefühl duldete sein Selbstbewußtsein es nicht, daß er ungerecht behandelt wurde. Er wird noch in Tertia gesessen haben, als ein jüngerer Lehrer ihn einmal fälschlich der Unwahrheit beschuldigte und ihm, als er dagegen lebhaft protestirte, Ohrfeigen in Aussicht stellte. In ganz ruhigem Tone sagte Leo: „Mein Vater hat mir gesagt, wenn dir Einer eine Ohrfeige anbietet, gieb ihm eine zuvor." Der Lehrer erwiderte darauf nichts.

„Michaeli 1838 ward er nach Prima versetzt. Schon damals, so wird über ihn berichtet, ließ er sich durch keine Autorität blenden und vermochte ein unbegründetes Pathos nichts über ihn. Als der Direktor (Gotthold) für den er übrigens viel Pietät hegte, einmal ein uraltes mineralisches Gebilde in die Klasse mitbrachte, und, nachdem er es aufgebrochen, feierlich sagte: „Hier sehen Sie etwas, was noch kein menschliches Auge sah", wurde diese Stimmung wohl von den meisten Schülern getheilt, aber Hoverbeck war sogleich mit der Entgegnung bei der Hand: „Wenn ein Braten angeschnitten wird, ist es ebenso!" worauf der Direktor: „Hoverbeck, Sie sind schon wieder naseweis!" [7])

Im dritten Semester in Prima hatte er einen lebhafteren Konflikt zu bestehen. Aus Briefen seiner Eltern scheint hervorzugehen, daß er sich für die Reformen, die seit dem Spätherbst 1838 von den Studenten der Albertina in großen Versammlungen berathen wurden, lebhaft interessirte. Der Student nahm damals in Königsberg eine bevorrechtete Stellung ein; aber nur, wenn er Mitglied einer Landsmannschaft war. Der Uebermuth, die Ueberhebung der Landsmannschafter führte zu allgemeinen Studenten-Versammlungen und dann, wie auf andern deutschen Universitäten, zu einer Organisation der Nichtverbindungsstudenten, zur Konstituirung der Burschenschaft Albertina, die sich in eine Zahl kleinerer Verbindungen gliederte. [8]) Durch den Umgang mit Studenten wurden die Primaner der Gymnasien mit in die Bewegung hineingezogen. Hoverbeck hatte während einer Unterrichtsstunde andere Arbeiten vorgenommen, war darüber zur Rede gestellt und bestraft worden, und bekam zu Ostern eine schlechte Zensur. Er glaubte ungerecht behandelt zu sein, fand aber bei seinen Eltern keine Unterstützung. Er durfte Pfingsten nicht nach Nickelsdorf kommen und der Vater drohte, ihn wenn er Michaeli das Abiturientenexamen nicht bestehe, von der Schule fortzunehmen. [9]) Die Drohung konnte nicht ausgeführt werden, denn Leo v. Hoverbeck bestand im Oktober 1840 das Examen.

Im Abgangszeugniß vom 30. Oktober 1840 heißt es:

„Leo von Hoverbeck gedenkt jetzt, 18 Jahre alt, Jura und Kameralia zu studiren. . . . I. Aufführung gegen Mitschüler und Vorgesetzte war gut. II. Fleiß war im Ganzen gut, doch wurden einige Lehrgegenstände sehr vernachlässigt, besonders das Griechische. III. Kenntnisse gehen über die gesetzlichen Forderungen hinaus in der Mathematik, sind gut im Latein, entsprechen den Forderungen in deutschen Aufsätzen, Geschichte, Geographie, Physik und beinahe auch im Französischen, sind mittelmäßig im Griechischen, in der deutschen Literatur und Botanik; in der Philosophie hat er einen Anfang gemacht, in der Religion zeigte er gute Kenntnisse; im praktischen Gesange besitzt er einige Fertigkeit, aber wenig Kenntniß der Theorie.

Dennoch wurde ihm zwar einstimmig ein Zeugniß der Reife zuerkannt, aber wegen des Zurückbleibens im Griechischen nicht ohne alles Bedenken."

Merkwürdig ist, daß nach diesem Zeugniß seine Kenntnisse gerade in denjenigen Fächern mittelmäßig waren, in denen er später Hervorragendes leistete. Was vor allem das Griechische anlangt, so hatte er sich als 14jähriger gefreut, sich mehrere Stunden Wartezeit durch den Homer, den er in der Manteltasche fand, vertreiben zu können. (S. ob. S. 38) Neun Jahre, nachdem er jenes Abgangszeugniß empfangen, am 6. November 1849, schrieb ihm sein Freund, der Oberlehrer am Hohensteiner Gymnasium, Carl Witt:

„Wohl habe ich Deiner gedacht, Deinen Ruhm habe ich unter meinen Tertianern verbreitet. „„Euch wird es so schwer, griechische Verse zu behalten; da war ich in den Ferien bei einem Freunde auf dem Lande, mit dem ich täglich an 3 Bücher aus der Odyssee las und der hatte immer einige Verse draus im Kopf!"" hurrah! wie heißt der? Einige Jungen sagten schon so halb laut Hoverbeck, ich aber ganz laut ebenso. —"

Anmerkungen zum 6. Kapitel.

¹) Leo v. Hoverbeck's noch vorhandene Briefe aus Tertia und Sekunda bezeugen kindlichen Sinn, Wahrheitsliebe und ernstes Bestreben durch Fleiß und Gehorsam den Eltern Freude zu machen. Der Großmutter schrieb er von Nickelsdorf aus am 30. Dezember 1833 zunächst von der beschwerlichen Reise; die Post von Königsberg nach Allenstein, die 21 Stunden fahren sollte, hatte sich wegen der vielen Weihnachtspackete um 5 Stunden verspätet. Der Großmutter wünschte er Glück zum neuen Jahre, Gesundheit, frohen Muth und Heiterkeit. Dann lobte er die Pension, in der er mit noch elf Knaben war. Der Pensionsvater Oberlehrer Bujack, der im Schulgebäude wohnte, ging alle Mittag mit den Zwölf spazieren, „aber immer denselben Weg." Sie bekamen reichlich und zu rechter Zeit zu essen und die Frau Oberlehrer nöthigte noch, wenn sie schon ganz satt waren.

²) Briefe der Großmutter sind nicht erhalten. Ihre Schwiegertochter schrieb ihr am 12. Februar 1836: „Gute, innig geliebte Mutter! Den herzlichsten Dank für Deine gütigen Mittheilungen. Leo scheint sich jetzt mehr als früher für die Wissenschaften entschieden zu haben, daher ist es wohl am zweckmäßigsten, ihn in einer Anstalt zu lassen, die den vorzüglichsten Ruf hat. Die Pension ist bei Bujack zwar höher, als irgendwo, doch ist Leo auch sehr gut dort aufgehoben. Er hat in der großen Stadt mehr Gelegenheit, sich vielseitig auszubilden. Alle diese Gründe haben meinen Mann dafür bestimmt, unsern guten Jungen in Königsberg zu lassen."

³) Die Übersiedlung der Großmutter von Rastenburg nach Nickelsdorf war schon viele Monate Gegenstand brieflicher Verhandlungen. In dem Brief vom 26. Februar 1836, dessen erster Teil in der vorigen Anmerkung mitgetheilt ist, heißt es weiter: „In Wangotten (wo der Bruder, der spätere Abgeordnete David Thiel wohnte) hat mein Mann gehört, daß du, gute Mutter, noch zuweilen den Wunsch äußerst, zu uns zu ziehen. Du hast gewiß die Ueberzeugung, daß Du uns stets angenehm sein wirst, hätten wir sie nur auch, daß Du unsere Einsamkeit stets gern theilen wirst. In Deinem hohen Alter bedarf wenigstens das Auge mehr Abwechselung, weil man sich doch nicht so verschiedenartig beschäftigen kann u. s. w."

Sollte sie sich für Nickelsdorf entscheiden, so möge sie unter den Wohnungen wählen, damit sie ihr Mann im Sommer dazu einrichten könne. In einer Nachschrift des Mannes empfiehlt dieser die kleinere Wohnung; die Stube am Kuhstall sei zwar etwas größer aber geräuschvoller und voll Franzosen. — Im Juli 1836 schrieb Frau v. Hoverbeck ihrer Schwiegermutter: „Deine Wohnung ist Anfang September völlig im Stande und ausgetrocknet und Deine Kinder und Enkel bereit, Dich mit inniger Freude zu empfangen.“ Damals beabsichtigte Frau v. Hoverbeck, ein Mädchen für Unterricht und Gesellschaft der einzigen Tochter zu nehmen; sie hatte darüber der Schwiegermutter geschrieben. Sie bat sie, Nachricht über ein von ihr vorgeschlagenes Mädchen einzuziehen. „Ich wünschte, sie wäre musikalisch, spielte gut Klavier, spräche französisch und wäre überhaupt in allen nöthigen Wissenschaften so weit, ein Mädchen von 12 Jahren unterrichten zu können; Handarbeit, besonders Schneiderei, nicht zu vergessen. Der kleine Ernst wird vom Herbst an auch wohl Unterricht bedürfen. Das Gehalt dürfte wohl nicht über 30 Thaler sein, doch überlasse ich es ganz Deinem gütigen Ermessen. — Gern würde ich meine Kinderchen auch ferner selbst unterrichten, doch fehlt mir Zeit und der kleinen Lydia Gesellschaft . . . Sollte das erwünschte Mädchen sich nicht dazu passen, so vielleicht ein anderes. Das Wohl meiner Kinder liegt mir sehr am Herzen, eine gute Erziehung ist das einzig bleibende Gut, was man ihnen hinterlassen kann. Gott erhalte Dich gesund und munter in diesem höchst unfreundlichen Sommer. Habe ich Dich, gute Mutter, erst hier, dann hoffe ich mehr dafür thun zu können. Unser guter Leo kommt den 17. Wir alle grüßen Dich herzlich. In Gedanken umarmt Dich Deine gehorsamste Tochter Wilhelmine Hoverbeck.“

Die Großmutter konnte die Erzieherin nicht beschaffen. Nun schrieb Frau v. Hoverbeck an eine ihrer Schwestern nach Königsberg, sie möchte ihr eine „Schulmamsell“ besorgen, aber mehr als 30 Thaler Gehalt wolle ihr Mann nicht geben. Dieser war der Meinung, ein Mädchen brauche nicht viel zu lernen. „Wenn man es unter die Traufe stellt und es läuft weg, dann ist es klug genug“, pflegte er zu sagen. Die Schulmamsell wurde nicht beschafft und Lydia v. Hoverbeck ward lediglich von ihrer Mutter unterrichtet.

[4]) In Briefen vom April und Mai 1836 an den „guten trauten Sohn“ macht die fürsorgliche Mutter ihn auch auf Angewohnheiten aufmerksam, mit denen er anstoßen könnte. „Wenn Du dort zur Unterhaltung aufgefordert wirst, so sitze nicht mit dem Buche und lasse auf Deine Antwort warten. Achtung und Aufmerksamkeit muß ein junger Mensch bei solchen Gelegenheiten beweisen.“ Sie warnt ihn, wenn ihm Wein vorgesetzt wird, höchstens ein Glas zu trinken, „weil Dir mehr nicht gesund ist und auch den Ausdruck des Gesichts entstellt.“ Sie entschuldigt sich dabei gewissermaßen bei ihm: „Erinnere Dich, geliebter Sohn, meiner Wünsche, die ich in diesem und dem früheren Brief aussprach, die treueste Mutterliebe veranlaßte mich dazu.“ . . . „Bei der Abreise vergiß nicht, den Herrschaften für alle erwiesene Güte zu danken, ich erinnere Dich an so etwas, weil es Dein erster Ausflug ist.“

[5]) „Wie beglückend ist nur der Gedanke, daß mein Leo ein so guter Sohn ist, wie kann ich ihn meinen jüngeren Kindern stets als Muster aufstellen und sollte ich den Kreis meiner Lieben früher verlassen, als ihre Erziehung beendet ist, so wird es mir ein tröstender Gedanke sein, ihnen einen solchen Bruder zu hinterlassen.“ Wie die Großmutter an der Einsegnung theilnahm, zeigt folgender Satz: „Die gute Großmutter grüßt Dich herzlich und hat für den Prediger zu Deiner Einsegnung noch einen Friedrichsdor gegeben; Du kannst ihm also zwei geben, nur darf es der Vater nicht wissen.“

[6]) In dem Briefe der Frau von Hoverbeck an ihre Schwiegermutter vom 27. Mai 1839 heißt es: „Verbrannt sind 200 Scheffel Hafer, 100 Scheffel Gerste, 4 Scheffel Kleesamen, 200 Scheffel Kartoffeln, die vielen Holzvorräthe, Bohlen, Dielen, Schirrholz, Räder u. s. w. sind unbrauchbar. Du kennst diese Vorräthe, die selten selbst eine größere Wirthschaft in diesem Grade hat. Wie sehr diese Dinge bei dem schon begonnenen Bau fehlen, darf ich Dir nicht schildern. Hier im Hause hatte ich auch schon das Werthvollste gepackt und auf Wagen laden lassen, weil in jedem Augenblick auch hier das Feuer fassen konnte. . . . Unsere Nachbarn beweisen sich sehr gefällig . . . Der alte Landrath Berg hat einen sehr herzlichen Brief an meinen Mann geschrieben und will gern sein Getreide mit ihm theilen, sogar be-

schlagenes Bauholz von seinem Hofe schicken, was natürlich mein Mann nicht annimmt, aber die Theilnahme thut wohl."

7) Aus Witt's Aufsatz im Reichsfreund 1887.

8) Vgl. Falkson, „Die liberale Bewegung in Königsberg 1840 bis 1848". Breslau 1888 Seite 16 ff.

9) Vor Pfingsten 1840 sendeten die Eltern dem Sohn einen gemeinschaftlichen Brief. Der erste Theil, von dem Vater geschrieben, lautet: „Lieber Leo. Aus Deinem Briefe erfahre ich, daß Deiner Ansicht nach alle Lehrer gegen Dich Unrecht haben, Du also ein Opfer niederer Kabale bist. Der Selbstsucht von 18 Jahren fällt wohl kein Zweifel bei, ob die Lage nicht verschuldet worden. — Dem ist aber dennoch so. Kein Lehrer kann es dulden, wenn der Schüler eine Mißachtung seines Lehrgegenstandes durch Allotria in der Stunde, oder gar durch eine achtungswidrige Mine gegen die Person des Lehrers (wozu Du alle Anlage zeigst) an den Tag legst, und jeder Schüler, der Abstufungen in der Achtung seiner Lehrer im entferntesten merken läßt, verdient Strafe, die Dir geworden ist, und mit Recht; denn in der Gesellschaft Gebildeter ist äußere Achtungsbezeugung in Minen und Haltung gegen einander nicht blos Ausdruck der Empfindung, sondern ein durch Herkommen gesichertes Recht, das jeder vom Andern fordern darf, und jeder Abzug von dem, was man gewöhnlich Höflichkeit nennt, wird immer geahndet, wie viel mehr im Verhältniß der Schüler zum Lehrer. Es wird Dir leicht werden, Deine Lage zu repariren, aber der Fleiß in den vernachlässigten Lehrgegenständen allein wird nicht dazu genügen, wenn Du Dein Benehmen nicht ändern willst, wenn Du mit einem Worte nicht den Willen ergreifest, Deine Lehrer durch Dein Betragen und durch erkennbares Bezeigen größerer Beflissenheit und Achtung zu gewinnen, denn nicht ganz mit Unrecht trägt Dir jeder Lehrer gewiß nach, was Du seiner Persönlichkeit versagtest. — Nimm Dich in Acht, Dir ein absprechendes Urtheil über diese einmal bestehenden Verhältnisse zu gestatten, — nach 20 Jahren wirst Du begreifen, warum man Jünglingen eine solche Kritik ebensowenig erlaubt, als constitutiones für Staaten zu entwerfen. Wenn Du nun einen neuen Adam anziehen willst, so rathe ich Dir, mit dem Haarschopf anzufangen, und vorläufig allen Umgang mit Studenten einzustellen. Was mich betrifft, so wiederhole ich Dir meinen Beschluß, daß, im Fall Du das Examen im Herbst nicht bestehst, Dein Aufenthalt in Königsberg aufhört und magst Du Dir dann eine andere Carrière wählen, wählst Du nicht, wähle ich!"

Nun fährt mitten in der Zeile die Mutter zu schreiben fort: „Wie schmerzlich und unerwartet uns Dein sehr schlechtes Zeugniß war, kann ich nicht beschreiben. Du achtest zu wenig die Erinnerungen Deiner Lehrer, kannst daher in diesem Falle gewiß nicht über ihre Ungerechtigkeit klagen. Welcher Lehrer sollte es dulden, daß der Schüler andere Arbeiten während seines Vortrages macht. Nach diesem Zeugniß darf ich nicht wagen, den Vater um Deinen Besuch zu Pfingsten zu bitten. Ob wir kommen werden, ist zweifelhaft, da wir nicht ganz wohl sind. Vergiß Dein mir gegebenes Versprechen nicht, um 5 Uhr aufzustehen und gieb mir darüber Nachricht. . . . Lebe wohl, mein Sohn, fasse den ernsten Entschluß, wieder zu erfreuen Deine trauernde Mutter W. Hoverbeck."

Siebentes Kapitel.
Auf Universitäten.

Hoverbeck wurde am 3. November 1840 in Königsberg immatrikulirt. Er studirte Jura und Cameralia; die ersten zwei Semester von Michaeli 1840 bis dahin 1841 in Königsberg, das folgende Jahr bis Michaeli 1842 in Berlin und die beiden letzten Semester bis Michaeli 1843 wieder in Königsberg. Beamter freilich sollte und wollte er nicht werden. Eine Familienlegende will wissen, der Landschaftsdirektor Freiherr von Hoverbeck sei bei einem ständischen Festmahl von dem Oberpräsidenten oder einem Regierungsrath gefragt, ob sein Sohn Landwirth werden solle, um später das Gut zu übernehmen. „Allerdings," soll der Alte erwidert haben, „wenn er dazu nicht zu dumm ist; sonst muß er Regierungsrath werden!"[1])

Sein erstes Studienjahr in Königsberg fiel in eine politisch aufgeregte Zeit. König Friedrich Wilhelm III. war am 1. Pfingstfeiertage 1840 gestorben. Friedrich Wilhelm IV. hatte am 29. August seinen Einzug in die alte Krönungshauptstadt Königsberg gehalten. Am 5. September war der preußische Landtag zusammengetreten, eröffnet vom Oberpräsidenten Schön, dem langjährigen Freunde des Königs. Der erste Landtagsmarschall war Alfred v. Auerswald, der spätere Märzminister des Inneren,[2]) vor Jahren in Königsberg täglicher Spielgefährte der königlichen Prinzen. Zweiter Landtagsmarschall war Ernst v. Saucken-Tarputschen.[3]) Nach ernstlicher, gründlicher Bearbeitung hatte der Landtag mit 89 gegen 5 Stimmen eine Denkschrift genehmigt, die den König um Aufrechthaltung und Vollendung der von seinem Vater neugegründeten verfassungsmäßigen Vertretung des Landes, um reichsständische Verfassung gemäß der Verordnung vom 22. Mai 1815 bat. Die Bitte wurde abgeschlagen, aber Ostpreußen blieb fortan an der Spitze der Opposition.

Die Studenten in Königsberg waren mehr wie die Studenten anderer deutscher Universitäten erfüllt von den Erinnerungen an die von Ostpreußen ausgehende Erhebung von 1813 zur Befreiung des Vaterlandes von dem Druck der Fremdherrschaft. Seit 1818 feierten die Studenten der Albertina alljährlich am 18. Juni den Jahrestag der Schlacht bei Waterloo. In feierlichem Zuge wallfahrtete man zu dem drei Meilen von Königsberg sich erhebenden Galtgarbenberg, der höchsten Spitze des ostpreußischen Samlandes, auf dem ein Grabdenkmal für gefallene Krieger errichtet ist. An dem riesigen eisernen Kreuze wurde eine patriotische Rede gehalten. Seit der Spaltung der Studenten von 1838 feierten die Landsmannschaften und die Burschenschaften ihr Galtgarbenfest an verschiedenen Tagen.[4])

Hoverbeck nahm sofort lebhaften Antheil am Studentenleben. Er trat in die damals eng und brüderlich zusammenhaltende Landsmannschaft Littuania ein, „in der er sein Bedürfniß für innige Freundschaft voll befriedigen konnte . . . Inmitten eines größeren Kreises von Freunden, die ihn hochschätzten und liebten und denen er sich von ganzem Herzen hingab . . . genoß er das muntere, rauschende Studentenleben in vollen Zügen und betheiligte sich eifrig an Allem, was dazu gehörte . . . Aber diese Genüsse waren ihm zugleich die willkommene und anregende Begleitung der Reize, die für ihn in einem lebhaften geistigen Verkehr lagen."[5]) Aber „nicht bloß die gewöhnlichen studentischen Interessen, sondern auch ernste und wichtige Lebensfragen wurden in dieser Studentenverbindung erörtert und heftige Kämpfe endeten immer in brüderlichem Frieden." —[6]) Gar manche Nacht hat er in nicht abreißendem Gespräch über alle jene ernsten Dinge verbracht, welche edlen Gemüthern in solchem Alter am Herzen liegen. In seinem Schlafzimmer hatte er neben seinem eigenen noch ein zweites Bett stehen, in dem er bald diesen, bald jenen Freund beherbergte, um mit ihm in der Nacht oder am frühen Morgen zu disputiren. Briefe von ihm oder an ihn sind aus seinen ersten Semestern nicht vorhanden. Sein Freund Witt, der ihn freilich erst mehrere Jahre später persönlich kennen lernte, schreibt über jene Zeit[7]):

„Seine brüderliche Gesinnung bewährte er fast über Gebühr in der lebhaften Neigung, alles mit seinen Freunden zu theilen, sogar seine Leibwäsche. Wenn er zu den Ferien nach Hause kam, fand die Mutter meistens ein erhebliches Manko in seiner Ausstattung. Versteht sich von selbst, daß er mit dem Gelde nicht wirthschaftlicher umging. Einmal sah er sich genöthigt, für längere Zeit sein Mittagsessen in einer Garküche zu nehmen, wo man für 25 Pf. aß und die Spitzen der Gesellschaft Sergeanten waren. Niemand ahnte, daß der schlichte Studiosus der Sohn eines reichen Barons sei. Aber eine Unpäßlichkeit hinderte ihn eines Tages, zu seinem Mittagstisch zu gehen, und er ließ sich das Essen durch den Stiefelputzer holen, der im Namen „des Herrn Barons" die Bestellung machte. Die Wirthin theilte sogleich die Entdeckung ihren Gästen mit und am folgenden Tage, als Hoverbeck wieder persönlich erschien, wurde er durch höfliche Fragen wie: „„Wollen der Herr Baron nicht etwas Salz nehmen?"" und ähnliche belehrt, daß sein Inkognito enthüllt sei. Er blieb seitdem aus."

Sein Vater bestimmte, daß er das zweite Jahr in Berlin studire. Zwischen dem Königsberger und dem Berliner Studentenleben bestand damals ein gewaltiger Unterschied. Dem Königsberger Studenten, der es sehr behaglich fand, mit seinen Commilitonen im dicken Flausrock an hölzernen Tafeln mit langer Tabakspfeife zu sitzen und heimisches Bier oder masurischen Maitrank, d. h. starken Grogk von Rum, zu trinken, gefielen die meist modern gekleideten und Manschetten tragenden Studenten Berlins nicht. Hoverbeck wohnte in Berlin zuerst im Hause seines Onkels, des ältesten Bruders seiner Mutter, des Vormundschaftsgerichtsdirektors Friedrich Thiel. Mit Genehmigung seines Onkels zog er bald darauf mit seinem Vetter Romildo zusammen, der bereits Referendar beim Kammergericht war und sich zur Assessorprüfung vorbereitete. Hoverbecks Vater war damit nicht einverstanden. In einem Brief vom 24. Januar 1842 verweigerte er die erbetene Genehmigung, weil Leo nicht die gleichen Ausgaben wie Romildo machen könne und mit 400 Thlr. Wechsel auskommen müsse. In demselben Berichte forderte er ihn auf, zu einem Verwandten, dem General Hülsen zu gehen, diesem den Tod der Großmutter mitzutheilen mit dem Zusatze, daß sie „jede Bekanntmachung ihres Todes untersagt habe“ und mit ihm über den Militärdienst zu sprechen, vielleicht gäbe er ihm guten Rath. Der Vater wünschte dringend, daß sein Sohn zum Militär nicht ausgehoben werde und hegte die Besorgniß, daß er, trotzdem er auf einem Auge blind war, eingestellt werden würde.

„Es kommt alles,“ so schrieb er, „auf den Arzt an, dem Du zufällig in die Hände fällst, da Du leider sechs Fuß lang bist und somit nach dem Gesetz der Körpermassen auf kleinere Körper, also auch auf Stabsoffiziere, mehr Anziehung übst.“

Die Briefe des Vaters sind sehr herzlich. In dem Brief vom 24. Januar 1842 verwies er den Sohn wegen Familiennachrichten auf Briefe der Mutter und der Schwester Lidi, die sich im Fleischkober befänden, aber nicht mehr vorhanden sind, und schloß dann:

„Hast Du Dich in der Stadt schon umgesehen, die wichtigsten Anstalten und Fabriken besehen? — Schreibe mir etwas ausführliches über Dein Dortsein, über die Ideen und Empfindungen, die Dir die Umgebungen erwecken, und zwar ohne Kunst, so wie Du Dich einem Freunde mittheilst, der ich in jeder Beziehung Dir zu werden wünsche und hoffe. Grüße den Onkel und die Söhne von uns, und bleibe der gute ehrliche Sohn Deines treuen Vaters H.“

Die ausführliche Antwort des Sohnes vom 24. Februar 1842 war für den Vater nicht erfreulich. Zuerst eine weitläufige Auseinandersetzung, daß er nicht einmal mit 500 Thalern auskommen könne und deshalb um einen Zuschuß von 50 Thlrn. bitte, behufs einer Reise nach Dresden. Er entschuldigt sich, bereits zu Romildo Thiel gezogen zu sein. Dieser, der drei Jahre später Leo's einzige Schwester Lydia heirathete, wird von ihm sehr gelobt.[7]) Dann schildert er sein Leben, — der größte Theil des Tages: Kollegienbesuch und Arbeiten. Die Zeit wird ihm lang; Bekannte hat er bisher nicht erworben, Studentenverbindungen nicht aufgesucht. Sehr abfällig beurtheilt er die Berliner Studenten.

„Diejenigen Leute, mit denen ich in Berührung komme, sind auch durchaus nicht von der Art, daß ich Lust fände, mich ihnen anzuschließen; denn wenn ich mit 200 bis 300 andern Studenten im Colleg sitze, und lange Reihen von Zierbengeln mit pomadisirten Köpfen, Manschetten u. s. w. sehe und rieche, so freut es mich jedesmal, wenn ich zu Ende der Stunde ins Freie kommen kann, ohne mit irgend Einem von ihnen ein Gespräch anzuknüpfen. . . . . . . Allerdings giebt es hier auch eine Minderzahl, die von dem hier geschilderten Studentenvolke abweicht; es sind aber dies meistens Ankömmlinge von andern Universitäten, die hierher kommen, um hier einmal Savigny zu hören, ungestört ein oder zwei Semester zu arbeiten und das Examen zu machen. Sie sind daher für den Umgang nicht gemacht, da sie eben deshalb hierher kommen, um allen Umgang zu vermeiden und desto fleißiger arbeiten zu können. Auch läßt sich eine Bekanntschaft mit ihnen nicht anknüpfen, da sie gewöhnlich nur sehr kurze Zeit hierbleiben. Für diesen Mangel an Umgang kann mich der Name Savigny nicht entschädigen, von dem sich freilich nicht leugnen läßt, daß er Geist hat, der aber doch nicht Wunder thun, und das elende römische Recht, das aus tausend Lappen verschiedener Autoren zusammengeflickt ist, interessant machen kann, besonders wenn er ein so kindisches Auditorium um sich hat, das sich jedesmal, wenn Jemand sich verspätet, was bei der Anzahl von 200 bis 300 Zuhörern jede Stunde 10 mal vorkommt, zu scharren und zu brummen sich nicht schämt! So etwas wäre doch in Königsberg unerhört gewesen."

Auch über die Stadt Berlin urtheilt er ungünstig; freilich that dies damals wohl jeder Nichtberliner. Außer ein paar langen Straßen mit prächtigen Häusern, schreibt er, habe er nicht viel Neues gesehen, wenn er die Eisenbahn ausnehme, von der er jedoch durch Abbildungen einen so deutlichen Begriff gehabt, daß er durch den Anblick nichts gelernt.

„In den Osterferien wird es mir möglich sein, den Eintritt in den Saal der Bau- und Gewerbeschule zu erhalten, in dem eine Menge Modelle von Maschinen ꝛc. aufgestellt sind und wovon ich hoffentlich Nichts verstehen werde. Sonstiger Zulaß in Fabriken ist schwierig zu erlangen und wegen der Trinkgelder auch kostbar. — Als eine Merkwürdigkeit will ich anführen, daß ich hier im Januar in einem großen Bassin, das durch das heiße Wasser einer Dampfmaschine erwärmt wurde (also sinnreiche doppelte Verwendung der Wärme) und einen großen Saal erfüllte, herumgeschwommen bin, und mich, da der Preis nur 5 Sgr. ist, noch einigemale dort baden werde. — Uebrigens habe ich hier doch etwas gelernt; daß ich nämlich zu dem Zwecke, neue Bekanntschaften zu machen, der untauglichste Mensch auf der ganzen Welt bin; denn selbst mit meinen Nebenmännern im Colleg, mit denen ich doch täglich so lange zusammen sitze, habe ich noch kaum drei Worte gesprochen, was mir übrigens nicht unlieb ist, da sie eben keine Musterbilder zu sein scheinen, und dem Ansehen nach zu der gewöhnlichen Berliner Race gehören. . . ."

Der Vater antwortete am 16. März 1842:

„Besorgt bin ich — weniger um Deine geistige Ausbildung, als um Deine Gemüths- und Empfindungsweise. Es weht durch Dein Schreiben eine solche Unzufriedenheit, eine Verachtung dessen, was die Mehrzahl bewundert und erfreut, ein so frühzeitiges nil admirari, das fast an Menschenhaß streift, das mich entweder dickes Blut oder ein Verfehlen Deines Berufes fürchten ließe, wenn ich mich nicht damit tröstete, daß der Letztere uns in Deinem Alter gewöhnlich zweifelhaft ist und diese Unsicherheit gewöhnlich verstimmt. Dies wird sich hoffentlich geben und bis jetzt ist weiter nichts verloren als Geld. — Dein Widerwille gegen die dortige Jugend ist ungerecht, gewiß stecken unter der Pomade und den Manschetten viele tüchtige Köpfe und gute Herzen — die Menschen zum Umgange müssen wir uns aussuchen; kommen sie uns zu sehr entgegen, dann ist meist Eigennutz die Triebfeder, die aber in der Jugend selten erregiert. Wem nicht Apoll bei der Geburt lächelte und damit das Anziehende verlieh, der wird wie Du glauben, er sei zu ungeschickt, Bekanntschaften zu machen, wenn er nicht entweder den Stolz oder andererseits die Blödigkeit bekämpft, um sich den Menschen unbefangen und doch geflissentlich zu nähern. Das Benutzen Deines dortigen Aufenthalts zu besserer Ausbildung betreffend, sage ich Dir nur: suche fleißig Alles auf, was den Kreis Deiner Ideen und Vorstellungen in jeder Richtung erweitern mag. Denn darin besteht die Ausbildung durchs Leben, während Bücher einseitiger wirken. . . .“

Er ging dann auf die Finanzen des Sohnes ein, der in $^3/_4$ Jahren mit 500 Thlrn. kaum auskommen zu können meinte. Er schrieb ihm darüber:

„Schon früher habe ich Dir gerathen, alle Verhältnisse, die Dich behindern, sparsamer zu sein, zu ändern und ich hoffe daher, daß von Ostern eine neue Aera in Deinen Finanzen beginnen werde, — da das Reichsein mehr durch unsere Ausgaben als Einnahmen bedingt ist. . . . Erinnere Dich, daß Du von jeher mehr gebraucht und doch nicht besser gelebt hast, als andere in Deinen Verhältnissen, und überzeuge Dich endlich einmal, daß Du nicht so ganz unschuldig bist, als Du Dich und uns glauben machen willst. Laß Dich diese Aeußerung nicht verdrießen. . . .“

Er sandte aber doch „nach diesen beschwerlichen Explikationen“ die gewünschten 50 Thlr. — und den Brief der Mutter in dem Wurstpacket. . . . Er schloß:

„Nun, mein guter Junge, lebe gesund und vor allem — heiter — und möge die Wurst dazu beitragen. Dein treuer Vater Hoverbeck.“

Es scheint, als wenn der zwanzigjährige Studiosus die liebevollen Mahnungen seines Vaters zur Sparsamkeit schon damals beherzigt und wirklich „eine neue Aera“ in seiner Finanzwirthschaft begonnen habe. Abzuschaffen hatte er nur die kostspielige Gewohnheit, alles mit unbemittelten Freunden zu theilen. Er kürzte seinen Aufenthalt in Berlin ab. In seiner Finanzberechnung hatte er die Heimkehr nach Ostpreußen zu Ende Juli angekündigt, aber schon am 10. Juli war er — geschmückt mit dem grün-weiß-rothen Bande — zu Königsberg Theilnehmer der alljährlich wiederkehrenden Festfahrt der Littuania nach dem Rombinus, der im Memelthal unweit Tilsit belegenen Opferstätte der heidnischen Littauer.[8])

In seinen beiden letzten Semestern — Winter 1842/43 und Sommer 1843 — war Hoverbeck Senior der Littuania. Er trug nicht wenig bei „zu dem frischen und freien Sinn, der damals die Verbindung belebt.“ [9]) Einer seiner nächsten Freunde schreibt darüber:

„Der fast tägliche Umgang mit ihm ist eine meiner liebsten Erinnerungen. Seine Lebensweise als Student war eine äußerst einfache und frugale, und geflissentlich vermied er jede Abweichung davon. Mit Vergnügen denke ich noch daran, wie er, wenn wir abends eine sehr einfache Garküche dritter oder vierter Güte besuchten, immer die größte Portion Bratkartoffeln mit Karbonade für 25 Pf. sich aussuchte. Er liebte es, im engeren Kreise über die kleinen studentischen Interessen hinaus die Unterhaltung auf ernstere Gegenstände theils politischer, theils religiöser Natur zu lenken, und es stellte sich schon damals heraus, welche Richtung er im späteren Leben einschlagen und festhalten werde und daß ihm eine über das Gewöhnliche hinausgehende Rolle im staatlichen Leben vorbedeutet sei. In studentischer Beziehung war er schon damals ein Gegner der Corpslebens und der Studentenpaukereien — er selbst hat auch niemals eine Mensur gehabt —, doch blieben wir damals noch in der Minorität.“

1848 theilte sich die Verbindung in ein Corps und eine Landsmannschaft. Die alten Herren entschieden sich für das eine oder das andere, Hoverbeck für die Landsmannschaft. Das Korps ging bald ein. Die Landsmannschaft blieb bestehen, aber sie wandelte sich nachher in ein Corps um. Aus den noch vorhandenen Akten desselben ist nur zu erfahren, daß seinem Einflusse „zum Theil das Entstehen eines litterarischen und musikalischen Kränzchens innerhalb der Verbindung zu danken, das bald unter den Kränzchen der anderen Verbindungen einen großen Ruf erlangte.“ Durch die politischen Bewegungen, durch die gegen Dr. Johann Jacoby wegen seiner „vier Fragen“ angestellten Kriminalprozesse, durch die Entlassung des Oberpräsidenten von Schön und die Maßregelung der Freunde desselben wird sich Hoverbeck wohl kaum haben stören lassen. Trotz seines Seniorats muß er fleißig gewesen sein, denn er bestand im Herbst 1845 in Königsberg das erste juristische Examen.

In seinem letzten Studienjahr erkrankte er einmal kurz vor den Ferien. Schnell setzte er sich auf die Post, nach Hause zu fahren. Aber er kam in Nickelsdorf auf ein leeres Haus. Die Eltern waren nach Trautzig gefahren zum Gutsbesitzer Belian, der eine Schwester von Hoverbecks Mutter, Laura Natalie geborene Thiel, zur Frau hatte. Leo entschloß sich schnell, dorthin zu folgen. Als der Wagen vor dem Hause hielt, erblickte die Mutter vom Zimmer aus den bleichen, kranken Sohn. Sofort trat sie heraus, nöthigte den Sohn, im Wagen zu bleiben, setzte sich zu ihm und fuhr mit ihm nach Nickelsdorf. Es gab ein längeres Krankenlager. Als er schon in der Genesung begriffen war, verbreitete sich in der Umgegend das Gerücht, er sei gestorben. Eines Tages kam der Müller, sein Beileid auszusprechen. „Frau Baronin,“ sagte er, „welches große Unglück!" Diese erwiderte: „Welches große Unglück?" „Nun, von wegen dem jungen Baron." Der Müller, der den jungen Baron sehr gern hatte, suchte ihr mit allgemeinen Redensarten Trost zuzusprechen. Als sie ihm darauf vollkommen ruhig erwiderte, gerieth der biedere Ermeländer in Zorn und platzte mit den Worten heraus: „Sie scheinen ja recht gefaßt zu sein, Frau Baronin!" Frau von Hoverbeck merkte, daß ein Mißverständniß vorliege und fragte: „Was meinen Sie denn?" Bevor der Müller antwortete, trat der Todtgesagte in die Stube und löste so das Mißverständniß.

Dieses kleine Erlebniß hat Leo's Mutter oft erzählt, voll Stolz, daß ihrem zärtlich geliebten Sohne schon in jungen Jahren „das Volk" so herzlich zugethan war, ebenso herzlich wie ihr, seiner Mutter.

Anmerkungen zum siebenten Kapitel.

1) Gegen diese Legende wird eingewendet, daß sie der Eigenart des alten Barons durchaus widerspricht. Zu dessen sprüchwörtlichen Lebensregeln gehörte: „Man muß so fein sein, daß Keiner wagt, einem zu nahe zu treten!" Einen Lehrer, der den angehenden Gymnasiasten prüfte, soll er auf neugierige Fragen in der angegebenen Art abgefertigt haben.

2) Alfred v. Auerswald war Mitglied des vereinigten Landtages und der preußischen Nationalversammlung, Minister des Innern vom 19. März bis 25. Juni 1848, dann Abgeordneter von 1849 bis 1855, von 1859 bis 1863 und von 1867 bis 1870; geboren 1797, starb er am 13. Juli 1870. Sein älterer Bruder Rudolph, geb. 1795, ebenfalls Mitglied der preußischen Nationalversammlung, Präsident des Staatsministeriums vom 25. Juni bis 21. September 1848, wiederum Staatsminister vom Beginn der neuen Aera November 1858 bis 18. März 1862, Mitglied des Abgeordnetenhauses von 1853 bis 1862, starb am 15. Januar 1866.

3) Ernst v. Saucken-Tarputschen, geboren 1791, war Mitglied des vereinigten Landtages und der Nationalversammlung in Frankfurt, der ersten Kammer von 1849 bis 1850; er starb im April 1854. Seine beiden Söhne waren die späteren fortschrittlichen Landtags- und Reichstagsabgeordneten Carl von Saucken-Georgenfelde (starb 1870) und Curt v. Saucken-Tarputschen (starb 1890).

4) 1839 war der Student der Theologie Julius Dickert (geb. im Juni 1816, später langjähriger Stadtverordnetenvorsteher in Königsberg und fortschrittlicher Reichstagsabgeordneter von 1871 bis 1878) der erwählte Redner der Burschenschafter. Er betonte „energisch neben der patriotischen Erinnerung die dem preußischen Volke zugesagte Repräsentativverfassung". 1840 hielt der Studiosus der Medizin Ferdinand Falkson die Rede und wies ebenfalls auf politische Freiheit als nothwendige Ergänzung der äußeren Freiheit hin. (Siehe dessen Schrift: „Die liberale Bewegung in Königsberg" Seite 27.)

5) u. 6) Aus dem von mir im „Reichsfreund" veröffentlichten Aufsatze Witt's.

7) So schreibt mir ein noch lebender Verbindungsgenosse, der von 1841 bis 1844 in Königsberg studirte, Professor Meckbach, am 4. Mai 1896. Siehe unter Anmerkung 10.

8) Leo schreibt über seinen späteren Schwager: „Uebrigens lebt Romildo so ruhig und ist so sparsam, daß er gewiß der letzte wäre, der mich zu unnützen Ausgaben bewegte. Von dieser Seite wäre also dabei nichts zu besorgen. Auf der andern Seite ist mir aber sein Umgang sehr nützlich, sowohl, weil er überhaupt ein gebildeter kenntnißreicher Mensch, als auch, weil er ein vorzüglicher Jurist ist (so

viel ich darüber urtheilen kann, sogar ein besserer als der Onkel. Er wird in diesem Herbste sein großes Examen machen und gewiß ausgezeichneten Erfolg dabei haben. . . ."

9 J. D. H. Temme, der von 1833 bis 1836 Kreisjustizrath in Ragnit war, schreibt in seinen „Erinnerungen" (herausgegeben von Stephan Born, Leipzig 1883) S. 149: „In der Nähe von Ragnit liegt an der Memel der Berg Rombinus, ein ziemlich hoher, fast nackter, vielfach zerrissener und zerklüfteter Sandhügel. Er war der Sitz der alten litthauischen Götter Perkunas, Potrimpus, Pikullas, die hier ihre größten Opferaltäre hatten. Wenn ein litthauisches Brautpaar aus der Gegend in der christlichen Kirche zu Ragnit oder Tilsit getraut ist, so wandert es noch heute am Abend zum Rombinus, um in dessen Spalten dem Gott der Fruchtbarkeit, Perkunas, einen Groschen zu opfern." Nicht Perkunas sondern Potrimpus war der Gott der Fruchtbarkeit,

Der Rombinus ist 75 m hoch.

10, Aus einem Briefe des Oberlehrers a. D. Meckbach in Königsberg i/Pr. vom 4. Mai 1896. Meckbach wurde 1882, als unter dem Oberpräsidenten v. Schlieckmann nach dem Recept des Ministers v. Puttkamer viele Beamte, die aus ihrer liberalen Gesinnung kein Hehl machten, gemaßregelt wurden, „im Interesse des Dienstes" von Tilsit nach Bartenstein versetzt. Der gleichzeitig aus demselben Grunde von Bartenstein nach Tilsit versetzte, um den Liberalismus in Bartenstein wie Tilsit hochverdiente Oberlehrer Timm sagt in seiner 1892 anonym erschienenen Schrift „Die politischen Wahlen in Tilsit" („Aus Tilsit's Vergangenheit", 5. Band): „. . . Versetzungen im Schuldienste wurden kurz vor den Wahlen zum Abgeordnetenhause vorgenommen; in weitesten Kreisen am schmerzlichsten empfunden und mit der größten Theilnahme aufgenommen wurde die Versetzung des Oberlehrers Meckbach vom Königl. Gymnasium in Tilsit nach Bartenstein, eines Mannes, der ein Menschenalter hindurch in Tilsit in seinem Amte, im öffentlichen und geselligen Leben gewirkt und in mehr als 30 Jahren enge mit Tilsit verwachsen, sich die Liebe und Verehrung Aller, besonders seiner Schüler, erworben hatte."

Achtes Kapitel.

Referendariat und Regenwalde.

Nachdem Hoverbeck das erste juristische Examen bestanden hatte, wurde er als Referendar (Auskultator) vereidigt. Dem Anschein nach ist er bei einem Gericht überhaupt nicht, oder doch nur sehr kurze Zeit amtlich thätig gewesen. Dann nahm er Urlaub. Die Juristerei fortzusetzen, um Richter oder Rechtsanwalt zu werden, hatte er keine Neigung. Anfänglich scheint er geschwankt zu haben, ob er Landwirth oder Forstmann werden sollte. Schon im Februar 1844 hatte er sich zu Ostern beim Amtsrath Schön in Kleinhof Tapiau, dem Neffen des Oberpräsidenten, als Volontär gemeldet. Schön hatte etwas unbestimmt geantwortet, vielleicht hatte er erst eine persönliche Vorstellung erwartet, darauf zog Hoverbeck die Meldung zurück. Er blieb in Nickelsdorf bis Ostern als „Großjunge" — wie ein Studienfreund es nannte — und arbeitete hier nach der praktischen und theoretischen Anleitung seines Vaters. Dieser hatte im letzten Jahre reiche Gelegenheit gehabt, eine segensreiche Thätigkeit für den Allensteiner Kreis zu entfalten. Im Jahre 1841 hatte der bekannte Günstling Friedrich Wilhelms IV., der Freiherr Senfft v. Pilsach auf Gramenz, der Schwager des Magdeburger Appellationsgerichtspräsidenten Ludwig von Gerlach, des Gründers und „Rundschauers" der Kreuzzeitung und zugleich des bekannten Abgeordneten des vereinigten Landtags v. Thadden-Trieglaff, im Auftrag des Königs die Provinz Preußen bereist, um geeignetes Terrain zu umfangreichen landwirthschaftlichen Meliorationen zu ermitteln. Senfft v. Pilsach, der zu den Stillen im Lande gehörte und von der Stettiner Regierung als Altlutheraner verfolgt war, weil er seinen hinterpommerschen Bauern gottselige Predigten hielt, hat es vom überschuldeten Gutsbesitzer schnell zum Geheimen Oberfinanzrath und zum „Oberrieselmeister," später auch zum Oberpräsidenten gebracht.[1] Er fand zu Meliorationen das Terrain der oberen Alle besonders günstig, wegen des großen Reichthums an Seen und des schlechten Abflusses, den die Nebenflüsse der Alle hatten. Auf seinen Antrieb tagten die Kreisstände des Allensteiner und des Heilsberger Kreises gemeinschaftlich im August 1841 unter dem Vorsitz des Oberpräsidenten Grafen zu Dohna-Wundlacken in Guttstadt. Für jeden Kreis wurde ein Komitee gewählt. Das Allensteiner Komitee, zu dem auch der Landschaftsdirektor v. Hoverbeck gehörte, arbeitete eine Denkschrift aus und schlug vor, die Meliorationen durch die Kreisstände mit Staatshilfe zu bewirken. Dies wurde genehmigt und zu den ersten Vorarbeiten ein Staatsdarlehn von 120000 Thalern gegeben; damit sollten namentlich mehrere Mühlen, die im Wege waren, aufgekauft werden. Am 29. Juli 1842 wurde von den Allensteiner Kreisständen in einer Versammlung, die vom Freiherrn Hoverbeck als Kreisdeputirten geleitet wurde, ein zweites Komité von vier Personen gewählt, dem wiederum Landschaftsdirektor Hoverbeck angehörte. Unter Beirath von Senfft v. Pilsach und der Landräthe der Nachbarkreise wurde das Statut vom 15. Mai 1843 für die „Allensteiner Korporation als Unternehmerin von Meliorationen" ausgearbeitet, zwischen den ständischen und den Staatsbehörden vereinbart und am 30. Mai vom König bestätigt (Gesetzsammlung von 1843, S. 273). Darnach sind zunächst Ent- und Bewässerungsanlagen im Kreise Allenstein beschlossen, die in zwei Hauptsystemen nach den Flußgebieten der Alle und Pissa, welche letztere auf den verschiedenen Stadien ihres Laufes Dimmern-, Erthusa-, Pissa- und Wadangfluß genannt wird. Dahin gehören zugleich die in diesen Flußgebieten gelegenen Seen und Brüche, ingleichen die in die Flüsse einmündenden Nebenflüsse, insbesondere der Kermeßfluß.

Zur Vertretung der Kreiskorporationen wurde ein Komitee von 4 Mitgliedern des Kreistages jedesmal auf vier Jahre gewählt. Dieses hatte unter Vorsitz des nicht stimmberechtigten königlichen Kommissarius zu berathen und besaß weitgehende Befugniß. Die Fonds zur Ausführung der Meliorationen sollten durch staatlich garantirte Kreisobligationen bis zum Betrage von 500000 Thalern beschafft werden. In diesem Komitee hat der Landschaftsdirektor Hoverbeck, der ihm bis zum Verkauf von Nickelsdorf 1854 angehörte, den maßgebenden Einfluß ausgeübt. Seinem Einfluß ist es wohl zu verdanken, daß zu den ersten Vermessungsarbeiten von dem Kriegsminister dem Kreise aktive Offiziere zur Verfügung gestellt wurden. Ueber zehn größere und noch mehr kleinere Seen sind entwässert oder tiefer gelegt; der Wirkungskreis des Komitees wurde durch ein revidirtes Statut, bestätigt durch Gesetz vom 30. Mai 1853, bedeutend erweitert. Darnach soll die Hebung des Wohlstandes im Kreise Allenstein bewirkt werden: durch Bodenmeliorationen mittelst Ent- und Bewässerung, durch Förderung bleibender Wirthschaftsverbesserungen, Rodungen, Verkoppelungen, Gemeinheitstheilungen, Abbauten und dergleichen, mittelst Verleihung von Kulturkapitalien und durch Gewährung zinsbarer Darlehne an Kreisangesessene gegen Realsicherheit. Die Kreiskorporation besteht noch heute; die ausgegebenen 600000 Thaler Kreisobligationen sind fast ganz amortisirt.

Diese Thätigkeit seines Vaters in dem großartigen Meliorationswerk war für den Sohn von großem Interesse. Als beurlaubter Referendar unterstützte er seinen Vater bei schriftlichen Arbeiten nach Kräften. Um Ostern 1845 ging er auf ein Jahr nach Regenwalde. Hier hatte Professor Carl Sprengel, ein Schüler Albrecht Thaer's, „des Begründers der rationellen Landwirthschaft," damals Generalsekretär der pommerschen ökonomischen Gesellschaft, 1842 eine höhere landwirthschaftliche Lehranstalt, die Landbau-Akademie, begründet, verbunden mit einer rationell betriebenen Gutswirthschaft und einer Ackerwerkzeugfabrik.[2]) Hoverbeck lag in Regenwalde mit Eifer dem Studium der Landwirthschaft ob. Ein noch vorhandenes Heft, überschrieben Regenwalde 1844—1845, enthält handschriftlich aufgezeichnet in kurzgefaßten Sätzen den Inhalt der Vorlesungen von Sprengel über Pflanzenkultur und über Viehzucht, sowie von Hartmann über Thierchirurgie und außerdem allgemeine Notizen, darunter Bodenanalysen von Queetz und Nickelsdorf. Hoverbeck eignete sich in Regenwalde, wie Witt von ihm sagt,

„die dort vorgetragenen Wissenschaften mit der Energie an, welche er allen wahren Angelegenheiten zugewandt hat, während er sich zugleich mit denjenigen Arbeiten, die die Grundlage aller Landwirthschaft bilden, praktisch vertraut machte und nicht eher davon abließ, als bis er das Pflügen, Eggen, Säen, Mähen ebenso wohl verstand, wie ein guter Knecht.“ [3])

Während er in Regenwalde war, kam er um Entlassung aus dem Justizdienst ein. Vorsichtigerweise aber behielt er sich noch über ein Jahr lang den Wiedereintritt vor. Das Oberlandesgericht zu Königsberg ertheilte dem bei ihm „bisher angestellt gewesenen Auskultator“ am 16. Dezember 1844 das Dimissorium, indem es ihn auf seinen Antrag aus dem Justizdienst entließ, „mit Vorbehalt des Wiedereintritts in denselben bis zum Januar 1846.“

Anmerkungen zum achten Kapitel.

1) Treitschke sagt im 5. Theil seiner deutschen Geschichte S. 26, die Brüder v. Gerlach hätten an ihm eine mächtige Stütze gefunden. Er habe, im Hausministerium angestellt, auf den Domainen mit erheblichen Kosten, aber nur selten mit Erfolg, großartige Entwässerungspläne ausgeführt. — Der Präsident der Nationalversammlung v. Unruh erzählt in seinen Erinnerungen (herausgegeben von Poschinger 1895) S. 71: „Im Jahre 1845 während des Baues der Berlin-Magdeburger Bahn machte mir der damalige Staatsminister Graf Stolberg mündlich das Anerbieten, mit Rangerhöhung und angemessenem Gehalt dem damaligen Oberrieselmeister, Geheimen Oberfinanzrath v. Senfft-Pilsach, als technischer Beistand beigeordnet zu werden. Mir fiel es garnicht ein, meine mir sehr zusagende und lohnende Thätigkeit bei Eisenbahnen aufzugeben, zumal ich Herrn v. Senfft-Pilsach bei einer Bereisung des Regierungsbezirks Gumbinnen als einen ehrgeizigen und kirchlich-orthodoxen Mann kennen gelernt hatte, der sich vom Gutsbesitzer zum nominellen Geheimen Oberfinanzrat, also gegen alle Naturgesetze den Berg hinauf gerieselt hatte und dann Oberpräsident von Pommern wurde. Der später sehr bekannt gewordene damalige Obergerichtsassessor, nachherige Geheime Oberregierungsrath Wagner war sein juristisch administrativer Famulus; ich sollte sein technischer werden, Gräben ziehen und kleine Stauwerke bauen, was jeder praktische Feldmesser kann, und — — mit ihm beten!“ — Hermann Wagner erwähnte in seiner Schrift „Erlebtes“ (1884), seine öffentliche Laufbahn habe damit begonnen, daß er nach absolvirtem dritten juristischen Examen auf Empfehlung von Gerlachs bei dem Freiherrn Senfft von Pilsach in die Vertrauensstellung getreten und diese bis 1847 behalten habe. — Auf dem ersten Vereinigten Landtage 1847 sprach Georg v. Vincke am 22. Juni von den Landesmeliorationen. Nach einem Gerücht wären die zur Berieselung aufgewendeten Summen nicht immer zweckmäßig verwendet worden, namentlich nicht in der Tucheler Haide und in anderen Gegenden der Provinz Preußen. Man habe Berechnungen über die Kosten des Heues angestellt, wonach es nicht viel unter den Preis des Thees gekommen sein solle. Der Landtagskommissar erwiderte, daß von einem wirklichen Mißlingen der großen Wiesenanlagen in der Tucheler Haide bis jetzt nicht die Rede sein könne, weil sie noch nicht vollendet seien. Die Berieselung im Schwarzwasser nähere sich der Vollendung, es seien dort 4000 Morgen Wiesen angelegt. Daß das Heu so theuer zu stehen komme wie Thee, müsse er als eine etwas starke Hyperbel halten. — Nicht richtig ist, was J. D. H. Temme in seinen Erinnerungen (herausgegeben von Stephan Born

1883) mittheilt, daß Vincke dem Vereinigten Landtage eine Berechnung vorgelegt habe, nach welcher jedes Pfund Heu in der Tucheler Haide 12 bis 15 Thaler kostete. — Jedenfalls ist es das unbestreitbare Verdienst des Freiherrn Senfft v. Pilsach, die Allensteiner Meliorationen angeregt zu haben.

[2]) Karl Sprengel, geboren 1787, gestorben in Regenwalde 1859, hat „der Praxis der Landwirthschaftswissenschaft ungemein genützt; besonders habe durch ihn „Bodenkunde und Düngelehre bedeutende Erweiterung gefunden."

[3]) Aus Witt's Aufsatz im Reichsfreund.

Neuntes Kapitel.

Die landwirthschaftliche Studienreise.

(Juli bis Oktober 1845).

Leo Hoverbeck wurde, nachdem er zwei Semester die Land-bau-Akademie zu Regenwalde besucht hatte, von seinem Vater auf Reisen geschickt. Ueber die landwirthschaftliche Studienreise nach West-, Süd- und Mitteldeutschland hat er ein sorgfältig ausgearbeitetes, mit vielen erläuternden Zeichnungen versehenes Tagebuch geführt. Dasselbe zeigt die klare, kühl verständige Auffassung und nüchterne Beurtheilung aller damaliger Verhältnisse, die dem werdenden Mann eigen waren. Das Tagebuch ist, wie mir ein hervorragender landwirthschaftlicher Sachverständiger schreibt, von Werth für die Geschichte der Landwirthschaft. Der Raum gestattet nicht, das Tagebuch vollständig zu veröffentlichen, doch werden größere Theile nachfolgend mitgetheilt.

Die Reise dauerte vom 12. Juli bis 1. Oktober 1845. Von Königsberg fuhr Hoverbeck am 18. Juli mit Dampfboot nach Elbing, von da mit einer elenden Gelegenheitsfuhre nach Marienburg. Am 19. Juli kam er noch bis Czersk, dem Mittelpunkt der Meliorationen der Tucheler Heide. Dazumal wurde in der Presse lebhaft über die großartigen Ueberrieselungen bei Schwarzwasser gestritten. Die Entstehung derselben ist auf den Plan des Gutsbesitzers Baron Senfft von Pilsach auf Gramenz zurückzuführen, einen Theil der dürren verrufenen Tucheler Kienheide mittelst der Flüsse Brahe und Schwarzwasser in Wiesen umzuschaffen. Seine Anträge wurden von der höheren Staatsbehörde ohne weitläufige Untersuchungen genehmigt, die Herrschaften Czersk und Mockerau mit den Vorwerken Urogga und Hutta für 192000 Thlr. angekauft. Mit Tausenden von Arbeitern war damals die Ueberrieselung von 3200 Morgen fast vollendet. Später sollte an der Brahe ein 13 Meilen langer Kanal durch 6000 Arbeiter gebaut werden.[1]) Czersk, der Sitz der Besiedelungs-Administration und der damit verbundenen Verwaltung der angekauften Güter, wimmelte von Beamten. Leo Hoverbeck besuchte den Geh. Finanzrath v. Salzwedell,[2] um sich einen Empfehlungsbrief an den Leiter der Arbeiten in Hutta zu holen. Er schreibt:

„Salzwedell sagte im Gespräche: „Wir (Rieseler) sind eine neue Macht im Staate, die daher der Regierung Anstoß giebt, die auch etwas mitzureden hat und auf deren Entscheidung es in vielen Fragen doch etwas ankommt.“

Die hochgehenden Hoffnungen dieses „Rieselers“ gingen nicht in Erfüllung. Die 1846 begonnenen Bauten sind nicht fortgesetzt, nur 23 km sind von dem großen Schiffahrtskanal fertig geworden. Hoverbeck verwendete zwei Tage auf die Besichtigung der Berieselungswerke und beschrieb sie ausführlich im Tagebuch. Er fuhr am 26. Juli mit der Post über Conitz nach Landsberg und von da in der Nacht nach Küstrin. Morgens 6 Uhr wanderte er durch das Oderbruch nach Wollup. In dem reinlichen und ordentlichen Kruge fand er einen Oekonomen W. aus Tübingen, der bis dahin in Hohenheim gewesen. Im Tagebuch heißt es nun:

„Ich ging mit ihm zu Koppe[3]), der, obgleich er fast jeden Tag Besuche von jungen und älteren Landwirthen erhält, die ihm natürlich öfter lästig sein müssen, uns dennoch höchst freundlich empfing, ein interessantes Gespräch führte und zum Frühstück einlud. Alsbald fuhr auch sein Wagen vor, in den er uns nöthigte, um mit uns auf die Felder zu fahren. Hier fanden wir alle Früchte gut, die Hackfrüchte, zu denen der Boden vor Allem geeignet ist, vorzüglich. Auf den schlechtern Stellen, die für andere Hackfrüchte zu sandig sind (Schwindstellen), baut Koppe Taback, der sehr schön stand, d. h. gleichmäßig, wenn auch nicht ungewöhnlich groß. Dasselbe findet auch bei den übrigen Früchten statt; ungewöhnlich stark stand aber die Jerusalemsgerste von sehr großem Korne, die Koppe ganz besonders empfiehlt. Ich hatte auch Gelegenheit, das Pflanzen des Kümmels anzusehen. Dieser wird im Frühjahre gesäet. Dies war damals nicht nöthig gewesen, indem im vorigen Jahre ein Theil zu spät gezogen war und die ausgefallenen Körner eine ganz dichte Narbe gebildet hatten, die zum Pflanzen benutzt wurde. Die ganze Kümmelpflanzung giebt Koppe seinen Leuten in Accord; er wird in Reihen von 1 Fuß Abstand, jede Pflanze von der andern auch wieder 1 Fuß entfernt gepflanzt, und ist der gewöhnliche Feldkümmel. Der angebaute Roggen ist Probsteier, wiegt 90 Pfund pro Scheffel und hat nur den Fehler, daß er leicht ausfällt, daher große Eile bei der Ernte erfordert. Da aber in der Erntezeit hier viele fremde Arbeiter zu haben sind (die in starken Trupps, von denen ich einen daselbst sah, von Gut zu Gut ziehen und entweder Geld oder den Erdrusch der fünfzehnten Garbe, den sie selber sogleich bewirken, erhalten), so ist dieser Umstand weniger hinderlich. —

Koppe hat gar keine Wiesen, außerordentlich wenig Weide (vielleicht 500 Morgen) und ernährt doch in Wollup und Kienitz 7000 Schafe sehr reichlich durch Schlempe, Melasse, Kartoffeln, Stroh (als Häckerling) und Grünfutter. Wichtig ist dabei allerdings auch die Stoppelweide, so wie die Weide auf Raps, den er nur zu diesem Zwecke ansäet.

In Wollup hat er eine große brillante Brennerei und Brauerei, ganz mit Braunkohlen betrieben, die er von der Oder bezieht, da er nur eine halbe Meile davon entfernt liegt. — Ungewöhnlich groß ist sein Rindviehstamm, vortrefflich zur Mastung, so daß selbst die Kühe 100 Pfund ausgeschlachtet Gewicht geben, woher er auch in jener Gegend viel Abnahme an Jungvieh findet (Wolluper Rasse). An Milch geben die Kühe täglich 6 Quart Durchschnitt (eine 19 Quart), wovon $^2/_3$ Quart für die Aufzucht des Kalbes abgehen. In Wollup werden 60—100 Stück Mastochsen gehalten, wahrhaft kolossale Tiere. —

Nachdem wir ins Haus zurückgekommen, fanden wir schon einen dritten Besuch, einen jungen Mann, der eben aus Hohenheim kam, einen Grafen Hamilton aus Schweden. Nachdem wir Koppes Familie kennen gelernt und bei ihm Mittag gegessen hatten, fuhren wir, weil Koppe selbst den Nachmittag ausgebeten war mit seinem Sohne, früher Assessor bei der Regierung in Frankfurt, jetzt auch Landwirth[4]), nach Kienitz, der andern Domaine, die Koppe in Pacht hat. (Koppe hat beide Güter schon vor langer Zeit gepachtet und zahlt daher pro Morgen nur 3 Thlr. Pacht, während andere Pächter im Oderbruche häufig 10 Thlr. zahlen.) Sie liegt eine Meile von Wollup ab, und daher ist es hier schon rentabler, statt der Braunkohlen Steinkohlen zu brennen, da die Transportkosten geringer sind. Die zerbröckelten Ueberreste der Braunkohlen in Wollup werden in Formen gestrichen. Schön war der Anblick der Runkelrübenfelder in Kienitz, wovon 500 Morgen, sämmtlich in Accord gepflanzt, zusammen lagen, ausgezeichnet durch schönen Stand und Gleichmäßigkeit. Man baut dort zwei Sorten, die röthliche, französische und die weiße, schlesische, in Reihen von $1^1/_2$' Abstand, in den Reihen 1', mit dreimaligem Behacken.

Es folgt nun eine Aufführung der Fruchtfolge in Kienitz, Wollup und Vorwerk Basta. Dann wird fortgefahren:

Höchst interessant war es, in Kienitz die vortrefflich eingerichtete Runkelrüben-Zuckerfabrik zu sehen, die durch zwei Dampfmaschinen, jede von 10 Pferdekraft, betrieben wird. Zum Zu- und Abführen der Formen für den Zucker ist ein Paternosterwerk eingerichtet, das durch mehrere Etagen geht. Die Runkeln werden durch Walzen zerquetscht und dann, in leinene Säcke gethan, unter 5 hydraulische Pressen gebracht; der ablaufende Saft wird filtrirt, geklärt (durch Ochsenblut), eingedickt und zuletzt im luftverdünnten Raume (der Kessel dazu kostet 3000 Thlr.) bei 52° R. gekocht, damit weder der Zucker anbrenne, noch sich in Schleimzucker verwandle, was bei offnem Feuer häufig geschieht. Nun fließt er in thönerne, jetzt besser eiserne Formen und wird nach dem Erstarren Anfangs mit Zuckerwasser, dann mehrmals noch mit feinem, weißen Thone gedeckt, bis er den höchsten Grad der Weiße erreicht (à Ctr. 23 Thlr). Weil die Spitzen des Runkelzuckers gewöhnlich schlecht werden, so hat man eine Maschine um dieselben anzudrechseln; der Abfall dabei wird wieder verarbeitet. —

Mit Vorliebe wurden wir auf das Steinpflaster des Hofes aufmerksam gemacht, indem dies im Oderbruche sehr kostbar ist. — In Kienitz wurde noch Raps eingefahren, wobei die Wagen mit Laken belegt und, wie hier gewöhnlich, 4 Pferde nebeneinander gespannt waren. Der Klee geräth in Kienitz gut, in Wollup gewöhnlich schlecht, weil der Boden zu warm und trocken ist. Man säet ihn halb mit Timothy, halb mit Reihgras, schätzt aber Ersteres fast höher.

Auf Wollup und Kienitz stehen zusammen 7000 Schafe, wovon durchschnittlich 100 Stück 250 Pfund Wolle geben, die dies Jahr für 80 Thlr. mit 5% Locken-Abzug verkauft ist. Viel trägt die Mastung der Hammel ein; diesmal waren die Hammel durchschnittlich 150 Pfund schwer und wurden zu 2 Friedrichs d'or (34 Mk.) verkauft. Koppe hat die Sommerlammung eingeführt; sie war noch nicht ganz zu Ende. Zu Wollup waren 950 Lämmer da, und 50 wurden noch erwartet. Alle waren kräftig und schön. Bruttoertrag aller Schafe über 14000 Thlr. –

Da Graf Hamilton, der sich schon im Gespräche als einen vernünftigen, vorurtheilsfreien Menschen gezeigt hatte, mir seinen Wagen nach Wriezen anbot, so benutzte ich dies. Unterwegs, wo wir unsere Notizen, ich über Regenwalde, er über Hohenheim, austauschten, ebenso über Schweden und Ostpreußen, das ihm seines liberalen Auftretens wegen besonders am Herzen zu liegen schien, lernte ich ihn noch besser kennen und achten. Bei einem Bauernhofe hielten wir an und gingen hinein, wurden von den braven Leuten freundlich empfangen und uns Alles gezeigt. Auf 80 Morgen Landes lebte der Besitzer sehr zufrieden und nach allem Anschein wohlhabend und versicherte, er würde den Hof nicht für 5000 Thlr. verkaufen. Spät Abends nach einer sehr angenehmen Fahrt durch das Oderbruch kamen wir in Wriezen an, wo wir Abschied nahmen. —

Am 23. Juli Morgens marschierte ich nach Möglin, das von Wriezen nur eine Meile entfernt ist. Unterwegs kam ich durch eine Maulbeerpflanzung, wo gerade Früchte abgenommen wurden, die nicht sonderlich schmecken.

Hier sah ich eine neue Art, das Korn in Mandel zusammenzulegen, unten 12 Garben mit den Aehren zusammen und 3 oben darüber, die Aehren nach einer Seite herunterhängend. Auf dem Mögliner Felde sah ich mit dem Schwerz'schen Pfluge arbeiten. (Koppe hat nur den englischen Schwingpflug.) Nachdem ich Thaers[5]) Wohnung erfragt, stellte ich mich diesem vor, der seine Freude aussprach, Jemanden aus dem Allensteiner Kreise zu treffen und viel über die dortige Melioration sich erkundigte. Er lud mich ein, mit in seine Vorlesung zu kommen, wo er über Berieselung vortrug und zwar zuerst einen guten Aufsatz von Vincent in Regenwalde[6]) aus Sprengels landwirthschaftlicher Monatsschrift VII. 1 vorlas, den er als das beste praktische Schriftchen darüber empfahl. In der Zwischenstunde lernte ich die Eleven etwas kennen; es sind in der Anstalt 17 junge Herren mit halbem Berliner Pli, die wenig thun, als in die Vorlesung gehen; sie beachteten mich wenig, weil ich zu Fuße gekommen war und mich ihnen schlechtweg als Oekonom vorstellte. Später hob ich mich im Ansehen, als sie hörten, das ich in Regenwalde gewesen war, was sie für etwas Großes anzusehen schienen. — Noch eine Vorlesung bei Thaer über landwirthschaftlich schädliche Insekten war langweilig, wie überhaupt Thaer wohl ein praktischer Schafzüchter, aber sonst kein Stern erster Größe sein mag. Mittagessen mit der Familie und sämmtlichen jungen Herren, wie es dort Sitte ist. Vorher hatte ich noch mit dem Oberinspektor die innere Wirthschaft besehen; von den Kühen versicherte derselbe, daß sie durchschnittlich 7 ²/₃ Quart täglich gäben. (Pabst sagt: in Möglin lügen die Leute — ich glaube es ihm gern. —) Nachmittags führte mich ein Anderer auf den Feldern herum und machte mich zunächst mit der Fruchtfolge bekannt!"

Es folgt nun Darstellung der Fruchtfolge, bei der es bei nur 50 Morgen Rieselwiesen und Zukauf von etwas Heu aus dem Oderbruche möglich ist, das Gut mit Nutzvieh von 150 Schafen, 40 Kühen, 40 Mastochsen oder dafür Schöpsen in bestem Zustande zu erhalten u. s. w. Später heißt es:

„Die Wiesen sind gut und nach Belieben zur Berieselung und Bestauung eingerichtet. Sehr künstlich war die Schafwäsche, indem die Schafe mittelst Schläuchen gespritzt werden und dann schwimmen müssen. Vorher sind sie schon zweimal geweicht und einmal am Morgen der Wäsche durchgetrieben. Sie sollen durchschnittlich 3 Pfund Wolle, pro Ctr. 120 Thlr. tragen und der Bockverkauf, da kein Bocklamm gehammelt wird, 7000 Thlr. einbringen. — Nachher besah ich noch das sogenannte Laboratorium mit vielen Modellen, aber wie mir schien wenig guten, einer Sammlung von Ackererden, Samen u. s. w. Am interessantesten war eine 17 Fuß lange Luzernewurzel, die daselbst hängt. — Abends spazierte ich nach höflichem Abschiede von Thaer nach Wrietzen zurück."

Am 14. Juli fuhr er mit der Post nach Berlin. Er wohnte dort drei Tage bei seinem Onkel Fritz Thiel (s. S. 33), der ihn freundlich aufnahm. Er suchte Universitätsbekannte auf und fuhr dann mit einem Vetter nach Potsdam.

„Das erste Mal zu Eisenbahn. Wie häufig geschieht, hatte auch ich mir zu viel von der augenblicklichen Schnelligkeit eingebildet, war aber doch sehr überrascht, als wir in den Potsdamer Bahnhof einfuhren, indem ich uns höchstens auf halbem Wege glaubte. Nun wurde sogleich der Brauhausberg besucht, der eine schöne Aussicht über die Havel gewährt; (die künstliche Ruine eine Lappalie,) dann die Tour über Charlottenhof, das neue Palais mit dem imposanten Muschel- und Marmorsaale, Sanssouci und das Marmorpalais genommen."

Am folgenden Tage besuchte er die Museen und Gallerien — ebenso wie später in Dresden und Antwerpen — und hob im Tagebuch diejenigen Kunstwerke hervor, die auf ihn den größten Eindruck gemacht.

„Am 27. Juli Morgens zur Eisenbahn nach Dresden. In dem Theile der Mark, durch den ich fuhr, war die Roggenernte schon zu Ende — in Sachsen dagegen nicht. Das Dessauer Ländchen gefiel mir besonders; der Boden ähnelt theilweise dem des Oderbruchs, wo er Elbniederung ist. Merkwürdig ist der Unterschied in dem Boden dieser Niederungen gegen unsere. In Köthen zwei Stunden Aufenthalt zu Mittag, dann über Halle nach Leipzig, wobei ich einen Begriff davon bekam, wie Eisenbahnwagen stoßen können. Von hier aus fuhren wir mit zwei Lokomotiven und einem Zuge von etwa 1000 Menschen nach Dresden, wo gerade das Vogelschießen stattfand. Bei Riesa die Brücke über die Elbe, bei Oberau der Tunnel 1/8 Meile lang, über dem ein Kirchdorf steht. In Dresden kam ich um 1/28 Uhr an ..."

In Dresden fand er nach mehrstündigem Umherirren glücklich zu Onkel Woisky, dem pensionirten Oberstlieutenant, der mit der ältesten Schwester seiner Mutter vermählt war.

„Bei Onkel und Tante erregte ich große Ueberraschung und fand die herzlichste Aufnahme. Am 28. Juli Morgens ging ich mit dem Onkel zu Th. Weiße in eine Fabrik landwirthschaftlicher Maschinen, woselbst ich eine Dreschmaschine nach Croskill, von ihm mit verbessertem Göpelwerk versehen, in Arbeit sah. Sie drischt sehr rein, macht aber Krummesstroh. Dann gingen wir in die Stadt über den Zwinger zur Post. Nachmittags fuhren wir zu Droschke nach der Vogelwiese, um das bunte Leben daselbst anzusehen, wozu das Vogelschießen die Veranlassung giebt. Hier lernte ich die Sachsen kennen und muß gestehen, daß sie mir sehr gefallen haben. In den Gassen der Zelte, von denen ein Theil alle möglichen Sehenswürdigkeiten, Panoramen, Riesen, Zwerge, Affen, Menschen mit Schafwolle statt der Haare 2c. enthielt, der andere Biertonnen, Restaurationen, Würstchen mit Sauerkraut, bayrische Biere, bewegten sich Tausende aus allen Ständen und von jedem Alter ohne Zank, ohne Geschrei, ohne Trunkenheit und mit einer anständigen, herzlichen Fröhlichkeit. Originelle Idee mit der Eisenbahn als Caroussel. — Ueber die Brühlsche Terrasse, von der man einen herrlichen Blick auf die Elbe, die Brücke, die Neustadt und die Berge genießt, nach Hause. —

Am 29. Juli Morgens gingen wir nach dem Kammergute Ostra hinaus, um den schönen Rindviehstamm zu sehen. Das Gut hat 1300 Morgen Areal, davon 400 Morgen Wiesen, und ist jetzt für 8000 Thlr. verpachtet. Es werden 200 Kühe gehalten, wovon jede täglich 10 Kannen (8—9 Quart) Milch giebt; die Kanne wird zu 13 Pf. sächsisch = 1 Sgr. 4 Pf. preußisch verkauft. Die Kühe, wegen ihrer Milchergiebigkeit berühmt, sind größtentheils von Schweizer, zum Theile auch Oldenburger Rasse. Man baut 500 Morgen Kartoffeln, 10 Scheffel pro Morgen Aussaat, 1½ Fuß Abstand der Reihen. Ackerwerkzeuge sind dort der gewöhnliche deutsche Pflug und eine Art Haken. — Von da in die Gewerbeausstellung im Orangeriegebäude, die in Tuchen, Zeugen und industriellen Maschinen gut besetzt war. Auch viele landwirthschaftliche Maschinen waren ausgestellt, z. B. mehrere Dreschmaschinen, eine bewegliche für 660 Thlr., die täglich 120 Scheffel Winterung drischt und von jedem Schmiede ausgebessert werden kann, eine Maschine zum Getreidemähen u. s. w. . . .

Am 30. Juli wurde das Antikenkabinet und die weltberühmte Gallerie besucht. . . Nachmittag wanderte er mit dem Onkel nach dem Waldschlößchen, sie tranken dort ein vorzügliches Bier, und nach Findlaters Weinberg. Am 31. Juli in die Gemäldegallerie und sodann in das Mengs'sche Museum von Gypsabgüssen.

„Nachmittags Spaziergang nach dem Plauenschen Grunde, durch schöne Getreidefelder. In einer Kirschenbude labten wir uns an schönen Weichselkirschen. Dann ging der Weg über die Weistritzbrücke, wo ich zuerst Felsen sah, wenn auch nur etwa hundert Fuß hoch, aber doch dadurch sehr schön, daß sie sich senkrecht unmittelbar an dem Flusse erhoben. Der Anblick gewährte mir damals großen Genuß, da ich noch nichts Großartigeres gesehen hatte. Als ich die Stelle später nach meiner Rückkehr wiedersah, war der Hauptreiz dahin. Von den schönen Steinbrüchen, worin ein vortrefflicher, fester, rother Sandstein bricht, wünschte ich einen nach Hause versetzen zu können."

Am 1. August nahm er Abschied von Dresden und fuhr nach Leipzig und dann zu Eisenbahn über Köthen nach Magdeburg. Von dort nach fleißiger Besichtigung des Doms nach Halberstadt.

„Wider Erwarten sah ich in der Gegend bei Magdeburg kein sonderliches Getreide (in Sachsen war es weit besser gewesen), dagegen gute Runkelrüben, Mohn, namentlich den blaublühenden, und Cichorien. Da von Halberstadt gerade die Post nach Quedlinburg weiterging, so benutzte ich dies, und hatte daselbst noch Zeit, das merkwürdige, alte Schloß zu besehen. Abends fand ich im Gasthause zwei junge Handlungsreisende, die mir sehr gut gefielen, und mit denen ich auf den nächsten Morgen die Fahrt nach der Roßtrappe verabredete. . . .

(3. August.) Früh Morgens machten wir uns wirklich nach der Roßtrappe auf, nahmen uns in der Blechhütte einen Führer und durchwanderten dann die ganze Partie in 6 Stunden, was nicht leicht ist. Auf einem Umwege auf den Hexentanzplatz gelangt, stiegen wir den sehr steilen und beschwerlichen Weg (Katerstieg) herab und trafen nun einen herrlichen Punkt, das Bodethor, ein Fels 100 Fuß über

der unten wild rauschenden Bode, zu beiden Seiten Felsen von 1000 und 1100 Fuß Höhe. Nachdem wir in einem, in der Nähe gelegenen Lustorte, dem Waldkater, eine Erfrischung eingenommen, ging es rüstig vorwärts längs der Bode auf einem theilweise in den Felsen eingesprengten, dann wieder an den offenen Stellen von Buchen beschatteten Wege mit schönen Durchblicken auf die schroffen Felsen nach dem Bodekessel. Hier stürzt sich die Bode von einer vorspringenden Felswand in die Tiefe und sprudelt, von den unterirdischen Zacken zertheilt, als Schaum wieder in die Höhe. Von hier bestiegen wir die Roßtrappe selbst auf einem vielfach geschlängelten Wege, bewunderten oben die weite Aussicht bis nach Magdeburg hin und den donnerähnlichen Schall abgefeuerter Pistolenschüsse. Auf einem anderen Wege herabgestiegen, nahm ich Abschied von meinen Begleitern und wanderte weiter gen Blankenburg. Der Weg dahin führte über das Dorf Cattenstedt, neben dem ich ein herrliches Stück der Teufelsmauer sah, das aus einiger Ferne täuschend einer langen Burgmauer mit vielen abgestumpften Thürmen und Pfeilern glich. Auch in Blankenburg hielt ich nicht an, sondern besuchte erst den eine Stunde davon entfernt liegenden Regenstein mit den Ruinen einer großartigen Burg, fast ganz in Stein gehauen, in ihren Trümmern noch imponirend. Der Weg von der derselben nach Blankenburg führt durch schöne Getreidefelder und neben schönen, alten Wallnußbäumen vorbei.

Das steinlose Vorland des Harzes scheint, wie im erhöhten Grade die Farbe, so auch die sonstige Natur unseres rothen Lehmes zu haben. Die Früchte stehen im Ganzen gut, und die Wiesen, deren Grund aus demselben Boden besteht, recht gut und ganz voll von Klee, besonders weißem. Sie liegen sehr hoch, und daher sind, wo dies irgend angeht, kleine Bestauungen und Ueberrieselungen angelegt. — Der Boden entsteht durch Verwitterung eines blättrigen rothen Thonschiefers und scheint mit der Zeit seine rothe Farbe zu mildern. Bei Blankenburg fand ich besonders viel und gut Gemenge von Bohnen und Erbsen, Gerste und Hafer, Wicke und Gerste. Die Ernte hatte noch nicht begonnen; nur hie und da wurden fast ganz grüne Erbsen gehauen, die in Folge früher Saat und Sorte gewöhnlich hier mit dem Roggen gleichzeitig kommen. Im Übrigen scheint dort das Klima unserem gleich zu sein.

(4. August.) Morgens früh wanderte ich auf den Ziegenkopf und sah dort die Sonne aufgehen. Auf dem Wege dahin konnte ich neben der Chaussee deutlich die Textur des Gesteins wahrnehmen; es bestand aus blättrigen Tafeln, nach allen Richtungen durcheinander gewürfelt und der Länge nach leicht abspaltend. Nach einem tüchtigen Gange über ein vergleichsweise ebenes Land führte mich der Weg, der auf Kosten des Bergbaugewerks theilweise durch Felsen gesprengt ist, in das herrliche Bodethal und bei der romantischen Marmormühle vorbei nach Rübeland. Hier fand ich einen Führer mit einer Gesellschaft, welche die Baumannshöhle besuchen wollte, und machte die Expedition mit. Die Höhle selbst ist weniger durch ihre Stalaktitenbildungen, von denen die klingende Säule die merkwürdigste ist, als durch ihre Ausdehnung und ihre Gewölbe interessant. Von hier aus ließ ich mir ein Ende den Weg zeigen, dann beschreiben und wanderte nun, öfter querfeldein, durch gute Getreidefelder, dann Tannenwald und eine sehr schöne Tannenschonung, die so regelmäßig stand, daß ich sie für gepflanzt halte, mehrere Stunden, bis ich an eine Chaussee nach Wernigerode kam. Diese führte mich nach dieser Stadt längs einem schönen Thale, von bewaldeten Bergen eingeschlossen und von einem klaren Flüßchen durchströmt, das auf die Länge einer halben Meile 11 (größtentheils oberschlächtige) Mühlen (meistens Sägemühlen) treibt.

In Wernigerode hielt er Mittag, fuhr dann mit Gelegenheit nach Ilsenburg. Von da noch denselben Tag mit zwei Hamburgern

Wanderung zum Ilsenstein, zu den Ilsefällen und hinauf zum Brocken. „Herzlich müde und hungrig" erreichten sie Abends bei ziemlicher Finsterniß das Brockenhaus. Freilich von Blankenburg über Rübeland, Wernigerode, Ilsenburg zum Brocken — ist ein tüchtiger Tagesmarsch. Am 5. August auf dem Brocken Sonnenaufgang. Dann langer beschwerlicher Weg über Altena und von da mit einigen Bergknappen, deren Bildung, anständige Sprache und liebenswürdigen Charakter sie bewunderten, nach Clausthal. In Clausthal Besichtigung der bergmännischen Modellkammer mit vielen interessanten Maschinen zum Entwässern der Bergwerke, Förderung des Erzes u. s. w. Dann Einfahrt in die Gruben Carolina und Dorothea. (Vgl. Heine's Reisebilder.)

Am 6. August im Postwagen von Nordheim nach Göttingen und nach flüchtiger Besichtigung dieser Stadt in der Nacht weiter nach Cassel. In Cassel frühmorgens (am 7. August) angekommen,

„ging ich ins Gasthaus und legte mich schlafen (wobei ich mit heimlicher Freude ein Mittagessen sparte). Nachmittags ließ ich mich von einem Lohndiener durch die Stadt führen, die wirklich sehenswerth ist. Von dem runden Königsplatz mit sechsfachem Echo führt die Königsstraße (mit der Aussicht auf den Herkules in Wilhelmshöhe) am Staatsministerium und dem kurfürstlichen Palais vorbei nach dem weiten Friedrichsplatze mit der Statue des Landgrafen Friedrich II. (Palais von rothem Sandstein). Die angefangene und nur bis zur Fensterhöhe gebrachte Kattenburg, die bis dahin schon 5 Millionen gekostet, verfällt, da die Stände kein Geld zum Weiterbau bewilligen; sie dient jetzt als Keller für den Hof. Auch die große Orangerie verfällt, seit der alte Kurfürst mit den gestohlenen 40 Millionen in Frankfurt a. M. wohnt. Der recht hübsche botanische Garten ist ein Privatunternehmen. Aus dem holländischen Thore ging es nach dem Felsenkeller, einem Kaffeehause mit schöner Aussicht auf Stadt und Wilhelmshöhe.

(8. August.) Letztere wurde Morgens besucht. Unterwegs sah ich Roggen sicheln, wovon der meiste noch stand, wohl in Folge der schlechten Witterung; denn reif war er. Man stellt ihn hier theils in Puppen von zehn Garben, theils in einzelnen großen, stehenden Bunden auf, wobei die Aehrenenden mit einem Strohkranze umschlingen sind. — Weidlich ärgerte ich mich über die Langsamkeit des Sichelns und die langen Stoppeln. In diesem Jahre scheint das Klima hier etwa wie bei uns gewesen zu sein. Doch hatten die Obstbäume nicht gelitten, was auf milderen Winter deutet. In Wilhelmshöhe angekommen, ging ich neben der Löwenburg vorbei durch verschiedene Waldpartien mit hübschen Bassins, Wasserfällen und geschlängelten Wegen zum Octogon hinauf, auf dessen Spitze der kolossale Herkules steht und das eine schöne Aussicht mit einem Blicke auf die Löwenburg längs allen Kaskaden darbietet. Merkwürdig ist der große gemauerte Wasserfall. Nachmittags setzte ich mich auf die Post nach Elberfeld. Neben guten Feldern von Obstbäumen umgeben und hübschen Laubwäldern begrenzt, führt der Weg durch das Waldeckische über Arolsen nach dem hübsch gelegenen Beamtenstädtchen Arnsberg.

(9. August.) Auch in Westfalen stand der Roggen größtentheils noch; ich sah mit der Hausense mähen, die für Halmgetreide ein sehr unzweckmäßiges Instrument scheint. Das Gemähte wurde sogleich aufgestellt, entweder in Puppen zu zehn

Garben (die zehnte oben aufgedeckt, oder zu 5, oben mit einem Strohbande umwunden. Von Arnsberg an wurde die Gegend hübsch, und bei Meschede gewährten die Flammen der Hochöfen aus der Ferne einen schönen Anblick. Viel reizender aber wurde die Landschaft, als wir über Iserlohn nach Hagen, dem Anfangspunkte des Wupperthales, gelangten. Von hier zieht sich die Straße 4 Meilen durch das herrliche Thal, begleitet von der Wupper, die viele Mühlen und Fabriken treibt, und durchweg mit Häusern besetzt, aber in kleinen Zwischenräumen, etwa wie die Straße einer Vorstadt, in der eine Reihe von Landhäusern liegen. Inzwischen sieht man kleine Stücke mit schönem Kohl, Bohnen, Kartoffeln, Rüben, auch Getreide, namentlich vortrefflichen Hafer. Die Kultur nähert sich hier durchaus der von Gärten. Es wurde der erste Roggen eingefahren in zweirädrigen, schweren Karren, von einem Pferde gezogen. Mit diesen Karren wird hier auch die Fracht transportirt, und zwar folgen oft drei Karren einem Menschen. Die Häuser sind meist ganz mit Schiefer verkleidet und mit schönen, schwarzen Dachpfannen, von sehr kleiner Form und glänzend, gedeckt, aber durch helle Fenster mit grünen Jalousien und weißen Fensterkreuzen freundlich. Wir fuhren bei einer kleinen Eisenbahn, einem Privatunternehmen, vorbei, die, über ein Meile lang, die Steinkohlen aus dem Bergwerke in kleinen Karren, die jeder 10 Zentner führen, auf einer geneigten Ebene nach der Wupper transportirt."

Er kam Abends in Elberfeld an, fuhr am 10. August mit der Eisenbahn nach Düsseldorf, wo er zum ersten Mal den Rhein sah. Von dort nach fünfstündigem Aufenthalt nach Köln. Hier war es schwer Unterkommen zu finden, „indem die Königin Victoria mit unserm Allergnädigsten dort erwartet wurde." Endlich Unterkommen in Deutz im „Prinzen Karl" mit prachtvoller Aussicht auf den Rhein. Am Morgen des 11. August:

„Jenseits des majestätischen Stromes mit der langen, belebten Schiffbrücke den vielen Schiffen und Dampfbooten dehnte sich das Panorama der Stadt aus begrenzt vom Bayenthurme und anderseits der Rheinischen Eisenbahnstation und geschmückt mit vielen Thürmen; vor Allem hervorragend der Dom mit seinem unvollendeten Thurme und dem alten Domkrahne darauf. Natürlich eilte ich in die Stadt und hier zum Saale des Gürzenich in die Kunstausstellung des rheinischen Kunstvereins. Von hier nach dem Dome, den ich erst mehrere Male umging, (Maschinerie zum Fortschaffen der Bausteine), ehe ich mich ins Innere begab. Letzteres imponirt durch erhabene Einfachheit, während von außen die Hunderte von einzelnen spitzen Thürmchen sich schön zu einem Ganzen vereinigen. Abgesehen von der Nutzlosigkeit widerspricht der Ausbau des Domes meinem Gefühle; die Rosen auf dem Gipfel dieser schlanken Säulen und der hochragende Krahn machen den Anblick schöner, als ich mir die vollendete Kathedrale vorstellen kann. Nun schweifte ich in der Stadt herum und kam auch in die Eigelsteinstraße, die sich zur Feier des Tages beinahe buchstäblich mit lauter langen, hangenden Fahnen überdeckt hatte. Nachmittags hatten alle Straßen, durch die der Zug gehen sollte, das Feiergewand eingezogen; die guten Kölner waren in vollem Jubel darüber, daß es Jubel gäbe.

(12. August.) Vormittags fuhr ich nach Bonn und zwar, weil keine andern Billets mehr zu haben waren, auf der letzten (vierten) Klasse im offenen Stehwagen. Das dortige Publikum, Landleute, Tagelöhner und dergleichen, gefiel mir im Grunde besser als das der zweiten und dritten Klasse, das aus Kölnern besteht, die ungeschickt den Gebildeten spielen und ein unangenehmes Plattdeutsch, des Schmuckes

wegen mit französischen Brocken verbrämt, sprechen. In Bonn besah ich die Stadt und das eben eingeweihte Beethoven-Denkmal und hörte Nachmittags das große Concert in der neuerbauten Festhalle für 4000 Personen, leider von Engländern wimmelnd. Liszt spielte besonders gut (d. h. sanft) Pianoforte. Sehr schön war ein Gesang der Tuczeck (Arie aus Fidelio), von Liszt begleitet. Spohr dirigirte mit Liszt abwechselnd. — Vor Beendigung des letzten Stücks schlich ich klüglich hinaus und eilte zur Eisenbahn, um noch nach Cöln mitzukommen, wo an diesem Abende die große Illumination stattfand. Ich ging sofort zum Rhein. Schon waren die Fronten aller Häuser mit brennenden Lampen garnirt, und am Rheine standen Tausende im Regen und harrten auf das Dampfschiff, das die beiden Majestäten bringen sollte. Endlich erschien es, und sogleich loderte der Bayenthurm in bengalischem Feuer. Auf dies Signal entluden sich Hunderte von Kanonen und Tausende von Gewehren in kurzen Absätzen, sodaß beständig an beiden Seiten des Stromes die Feuer aufflackerten. Von allen Seiten stiegen Raketen in die Luft und erloschen im Rheine. Der Glanzpunkt aber trat ein, als das Dampfschiff sich der Schiffbrücke näherte, von der einige Joche der Durchfahrt wegen abgefahren waren. Plötzlich erschien die ganze Brücke als eine zusammenhängende Kette von Feuerrädern, Sonnen und Fontänen, die sich feurig im Strome wiederspiegelten, während der ganze Himmel von dem bengalischen Feuer, wovon der ungeheure Dom troff, roth gefärbt war, und von allen Seiten Garben mit Hunderten von buntgefärbten Leuchtkugeln sich in die Luft erhoben. Dabei erfüllte ein allgemeines Jubelgeschrei die Lüfte, weniger über die hohen Gäste, als das gelungene Feuerwerk. Bald darauf ergoß sich der Himmel im Regen, und kühlte die enthusiasmirten Kölner etwas ab. Ich eilte völlig befriedigt nach Deutz hinüber und konnte von dort aus noch das illuminirte Köln sehen. —

(13. August.) Nach einigen Kreuz- und Querzügen in der Stadt und längs dem Rheine fuhr ich Nachmittags mit der Eisenbahn nach Aachen. Hierbei hatte ich Gelegenheit, zu bemerken, daß die Rheinische Bahn unter den deutschen Bahnen, die ich bis dahin befahren, die schlechteste, langsamste und theuerste ist. Der hohe Preis des Billets ist durch die Kostbarkeit der Anlage zu entschuldigen (3 Tunnel, einer davon $^1/_2$ Stunde lang), nicht aber die Unbequemlichkeit der Wagen und die lässige Verwaltung. —

Das Land umher zeigte eifrigen Anbau, aber nur hin und her guten Erfolg, was wohl am Boden liegt. Dagegen sieht man eine Menge von Fabriken, und namentlich vor Aachen durchschneidet man ein Thal mit Eisenhütten und Raffiniröfen, neben denen die Eisenbahn vorbeigeht, und die jedesmal durch eine kleine Zweigbahn mit ihr verbunden sind. Das schmale Thal mit steilen Rändern, belebt durch das Geräusch der Hammerwerke und das Dampfen der hohen Schornsteine, macht einen eigenthümlichen Eindruck. — Aachen ist in den neuern Revieren, dem Aufenthalte der Badegäste, eine schöne, elegante Stadt, in den ältern dagegen ehrwürdig, namentlich der übrigens unschöne, ringsum durch angebaute Häuser und Buden verunzierte Dom Karls des Großen und das alte Rathhaus. —

(14. August.) Morgens ging es weiter nach der Grenze bei Herbesthal, und ich war in Belgien. Der erste Eindruck war großartig. Auf einer schön gebauten Eisenbahn (beiläufig auch der billigsten von Allen) flogen wir durch Tunnels, längs Felswänden auf eingesprengtem Wege, über die rauschende Vesdre und einen Viadukt, der über das schmale Thal führt, in einen zweiten Tunnel hinein, und so fort. Diese Bahn ist ein herrliches Werk. Und nun denke man sich dabei die Felsen, die wir durchbrachen, die schöne Aussicht in die schmalen Thäler der Vesdre, die so viel wie möglich angebaut, und durch hübsche Landhäuser und zahlreiche Mühlen und

Fabriken belebt waren; so begreift man leicht, daß solche Fahrt zu den schönsten Genüssen eines Reisenden gehört. In Verviers wurde das Gepäck revidirt. In der gleichen Art führt die Bahn weiter bis Lüttich, indem sie bis dahin 29 Tunnels durchschneidet. Hinter Lüttich wird der Boden schlechter, liefert aber trotzdem schönes Getreide, besonders herrlichen Hafer."

In Lüttich hatte er mehrere Stunden Aufenthalt, die er zu einer Besichtigung der Stadt benutzte. Er fuhr dann noch denselben Tag auf der Eisenbahn über Loewen (Louvain) und Mecheln (Malines) nach Antwerpen (Anvers).

„Die belgischen Eisenbahnen sind sehr gut, die schnellsten und wohlfeilsten auf dem Kontinente. Indeß sind sie weit weniger bequem als die deutschen, mit Ausnahme der Rheinischen. Der zweite Platz hier, char-à-banc, ist meines Bedünkens schlechter, als in Deutschland der Dritte, aber auch wohlfeiler. In Belgien ist der dritte Platz offen, aber auch fast umsonst, was für die ärmere Klasse sehr erwünscht sein muß. Hinter Lüttich wird der Boden ebener und schlechter, bleibt aber gleich ergiebig. Man findet viel Hanfbau, Kartoffeln und Runkelrüben. Sehr viele Kartoffelfelder sah ich erstorben stehen, und konnte mir den Grund gar nicht erklären, bis ich in Brüssel von der Kartoffelkrankheit las. Das Getreide stand hoch und dicht, und doch lagerte wenig. Auf dem leichteren Boden standen alle Früchte so gut als auf dem schwereren (wohl nicht ganz so dicht), nur im Stande der Gerste war ein bedeutender Unterschied. Das Land ist fast durchweg bestellt; wo das Korn noch in Puppen steht, ist nebenbei schon immer gepflügt. Wiesen sind bei Limburg und im Vesdrethal häufig, später wenig, aber gut und theilweise bewässert. Dagegen findet man starken Grünfutterbau, Luzerne vor Allem, den rothen Klee, der sehr üppig steht, und etwas Esper. Das Land wird in kleinen Stücken, gartenartig bestellt. Dagegen ist von eigentlichen Gärten wenig zu sehen; selbst Obstbäume findet man nicht in großer Zahl, während sie bei Cassel Wäldchen bilden."

Den 15. und 16. August widmete er den Sehenswürdigkeiten von Antwerpen — der Kathedrale, deren Thurm er bestieg, dem Museum mit den vorzüglichsten Gemälden der niederländischen Schule, den Schiffswerften an der Schelde —, und von Brüssel — dem Park, dem Schloß, dem Stadthause, vor dem Egmont hingerichtet wurde, den Denkmälern zu Ehren der Revolution u. s. w. Brüssel erklärt er für die schönste Stadt, die er bisher gesehen. Dann auf der Eisenbahn zurück nach Aachen.

„Der schwere Regen dieser Tage hatte unterwegs viel Lager verursacht — er war aber auch ganz ungewöhnlich stark. Namentlich lag die stark gebaute Sommerölfrucht. An vielen Orten sieht man schon Stoppelrüben gepflanzt, an anderen Stellen wird das Land dazu vorbereitet. Oefter findet man auch Blätterkohl in kleinen Stücken, aber von außerordentlicher Größe und Breite (3 Fuß). Im Ganzen sieht man in Belgien wenig ganz ausgezeichnetes Getreide, aber mit sehr wenig Ausnahmen lauter recht gutes. — Der Boden ist wechselnd (nicht so der Stand der Früchte), ein Theil rother Lehm, namentlich bei Mecheln, Loewen und Limburg — schlechter Sand ist ungekannt. In der Nähe von Limburg, das man von Dolhain aus halb in Ruinen auf einem Berge liegen sieht, findet man viele schöne Weidekoppeln., meistens mit lebenden Hecken eingezäunt. Das Gras darauf ist dunkelgrün von Farbe, und die Viehrace mittelgroß. (Schafe sah ich in Belgien nur einmal bei Brüssel.) Ueberall sieht man lebende Hecken, am leichtesten von Weiden. Oft macht man auch, um eine Hecke zu erziehen, zuerst einen Zaun von Weiden. An diesem Zaune wird dann die Hecke gezogen. Höhe des Zauns 2 bis 3 Fuß, Abstand der Stäbe etwa 6 Zoll. Sie stecken unten in der Erde. Oft hat man noch viel engere und entwickeltere Weidenzäune."

(17. August.) In Köln begaun eine eigentliche Rheinreise mit Besuch des Siebengebirges und des Niederwaldes — vor fünfzig Jahren ein wenig schwieriger, als heutzutage. Hier nur weniges darüber. Von Köln fuhr Hoverbeck gleich mit der Eisenbahn nach Bonn, von dort mit dem Omnibus nach Godesberg. Von Godesberg wanderte er bei herrlichem Wetter den Rhein herauf und ließ sich in Königswinter übersetzen. Er schreibt:

„Von hier aus erstieg ich den Drachenfels, dessen herrliche Aussicht einen unauslöschlichen Eindruck auf mich machte.. Von der einen Seite sieht man die anderen Kuppen des Siebengebirges, theils bewaldet, theils mit Gerölle bedeckt, und von der andern Seite: (Byron)

„Der burggekrönte Drachenfels
Ragt hoch am vielgewundnen Rheine;
Es spült die Fluth des mächt'gen Quells
Um weinumrankte Felsgesteine;
Die Hügel all' im Blüthenglanz,
Die Felder reich an Korn und Weine,
Die Städte rings in heiterm Kranz
Mit ihrer Mauern weißem Scheine,
Dies alles eint zum Bild sich hier —
Ach, doppelt schön, wärst Du bei mir!" —

Dann hinüber nach Honnef, über den Rhein nach Rolandseck. Dort übernachten. (18. Aug.) Zu Dampfboot nach Andernach. Dann Wanderung bis zur Fähre von Neuwied.

„Längs der Straße stand eine schöne Allee von Wallnußbäumen. Man fuhr hier den Weizen ein, und zwar entweder in zweirädrigen Karren, mit einem Pferde oder Ochsen bespannt (der Ochse ist gut angespannt, ein Holz liegt hinter den Hörnern, und vor denselben ein Kissen mit Lederriemen), oder in vierrädrigen Wagen, zwei Pferde vor einander gespannt. Ich sah viel schöne Luzerne, die eben zum zweiten Male gemäht wurde. Der Boden ist ein rother, milder Lehm, zuweilen auch Sand. Auch viel Brabanter Kopfklee war zu sehn, stand aber viel schlechter als die Luzerne. Der Weizen war theilweise von dem dichten filzenden Unkraute unterdrückt."

Nachmittag auf dem Dampfschiff von Neuwied bis Coblenz. Hier wurde Hoverbeck freundlich empfangen von Onkel und Tante Firks — von dem Hauptmann Freiherr von Firks, der die jüngste Schwester seiner Mutter zur Frau hatte. Von hier wurden die folgenden Tage Ehrenbreitstein, Stolzenfels und andere Punkte der schönen Umgebung besucht.

„Am 21. August Vormittags machte ich einen Spaziergang ins Moselthal über die Moselbrücke und längs einer schönen Obstallee. Nachmittags über die Karthause in den Karthäuser Hof, eine gute Wirthschaft von 100 Morgen Acker und 30 Morgen Hecken und Wald. Das lebende Inventarium war 300 halbfeine Schafe, die indeß auf dem anliegenden Exerzierplatz freie Weide hatten und 4 Pfd. Wolle durchschnittlich zu 12 Sgr. liefern; ferner 12 große Milchkühe, 2 Pferde und 2 Ochsen. Von dem Acker trägt ein bedeutender Theil Klee, der gleich im Jahre der Aussaat nach dem Abmähen der Deckfrucht noch einen Schnitt giebt, und schöne Luzerne. Der schlechteste Acker, sandig und steinig, wird für Esper verwendet. Die Hauptdüngung liefern 300 Mann Soldaten, wofür jährlich 100 Mk. gezahlt werden. Der Besitzer läßt diesen Dünger durch seine Leute im Hofe der Kaserne bereiten, indem er Stroh und Erde beimischt, und holt ihn dann fertig von da ab. Damit werden meistens Kartoffeln gedüngt. Sie standen sehr schön, hatten außerordentlich hohes Kraut, und von den schon ausgenommenen Frühkartoffeln über 150 Scheffel pro Morgen geliefert. Nach den Kartoffeln kommt gewöhnlich Roggen oder Weizen als in die geeignetste Stelle. Die Roggenstoppeln waren stark und man konnte sehen, daß der Strohverlust beim Sicheln nicht unbedeutend ist; der Weizen, zum Theil eingefahren, zum Theile in Puppen stehend, war sämmtlich Bartweizen, roth und sehr großkörnig; er fällt leicht aus, kann daher nur mit der Sichel geschnitten werden, ist aber auch etwas theurer, als der andere Weizen. Auch der Roggen ist gut und schön von Farbe, sein Durchschnittspreis ist 5 Mk. das Malter zu $3^1/_2$ Scheffel oder beinahe 1 Mk. 13 Sgr. der Scheffel. Der Hafer ist durchweg Fahnenhafer und steht ebenfalls recht gut. Am schlechtesten fand ich die zweizeilige Gerste, die, auf Schwaden gesichelt, d. h. händevollweise hingelegt, eben gebunden wurde. Sie hatte auch den schlechtesten Boden, war aber doch noch ziemlich gut nach unserem Maaßstabe. Obstbäume stehen hier nicht auf dem Felde, sondern nur am Wege, tragen aber sehr reich. In Folge des vorhergegangenen schlechten Wetters stand noch etwas Roggen in Mandeln. Hier konnte man die Unzweckmäßigkeit dieser Erntemethode sehen; denn da hierbei 4 Garben auf der Erde liegen, dann 3 quer darüber, nun 2 längs und endlich oben eine, so waren diese vier stark ausgewachsen, während in den Puppen, die nebenbei standen, kein Korn ausgewachsen war. Wir stellten zusammen ein paar Puppen auf, und hier sah ich, daß die Arbeit beim Aufsetzen nicht so bedeutend ist, wie man gegen die Puppen geltend macht. — Unter den Ackerwerkzeugen interessirte mich besonders der abenteuerlich aussehende Pflug mit einem versetzbaren Sech, das Schaar ungefähr anderthalb Fuß lang (bis 2), oben 3, unten 2 Zoll breit. Er macht auf leichtem, steinigem Boden und höchstens mildem Lehm gute Arbeit, schmale, aber tiefe Furchen, ist indeß für schweren Boden nicht gut brauchbar. Nächstdem war die doppelte Schollenwalze mit gußeisernen, zugeschärften Ringen bemerkenswerth. Sie macht vortrefflich den Boden fein, indeß schien der durchschnittlich leichte Boden daselbst dies wenig zu bedürfen.[6])

Die Schafe werden gar nicht im Stalle gefüttert (außer ausnahmsweise), sondern bleiben auch Winter über auf der Weide. Im Sommer horten sie alle Nacht, worauf dort viel, vielleicht auch übertriebener Werth gelegt wird.

Im Wohnhause sah es so aus, wie bei uns bei einem anständigen Gutsbesitzer; der Besitzer selbst schien mir gebildeter, als bei uns durchschnittlich die „Rittergutsbesitzer." Ich befragte ihn über die Preise des Bodens; sie stehen 200 bis 500 Thlr. der Morgen und tragen durchschnittlich 3 Procent Rente. Mein Wirth schrieb es dem Umstande, daß er die freie Weide auf dem Exerzierplatze und den Dünger der Soldaten habe, zu, daß er sein Anlagekapital mit 7 Procent benutze, versicherte aber, dies komme sehr selten vor. Der Preis der Butter ist dort durchschnittlich auch nur 6 Sgr. für das Pfund, dagegen das Tagelohn 10 Sgr. Am besten kann man sein Gut hier durch Parzelliren verkaufen."

(22. August.) Morgens auf dem Dampfboot Rhein aufwärts bis St. Goar, Wanderung auf den Rheinfels, dann Dampfboot bis Rüdesheim. Am folgenden Tage Wanderung auf den Niederwald und dann Dampfbootfahrt bis Mainz. In Mainz hat er glücklich „ein Zimmer zweiten Ranges in einem Gasthofe dritten Ranges ergattert." Dann Besichtigung der Stadt:

„In der Nähe des Doms fand eine Messe (Jahrmarkt) statt, und da gab es mancherlei Buden und Volksbelustigungen. Das Besingen abgemalter Mordgeschichten ist hier, wie überall, sehr beliebt; ein Text dazu, der gedruckt zu haben war, enthielt einen gräulichen Spitzbuben-Lebenslauf und schloß endlich:

Und das Haupt an dem Portale
Noch zu Rom im Käfig hängt." —

Von Mainz fuhr er am 29. August nach Wiesbaden. Das Tagebuch sagt darüber:

„Die Stadt hat prachtvolle breite Straßen mit glänzenden Häusern, vor dem Kurhause einen schönen Platz, dessen beide Seiten lange Kolonaden, mit allen möglichen Waaren, zieren. Das Kurhaus selbst enthält einen herrlichen Saal mit polirten Säulen von schwarzgrauem Granit, und ist, besonders die Spiel- und Speisezimmer, reich ausgeschmückt. Das Spiel lockte mich vergebens, oder vielmehr, hatte gar keine Lockung für mich. — Hinter dem Kurhause liegt ein hübscher Park mit einem Flüßchen, Bassins mit Schwänen und türkischen Enten — trotzdem ist der Ort langweilig, denn ihm fehlen die Berge."

Zurück nach Mainz. Spaziergang nach den neuen Anlagen. Abends mit der Eisenbahn nach Frankfurt a. M.

„Ich freute mich über eine interessante Reisegesellschaft, was mir lange nicht begegnet war. Erst hörte ich ein Gespräch über Erziehung, Belohnung nach dem Tode ꝛc. ruhig an, endlich bei dem Kapitel der Verbrecherstrafen gab auch ich, in Opposition gegen einen übermilden, ziemlich orthodoxen, aber sonst recht vernünftigen Pfarrer (protestantischen), meinen Senf dazu. Die Sache spielte auf religiöses Gebiet, und mein Pfarrer mußte, von Mehreren angegriffen, endlich erklären: eigentlich könnten Juden und Türken auch nicht moralisch sein, weil sie kein Christenthum hätten. Unversehens waren wir in Frankfurt, wo wir uns auf Nimmerwiedersehen trennten."

In Frankfurt (25. August) Besichtigung des Römers mit seinem Kaisersaal.

„Vom Römer ging es natürlich in Goethes Geburtshaus auf dem alten Hirschgraben. Die Zimmer, welche die Familie bewohnte, sind durch Anstrich u. s. w. total verändert, nur sein Studierzimmer im Dache, „das den Dächern Frankfurts auf die Köpfe sieht", ist noch unverändert. Drinnen hängen unter Rahmen Manuscripte Goethescher Gedichte und Briefe, auch eine in früherer Zeit gefertigte Ansicht von Frankfurt. Unter den Briefen sind welche an Herder und dessen Antworten dabei. In einem sagt Goethe: „Ihr glücklichen Menschen, wie Euch die Verse fließen! Bei mir gilt, wie der alte Dr. Swift sagt, jeder Vers eine Guinee; die wirft man nicht so hin und her."... Der Besuch dieses Zimmers ist, wie aus dem Fremdenbuche zu ersehen war, nicht so lebhaft, wie Mancher vermuthen würde."

Am Nachmittag fuhr Hoverbeck im Omnibus oder sogenannten Familienwagen nach Darmstadt:

„Dies ist eigentlich ein langweiliger Ort, ohne daß ich ihm damit große, schöne, gerade Straßen, ein umfangreiches großherzogliches Schloß, eine aus purer Liebe errichtete Bildsäule des vorigen Großherzogs auf einer hohen Säule (die Stellung sieht etwas halsbrechend aus) absprechen will. Hübsch ist dagegen die mit alten Wallnußbäumen geschmückte Bergstraße, die ich ebenfalls in einem Familienwagen (sogenannte Blamage) befuhr. Zur Gesellschaft hatte ich Landleute der Umgegend. . . . Die Landleute hier sind kräftig, etwas massiv in Worten und Gesichtszügen, aber nicht unangenehm für den Umgang."

Er übernachtete in Heppenheim. Am 26. August frühmorgens besuchte er die Ruinen der Starkenburg . . . Dann fuhr er mit der theuren und langsamen Thurn- und Taxis'schen Post nach Heidelberg.

„Der Ackerbau steht hier auf einer hohen Stufe; man sieht viel Handelsgewächse, öfter auch in vergleichsweise größern Flächen. Hanf, Rüben, Bohnen, oft an Stangen, Wein, Tabak wechseln bunt und lassen wenig Raum für die eigentlichen Getreidefrüchte. Letztere sind schon abgeerntet, und das Land meistentheils umgepflügt. Den Wein sieht man schon hin und her an schrägen Wänden, aus vier bis fünf Stangen gebildet, damit die Sonne besser wirken könne."[1])

Das Heidelberger Schloß wurde besichtigt und im Tagebuch geschildert. Am 27. August Eisenbahnfahrt nach Karlsruhe.

„Das Bild der Landschaft ist hier ganz verändert. Zum ersten Male seit langer Zeit sah ich ausgedehnte Wiesenflächen, denen es leider theilweise an Entwässerung fehlte. Einige Strecken waren bewässert, meistens mit künstlichem Rückenbau; da aber vielfältig der Rücken zu breit und wohl zu wenig Wasser vorhanden, so wuchs das Gras nur in der Nähe der Mittelrippen gut. Dagegen war eine andere Wiese mit schmalen Rücken vortrefflich. Der Boden liegt sehr eben (nur an den Seiten erheben sich Hügel) und ist lehmiger Sand oder milder Lehm. Hier sieht man nicht mehr den Pflug der Rheingegenden, sondern den gewöhnlichen deutschen mit geradem Streichbrette. Allgemein wird mit Kühen gefahren, die nicht einmal von einer großen Race sind.

Von Karlsruhe machte er einen Ausflug nach Baden-Baden und dem alten Schlosse. Als er in den Konversationssaal wollte, ersuchte ihn ein Portier, sich erst — eine Halsbinde umzunehmen.

Den nächsten Morgen fuhr er in einer Gelegenheitskutsche nach Stuttgart

„mit zwei jungen Leuten von anständigem, nicht ungebildetem Benehmen. Es waren Handwerksburschen von der Zunft der Etuisarbeiter, wie sie uns bald erzählten. Sie verstanden ganz gut mitzureden, und der eine, ein Rheinländer, sprach begeistert, von der Rheinischen Gerichtsverfassung. Der Weg führte durch bergige Gegenden, ohne darum schöne Aussichten zu gewähren; meistentheils war niedriger Fichtenwald am Wege. In Württemberg sahen wir auch viele Wiesen an der Ens; der Boden wird streng, gleichwohl ist der Hackfruchtbau unbedeutend. Viel Mohn wird hier gebaut, hin und her auch Mais und häufig an den Häusern ein Garten mit hohen Topinambur. Den Dünger scheinen die Leute hier sorgfältig zu behandeln; sie mischen ihn mit Straßenkoth, den sie in Schlammfängen sammeln."

In Stuttgart fand er ein Unterkommen im Adler, berühmt durch guten Wein. Am 29. August fuhr er auf einem Omnibus nach Hohenheim.[7]) Auf die land- und forstwirthschaftliche Akademie Hohenheim, die hervorragendste landwirthschaftliche Lehranstalt Deutschlands, verwendete er eine ganze Woche. Er ging dort sofort zu dem Direktor, dem ausgezeichneten Landwirthschaftslehrer und landwirthschaftlichen Schriftsteller Pabst.[8])

„Ich traf ihn gerade in einer wirthschaftlichen Conferenz, und er stellte mich auch sogleich den versammelten Wirthschaftsbeamten vor, was mir recht lieb war, da ich sie doch nun nicht einzeln aufsuchen durfte. Mittag aß ich mit denselben, indem sie nicht an dem allgemeinen Tische, sondern beim Oekonomen der Anstalt speisten. Hier gab es unversehens zwischen mir und dem Dr. Moegling,[9]) Lehrer der Seidenzucht, einen Disput über Schutzzölle, die er enthusiastisch vertheidigte. Nachmittags besuchte ich den Garten mit vielerlei landwirthschaftlich wichtigen Gewächsen, als Vorbereitung für die Versuchsfelder. Eine kleine Plantage von Sumah oder Essigbaum, ein von Färbern gesuchtes Gewächs, war eben geerntet (jährlich zweimal). Ungewöhnlich große Sorten von Hirse, Rutabaga und von Steckrüben. Längs dem Schlosse geht eine Allee von herrlich gewachsenen noch jungen Apfelbäumen, Wintergoldparmaines, die immer einen besonders schönen Wuchs haben. — Auf dem Samenboden gab es eine Menge verschiedener Sorten, worunter der weiße geschlossene, und der besser lohnende, offne blaue Mohn, Oelrettig; Sonnenblumen, im Versuchsfelde gebaut, sodaß an jeder Pflanze nur eine Blüthe blieb, hatte schöne Körner, lohnte aber schlecht. Von den Weizensorten wurde der rothe Igelweizen als der reichstlohnende gelobt; er ist sehr kleinkörnig. Mais wird in dem hochliegenden Hohenheim nicht mehr reif. . . . Von den Gerstensorten wurde hier, wie in Wollup, die Jerusalemsgerste für die beste erklärt; auch zwei Sorten nackte Gerste waren vorhanden, gut zu Grütze, aber zu Malz nicht zu brauchen. Im Allgemeinen hat man auch hier erfahren, daß neue Sorten in den ersten Jahren ehr gut lohnen, später aber im Ertrage herabsinken.

Im Kuhstalle fand ich einen Schweizer Stamm (Simmenthaler), die indeß nicht sehr milchreich sein sollen, dagegen so gut im Stande, daß ich beim Eintreten sie für Mastvieh ansah . . . Der Gärtner Lucas,[10]) ein tüchtiger Mann, führte mich in die Baumschule, die 40 Württembergische (60 preußische) Morgen groß ist. Der frühere Gärtner hat die Bäume als Ruthen gezogen, der jetzige ist stolz darauf, er sei der erste in Württemberg, der jährlich das Leitreis zurückschneide, und die Nebenäste nur nach und nach abnehme. Manche derselben biegt er um, damit sie Fruchtaugen treiben und Früchte tragen. Ein gutes Instrument ist seine für die Baumschule erfundene Egge, ähnlich dem Igel, mit zwei Balken und zwei Sterzen zur Führung. Vorn zieht ein Mensch an einem um die Brust gehenden Gurte, hinten führt ein Anderer. Lucas empfiehlt nochmals die Wintergoldparmaines, als reich tragend, haltbar, schöne Stämme bildend und gut auf dem Acker zu pflanzen, da ihr Wuchs immer nach oben geht. Seine meisten jungen Bäumchen veredelt er im Winter in der Stube. Niedlich sind die im Blumentopf gezogenen Obstbäumchen."

Von der Baumschule ging Hoverbeck in die „berühmte Modellsammlung, wohl die beste in Deutschland." Er hat dieser Sammlung während seines Hohenheimer Aufenthalts fast täglich mehrstündige

Besuche abgestattet und sehr viele der Instrumente und Modelle in seinem Tagebuche besprochen. Ich erwähne nur eine Reihe Pflüge (Schwerz'sche Pflug, amerikanische Rodepflug, englische Schwingpflug, flandrische Wendepflug, Untergrundpflüge u. s. w.), Schollenwalzen, die damals neue, seit langen Jahren überall eingeführte Ringelwalze, Rübenschneider, Quetschmaschine zur Obstweinbereitung, Rapsdrille, Streurechen, Güllepumpen, Schwerz'sche Grabenzieher, Dreschmaschinen, Dreschflegel, Sensen, amerikanische Holzfällaxt, Badische Raupenscheere, Kleesamenputzmühle. Das erste Mal führte ihn in die Modellsammlung „ein Herr Rousselle, oder ehrlich lithauisch Russell aus Nettienen, ein Möchtegern, übrigens gutmüthig und gefällig. Abends brachte er mich auf die Terrasse, den Sammelplatz der Eleven und Akademiker. Pabst wird von allen außerordentlich gelobt, und in seinem Wesen und der Sorge für die Eleven weit über den vorigen Direktor Weckherlin gesetzt."

„Am 30. August zu Pabst ins Colleg: Taxationslehre. Er diktirt — was ich hasse; mag er doch das in Druck geben, was hier nachzuschreiben viel Zeit kostet. Uebrigens kann das Meiste von alle dem der gesunde Menschenverstand sagen. Der Vortrag war auch gut für solche, die Alles wollen ins Maul geschmiert haben, was übrigens den Schwaben sehr eigen sein soll." —

Am Nachmittag schloß sich Hoverbeck dem Gange Pabst's auf die Versuchsfelder an. „Vortrefflich standen die Topinambur. Sie liefern bis 200 Centner p. Württemberger Morgen; außerdem haben die Stengel mindestens den Werth von Stroh — und man hat nie das Setzen nöthig, wenn man sie auch ganz sorgfältig (d. h. im strengern Boden) ausgenommen hatte. Diese waren beim Ausnehmen viermal gepflügt und nachgelesen. Ferner stand das Kanariengras schön, und Bockshorn . . . Nicht empfohlen wurde die Sonnenblume, falls man nicht in holzarmer Gegend sie als Brennmaterial benutzen will. Später ging der Zug zum sogenannten Exercierpflügen (Probepflügen), zu meiner Freude mit einem Kraftmesser betrieben. . . ."

Das Tagebuch verzeichnet sorgfältig die Resultate.—

„Die Allee, in der wir zurückkehrten, hatte brechend viel Obst; Pabst hoffte von der diesjährigen Obsternte, die auf den Bäumen verkauft wird, 4000 Gulden zu lösen. Es stehen diese Obstbäume meist nur an den Wegen, auf den Feldern selbst nur an einigen Stellen, und nicht sehr viele. Eine Weile ging ich noch auf die Terrasse, und dann in gehöriger Parüre auf Pabst's Einladung zu ihm in Familie. . . . Wir wurden sehr freundlich aufgenommen, mit Thee, Abendbrod, und sehr gutem Eßlinger Champagner bewirthet, und es herrschte ein lebhaftes, interessantes Gespräch, woran auch seine Frau, die Tochter Zellers in Darmstadt[11]) trotz der landwirthschaftlichen Wendung desselben rüstig Theil nahm. (Güterpreise — Nothwendigkeit der Straßen — auch für die Allensteiner Melioration — seine Kühe geben im Sommer gegen 7 Stof, im Winter etwas weniger — in Möglin lügen die Leute. —)"

Am 31. August fuhr er mit Pabst nach Stuttgart.

„Pabst findet die Nickelsdorfer Fruchtfolge zu schonend, empfiehlt Hackfruchtbau, auch für schweren Boden. Er empfiehlt einen Pflug von Ludwig Alsen. der durch Zusammendrücken tiefer geht."

In Stuttgart hatte sich Hoverbeck eine Karte zum Besuch der königlichen Vorwerke verschafft. Er fuhr in einem Omnibus nach Weil. Dort zeigte ihm ein Knecht den Stall Holländer Vieh,

„und führte mich zur Weide der edlen Mutterstuten von rein arabischer Race. Sie sind alle sehr zahm und ließen sich die mitgebrachten Aepfel, die den Fremden eigens zu dem Zwecke präsentirt werden, ganz ausnehmend schmecken. — Von hier führt ein ziemlich kahler Weg auf der Hochebene nach Scharnhausen, wo ebenfalls Araber, aber nur Füllen stehen. Hier findet man auch einige von englischer Zucht, die die andern an Größe bedeutend übertreffen."

Nach Hohenheim zurückgekehrt besichtigte er die großen englischen Schafe und die Ackerwerkzeugfabrik.

(1. September.) „Pabst las Rindviehzucht, und da er darin besondern Ruf hat, durfte dies Kolleg nicht versäumt werden. Er empfahl sehr eifrig das Anfeuchten des trocknen Futters für Milchkühe, am besten mit Salzwasser. Starke Fütterung mit rohen Kartoffeln ist nicht zu empfehlen, dagegen die künstliche Schlempe, wobei die Kartoffeln gedämpft, gemahlen und mit Wasser angemacht werden. Man giebt gern Salz und ein wenig Oelkuchen dazu. Man muß sie in der sogenannten kurzen Gährung, wie bei Brot, erhalten, indem man wenig Feuchtigkeit hinzusetzt. 75 % gekochte Kartoffeln sind gleich 100 % rohen. Giebt man viel Branntweinschlempe, so soll man Verzicht auf eigene Aufzucht leisten, und mit den Kühen öfter wechseln. Ein vorzüglicher Zusatz zum Winterfutter der Kühe ist eingesalzenes Grünfutter. So wünschenswerth warmes Futter ist, so will sich die Selbsterhitzung des Futters im Großen noch immer nicht bewähren. Neben Brühfutter muß man auch immer kaltes Futter und kalte Tränke geben. — Will man Getreide geben, so ist es sehr vortheilhaft, dasselbe zu kochen."

Nachmittags besuchte Hoverbeck mit einigen andern den exotischen Garten, dann gingen sie bis Carlshof durch die Felder.

„Das Chausseefeld zeigte sehr schöne Früchte (Hafer 4 bis 5½ Fuß hoch), weniger das Heidefeld. Die Bohnen standen in Reihen, die Gerste auf dem Heidefelde niedrig. Der Acker war mehrere Male in der Rotation mit 2 Pflügen hinter einander auf 10 bis 14 Zoll tief gepflügt. Der Klee wird größtentheils als Grünfutter benutzt; ich sah zwei Ochsen an der Stirne angespannt, einen Wagen davon fortziehen, wie ihn in Preußen kaum vier Pferde ziehen. Was vom Klee zu Heu gemacht wird, trocknet man auf Kleereitern."

Nachher Besuch der Ackerwerkzeugfabrik. . . .

„Es wurde in einer Scheuer gerade Flachs bearbeitet; ähnlich wie bei uns. Die Schafwäsche ist dort zugleich Flachsröste; man hat ein Gestell, worein der Flachs gepackt und so ins Wasser gelassen wird. Von hier gingen wir in die nicht unbeträchtliche Hopfenpflanzung.

Nachmittags wurde mit der ganzen Horde das Versuchsfeld besucht, woselbst der Oberinspektor Hintz Erläuterungen gab. Ueber Taback . . . dann über Mais. Man säet ihn in Württemberg am hundertsten Tage im Jahre — er darf keinen Frost mehr bekommen. Die große Sorte giebt viel mehr Grünfutter, per Morgen Württembergisch selbst 300 Ctr., die nach Pabst, der eben dazukam, an Werth 100 Ctr. Heu gleich sind, und von dem zur Reife bestimmten 60 Ctr. grüne Fahnen. Man läßt höchstens zwei Kolben an jeder Pflanze. In Hohenheim hat man den größeren Mais schon öfter nach Weizen gebaut. Er kann nicht zu viel Mist und Wärme, aber sehr bald zu viel Nässe haben; darum muß man ihn in nördlichem

Klima in leichten Boden pflanzen. — Pabst zeigte Kartoffeln, die an der neuen Fäule litten. Zur Untersuchung gingen wir nach dem Kartoffelfelde, fanden die Kartoffeln gesund und sehr schön stehend."

Die nach Dombastle'scher Art eingerichtete Zuckersiederei wurde besichtigt, dann die Kuhställe. Folgen Notizen, wieviel jede Kuh nach Verhältniß ihres lebenden Gewichts an Heuwerth und Meliorationsfutter brauche und wieviel ihr an Grünfutter und wie oft und zu welcher Stunde gereicht wird.

(3. September.) „Morgens zogen wir mit Pabst hinaus zur Bonitirung des Meiereifeldes Schlag 7, wo eben vortrefflicher Klee und Luzerne nach Gerstenstoppel stand. Die Ackerkrume wurde untersucht nach ihrer Tiefe, Bindigkeit, Kalkgehalt (mit Salzsäure), ebenso der Untergrund und die Art der darin vorkommenden Steine: Geringer Weizenboden à 7 Scheffel per Morgen in preußischem Maße (zwar trägt er mehr, bemerkt Pabst, aber in Folge der guten Düngung, da man doch beim Bonitiren nur landesübliche Düngung und Fruchtfolge, z. B. Dreifelderwirthschaft, annehmen darf). Gewöhnlich bestimmt man nach Dinkel. — Ackerkrume 7—8" tief, ein Theil mergelig, ein Theil weniger kalkhaltig, ein Theil ganz strenger, ein anderer etwas milderer Thon. — Untergrund undurchlassender Thon, kalklos, nur zuweilen etwas kalkhaltig, mit Steinen (Liassandsteine) hin und her besetzt. Abhang ziemlich stark nach Süden. Von anderen Früchten würde er bringen: Hafer 8 Scheffel p. M. in preußischem, Klee 28 Ctr. p. M. in württembergischem Maß. Hierauf wurde der Igel bei Raps in Reihen geprüft und sehr gelobt. — So war die Zeit herangerückt, wo ein Omnibus nach Stuttgart abging; ich nahm von Papst dankbar, wie er sehr freundlich Abschied, und machte mich mit C., der mir das Geleite gab, nach der Garbe, dem Wirthshause an der Straße, auf. Ich hatte noch eben Zeit, den Omnibus laufend zu erreichen."

In Stuttgart fand er ein sehr lebendiges Treiben wegen der Sitzungen des Gustav-Adolf-Vereins. Ein ostpreußischer Landsmann verschaffte ihm unaufgefordert von einem Hofbeamten einen Einlaßbrief an den Hausverwalter des königlichen Landguts Rosenstein. Er wanderte Nachmittag zu Fuß dorthin durch den Badeort Cannstadt, „recht hübsch gelegen und gut gebaut, aber in der Lage mit Baden und in der prachtvollen Einrichtung mit Wiesbaden nicht zu vergleichen."

„Der Hausverwalter selbst zeigte mir in dem freundlichen aber nicht gerade brillanten Schlosse jeden Nagel und jedes Bild. Trinkgeld zu nehmen ist den Dienern in den Schlössern des Königs bei Strafe der Dienstentlassung untersagt. Vom Schlosse ging ich nach der Meierei, die außer anderen auch den in jener Gegend berühmten Kreuzungsstall enthält. Man sieht hier Limburger, Holländische, Ostindische, Rigi, Appenzeller, Ungarische, Ostfriesische, Oldenburger Race. Am meisten wird die Rigi- und die Limburger Race gelobt, erstere giebt viel größeres Vieh; am meisten Milch giebt eine Kreuzung von Limburger und Ostfriesen. Am fettesten war die Ostindische Kuh. Kommt der König auch öfter her? fragte ich den Schweizer. O, der kommt alle Woche zweimal, seine Kälber zu revidiren!" —

Abends traf er sich verabredetermaßen mit Dr. Mögling aus Hohenheim, und fuhr mit ihm in der Nacht mit Eilpost nach

Nürnberg. Ein Landsmann, Dr. Pleßner aus Friedland, der vom Gustav-Adolf-Verein kam, schloß sich ihnen an.

(4. September.) „So weit das Württembergische reichte, war die Gegend recht ansprechend, und die Kultur des Ackers gut. Betritt man aber die bayerische Grenze, so nimmt die Güte des Bodens ab; auch die Bearbeitung wird schlechter. Hier sieht man lauter merkwürdig schmale Beete, etwa 8' breit, sog. Bifangs, für alle Früchte, auch Kartoffeln. Da sie immer bergab und nie quer laufen, so ist bei dem mitunter leichten grandigen Boden nicht zu verwundern, wenn die Früchte an Dürre leiden. Weiterhin sieht man schönes Rindvieh, und hin und wieder ziemlich viel Wiesen. Wir drei fuhren in einem Wagen und amüsirten uns über unsern Kumpan, der den vierten Sitz innehielt, einen Chemiker, auf der Reise nach England, um dort eine angeblich von ihm gemachte Erfindung in Anwendung zu bringen. Mögling und Pleßner, beide Anhänger der Schutzzölle, ärgerten sich weidlich über ihn, der auch auf ihrer Seite war, aber durch seine Einfalt und Ungeschicklichkeit seine Sache immer verdarb. — Abends waren wir in Nürnberg, wo wir nur mit Mühe „im Strauß" Aufnahme fanden, und dann noch im Trio, aber solide, in der Himmelsleiter das bayrische Bier schmeckten.

(5. September.) Am Morgen wurden die Sehenswürdigkeiten „der ehrwürdigen alten Reichsstadt" besichtigt und bewundert, vor allem Rathhaus, Sebalduskirche, Moritzkapelle, die Burg, das Schlachthaus mit dem steinernen Ochs, „der allemal brüllt, wenn er die Uhr zwölf schlagen hört", das blaue Glöcklein . . . Nachmittags mit Eisenbahn nach Bamberg, Brücken und Dom wurden besichtigt, Abends Post nach Hof.

(6. September.) Durch ganz Bayern sahen wir die schmalen Beete; übrigens meist gutes Rindvieh. Zwischen Nürnberg und Bamberg war viel Taback gebaut und geerntet; auch wird dort bedeutender Hopfenbau getrieben. Vor Hof ist das Land hügelig, der Boden meist leichter Lehm oder Sand, bisweilen aber auch strenger, gelbrother Thon. Es sind hier Sensen mit einem Gestell an der Handhabe und Sicheln vermischt im Gebrauch. In Hof waren wir gegen Mittag angekommen. Hier sollten wir lange liegen, um uns der Post nach Dresden anzuschließen; wir vier nahmen daher Extrapost nach Zwickau über Plauen . . . Allgemeiner Jubel erschallte, als wir an den sächsischen Grenzzeichen vorbeifuhren. In Sachsen war eben das Constitutionsfest gefeiert und die Städte noch mit Flaggen und Kränzen verziert. Die Reise wurde uns dadurch, daß wir uns gegenseitig mehr kennen gelernt hatten, und das Gespräch nie abriß, recht angenehm. Die Gegend, durch die wir fuhren, war sorgfältig angebaut; wir sahen regelmäßig aufgeführte Miststätten und daran Güllenlöcher mit Pumpen. Der Boden bei Zwickau war gut und in Kultur; längs den Gärten dienten öfter Tannenhecken zur Einfassung. Uebrigens war der Boden bergig, fast schon gebirgig zu nennen, und die Früchte noch mehr zurück, als in Bayern. In Zwickau war an diesem Tage die Bahneröffnung nach Altenburg gefeiert worden, daher gar kein Unterkommen zu haben, bis wir endlich alle vier einen großen Saal in einem alterthümlichen Gebäude, aus dessen vorspringendem Fenster einst Luther eine Rede an das Volk gehalten, zum Nachtquartier erhielten."

Der erste Zug der neuen Eisenbahn, bei dem die Ungewohntheit der neuangestellten Beamten manche Zögerung veranlaßte, brachte uns über einen sehr schönen Viadukt und Crimmitschau nach Altenburg. Im Altenburgischen ist der Boden ziemlich leicht, die Beackerung und die wenigen Wiesen gut; im Uebrigen scheint sich die berühmte Altenburger Wirthschaft nicht bedeutend von der in den umliegenden Gegenden üblichen zu unterscheiden. An einigen Stellen sah ich im Felde auf zwei Arten Fennen stehen und auch setzen." --

Von Altenburg fuhren sie mit dem nächsten Zug nach Leipzig. Dort trennten sie sich. Dr. Pleßner und der Chemiker gingen nach Berlin, Mögling und Hoverbeck nach Dresden. Sie wollten am folgenden Tage zum ersten Berathungstage der neunten Versammlung deutscher Land- und Forstwirthe in Breslau, und deshalb die Nacht hindurch mit der Post dorthin fahren. Die freien Stunden benutzten sie, um mit einem Fiaker nach Tharand zu fahren. In Tharand besuchten sie den Professor Krutzsch, Möglings Mitarbeiter an einem Journal für Seidenbau; dieser zeigte ihnen auch die Aussicht von dem verfallenen Schlosse über Tharand. Nach angenehmer Fahrt trafen sie rechtzeitig auf dem Posthof in Dresden ein.

„Unsere Reisegesellschaft war nicht sonderlich interessant; merkwürdig aber das Unternehmen eines Mädchens darunter, die, vor 6 Jahren mit einem jungen Manne verlobt, ihn so lange nicht gesehen hatte, und nun, da er eine Anstellung in Liegnitz bekommen, dahinreiste, um dort zu heirathen. Mögling bemerkte nicht mit Unrecht: „Der wird einen schönen Schreck bekommen, wenn er sie jetzt wiedersieht." . . .

„Die Wanderversammlungen deutscher Land- und Forstwirthe bildeten von 1837 bis 1872 (München) den einzigen Mittelpunkt für die gesammten Interessen der deutschen Landwirthschaft. Sie förderten das landwirthschaftliche Ausstellungswesen zu großer Entwickelung. Nicht in letzter Reihe waren diese Wanderversammlungen Träger der deutschen Einheitsidee. Unter ihren Gründern sind vor allen Pabst, Schulze-Jena[12]) und Schmidt-Oschatz zu nennen. Die Rede, die Schulze-Jena in Dresden bei Berathung des Grundgesetzes für die Versammlung hielt (abgedruckt in Schulze's „Deutschen Blättern") ist ein Programm für die moderne Landwirthschaft und noch heute von hohem Interesse. Bezeichnend zu den heutigen landwirthschaftlichen Bestrebungen ist der selbstlose Charakter dieser Versammlungen, der hohe Gemeinsinn, der ihre Verhandlungen diktirte und der freie und liberale Geist, der dieselben beherrschte. Mit den ersten Anfängen der Interessen-Vertretung erlosch auch diese Gemeinschaft, die nie herrschen, sondern nur dienen sollte und wollte."[13])

Ueber die Versammlung in Breslau liegt ein ausführlicher gedruckter Bericht vor, herausgegeben vom Vorstande (Landschaftsdirektor und Präsident des landwirthschaftlichen Zentralvereins Graf v. Burghaus-Laasan, dem Direktor des Königl. Kreditinstituts für Schlesien, Amtsrath Block-Carolath, Landesältester Graf v. Hoverden-

Plencken und Generallandschaftssyndikus und Generalsekretär des landwirthschaftlichen Zentralvereins Justizrath v. Görtz-Breslau). Neben der allgemeinen Darstellung über Anordnung, Vorbereitung und allgemeinen Verlauf der Versammlung und der Verhandlungen der allgemeinen Sitzungen vom 8. bis 14. September 1848 und Auszügen aus den Protokollen der Sektionsverhandlungen fehlt auch ein Verzeichniß der 956 Mitglieder nicht. Daraus ersieht man, daß Hoverbeck sich als „Hoverbeck, Oekonom und Referendar aus Königsberg in Preußen" eingezeichnet hat (gedruckt ist Hoverbein statt Hoverbeck). Im Tagebuch bringt er Vieles, was ihm bemerkenswerth schien, z. B. über Obstbaumzucht, Kümmelbau, über Rübenbau und den damals erbitterten Streit, ob gedüngte Rüben für den Zuckerfabrikbetrieb schlechter als ungedüngte seien, über Flachsbau in Schlesien und Belgien, über landwirthschaftliche Elementarschulen, über Schweineaufzucht, über Wein- und Obstbau in Ungarn, über die Thierschau u. dergl. Hier nur Einiges daraus:

(9. September.) In Breslau traf Mögling beim Aussteigen einen Freund, den Wirthschaftsbereiter Cukr aus Böhmen. Wir begaben uns alle drei aufs Erkundigungsbüreau, erhielten unsre Karten und eine Wohnung von 2 Stuben angewiesen, die wir auch zusammen bezogen. Von hier ging es natürlich bald ins Versammlungslokal, wo gerade die Sektion für Schafzucht Sitzung hielt, und das Preuß'sche Wollwaschmittel ziemlich allgemein ungünstig beurtheilt wurde. Die Generalversammlung, die dann folgte, hatte eigentlich nur mit Vorbereitungen zu thun. Hierauf Vor- und Nachmittag wieder Sektionssitzungen für Viehzucht, Schafzucht, Ackerbau, technische Gewerbe. In einem Saale, worin Proben von Flachs ausgelegt waren, trafen wir den bekannten Buchhändler Pelz (Treumund Welp)[14], den eifrigen Streiter für die schlesischen Weber.

Am Abend ging er mit Mögling auf Einladung von Pelz in die Krone, wo die Liberalen von Breslau verweilten.

(10. September.) „Der Besuch der Sektionen ist bei dergleichen Versammlungen das Wichtigste. In der Schafzucht-Sektion führte Thaer (Landesökonomierath A. P. Thaer-Möglin) an: Kümmel ist das erste Futter, wird mit der allergrößten Begierde von den Schafen gefressen, und schützt sie auch vor Wassersucht. Er wird im Gemenge mit anderen Weidepflanzen eine halbe Metze p. Morgen oder 1 Ctr. (2 Scheffel) auf 32 Morgen ausgesäet. Der Ctr. kostet 10 bis 12 Thlr.

Abends waren sämmtliche Ausländer d. h. Nichtschlesier, die sich durch ein rothes Band im Knopfloche von den Schlesiern, die ein blaues hatten, unterschieden, zum Grafen Henkel v. Donnersmark eingeladen. Die Gesellschaft, die mir übrigens zu meinem Leidwesen einen Hut und weiße Glacés abnöthigte, war sehr groß, also sehr langweilig. Nach endlosem Umherstoßen und Zusehen des Tanzes folgte ein brillantes Abendessen mit Trüffeln, Gänseleberpasteten und schlechtem Champagner Wir gingen durch.

Hoverbeck speiste Mittags mit den ehemaligen Hohenheimern, der Hohenheimschen Clique, wie er sie bezeichnet, in der goldenen Gans und hielt sich auch sonst zu ihnen. Er nennt von ihnen

Mögling, Kurnatowski, Cukr, die beiden Prinzen Schönaich-Carolath.[15]) Aus den allgemeinen Verhandlungen vom 11. und 12. September interessirten ihn die Verhandlungen darüber,

„ob eine Beschränkung der Dispositionsfreiheit über Privatwaldungen zu empfehlen sei. Der Oberforstmeister v. Pannewitz-Breslau, obgleich selbst Staatsbeamter, erklärte sich gegen jede Beschränkung, Andere dafür.

Bei der Fortsetzung der Verhandlungen am 12. September brillante Rede eines schlesischen Gutsbesitzers, Dr. Falk,[16]) für Freiheit der Privatwaldungen, indem er namentlich auch den Regierungen das Recht absprach, hier beschränkend einzugreifen ......

(13. September.) Morgens sollte uns, die wir zum Grafen Hochberg nach Fürstenstein eingeladen waren, etwa 100 Mitglieder der landwirthschaftlichen Versammlung (die Magnaten aus der Umgegend Breslaus hatten sich in sämmtliche Ausländer getheilt), ein Extrazug auf der Freiburger Bahn nach Freiburg bringen, wo die Wagen des Grafen bereit standen. Wegen Mangels einer Droschke versäumten wir, Mögling und ich, den Zug. Nachmittags fuhr ich jedoch mit dem nächsten Zuge nach mit noch einem andern Unglücksgefährten. Die Gesellschaft hatte sich vom neuen in das sogenannte alte Schloß begeben und wir machten den Weg nach. Er führt in Schlangenwindungen an dem waldbewachsenen Abhange hinab bis zu einem rauschenden Bache, und auf der andern Seite ebenso wieder hinauf, längs herrlicher Partieen. Oben fanden wir die Herren, und da eben die Weiterfahrt stattfinden sollte, suchte ich mir auf gut Glück einen Wagen aus. Ich traf darin den Grafen v. d. Recke-Vollmerstein, einen bekannten Pietisten und Kinderschriftsteller. Wir kamen auf die Vielschreiber und Vielredner zu sprechen, und nachdem er gegen dieselben einige Ausfälle gemacht, ließ er bald darauf sich selbst des Breitesten über seine landwirthschaftlichen Erfahrungen und Ansichten aus, indem er siegend bewies, daß man reife Saat nehmen, die größten Körner aussuchen müsse, daß es auch gut sei, dieselben in Mistwasser einzuquellen u. s. w. Meine Aufmerksamkeit, die mehr seiner Persönlichkeit, als den vorgebrachten Gemeinsätzen galt, schien ihm zu gefallen. In Salzbrunn stiegen wir aus, kosteten das Wasser und wandelten eine Strecke durch die Promenade, bis wir wieder die Wagen fanden, die uns zu dem Kohlenbergwerke von Altwasser brachten. Hier erwartete uns ein eigener, aber großartiger Genuß. In den Berg führt nämlich ein langer, in den Fels gehauener Stollen, der sog. Fuchsstollen, mit Wasser angefüllt und mit Kähnen befahren. Vorn führte ein Boot mit Bergmannsmusik, dann folgten etwa 10 Kähne mit Fremden, jeder von uns mit einem Wachslichte in der Hand und alle in froher Laune über das seltene Schauspiel, das die erleuchtete Grotte und die vielen Kähne gaben, obgleich letztere nur von Zeit zu Zeit vernehmbar waren. Am Ende einer langen Fahrt wurde ausgestiegen und ein Seitenweg führte uns in eine schöne gewölbte Grotte, ähnlich der in Clausthal. Zwei Pfeiler in der Mitte stützten den gothischen Bau, der ganz in den Felsen gehauen und mit Steinkohle verkleidet war. Hier war eine Collation aufgetragen, und bei gutem Champagner wurde das Wohl des Festgebers getrunken. Nun wurde noch das Bergwerk etwas in Augenschein genommen, und dann ebenso unter Musik und Kanonenschlägen (Pulverschüssen aus Löchern, die in den Felsen gebohrt sind) der Rückweg gemacht. An der Oberwelt angelangt, bestiegen wir wieder die Wagen, um nach Freiburg zu fahren. — Graf Recke, der Verfasser der Kinderzeitung, des Menschenfreundes und mehrerer Traktätchen, scheint sonst ein guter Oberherr zu sein, z. B. verkauft er, um den Branntwein zu unterdrücken, seinen Leuten das Bier zum Selbstkostenpreise, 6 Pfg. das

Quart, giebt in der Ernte statt des Schnapses Kaffee u. s. w. — In Freiburg setzten wir uns in die bequemen Waggons (I. Classe), und waren bald in Breslau (11 Uhr Abends).

(14. September.) Sonntag Schlußversammlung. Berichte der Kommissionen und Sektionen. Abschiedsrede des Grafen Burghauß. Dann noch eine Rede Töröks (nach dem Mitgliederverzeichniß: Johann Nepomuk v. Török, Gerichtstafelbeisitzer, Generalsekretär des landwirthschäftlichen Vereins für das Königreich Ungarn. — Pesth), die uns Deutsche einlud, Ungarn näher kennen zu lernen, und schloß: Davon bitte ich Sie überzeugt zu sein: So viel Ungarn, so viel Brüder! (der Deutschen.)

Hierauf das vom Könige gegebene Diner im Königlichen Schlosse. Wir saßen, wie gewöhnlich, zusammen — die ehemaligen Hohenheimer. Im Uebrigen gab es dort gutes Essen und vorzügliches Getränk, und dabei viele Reden und Toaste, wegen zu großer Menschenmenge leider unhörbar. Gegen Abend trennte sich die Gesellschaft."

„Der 15. September brachte das große landwirthschaftliche Fest, das der landwirthschaftliche Zentralverein der Provinz zu Ehren der Versammlung in Grüneiche bei Breslau vorbereitet hatte. Thierschau, Rennen mit Bauerpferden und Festzüge, zuletzt Darstellung des Ackerbaues: „in einer Folge der verschiedenen, bespannten, und von ländlichen Arbeitern und Arbeiterinnen begleiteten Acker- und Feldwerkzeuge, — in dem reich beladenen Erntewagen, — in einem Zuge der Breslauer Kräuter und Kräuterinnen und in dem schlesischen Erntekranze, welcher, unter Korantritt ländlicher Musik, von Erntearbeitern, Schnittern und Schnitterinnen aus verschiedenen Gegenden in ihren eigenthümlichen Trachten dargebracht wurde."[17]) Hoverbeck schreibt darüber:

„Zuletzt Erntekranz, wovon jedes der Mitglieder auf der Tribüne einen Strauß erhielt, nur wurde der hübsche Schluß durch einen starken Regenschauer etwas wässrig. Von hier begaben wir uns sogleich zu dem von Seiten der Stadt Breslau arrangirten Feste in Scheitnig in Fürstens Garten, der sehr hübsch illuminirt war. Hier wurde gut gegessen und getrunken, was nicht übel war, da wir tagüber gehungert hatten, ein gutes Feuerwerk geschaut, und später bekamen wir viele Reden anzuhören, worunter eine vielen und heftigen Dispput erregte.... Pelz führte uns wieder in die Gesellschaft der Liberalen ein, die über die eben vorgefallenen Leipziger Ereignisse mit gerechter Entrüstung sprachen (Graf Reichenbach, Eduard)[18]). Spät in der Nacht zog man truppweise nach Hause."

Am 16. September fuhr Hoverbeck auf der Eisenbahn nach Liegnitz; von da mit der Post, auf der sich 120 Passagiere hatten einschreiben lassen, nach Dresden über Görlitz, an der Landeskrone vorbei. Am 18. September verweilte er in Dresden bei seinen Verwandten, besuchte Museen und Gallerien und die zweite Kammer, „die mehrere Stunden auf langweilige Wahlen für Kleinigkeiten verwandte."

Am 19. und 20. September Besuch der Sächsischen Schweiz, am 20.—23. September weitere Besichtigung von Sehenswürdigkeiten von Dresden und Umgegend und wiederholte Besuche der zweiten Kammer, wo nichts Interessantes vorkam. Am 24. September fuhr er mit seinem Onkel nach Meißen „per Eisenbahn und Journalière", besuchte dort die Porzellanfabrik und den Dom. Am 25. September morgens früh zur Eisenbahn nach Berlin. In Riesa fand er Mögling wieder, um sich schon in Cöthen wieder von ihm zu trennen.

(27. September.) Abschied. Nach Stettin durch lauter Sand. Viele Güter. Der Sand bringt zwar immer noch etwas, aber Nichts steht kräftig und recht gut; am besten noch Tabak. Viele Roggenfelder zeigen schon aufgegangene Pflanzen, viele auch noch nicht. Bei Neustadt-Eberswalde bemerkt man geordnete Forstkultur; aber auch hier zeigen die jungen Schläge wegen des schlechten Bodens geringen Wuchs. Mittags war ich in Stettin, und konnte bis Abends (um 10 ging die Post nach Plathe) die Stadt in Augenschein nehmen, die mich nicht gar sehr erbaute.

(28. September.) Nacht durch gefahren; Morgens in Regenwalde und zu Sprengel. Er war sichtlich erfreut über meinen Besuch, und nachdem wir uns eine Weile unterhalten, machte er mit mir die Rundreise durch die Felder. Sprengels Wirthschaft hebt sich; der Klee, der im Frühjahr gesäet war, versprach viel; guter Buchweizen und darunter Luzerne. Die Rutabaga stand im Bruche schön. Sprengel will den Kümmel breitwürfig unter Sommerroggen säen. Er baut viel Roggen zum Grünfutter, und nimmt danach Kartoffeln; von diesen ist dieses Jahr eine weiße Sorte die ergiebigste.

Hoverbeck fuhr zurück nach Plathe und dann wiederum die Nacht hindurch nach Cöslin zum Besuch seines Vetters Adolar Thiel (siehe S. 33). Dann langweilige Fahrt nach Danzig, dort am 30. September Aufenthalt, Besichtigung der Marienkirche, Spaziergang durch die Stadt, die ihm in der That bedeutend inponirte. (Zeughaus, Hohe Thor, Graumännchenkloster.) Dann spät abends nach Königsberg, wo am 1. Oktober die Reise endete.

Anmerkungen zu Kapitel 9.

[1]) Vgl. den Aufsatz des Regierungsraths a. D. Kretzschmer „Die Berieselungen von Schwarzwasser und der Brahe" in Nr. 33 vom 15. April 1846 der von ihm herausgegebenen „Landwirthschaftlichen Zeitung für die Provinzen Preußen, Pommern und Posen" (Danzig).

[2]) Gustav v. Salzwedell, geb. 1808 in Ostpreußen, war Landrath des Kreises Oletzko, Regierungsrath, 1844—1845 Geh. Finanzrath (Rieseler), 1845—51 Regierungspräsident in Gumbinnen, seitdem zur Disposition gestellt, 1848 Mitglied des Frankfurter Parlaments, 1849 der 2. Kammer, 1867—70 des Reichstags, 1867—69 des Abgeordnetenhauses. Er wohnt in Pötschendorf bei Rastenburg.

[3]) Koppe, Johann Gottlieb, geb. 1782, Sohn eines Büdners, landwirthschaftlicher Arbeiter, dann Verwalter, wurde 1807 Alb. Thaers Mitarbeiter und 1810 Lehrer in Moeglin, zugleich Thaers Gehülfe und Wirthschaftsführer. 1812 erschien zuerst sein oft aufgelegtes Lehrbuch „Der Unterricht im Ackerbau und in der Viehzucht"; 1827 Pächter von Wollup, kaufte 1842 das Rittergut Bresdau, auf dem er Ackerknecht gewesen war, 1844 Landesökonomierath, 1850 Dr., lehnte 1850 Leitung des land-

wirthschaftlichen Ministeriums ab, † 1863. Eine heute wieder zeitgemäße kleinere Schrift von ihm erschien 1847 unter dem Titel „Beiträge zur Beantwortung der Frage: sind große oder kleine Landgüter zweckmäßiger für das allgemeine Beste?"

[4]) Moritz Koppe, 1817 geboren, war von 1867 bis 1870 als Oberamtmann zu Wollup, zugleich mit Hoverbeck Mitglied des Abgeordnetenhauses (natlib.).

[5]) Der große „Begründer der rationellen Landwirthschaft" Albrecht Thaer, Dr. med., Hofmedikus, geb. 1752 in Celle, hatte 1806 die erste landwirthschaftliche Lehranstalt Deutschlands in Möglin errichtet, seit 1819 „königliche akademische Lehranstalt des Landbaues", er starb Oktober 1828. Sein jüngster Sohn Albrecht hat das Institut, auf dem im Laufe eines halben Jahrhunderts 779 Landwirthe ihre wissenschaftliche Ausbildung empfangen haben, noch einige dreißig Jahre (bis 1861) mit Opfern aufrecht erhalten. Er starb als Landesökonomierath 1863.

(Vgl. Körte, „Albrecht Thaer, sein Leben und Wirken" und Theod. Fontane, Wanderungen durch die Mark Brandenburg, II. Theil: Das Oderland.)

[6]) Vincent, L., in Regenwalde, ist der Verfasser der vom Mecklenburger Patriotischen Verein gekrönten Preisschrift: Die Drainage, deren Theorie und Praxis (1853). Auf der 3. Auflage nannte er sich Wiesenbaumeister der Pommerschen ökonomischen Gesellschaft. Er ist ferner Verfasser der Schrift: „Rationeller Wiesenbau, dessen Theorie und Praxis" (3. Aufl. 1870). Später wurde er Oekonomierath.

[7]) Hohenheim bei Stuttgart, als Landwirthschaftsschule im November 1818 begründet. Der erste Direktor Schwerz (geb. 1759, † 1844 zu Coblenz) errichtete Ackergeräthfabrik, niedere Ackerbauschule. Seit 1845 war Pabst Direktor. Ueber Hohenheim vergl. Festschrift zum 50jährigen Jubiläum ꝛc. (Stuttgart 1868).

[8]) Pabst, Heinrich Wilhelm, ausgezeichneter Landwirthschaftslehrer und landwirthschaftlicher Schriftsteller, geb. 1798 in Oberhessen, ward 1823 unter Direktor Schwerz Lehrer in Hohenheim, später Direktor der landwirthschaftlichen Lehranstalt in Darmstadt, 1839 Direktor der landwirthschaftlichen Akademie in Eldena, 1843 Preußischer Finanzrath, 1846 Direktor der landwirthschaftlichen Akademie Hohenheim, 1850 Direktor der landwirthschaftlichen Reichslehranstalt in Ungarisch-Altenburg, † 1868 zu Hüttendorf bei Wien als Oesterreichischer Ministerialrath für Landeskultur a. D.

[9]) Theodor Mögling, geboren 1814 zu Brackenheim, Sohn eines Lehrers, späteren Landpfarrers, studirte Medizin in Tübingen, wurde in den burschenschaftlichen Untersuchungen 1833 verhaftet, nach längerer Untersuchungshaft wurde er, nachdem er zum Studium der Landwirthschaft übergegangen war, 1837 zu 9 Monaten Festung verurtheilt, die er auf der Festung Hohenasperg verbüßte. Er besuchte mit Unterstützung der Regierung Frankreich, um die Seidenraupenzucht kennen zu lernen. Von 1840 ab wurde er Lehrer der Seidenraupenzucht an der landwirthschaftlichen Lehranstalt in Hohenheim, später Oekonomierath. 1847 wurde der „Seidenhannes" in die württembergische Kammer gewählt. Im März 1848 ging er in das Vorparlament und schloß sich hier der republikanischen Aktionspartei an. In Heckers Aufstande übernahm er das Kommando über die Arbeiterschaar aus Constanz. Er kommandirte bei dem Gefecht von Kandern am 24. April 1848 den rechten Flügel; der Schuß, der den General v. Gagern tödtete, fiel aus der Umgebung Möglings. Im September 1848 schloß er sich dem Aufstande Struve's in Lörrach an und trat dann nach dem Elsaß über. Im Mai 1849 ging er nach Baden, wurde Hauptmann des Generalstabes, nahm am 13. Juni Ladenburg wieder ein. Am 20. Juni bei Waghäusel zerschmetterte ihm eine Spitzkugel den linken Unterschenkelknochen. In Heidelberg glücklich behandelt, wurde er gefangen und vom Kriegsgericht zum Tode „durch Erschießen" verurtheilt. Sein mannhaftes, ehrliches Auftreten und Zeugnisse, daß er die Gefangenen human behandelt, erweckten die Theilnahme der Richter, die ihn zur Begnadigung empfahlen. Auf des Königs von Württemberg Fürsprache wurde er zu 10 Jahren Zuchthaus begnadigt, die in 6 Jahre 8 Monate Einzelhaft verwandelt wurden. Aus dem Zellengefängniß in Bruchsal 1856 freigelassen, ging er in die Schweiz. 1859 Kriegsberichterstatter beim Garibaldischen Corps. Er erwarb dann ein Bauerngütchen, den Trailhof. Bei schwerer Feldarbeit traf ihn an

einem heißen Sommertag 1867 ein Schlagfluß und er starb bald darauf geistig umnachtet in einer Heilanstalt zu Göppingen.

[10]) Lucas, Dr. Eduard, geb. zu Erfurt den 19. Juni 1816, wurde 1848 Institutsgärtner an der Akademie Hohenheim, zugleich Lehrer des Obst- und Gemüsebaues. 1860 als Königl. Garteninspektor Leiter des pomologischen Instituts zu Reutlingen.

[11]) Zeller, Christian Felix, Dr., geb. 1807, war in Hohenheim Direktionsassistent, 1889 Großh. Hessischer Oekonomierath, beständiger Sekretär des landwirthschaftlichen Vereins des Großherzogthums, † in Darmstadt 1865.

[12]) Schulze, Friedrich Gottlob, Professor der Universität Jena und Direktor des landwirthschatlichen Lehrinstituts daselbst, geb. Januar 1795 zu Obergävernitz bei Meißen, errichtete das Lehrinstitut 1826, dann 1835 die Lehranstalt zu Eldena, 1838 nach Jena zurückberufen, starb daselbst 1860.

[13]) Aus einem Berichte des Oekonomieraths Stöckel zu Insterburg. Derselbe schreibt in Bezug auf die Verhandlungen der ersten Wanderversammlungen: „Es wäre sicher lehrreich, die Verhandlungen dieser Wanderversammlungen heute auf den Unterschied zu prüfen, der in Bezug auf die Methode der Besprechung allgemein wichtiger Fragen damals gegen heute herrschte. Schulze hatte zuerst den Landwirthen die Universitäten eröffnet, Jena und Eldena. Die ganze Periode war eine des mächtigen wirthschaftlichen Aufschwunges und einer intensiven geistigen Bewegung in landwirthschaftlichen Kreisen. Abgelöst wurde diese lose aber hochverdienstvolle Gemeinsamkeit durch den Kongreß Norddeutscher Landwirthe und von da ab beginnt die leidenschaftliche Agitation für unmittelbare Staatshilfe in der Landwirthschaft, die heute so große Kreise als Bund der Landwirthe vereint. Die rein fachmännischen Arbeiten der alten ersten Vereinigung bemüht sich mit Erfolg die „deutsche Landwirthschafts-Gesellschaft", allerdings mit Verquickung von Handelsthätigkeit ohne handelsrechtlichen Charakter, zu erweitern und fortzusetzen. Die Beseitigung des freien landwirthschaftlichen Vereinslebens durch die Landwirthschafts-Kammern ist ein weiterer Beweis von der Herrschaft der Interessen-Politik."

[14]) Eduard Pelz (Treumund Welp) veröffentlichte in den vierziger Jahren eine große Zahl politischer Broschuren. Wegen der 1848 erschienenen zwei Briefe über den Einfluß der Fabriken und Manufakturen in Schlesien wurde er „der intellektuellen Urheberschaft der Webertumulte im Kreise Reichenbach" beschuldigt und erduldete drei Monat Untersuchungshaft. Mit dem Elend der Weber und Mitteln zur Abhilfe beschäftigte er sich auch nachher in einer Reihe kleiner Schriften.

[15]) Prinz Ferdinand zu Schönaich-Carolath, Gutsbesitzer zu Saabor bei Grünberg, war 1855 bis 1860 konservatives Mitglied des Abgeordnetenhauses.

[16]) Dr. Alexander Falk, Gutsbesitzer zu Otto-Langendorf, war Mitglied des Frankfurter Parlaments, des Erfurter Volkshauses und von 1849 bis 1852 Mitglied des preußischen Abgeordnetenhauses.

[17]) Festschrift Seite 6.

[18]) Graf Eduard Reichenbach, 1848 demokratisches Mitglied der preußischen Nationalversammlung, 1863 in das Abgeordnetenhaus gewählt, † 15. Dezember 1869 zu Brieg.

Zehntes Kapitel.

Auf dem Rittergute Adl. Quetz von 1846 bis Ende 1848.

Hoverbeck's Vater sah in dem von seinem Sohne nach seiner Rückkehr über die Studienreise niedergeschriebenen Tagebuche den vollgiltigen Nachweis seiner Befähigung, ein Gut als Pächter oder Besitzer mit eigener Verantwortlichkeit zu bewirthschaften. Die Gelegenheit zum Ankauf eines Gutes bot sich bald. Das bei Gutstadt im Kreise Heilsberg belegene Rittergut Adlig-Quetz von 18 kulmischen Hufen oder 1200 Morgen, worunter 200 Morgen Wald waren, wurde im November 1845 für ihn angekauft. Der Kaufpreis betrug 29 500 Thaler; 17 000 Thaler Schulden blieben darauf stehen. Der Verkäufer Julius v. Hosius erhielt den Rest mit 12 500 Thalern bei der am 1. März 1846 erfolgenden Uebergabe baar ausgezahlt. Feld und Wald lagen noch unter dichter Schneedecke, als Hoverbeck das Wohnhaus in Quetz bezog. Das alte, hölzerne Wohnhaus lag ziemlich in der Mitte des Dorfes, der katholischen Kirche schräg gegenüber. Es war einstöckig mit Erkerstuben, hatte unten etwa 4 Zimmer, die Thüren mit Klinken, — Alles sehr primitiv. Dazu gehörte ein schöner alter Garten mit Obstbäumen und von Buchsbaum eingefaßten Beeten.

Mit großem Eifer ging er daran, das Gut, das vorher nicht in den besten Händen gewesen war, allmählich auf die Höhe seiner Leistungsfähigkeit zu bringen. Acht Jahre lang bis zu seiner Verheirathung führte er hier ein sehr einsames Leben. Ohne geselligen Verkehr weder mit dem Dorfe, noch den Nachbargütern und dem Städtchen Gutstadt lebte er seiner Wirthschaft. Mußestunden, die ihm sein Beruf ließ, füllte er mit dem Studium guter Bücher aus allen Fächern der Wissenschaft und Kunst aus. Jeden Sonntag fuhr er zu den Eltern nach dem vier Meilen entfernten Nickelsdorf. Hier fand er bei seinem Vater den besten Rath in allen landwirthschaftlichen Angelegenheiten. Ihr lebhafter Meinungsaustausch erstreckte sich auch auf die Vorgänge in Kreis, Provinz und Staat. Mit der Mutter ging er bei jedem Besuch in den Gutsgarten, besichtigte Blumen und Bäume und half an deren Pflege mit Rath und That. Mit der Mutter theilte er auch die kleinen und großen Sorgen, die sie mit ihrem liebreichen Herzen nicht blos für die engere und weitere Familie, sondern für alle Beamte, Dienstboten und Tagelöhner des Gutes hegte. Die Mutter hatte ihm für Quetz eine vorzügliche Wirthschafterin bestellt. Die treue Minette stand seit ihrem 17. Lebensjahre ununterbrochen im Dienst der Familie. In Rastenburg hatte sie die Großmutter Hoverbeck's in deren letzten Lebensjahren gepflegt, die übrige Zeit verlebte sie in Nickelsdorf und in Quetz. Sie wurde von der ganzen Familie hochgehalten und geehrt. Durch kernige Aussprüche voll Mutterwitz und durch gesunde Urtheile über Personen und Ereignisse erheiterte sie oftmals Hoverbeck und die ihn besuchenden Freunde. Ihre Rede zeichnete sich zufolge Aufnahme vieler mundartlicher Worte durch ungemeinen Wortreichthum aus — zum Vergnügen sprachforschender Gelehrten.

Unter diesen Freunden war es besonders Fritz Oldenberg, Kandidat der Theologie, mit Hoverbeck schon auf der Schule bekannt, und ihm während der Universitätszeit unter allen Verbindungsgenossen in der Lithuania am nächsten stehend, der vom Sommer 46 an oft wochenlang in Quetz war. In seinen Briefen gedachte er oft dieser „stillbeschaulichen" Zeiten, die er auf dem einsamen Eulennest Quetz mit dem Freunde verlebte, er schrieb von seiner Sehnsucht nach der Linde vor Adlig-Quetz und von den hellen Morgen, wenn der große Birnbaum vor dem Hause wimmelte von Blüthen und zwitschernden Vögeln und er hinunterging in den Garten, wo die Freunde unter der Linde oder in der Jasminlaube den Mokka tranken — und von der Prozession am Fronleichnamstage (1846), wenn die langen Züge mit Kreuzen und Lichtern und Blumen singend vorüber wanderten in das „heiße, schöne, thorheilsvolle" Glottau, — den nahen Wallfahrtsort; er erinnerte an „all' den Sinn und Unsinn", an dem sie sich vergnügten bis in die klaren Abende, an denen sie sich erst spät trennten, — und an die sonntäglichen Besuchsfahrten nach Nickelsdorf und Trautzig und „zurück den bekannten Weg durch Buchwald und Rosengarth, wo die Fensterladen mit Tulipanen bemalt sind, hin zur göttlichen Minette."

Leider sind die Briefe, die Hoverbeck an Oldenberg in jenen Jahren geschrieben hat, nicht mehr erhalten, aber die noch vorhandenen zahlreichen Briefe Oldenberg's geben Zeugniß von der engen Freundschaft, die sie noch manches Jahr nach der Studienzeit verbunden hat. Man erfährt aus ihnen auch von den Inhalt ihrer ernsten Gespräche, die in manchen bogenlangen Briefen weitergesponnen wurden. Diese enthalten nicht blos Mittheilungen über Studentenleben, über das Treiben in der Lithuania und die Lebensschicksale der Verbindungsgenossen, sie besprechen neben allgemeinen Ereignissen in Preußen und Deutschland, namentlich die politische und religiöse Bewegung in Königsberg und bringen lange Erörterungen über Kirche und Staat, über die Bibel, die Gottesidee, über persönliche Unsterblichkeit und freien Willen. Auch die Dichtkunst und die edle Frau Musika wurden nicht vergessen.[1])

Die Politik nahm in jener bewegten Zeit einen immer

weiteren Raum in dem geistigen Leben der gebildeten Deutschen ein. Von Jahr zu Jahr war die konstitutionelle Bewegung im Lande stärker geworden. Selbst die jüngeren Offiziere und Beamten hegten, wie Werner Siemens in seinen Lebenserinnerungen bezeugt, fast ausnahmelos liberale Gesinnung. Hoverbeck's Vater, ein eifriger deutscher Patriot, war Mitglied des preußischen Provinziallandtages für die Rittergüter des Kreises Allenstein. Hier wurde ein Antrag auf Verleihung einer Gesammtstaatsverfassung mit Zweidrittel-Mehrheit angenommen. Das Patent und die Verordnung über Bildung des Vereinigten Landtages vom 3. Februar 1847, sowie die Einberufung desselben zum 11. April 1847 folgten. Der Landschaftsdirektor Hoverbeck ging nicht nach Berlin; anscheinend glaubte er nicht recht an einen der konstitutionellen Freiheit günstigen Erfolg. Sein Stellvertreter, Amtsrath Kunkel, vertrat den Kreis Allenstein.

Um diese Zeit war es, daß Leo Hoverbeck mit einem ausgezeichneten Manne einen Freundschaftsbund schloß, den erst der Tod löste. Carl Witt war Ostern 1845 Oberlehrer am Progymnasium zu Hohenstein im Kreise Osterode geworden. Hohenstein und Quetz liegen acht Meilen voneinander entfernt, auf dem halben Wege zwischen beiden liegt Nickelsdorf. Eisenbahnen gab es damals in Ostpreußen noch nicht. Hoverbeck und Witt lernten sich im Winter 1846 bis 1847 auf einem Gute unweit Nickelsdorf bei Verwandten Hoverbeck's kennen, die auch Verwandte in Hohenstein hatten. Charakteristisch ist es, daß sie sich vom ersten Tage ihrer Bekanntschaft an „Du" nannten. Ihr Briefwechsel begann im Juni 1847. Innige Freundschaft verband sie bis zum Tode Hoverbeck's ungeachtet der Verschiedenheit des Alters, der Lebensverhältnisse, des Berufs. Im Sommer 1846 war Witt 31, Hoverbeck 24 Jahre alt geworden. Hoverbeck war als der Sohn eines angesehenen Rittergutsbesitzers von altem Adel, in liebevoller Pflege wohlhabender Eltern aufgewachsen und schon vor erlangter Großjährigkeit selbst Besitzer eines adligen Rittergutes. Witt war der Sohn eines Königsberger Stadtmusikus, dessen 12 Kinder in Entbehrungen und Noth aufwuchsen. Drei Söhne studirten. Der Vater konnte ihnen nur nothdürftig Obdach und Nahrung geben. Die Studentenjahre Carl Witt's vergingen ihm in bitterer Noth. Mit schlecht bezahlten Privatstunden und nach der Studentenzeit mit Hauslehrerthum und gelegentlichen Unterrichtsstunden in Lehranstalten mußte er sich durchhelfen. Endlich erhielt er eine feste Anstellung in Hohenstein mit einem Gehalt, das dem Bedürfnißlosen noch genügte, seiner verwittweten Mutter etwas Zuschuß gewähren zu können.

Bei aller Verschiedenheit der äußeren Verhältnisse gab es doch vieles, was das Freundschaftsband zwischen dem Hohensteiner Oberlehrer und dem Quetzer Rittergutsbesitzer fest und immer fester verknüpfte. Sie stimmten überein in der idealen Richtung des Geistes, in Verehrung von Kunst und Wissenschaft, in Sittenstrenge und treuer Pflichterfüllung, in unerschütterlicher Wahrhaftigkeit, in Milde und Herzensgüte, in Gerechtigkeit gegen jedermann, in selbstloser, opferbereiter Thätigkeit für die Mitmenschen, in Liebe zum deutschen Vaterlande.

Die Persönlichkeit Carl Witts, der im November 1891 gestorben ist, schildert ein von seinen zahlreichen Schülern und Freunden allgemein mit freudigem Dank aufgenommenes Buch von S. Hensel:[2]) Carl Witt, ein Lehrer und Freund der Jugend. (Berlin 1894.) Der Verfasser, ein langjähriger persönlicher Freund Witt's bringt vollständig oder im Auszuge 50 Briefe Witt's an Hoverbeck aus den Jahren 1847 bis 1867, aber nur einen Brief Hoverbeck's an Witt. Er nahm an, daß Witt, der kurz vor seinem Tode fast alle an ihn gerichteten Briefe verbrannt hat, dabei auch Hoverbeck's Briefe vernichtet habe. Der größte Theil aber dieser Briefe war erhalten, Witt hatte sie mir zur Benutzung anvertraut.[3])

Der im Sommer 1847 beginnende Briefwechsel beider Freunde hatte zunächst zum Hauptgegenstand eine Liebesgeschichte Witt's (vergl. Hensel S. 20 bis 34). Witt, der, wie er selber schrieb, gesellschaftlich unbeholfene, im Verkehr ungeschickte 32jährige Gelehrte, hatte sich in ein fröhliches, lebenslustiges 16jähriges Mädchen aus der Hoverbeck'schen Verwandtschaft verliebt. Das kaum den Kinderschuhen entwachsene Mädchen war in dem freundschaftlichen Verkehr mit dem fast doppelt so alten Mann, den sie als Lehrer und Erzieher verehrte, wohl nie auf den Gedanken gekommen, daß er sie zur Ehe begehren könne. Sie gab ihm einen Korb. Das war um so weniger zu verwundern, als sie, wie Hoverbeck tröstend schrieb, „nach ihrer ganzen Anlage und Erziehung zu einer sehr bequemen, sorgenfreien Stellung prädestinirt war und sich deshalb in die wenigstens anfangs sicherlich sehr beschränkte Lage in Hohenstein nicht gut gefunden hätte". So nüchterne Betrachtungen hatten dem liebenden Gelehrten fern gelegen. „In verliebten Dingen", schrieb Witt im Januar 1848 an seinen Freund Hoverbeck

„stimmen wir nicht. Ich ein Streichhölzchen, das die geringste Reibung entzündet, Du ein Marmelstein."

Hoverbeck war im Herbst und Winter 1847 sehr fleißig. Unter Beirath und Anleitung Witt's lernte er Englisch. Außerdem trieb er andere Studien. In einem Briefe vom 16. Sept. 1847 schrieb er:

„Gestern und heute habe ich ein Buch von 500 Seiten über landwirthschaftliche Statik durchgelesen und durchgerechnet. Der Gegenstand ist mir interessant und darum drängte ich mich durch die Menge von Formeln hindurch, die gerade so nützlich angewandt sind, wie die Logarithmen, da wo Einer

Mit Logarithmen maß er schier
Den Inhalt ganzer Kannen Bier.[4])

Wie leicht es doch ist, einer Sache, von der man wenig weiß, einen gelehrten Anstrich zu geben. Auch Differenzialrechnung braucht der Mann. Dies eine Exempel verstand ich nicht; ich dachte an Oberlehrer Witt in Hohenstein, von dem ich schon Baukunst gelernt habe . . ."

Witt war bereit, seinem Freunde bei den Differentialrechnungs-Exempeln zu helfen. In einem Briefe vom 19. April 1847 heißt es:

„Mir will es doch bedünken, daß Dich die Herbstluft in Deinem einsamen Eulennest schwarzgallig macht, und ich rathe daher, Du setzest Dich eines Sonntags' wenn Du bei den Eltern gewesen bist, wie gewöhnlich auf, doch verkehrt, „mit dem Schwanz, statt des Zaumes in der Hand," rufst dem Kutscher zu „Nach Hohenstein!" und, während ich stoische Philosophie studire, fährst Du plötzlich in meine Stube ein. Edler Freiherr, Du würdest mich fast kindischvergnügt machen. Was meinst Du, lieber Junge? Bald ist alles zugesäet, eine glückliche Erndte hast Du im Rücken, aus den Kartoffeln wird doch nichts — wann in Deinem Leben wärst Du mehr Freiherr gewesen? Hier repetirten wir Baukunst, ich suchte meine Differentialstudien hervor, putzte und frottirte pädagogisch an Dir herum, um Dich wieder zu einem „trausamen Menschen" zu machen, und dürfte es mir um so weniger versagen, zu Michael wieder ein Paar Tage Quetzer Zustände und Sprachkuriositäten zu studiren. Das könnte „recht nett möglich sein." Denn ich bin ein freier Vogel, und fliege, wohin es mir gefällt."

Aus dem Besuch Hoverbeck's im Herbst 1847 war nichts geworden. Das Jahr 1848 begann. Die Freunde hatten keine Vorahnung von dem, was es bringen werde. Witt wünschte in einem Briefe vom 13. Januar, dem russischen Neujahrstage, viel Glück zum neuen Jahr.

„Werde ich nicht unangenehm getäuscht, so wende ich ein paar Tage auf Quetz und pauke Dir neue Lieder ein; Du verbreitest sie ja wie ein Apostel![5]) Unterdeß hoffe ich Dich einmal in Hohenstein zu sehen . . . Mit Vergnügen lese ich jetzt die Deutsche Zeitung.[6]) Da kann man doch hoffen, sein politisches Urtheil zu bilden. Bekanntlich ist sie für Schutzzölle, und das ist ein Kapitel, das jetzt mich zu interessiren anfängt. Die Berichte über den Berliner Freihandelsverein lasse ich nie aus. Ich wünschte, daß Du mich einmal mündlich über die Angelegenheit belehrtest. Mir scheint es, als ob hier gleichsam im sinnlichen Bilde die Freiheit überhaupt debattirt würde.[7])

Witt erkannte damals schon den 25jährigen Freund für sich als volkswirthschaftliche Autorität an. Auf diesem Gebiete fühlte sich Hoverbeck zufolge gründlicher Studien sehr sicher. Auf seiner landwirthschaftlichen Studienreise hatte er ja wiederholt in Disputationen gegen süddeutsche Schutzzöllner den Freihandel vertheidigt. Damals war östlich der Elbe Jedermann Freihändler. Bis zu Bismarck's Aenderung der Wirthschaftspolitik waren dort die konservativen Landjunker und die liberalen Kaufleute der Seestädte gleich eifrige Gegner aller Schutzzölle.

Hoverbeck antwortete, er habe die deutsche Zeitung erst kurz zuvor bei einer Besuchsreise zu seiner Schwester in Gumbinnen kennen gelernt, sie sei ein sehr tüchtiges Blatt, er bedauere ihre Vorliebe für Schutzzölle im Gegensatz zu den „Börsennachrichten der Ostsee":

„Die Schutzzöllner glauben fälschlich die Nationalität zu beschützen auf Kosten des Kosmopolitismus, während sie diesem reell schaden, aber ersterer auch; die Freihandelsmänner beschützen den Kosmopolitismus und nützen so auch der Nation am besten. Letzteres das System der Freiheit und Liebe auf's Materielle angewendet, ersteres der künstlichen Lenkung und Exklusivität."

Zur Thauwetterzeit hatte Hoverbeck einen Besuch in Hohenstein versprochen. Thauwetter und „der erste Frühlingsduft" ließen sich 1848 schon Mitte Februar spüren. Aber Hoverbeck war nicht nach Hohenstein gekommen. Witt mahnte in einem Briefe vom 25. Februar, dem er Carlyle's Werk über die Französische Revolution beifügte:

„Zunächst bitte ich mir die versprochenen Hohensteiner Tage aus, dann aber denke ich es mir schon recht schön, zu Ostern eine Woche bei dem dicken Herrn von Adl: Quetz zuzubringen. Ich werde etwas arbeiten müssen, aber desto besser; dann sehe ich, wie Ihr die Erde bedient, in dem schönen Frühling mit seinen dampfenden Erdschollen und Abends sitzen wir bei der Lampe hoffentlich nicht „mattem Schein" und streiten über Gott und Teufel, Freihandel und Schutzzölle, Solo und Chor in der Weltgeschichte (was mich jetzt besonders interessirt) und dergleichen himmelstürmende Dinge mehr.

Aber auch aus Witt's Osterbesuch in Adlig-Quetz wurde nichts. Die Revolution kam dazwischen. Wie Hoverbeck beim Studium des Carlyle'schen Werkes über die Französische Revolution durch die Nachrichten aus Paris überrascht wurde, schilderte er seinem Freunde Witt erst in einem Briefe vom 22. März; an einem Tage, an dem man in Quetz, wohin nur zweimal in der Woche Zeitungen gelangten, von der Berliner Revolution des 18. März noch keine Ahnung hatte. Er berichtete auch, wie die Kreisstände des katholischen Kreises Heilsberg (in der großen Mehrheit Rittergutsbesitzer) „an der wilden Bewegung der Geister, die sich seit der Pariser Februarrevolution über ganz Deutschland verbreitete", betheiligten, indem sie den überall in Preußen begonnenen radikalen Petitionssturm mitmachten. Der Brief lautet:

Quetz, 22. März 1848.

Mein lieber Witt!

Nach einigen Intermezzos, veranlaßt durch die gegenwärtige „Offenbarung Gottes in der Weltgeschichte" ein furchtsamer Brief. Furchtsam darum, weil man jetzt Politika schreiben muß auf die Gefahr hin mit veralteten, schon interesselosen Geschichten vorzurücken. Dein letzter Brief war begleitet von Carlyle „Französische Revolution". Ich sitze ein paar Tage darauf gemüthlich am Fenster und lese Mirabeau. Die letzten Zeitungen, fast noch lederner als sonst (wenn möglich) erzählten von dem miserablen Zurückziehen der dynastischen Opposition von dem Bankett — da erscheinen drei neue Nummern, ich ergreife zufällig die letzte zuerst und lese: Proklamation der provisorischen Regierung an das französische Volk, Freiheit, Gleichheit, Brüderlichkeit (fraternité ou la mort). Auf sprang ich vom Stuhle, denn mitgetheilt mußte das werden, sogar meine Minette wurde mit der Nachricht beglückt, daß der König von Frankreich weggejagt war; aber hier fand Louis Philipp eine Freundin: „Die Rackers können auch gar nicht Ruhe halten!" — Na, laß nur gut sein, replizirte ich, es ist ein niederträchtiger Schuft! — „So" — sagte sie — „na wird nu Krieg werden?" — Ihr habt gesungen manches Jahr, die neue treue freie Zeit, wann wird sie denn nun endlich wahr, die . . .?[8]) Und doch wird sie wahr? Gott gebe es; aber ich fürchte für die französische Republik! Der Sozialismus, so sehr ich es als einen Fortschritt erkenne, daß sie ihn zu realisiren versucht — er wird sie verderben. Sei es, mögen sie fallen; das Blut, das geflossen ist auf den Barrikaden, ist bezahlt durch die ersten drei Tage der Freiheit. Und so tief kann sie nie wieder fallen, wie das Louis Philipp'sche Regiment stand. Bei Gott, der russische Despotismus ist edler als dies war.

Und Deutschland? Ganz langsam lernt der Deutsche doch auch mancherlei; diesmal hat er ein gelungenes Petitionsexerzitium gemacht. Nun, sprechen darf er ja schon, selbst schreiben! Morgen bekomme ich neue Zeitungen aus Gutstadt. Dann weiß ich, wie es in Wien jetzt aussieht, soll ich auch Berlin hinzufügen? Ich vermuthe. Nach schwachen Kräften angestrengt haben auch wir Heilsberger Kreisstände eine Petition, an der ich mich einigermaßen als Flickschneider betheiligte, losgelassen. Sie ist hoffentlich jetzt bei Sr. Majestät und bittet selbigen lieben Mann um Gleichheit aller Kulte, Preßfreiheit, Allgemeines Wahlrecht und Verminderung und allmähliche Abschaffung des stehenden Heeres, Volksbewaffnung, Wahl der Führer durchs Volk. Dezisives Votum der Volksvertreter. Geschworenengerichte. Deutsches Parlament (mit vorausgesetztem Anschluß unserer Provinz) (Moi). Einiges Deutschland. Wie lachten die klugen Thoren vor ein paar Wochen darüber. Wir müssen ein einiges Deutschland werden jetzt oder später; denn wir sind eine Nation!" . . .

An demselben Tage theilte Witt seinem Freunde Hoverbeck die erste nach Hohenstein mit sonderbaren Uebertreibungen gelangte Nachricht über die Berliner Revolution des 18. März mit. Der Brief Witt's lautet:

Hohenstein, 22. März 1848.

Mein lieber Hoverbeck!

„Jetzt ist keine Zeit, einen langen Brief zu schreiben, aber etwas möchte ich Dir doch schreiben, theils damit Du mich nicht ganz vergißt, theils weil ich glaube, daß eine Nachricht, die heute zufällig herkam, Dir noch unbekannt sein wird. Berlin ist in vollem Aufstand. Der König hatte Preßfreiheit und Berufung des Landtags zum 2. oder 4. April gewährt. 5090 Bürger ziehen zu Schloß, um ihm zu danken. Par un malentendu funeste, wie vor Guizots Hotel, giebt das Militär Feuer, 18 Bürger fallen. Nun wird erklärter Aufstand. Barrikaden in den Straßen, das ganze Volk bewaffnet, 16 Stunden lang (bei Abgang der Post) hatte das blutige Gefecht bereits gedauert — von den Soldaten sind noch mehr gefallen als von den Bürgern. Soweit meine Nachricht, sie schließt mit dem Abend des 18. oder 19. März. — — Wer da wüßte, wie es jetzt steht! Doch kann man kaum zweifeln. Lieber Hoverbeck, ich sehe etwas, was Dein Glück, und etwas, das Dein Unglück ist. Dein Glück, daß Du mehr als ein Freiherr bist, Dein Unglück, daß Du jetzt Niemand hast, mit dem Du Dich wundern kannst.

Tritt eine schöne neue Zeit ein, so bleiben wir erst recht die Alten!

Dein Witt."

Witt war von der „schönen neuen Zeit" tief bewegt. Er sah mit großer Zuversicht in die Zukunft der deutschen Nation, und wollte auch noch ein starkes Polen zwischen uns und Rußland aufgebaut haben. Der Polen hochherzige Beharrlichkeit verdiene es jedenfalls, daß ihnen ein neuer Versuch politischer Organisation gestattet werde. In einem Briefe vom 27. März heißt es:

„Als was für ein Dummkopf wäre ich doch aus der Welt gegangen, wenn ich vor einem Monat gestorben wäre! Viele sterben, ohne je einen Sonnenaufgang gesehen zu haben, viele, ohne daß die Weltgeschichte sich ihnen als ein Meer im Sturm gezeigt hätte. Sturm ist auch jetzt noch nicht, aber eine lebhafte Brise. O das herrliche Meer, die Weltgeschichte! Wie der Landmann nach einer guten Ernte zu seinen Feldern, so müssen wir jetzt ein neues höheres Vertrauen zu der Fruchtbarkeit der Weltgeschichte fassen. Kein Korn, so unscheinbar es auch aussieht, bleibt ohne Gedeihen, wenn es nur den Keim des Lebens in sich hat. Die nur sehen, was sie zu fühlen im Stande sind, spotten oder verzweifeln über die Vergeblichkeit der Saaten und siehe auf einmal schießen die Halme empor. Wie viele Burschenschafter, die unsre Väter, unsre Großväter sein könnten, haben mit dem ungestillten Drange nach Freiheit verschmachten müssen, — wir erhalten sie fast als ein Geschenk. Wer selbst ernten will, was er säet, wird sich oft verrechnen, nie aber — so glaube ich jetzt zuversichtlicher als je — wer für die Menschheit säet. Es durchzuckt mich oft unerwartet, wenn ich wieder von einem neuen Punkte die herrliche Perspektive unserer Zukunft absehe. Schon die Befreiung der Pariser ergriff mich auf's Lebhafteste, das allmähliche Tagen in Deutschland noch mehr natürlich. Mit edelm deutschen Blut ist die Freiheit in Berlin besiegelt — traurig in einer Beziehung, empörend, schrecklich, — aber doch ein großes, segensreiches Ereigniß. Bis vor wenigen Tagen wünschte ich, daß Alles sich ruhig entwickle, pflanzenartig — solche Entwickelung ist allerdings, die am tiefsten geht. Aber jetzt glaube ich, wie der Sturm in der Natur, darf das Blutvergießen unserer Weltgeschichte nicht fehlen, wenigstens bis jetzt, ja bis zu Zeiten, die uns unabsehbar sind. Das Volk muß seiner selbst gewiß werden, muß erfahren, daß es im Stande ist, für die Freiheit sein Leben hinzugeben. Diese Probe haben die braven Berliner gegeben. Der König wird ohne Zweifel jetzt richtiger von seinem Volke denken. — Wie Du, bin auch ich der Meinung, daß wir in kurz oder langer Zeit diese Bahn durchzumachen haben: Preußen konstitutionell, — Preußen mit dem übrigen Deutschland unter einem Haupte — Deutschland Republik. Es wäre, denke ich, ein großes Unglück, wenn Tollköpfe, die gar keinen Ueberblick über das Ganze haben, sich jetzt einfallen ließen, die Republik zu proklamiren. Vergebe mir Deutschland, wenn ich ihm zu wenig zutraue, aber ich halte es für eine Republik nicht reif . . ."

Witt fürchtete sich auch nicht vor der sozialen Revolution, selbst wenn er darin abgeschlachtet würde.

Er schreibt in demselben Briefe.

„Die politische Umgestaltung der Dinge interessirt mich am meisten wegen der sozialen, die sie in ihrem Gefolge haben wird. O, wenn das Elend so vieler Millionen, die jetzt von Frost und Hunger getödtet werden, sich endlich lösen will, da müssen wir selbst ein wildes Blutvergießen, wie es die rohen, durch unsre Schuld rohen Horden sich vielleicht nicht versagen werden, mit Ergebung hinnehmen. Möglich, daß unsere Herzen, die doch warm für das Wohl des Volkes schlagen, unter den Streichen der empörten Proletarier verbluten. Wie oft schlachtet das Volk seine Freunde! Aber dennoch würde ich „den Namen des Herrn" loben müssen. O der schöne Glanz einer neuen, freien Welt!"[9])

Wie es mit der „Reife" des Volkes bestellt war, hatte Witt bald genügende Gelegenheit zu erfahren. Auch in Ostpreußen, in großen und kleinen Städten und auf dem Lande wurde mit der neuen Freiheit arger Mißbrauch getrieben. „Haben Dich die infamen Bauern noch nicht todtgeschlagen? . . . Ist auch bei Dir das Bauernvolk außer Rand und Band?" schrieb ein Königsberger Freund an Hoverbeck.

In der That war auch unter den Arbeitern von Adlig Quetz die Hoffnung verbreitet, die Güter müßten zerschlagen und jeder Arbeiter mit etlichen Morgen Landes bedacht werden.

„Aber ihre Wünsche gingen nicht so weit wie auf anderen Gütern. Hoverbeck hatte sich durch seine humane Behandlung der Leute und durch die stete Bereitwilligkeit, ihnen in ihren Nöthen mit Rath und That beizustehen, ihre Liebe und Anhänglichkeit in so hohem Maße erworben, daß sie unter sich abmachten, sie wollten ihrem Herrn die Hälfte seines Besitzes auch fernerhin lassen."[10])

Hoverbeck, der täglich vor Augen hatte, auf wie niedriger Bildungsstufe die Bauern und Arbeiter in dortiger Gegend standen, war demokratischen Anschauungen und Hoffnungen gegenüber zurückhaltender, als sein Freund Witt; doch trieb es ihn, auch seinerseits zur Klärung der Meinungen beizutragen. Damals schrieb er einen oder mehrere Aufsätze, vermuthlich über die ländlichen Verhältnisse im Ermland, für die freihändlerischen „Ostseeblätter" in Stettin. Ende März sandte er ferner seinem Freunde Oldenberg einen Aufsatz, den er in der „Königsberg. Hartungsch. Ztg." abgedruckt wünschte. Die Redaktion gab ihn am 7. April zurück, da inzwischen seine Vorschläge durch den von dem Minister vorgelegten Wahlgesetzentwurf erledigt seien. Der Aufsatz war konservativer, als der Entwurf der Regierung, der durch den zweiten Vereinigten Landtag, an dem auch Hoverbeck's Vater als Abgeordneter für die Ritterschaft des Kreises Allenstein theilnahm, noch in liberalem Sinne verbessert wurde. In Hohenstein hatte sich ein liberaler Klub gebildet, zu dem man auch die Rittergutsbesitzer heranzog. Witt's Thätigkeit in diesem Verein war vielleicht die Veranlassung, daß man ihn am 8. Mai zum Abgeordneten in die Preußische Nationalversammlung für den Wahlkreis Osterode wählte.

Witt kam nach Berlin, begeistert von der hohen Aufgabe der preußischen Nationalversammlung und durchdrungen von dem Streben getreuester Pflichterfühung. Seine Briefe geben Zeugniß von den Irrthümern jener Tage und von den ausschweifenden Hoffnungen, von denen selbst ruhige, besonnene Männer erfüllt waren; aber sie bekunden auch, daß Witt sich in dem Beruf als Volksvertreter keineswegs sicher fühlte. Die Nationalversammlung war am 22. Mai eröffnet. Witt's erster Brief an Hoverbeck datirt erst vom 15. Juli 1848. Es heißt darin:

„. . . Die Regierungssorgen haben mich bisher an aller freundschaftlichen Correspondenz gehindert. Es ist ein schweres Dasein, Volksvertreter zu sein, wenn die Volksvertretung so wenig den allgemeinen Wünschen entspricht. Der Himmel verzeihe uns alle Dummheiten, die wir begehen, denn wir wissen wahrhaftig nicht, was wir thun. Die Meisten scheinen mir die Lage, in welcher die Dinge sich gegenwärtig befinden, nicht richtig anzusehen. Sie feilschen und markten um die errungenen Freiheiten und begreifen nicht, daß die Revolution wie jene Sybille ist, die um denselben Preis immer weniger bietet. Kaum daß die Lava sich etwas verkühlt hat, da tanzt das Volk ganz fidel darauf umher und hält es für einen Traum, daß es den Berg hat Feuer speien gesehen . . .“ [11])

Es folgen ausführliche Betrachtungen über die Revolution als Nervenfieber der Völker und über deren ärztliche Behandlung. Dann heißt es weiter.

„. . . Wird unsere Versammlung die richtige Behandlung der kranken Nation treffen? Alles schreit Nein! aber aus verschiedener Ansicht. Vielen greifen wir zu wenig, manchen schon zu viel ein. So viel nur scheint sicher, wissen wir der Lage der Dinge nicht zu entsprechen, so hat sich die Revolution nur vertagt. Uebrigens habe ich mir heute auf einem Spaziergang fest vorgenommen, daß ich hinfort weder selbst auf die Nationalversammlung schimpfen, noch dulden will, daß es andre thun. Es ist die erste demokratische Vertretung, hervorgegangen aus einer Sphäre, deren Mangel an politischer Bildung lediglich den gestürzten Kasten zuzuschreiben ist. Ich bin zu sehr Pädagoge, um nicht auch den schwachen Anfang zum Guten anzuerkennen. Mit der Zeit werden wir es besser machen. Es wäre nur schlimm, wenn die Nation weniger pädagogische Bildung hätte und die Sache lieber selbst in die Hand nähme. Deshalb muß man in und außer der Versammlung sich Mühe geben, der Nation einen besseren Begriff von der Fähigkeit unserer Vertretung beizubringen. Was kann sie denn dafür, daß ihr gleich zu Anfang eine Menge Prinzipienfragen entgegen geworfen werden, deren Verständniß allerdings noch über ihren Horizont geht. Bei den materiellen Fragen, hoffe ich, wird sie sich besser machen. Am Ende kommt es doch noch dazu, daß wir den pommerschen Krautjunkern die Freude verderben, und ihnen zeigen, wir seien im Grunde nicht so dumm, als wir schienen.

Was mein werthes Ich betrifft, so muß ich gestehen, daß ich hin und wieder gedacht habe: „Wäre ich davon geblieben!“ Ja, in unpassenden Bildern über mich selbst ging ich wohl so weit, daß ich die Geschichte vom Esel, der sich auf's Glatteis gewagt, auf mich anwandte. Aber im Ganzem ist es mir doch recht, daß ich hergegangen bin. Andre sind noch viel dümmer als ich, und namentlich in unserm Kreise wüßte ich keinen, der es besser gemacht hätte. Hin und wieder fällt mir ein brauchbarer Gedanke ein, von dem Ganzen des Staatswesens bekomme ich mit der Zeit klarere Einsicht; mein Wille, immer auf Seiten der gerechten Sache zu stehen, befestigt sich, — nun; zum Teufel, wenn Ihr Osteroder einen besseren Vertreter haben wollt, so malt Euch einen! — Uebrigens schließe nicht etwa aus den letzten Worten, daß ich ein Mißtrauensvotum von Hause erhalten habe. Die Osteroder haben bis jetzt meine Weisheit durchaus gewähren lassen. Was freilich nicht ausschließt, daß ich, wenn ich nach Hause kehre, Prügel bekomme. In dieser Beziehung ist es sehr beruhigend, daß die Reichstagskosten nicht von den Kreiskassen, sondern von der Staatskasse getragen werden. Wenn die Leute nichts zu zahlen haben, pflegen sie nachsichtiger zu sein, wogegen sie für ihr Geld sich wohl versucht fühlen könnten, sich obendrein noch das Vergnügen zu machen, ihren Vertreter durchzuprügeln. Uebrigens werden wir, wenn man uns hier in Ruhe läßt, schwerlich vor Neujahr auseinandergehen. Für diesmal genug. Schreibe mir sehr bald, lieber Junge, sonst reißt am Ende der Freundschaftsfaden, wie der Faden am Rocken, wenn das alte Weib, das ihn spinnt, etwas eindufelt.“

Seinen Wählern hat Witt von Berlin aus im Osteroder Kreisblatt mehrmals Bericht erstattet. Vielleicht schon vor dem ersten Brief an Hoverbeck hatte er, vermuthlich wegen Drohungen oder Gewaltthätigkeiten der Tagelöhner gegen einzelne Rittergutsbesitzer, die Armen zum Frieden mit den Reichen und zum geduldigen Abwarten der im Wege der Gesetzgebung vorzubereitenden Verbesserungen ermahnt.[12])

Einen zweiten Brief an Hoverbeck schrieb Witt am 26. August in einer Sitzung der Nationalversammlung. Er entschuldigt sich, keinen Geburtstagsbrief gesandt zu haben, er war mit einem jüngeren Bruder im Harz gewesen:

„Wie sich durch Anschauung der Berge mein geographischer Gesichtskreis, so zu sagen erweitert hat, so ist es mit geistigen geschehen durch den glücklichen Umstand, daß ich hierher geschickt wurde. Zwar die hiesigen Kunstinstitute habe ich noch nicht viel benutzt, mit Ausnahme der Oper. Mir fehlt für jetzt der Sinn für Unterhaltung dieser Art. Dagegen sehe ich mich einmal in die große Welt versetzt, was allerdings den Erfolg hat, daß ich mir noch viel kleiner vorkomme, als früher. Vielleicht wendest Du mir ein, vielleicht habe ich selbst wohl manchmal gedacht, es wären unter meinen Kollegen nicht eben so bedeutende Naturen, daß sie demüthig machten. Doch! doch! Und ich meine nicht einmal so sehr die Personen als die Ereignisse, die sich aus der eigenen Anschauung anders machen, als aus den Zeitungen. Angenehm ist es für gewöhnlich nicht, vor sich selbst zu verschwinden, aber ich bin nie so zärtlich gegen mich gewesen, daß ich die Berührung der rauhen Luft gescheut hätte. Welch' ein bedeutender Gewinn ist auch auf der andern Seite dabei! Welche herrliche Aussicht in die Zukunft (sollte sie auch noch durch ein rothes Meer von uns getrennt sein).

Allmählich muß ich daran denken, mich für den Winter hier einzurichten, denn es ist sehr wahrscheinlich, daß ich hier noch Schlitten fahren muß. Ich habe mehrere sehr gute Bekannte hier, darunter einige Universitätsgenossen, doch leugne ich nicht, daß ich in dieser Beziehung etwas vermisse und wohl möchte, daß Du nicht weiter von Berlin als von Gutstadt wohntest. Dich und ähnliche Leute könnte ich sehr gut brauchen, besonders zur Aufklärung mit Unbetheiligten. Denn nicht selten komme ich mit meinen Ansichten bedeutend in's Schwanken; theils reißt die Zeit einen fort, theils belehrt man sich vielfach anders über Gegenstände, die bis dahin ganz sicher schienen. Wende ich mich nun aber mit meinen Zweifeln an einen politischen Freund, so liegt für den die Versuchung nur zu nahe, mich zu seiner Parteimeinung zu bekehren. Bisweilen komme ich so in's Gedränge, daß ich fast an den Knöpfen abzählen möchte, ob ich für oder wider stimmen soll. Darum rechne ich mich doch nicht zu den schwächsten Mitgliedern. Uebrigens bin ich, wie eine Semmel, die nicht gleichmäßig Feuer bekommt, auf einer Seite bin ich gar, auf der andern noch roh — die Gluth der Zeit bringt mich nicht gleichmäßig in's Feuer, was mir oft recht fatal ist. Dies auf Abschlag lieber Junge. Ich erwarte zuerst eine Antwort, ehe ich, aber dann gesammelt, wieder schreibe . . ."

Hoverbeck hat schnell geantwortet. Die Briefe, die Witt während seiner Abgeordnetenschaft von ihm erhielt, sind nicht mehr vorhanden. Der folgende Brief Witt's vom 2. September 1848 ergiebt, daß einzelne schwierige politische Fragen dem gewissenhaften Volksvertreter Sorge machten. Zunächst besprach er das vom Minister Hansemann vorgelegte aber später zurückgezogene Grundsteuergesetz. Dann berichtete er über die Verlegenheit, in die ihn der von der Nationalversammlung angenommene Gesetzentwurf über die Erhöhung der Steuer für den Rübenzucker gebracht hatte.

„Was die Rübensteuer betrifft, so war ich wirklich im Zweifel, wie ich zu stimmen hatte. Tags zuvor war ich entschieden dagegen, weil ich mich auf die Ausführung des Berichts der Centralsektion verließ, nach welcher die inländische Zuckerfabrikation den Preis des Zuckers herabdrücke und somit die Waare selbst einer größeren Menge zugänglich gemacht habe. Durch die Gegenbemerkungen in der heutigen Sitzung wurde ich aber doch irre daran. Andrerseits schien mir auch dies nicht das rechte Licht für die Frage zu sein, nach welcher man sich hierbei zwischen Schutzzöllen und Freihandel zu entscheiden hätte. Dann wäre mir die Entscheidung leicht geworden. Nun war es ein Glück, daß bei der namentlichen Abstimmung mit dem Buchstaben Z begonnen wurde, und ich fast der letzte Votirende war. Die Majorität war schon da, also stimmte ich nach Autorität und folgte meinen politischen Freunden, die die Steuer verworfen hatten.

Viel Kopfzerbrechen hat mir in dieser Zeit die Eigenthumsfrage gemacht, die so häufig in Regierungsvorlagen, wie in Anträgen meiner Kollegen zur Entscheidung kommt. Das Eigenthum für vogelfrei zu erklären verlangt einen Muth, den ich nicht besitze. Andererseits ist auch die Unantastbarkeit des Eigenthums nicht zu behaupten und ist zu keiner Zeit über Alles geachtet. Die bewunderten Gesetze von 1808 und fgg. enthielten doch die bedeutendsten Eigenthumsverletzungen, jede unfreiwillige Expropriation ist eine solche, mag sie auch nach aller Billigkeit entschädigt werden. Die Wuchergesetze, sogar die progressive Einkommensteuer vielleicht und vieles, was mir jetzt gerade nicht einfällt, gehören eben dahin. Hier gilt es nun mit Takt dasjenige abzubröckeln, was durch die öffentliche Meinung schon längst verurtheilt ist, als das Jagdrecht auf fremdem Boden, die Patrimonialgerichte, die gutsherrliche Polizei 2c. 2c., denn solche Rechte lassen sich doch wohl auch stellenweise in Geld übersetzen, wie das alte biderbe jus primae noctis wohl einen Kaufschilling werth sein mochte. Der alte verknöcherte Eigenthumsbegriff wird jetzt wohl biegen oder über einige Zeit brechen müssen. Daß der liebe Gott Euch Rittergutsbesitzern das Gehirn stärkte, damit Ihr einsähet, was Ihr auf dem Altar der neuen Zeit opfern müßt.

Nachdem ich längere Zeit kamelisirt, weil die Partei, der ich mich früher angeschlossen, mir zu ledern wurde, habe ich mich jetzt einer neugebildeten angeschlossen; sie wird hoffentlich ein echtes, linkes Centrum werden; es haben sich die Gemäßigten der äußersten Linken (als Bloem, Euler) und die Entschiedenen der Centren (Phillipps, Schulze für Delitzsch, Rodbertus, Bucher) nebst verschiedenen Kamelen zusammengethan, und hoffen, der neuen Zeit ihr volles Recht werden zu lassen, ohne den Extravaganzen der äußersten Linken nachzugeben. Wir kämpfen für eine demokratische Monarchie, ein Programm haben wir nicht aufgestellt, weil wir uns aus unsern Abstimmungen kennen. Die Demokratie erscheint mir immer höher und herrlicher, ohne Zweifel ist es der Genius der neuen Zeit. Noch liegt er in der Wiege und wird wohl der Kinderkrankheiten nicht überhoben sein, allmählich wird er erstarken und alle Welt wird ihm huldigen wie einst dem Dionysos. Dich rechne ich ohne Bedenken zu denen, die ihn zu ehren wissen, und das ist aller Ehren werth, da Du doch andrerseits von Geburtsvorurtheilen nicht ganz unberührt geblieben bist. Beides, Lob und Tadel, hörst Du nicht zum ersten Mal von mir. Empfiehl mich Deinen Eltern und betanze Dich nicht auf der bewußten Hochzeit. Wenn Du aber ein stilles Plätzchen und ein einsames Augenblickchen und zum Dritten ein Glas guten Wein findest, dann leere es zum Andenken an einen Genesenen. Lebe wohl und schreibe bald."

Genesen fühlte sich Witt von dem Schmerz der unerwiderten Liebe zu dem Mädchen, die nun mit einem anderen Hochzeit machte.

Die Antwort Hoverbeck's ist in dem letzten der Berliner Briefe erwähnt. Er datirt vom 2. November, von einem Tage, an dem mit dem Rücktritt des Ministeriums Pfuel die Reaktion begann, und lautet:

Mein lieber Citoyen[13]) Leo Hoverbeck!

Ich schreibe am grünen Tisch der Nationalversammlung, während die Sitzung auf eine Stunde vertagt ist. Sehr möglich, daß man von dem 2. November länger als morgen oder übermorgen sprechen wird. Die Sache ist in Kürze diese: Pfuel hat von neuem seine Entlassung gegeben und da man ihn in Potsdam bereits vom Konstitutionalismus zu sehr inficirt glaubt, hat man sie angenommen. Heut wird uns nun angezeigt, mit der Bildung des neuen Ministeriums sei beauftragt — Graf Brandenburg! — Allgemeines Erstaunen! Man beschließt, sich bis 1 Uhr zu vertagen und unterdessen in den Fraktionen zu berathen, was zu thun sei? Die äußerste Linke wollte Permanenzerklärung und einen Ausschuß, vorläufig unter dem unschuldigen Namen einer „Kommission". Dieser Antrag ist verworfen, dagegen der unsrige angenommen, welcher darauf ausgeht, eine Deputation mit einer Adresse an den König zu schicken; es soll ihm die große Gefahr des Augenblicks eindringlich vorgestellt werden. Die ganze Kammer erhob sich für diesen Antrag. Zur Zeit einigt sich die Deputation über die Adresse. Die Stadt ist, wie sich denken läßt, in größter Aufregung, und wenn nicht unser schneller Entschluß, so weiß ich nicht, was einen Ausbruch heut Abend hindern könnte. Wahrscheinlich warten wir in unserm Saale auf den Bescheid, mit dem unsere Deputation zurückkehrt.

Im letzten Briefe fragst Du mich, ob ich noch derselbe bin, als der ich Eure Gegend verließ? Nun, in vielem bin ich mir gleich geblieben, meine politischen Ansichten haben sich bedeutend geändert. Ich bin jetzt der Ansicht, daß nur ein entschiedenes Fortschreiten auf der Bahn der Demokratie uns Segen bringen kann. Das Königthum ist im Verwittern — ich halte nicht dafür, daß wir diesen Prozeß zu beschleunigen haben, der Prozeß vollzieht sich von selbst. Aber die herrschende Idee einer vielleicht sehr nahen Zukunft ist jedenfalls die Demokratie. Ihr Bahn zu machen, ihr die Wege zu bereiten, ist unsere wichtigste Aufgabe.

Aber es ist mit diesem Heiland wie mit jedem früheren, der in die Welt gekommen. Er braucht Zeit — leider — es braucht gewöhnlich Blut, ehe er anerkannt wird. Ueber diese Zeit, mit Schonung des alten absterbenden Glaubens hinwegzuhelfen, dazu möchte ich gern mitwirken. Blutige Opfer sind meiner Natur zuwider! Ihr Herren müßt Opfer bringen (wir Alle), wenn wir nicht das Land einer zweiten Revolution überliefern sollen. Auf Dank können wir freilich nicht rechnen, wenn wir in diesem Sinne entschiedene Beschlüsse fassen. Jeder Benachtheiligte glaubt, es wäre gegangen auch ohne das was ihm unlieb ist. Schimpft, schimpft auf uns! Der Arzt, der Einem den Arm abnimmt, darf auf kein freundliches Gesicht des Kranken rechnen. Bringt es nur nicht bis zur Contre-Revolution. Ueber das endliche Resultat bin ich keinen Augenblick zweifelhaft. Aber es würde damit der Dämon heraufbeschworen werden, der nicht eher weicht, bis er seine Gier vollauf mit Blut gesättigt. — Von Adel, Titel, Orden darf keine Rede mehr sein, das ist ein Chinesenthum. Leo Hoverbeck — ist das nicht viel vernünftiger als Leo Freiherr von Hoverbeck.

Hätten wir nur das Volk ganz und gar aus seiner abgestorbenen Haut herausgeschält. Freue Dich mit mir auf die Zeit (wenn wir sie erleben), wenn das Volk nicht mehr von todten Formen so überbaut, wenn das Genie, das seine Strahlen über das ganze Land ausgießt, im Volke nicht mehr unterdrückt ist. Es wäre ein Traum, wenn man dies *in seiner Vollendung* möglich dächte, aber daran zu arbeiten, sich Schritt für Schritt dem zu nähern das ist keine verlorene Arbeit.

Die Adresse wird soeben verlesen, sie ist ziemlich kräftig. Es ist ein erster Schritt. Gebe Gott, daß es der letzte in dieser Art wäre! —

Wie lange wird es dauern, bis wir wieder einmal friedlich in Deiner rothen Stube auf und ab gehen, ich Dir ein Liedchen einübe und wir dann über Alles, was auf Erden und im Himmel ist, heftig disputiren, bis Herr — ich weiß nicht mehr, wie er heißt — mit seinem Wirthschaftsbericht kommt, und ich auf Provinzialismen Jagd mache, bis endlich der Schlaf sein Recht behauptet. So friedliche Zeiten kehren gewiß so bald nicht wieder . . ."

Gegen die Aufhebung des Adels hatte Leo Hoverbeck wohl nichts zu erinnern. Er hat niemals weder als Student noch als Landtags- oder Reichstagsabgeordneter einen Brief oder eine Erklärung anders als „Hoverbeck" unterzeichnet. Witt hatte schon im Oktober bei den Berathungen über die preußische Verfassung mit seinen politischen Freunden für Streichung der Formel „von Gottes Gnaden", für Abschaffung des Adels, für die Untersagung des Gebrauchs adliger Titel und Prädikate in öffentlichen Urkunden und für das Verbot, Orden zu ertheilen, gestimmt.

Wie die stenographischen Berichte ergeben, hat Witt sich bis zur Auflösung der Nationalversammlung von seinen politischen Freunden, den Anhängern der demokratischen Monarchie, nicht getrennt. Das Ende der Nationalversammlung[14]) verlief folgendermaßen: Am 8. November war das Reaktionsministerium Brandenburg-Manteuffel eingesetzt. In der Sitzung vom 9. November ward eine königliche Botschaft verlesen, wonach der Sitz der Versammlung von Berlin nach Brandenburg verlegt und die Versammlung bis zum 27. November, dem Tage der ersten Brandenburger Sitzung, vertagt wurde. Graf Brandenburg, der Ministerpräsident, erklärte jede Fortsetzung der Verhandlungen vor dem 27. November für ungesetzlich und protestirte dagegen im Namen der Krone. Darauf entfernte sich ein Theil der Rechten. Die Versammlung aber lehnte die Aufhebung der Sitzung mit 252 gegen 30 Stimmen ab und nahm gegen wenige Stimmen eine Erklärung an, die von 172 Abgeordneten, darunter neben Waldeck und den zwei früheren Ministern Gierke und Rodbertus auch Oberlehrer Witt, eingebracht war. Danach beschloß die Versammlung:

„1) Daß sie für jetzt keine Veranlassung habe, den Sitz ihrer Berathungen zu ändern, sondern sie in Berlin fortsetzen werde; 2) daß sie der Krone nicht das Recht zugestehen könne, die Versammlung wider ihren Willen zu vertagen, zu verlegen oder aufzulösen; 3) daß sie diejenigen verantwortlichen Beamten, welche der Krone zur Erlassung der Botschaft gerathen haben, nicht für fähig erachte, der Regierung des Landes vorzustehen, vielmehr dafür halte, daß dieselben schwerer Pflichtverletzung gegen die Krone, gegen das Land und gegen die Versammlung sich schuldig gemacht haben."

Nach dieser Sitzung haben noch sieben Sitzungen in Berlin stattgefunden. Witt war in allen sieben gegenwärtig. Er nahm also theil an den einstimmigen Beschlüssen, daß die Auflösung der Bürgerwehr und die Erklärung des Belagerungszustandes über Berlin ungesetzlich seien, er genehmigte die kräftige Proklamation an das preußische Volk und die Denkschrift über die hochverrätherischen Handlungen des Ministeriums. Endlich war Witt betheiligt an der denkwürdigen Sitzung vom Abend des 15. November im Hotel Milentz wo die sogenannte „Steuerverweigerung" einstimmig beschlossen wurde.[15])

In Brandenburg ist Witt nicht gewesen; sein Name steht auch nicht unter der Erklärung der Zentren vom 1. Dezember, daß und weshalb sie nunmehr nach Brandenburg kämen. Doch läßt sich annehmen, daß er sich von seinen Parteigenossen Phillips, Bucher, v. Kirchmann, deren Namen dort abgedruckt sind, nicht getrennt haben würde.[16])

Durch Verordnung vom 5. Dezember 1848 ward die Nationalversammlung aufgelöst und die neue Verfassung oktroyirt. Witt hatte im Dezember von Berlin aus einen Brief an die Wähler veröffentlicht, in dem er die Verordnung über Verlegung der Nationalversammlung nach Brandenburg als ungesetzlich bezeichnet. Seine Pflicht gegen das Volk habe verlangt, daß er sich der Regierung nicht fügte. Nach Hohenstein zurückgekehrt, machte er in einem ferneren Sendschreiben an die Wähler vom 10. Dezember gegen die Oktroyirung der Verfassung vom 5. Dezember besonders geltend, sie sei wider die Gesetze, weil der König versprochen habe, die Landesverfassung in Gemeinschaft mit den Abgeordneten des Volkes zu bestimmen. Wenn nun auch der Befehl gegeben sei, es sollten im Februar die neuen Abgeordneten zusammenkommen, so wäre dies doch nicht eine Versammlung von Abgeordneten, sondern zwei — eine erste und eine zweite Kammer.

Anmerkungen zum zehnten Kapitel.

1) Friedrich Oldenberg, geboren 21. Okt. 1820 zu Königsberg, starb zu Berlin 31. Dez. 1894 als Prediger und langjähriger Geschäftsführer des Centralausschusses für innere Mission.

2) Sebastian Hensel, früher Besitzer des Ritterguts Barten, drei Meilen von Königsberg, ist Verfasser des in vielen Auflagen erschienenen umfangreichen Werkes: „Die Familie Mendelssohn 1729 bis 1847. Nach Briefen und Tagebüchern."

3) Im Jahre 1885 hatte ich „zur Erfrischung und Kräftigung der Parteigenossen" in dem langen „unerquicklichen Kampfe gegen die Leichtgläubigkeit und Verblendung der Masse" (Worte Hoverbeck's 1867) einzelnes aus Briefen Hoverbeck's in der Wochenschrift „der Reichsfreund" veröffentlicht.

Ich hatte mich seit Jahr und Tag bemüht, alles zu sammeln, was für eine künftige Lebensschilderung Hoverbeck's erheblich sein konnte; ich hatte vor, im Anschluß an diese Schilderung Hoverbeck's und dessen politischer Thätigkeit, die parlamentarischen Kämpfe zur Zeit der „neuen Aera" und des preußischen Verfassungskonfliktes nach eigenen Erinnerungen und den Drucksachen und stenographischen Berichten des Landtags darzustellen.

Bei den vorbereitenden Arbeiten unterstützten mich vornehmlich zwei Königsberger Freunde Hoverbeck's, Professor Dr. Julius Möller, von 1864 bis 1866 Mitglied des Abgeordnetenhauses und von 1881 bis zu seinem Tode 1887 Mitglied des deutschen Reichstages, und Oberlehrer Professor Karl Witt. Witt gestattete mir, einen von ihm geschriebenen, ursprünglich nicht zur Veröffentlichung bestimmten Aufsatz über Hoverbeck's Jugendzeit im „Reichsfreund" (1887 Nr. 35 u. 36) abzudrucken, verbot jedoch die Nennung seines Namens. Zeitereignisse und persönliche Erlebnisse nöthigten mich, die Ausführung meines Planes zu vertagen.

Nur dem kleineren Theile der mir anvertrauten Briefe Hoverbeck's hatte ich, nachdem ich mir die erforderlichen Auszüge gemacht, Witt zurückgesandt; dieser ist mitverbrannt. Der größte Theil der Briefe blieb in meiner Verwahrung und entging so der Vernichtung, und ermöglicht mir, zur Ergänzung und Berichtigung jenes Buches über Witt's politische Thätigkeit und über die Verfolgungen, die er deshalb erduldete, manches beizubringen, was für die Geschichte jener Zeit von dauerndem Interesse ist. — Auch der Aufsatz Witt's im „Reichsfreund" über Hoverbeck's Jugendzeit war Hensel unbekannt geblieben.

[4]) Aus der Jobsiade von Kortum.

[5]) Witt, der Stadtmusikantensohn liebte die Musik, er hatte als Student mit seinem alten Zeichenlehrer Flötenduette geblasen. „Zu den Schutzgeistern", die ihn in der gefahrvollsten zweifelhaftesten Zeit seines Lebens als Student -- „in sehr ärmlichen Verhältnissen und gleichzeitig im Verkehr mit theilweise recht wildem Gesindel vor weitergehenden Verirrungen gehütet haben", rechnete er in erster Linie die Musik (Brief Witt's bei Hensel S. 14). Er paukte seinem Freunde Hoverbeck Volkslieder ein. In einem Briefe Hoverbeck's vom 22. Nov. 1847 heißt es: „Am Ende lerne ich noch etwas, wenn auch vielleicht so schwer als das liebe Lied: „„Morgen muß ich fort von hier"", das ich mir oft allein bei Abendlicht gesungen und gepfiffen habe und dabei redlich an Dich gedacht."

[6]) Die „Deutsche Zeitung", gegründet von den gemäßigten Liberalen in Süddeutschland, erschien seit Juli 1847 im Verlage von Bassermann in Mannheim, redigirt von Professor Gervinus in Heidelberg. Den Artikeln dieses Blattes verdankten nach Treitschke's Deutscher Geschichte (Bd. V S. 689) fast alle Gelehrte, die nachher im Frankfurter Parlamente den Ausschlag gaben, „die Anhänger der konstitutionellen Monarchie und der preußischen Hegemonie einen Theil ihrer politischen Bildung."

[7]) Vgl. Hensel S. 31. In dem dort abgedruckten Auszug des Briefes fehlen diese Sätze.

[8]) Lieder eines kosmopolitischen Nachtwächters (Dingelstedt), 1842, Seite 122: „Ihr habt gepredigt, nun ein Jahr, die neue, treue, freie Zeit; Wann wird die Mär denn endlich wahr, die neue, treue, freie Zeit" u. s. w.

[9]) Siehe Hensel S. 35.

[10]) Witt in Hoverbeck's Jugendgeschichte (Reichsfreund 1887).

[11]) Vgl. Hensel S. 41. Die letzten Sätze fehlen in dem dort abgedruckten Auszuge des Briefes.

[12]) Was über die verschiedenen Berichte Witt's an seine Wähler hier und später mitgetheilt ist, entnehme ich der Anklageschrift: „Vor- und Antrag der Staatsanwaltschaft in der Disziplinar-Untersuchungssache wider den Progymnasiallehrer Dr. Witt zu Hohenstein," vom 28. Februar 1851, gezeichnet Lehnert Universitätsrichter als Vertreter der Staatsanwaltschaft. Die Abschrift fand sich in Nickelsdorf vor.

[13]) Die gleiche Anrede trägt schon der Brief vom 2. September 1848.

14) Hensel schrieb irrthümlich (Seite 48): „Die letzten extremen Beschlüsse der Nationalversammlung machte Witt nicht mit, sie waren seiner milden, versöhnlichen Natur zuwider. Als die Versammlung aufgelöst wurde, ging er ruhig nach Hohenstein zurück und widmete sich wieder mit Eifer seiner Lehrerthätigkeit."

15) Der Steuerverweigerungsbeschluß der Nationalversammlung bestand in der Annahme folgenden Antrages:

„Die hohe Versammlung wolle beschließen, daß das Ministerium Brandenburg nicht berechtigt sei, über die Staatsgelder zu verfügen und die Steuern zu erheben, so lange die National-Versammlung nicht ungestört in Berlin ihre Berathungen fortzusetzen vermag und tritt dieser Beschluß mit Ablauf des 17. November 1848 in Kraft und Wirksamkeit."

16) Nach H. V. v. Unruh's Skizzen aus Preußens neuester Geschichte (Magdeburg 1849) waren es nur dreißig bis vierzig Abgeordnete, darunter Waldeck, Jacobi, d'Ester, Temme, die auf keinen Fall nach Brandenburg gekommen wären.

Elftes Kapitel.

Hoverbeck's Mitarbeit an Witt's Dorfzeitung und seine politische Stellung 1849.

Leo von Hoverbeck hat sich im Jahre 1848 seit der Einberufung der preußischen Nationalversammlung wohl aller politischen Thätigkeit enthalten. Seinen Freund Witt hatte er seit dessen Eintritt in die Nationalversammlung nicht wieder gesehen. Der briefliche Verkehr mit ihm war seit dem November, den ganzen verhängnißvollen Winter von 1848 zu 1849 hindurch erloschen. Er wurde erst wieder angeknüpft durch einen Brief Hoverbecks vom 24. Februar 1849. Witt hatte eine politisch erregte Zeit durchgemacht. Auf Grund der oktroyirten neuen Verfassung waren die Urwahlen zur zweiten Kammer am 22. Januar 1849, die Abgeordnetenwahlen am 5. Februar erfolgt, der Landtag trat am 26. Februar zusammen. Witt war in der Nationalversammlung alleiniger Abgeordneter für den Kreis Osterode gewesen. Das neue Wahlgesetz vom 6. Dezember 1848 bestimmte die Zahl der Abgeordneten zur zweiten Kammer auf 350 und vertheilte sie auf alle Regierungsbezirke. Die Bildung der Wahlbezirke innerhalb des Regierungsbezirkes war den Regierungen überlassen. Bei Vertheilung der 19 Abgeordneten des Regierungsbezirks Königsberg für die zweite Kammer wurde der Kreis Osterode getheilt. Die Kreise Mohrungen und Preußisch-Holland wurden mit einem Theile des Kreises Osterode zu einem, und der Kreis Neidenburg mit dem Rest des Kreises Osterode und einem Teile des Kreises Ortelsburg zu einem zweiten Wahlkreise mit je zwei Abgeordneten vereinigt. Ohne Zweifel hatte sich Witt in einem dieser beiden Wahlkreise um ein Mandat zur zweiten Kammer beworben. Ob seine Freunde seine Kandidatur fallen ließen, oder ob er in einem Wahlkampfe unterlag, geht aus seinem Briefwechsel mit Hoverbeck nicht hervor. Jedenfalls wurden in beiden Wahlkreisen nur Konservative oder Anhänger des rechten Zentrums, kein Demokrat gewählt.

In Hoverbecks Brief vom 24. Februar heißt es:

„Obgleich ich im Allgemeinen ein Feind davon bin, eine einschlummernde Korrespondenz durch Kraftanstrengungen wieder auf die Beine zu bringen, so halte ich es doch hier einigermaßen für meine Pflicht, Dich daran zu erinnern, daß Du zwar in Berlin aber nicht in Hohenstein Muße gefunden hast, an mich zu schreiben. Ein ängstliches Festhalten an dem Gesetz des Hin- und Herschreibens war freilich von Anfang an aus unserem schriftlichen Verkehr verbannt, und ich kann mir denken, daß die erste Zeit in Hohenstein Dir wenig Muße und noch weniger Lust zum Schreiben ließ; jetzt aber denke ich, wird sich die Fluth von Geschäften, Bewerbungen u. s. w. wohl ziemlich verlaufen haben, und Du kannst, wenn es Dir Vergnügen macht, recht wohl zu einem kurzen Briefe hierher Zeit finden .... Vielleicht ist es auch bei Dir das Gefühl, wie sehr eine stille, fast idyllische Vergangenheit durch die großen Ereignisse in die Ferne gerückt ist, wie sehr alle Menschen in so kurzer Zeit anders geworden sind, was Dich einen Mangel an Verbindungspunkten zwischen uns fürchten ließ; denn die politische Uebereinstimmung (die übrigens vielleicht auch nicht einmal in allen Punkten stattfindet) ist zu allgemein und zu häufig durchgeträtscht, als daß sie Leute sonderlich verbinden könnte. Außerdem ist die Schrift allerdings ein sehr unvollkommenes Mittel der Gedankenmittheilung, da sie jede Debatte ausschließt ..."

Hoverbeck lud seinen Freund dringend ein, ihn zu Ostern zu besuchen, er sei doppelt neugierig auf dessen Berliner Schilderungen, auch wünsche er sehr, Witts neueste politische Ansichten zu hören. Von sich selbst schrieb er:

„Mein Leben hier ist noch immer so einsam als früher, und wenn auch wirthschaftliche Veränderungen genug vorgekommen sind, so wird ein Nichtlandwirth doch sagen, es ist ganz die alte Geschichte. Uebrigens habe ich die Freude, daß mein Schwager Thiel, bisher in Marienwerder, dem Staatsdienste und dem Zorne Manteuffels glücklich entgangen und in Mohrungen Syndikus bei der Landschaft geworden ist, sodaß ich jetzt meine Sonntage zwischen Nickelsdorf und Mohrungen (4 Meilen von hier) werde theilen können. In diesem Winter bin ich gar nicht aus dem Hause gekommen, außer nach Nickelsdorf und zweimal mit Getreide nach Königsberg."

Witt antwortete schon am 28. Februar, sagte seinen Besuch zu Ostern zu und lobte die wahrhaftige, klare, kerngesunde Natur des Freundes. Von sich schrieb er:

„Was mich betrifft, so bin ich nicht schlimmer geworden .... in manchem bin ich klüger als früher, in anderem wenigstens bis zur Unklarheit vorgerückt, während es früher für mich gar nicht existirte. Das sollst Du aber Alles selbst finden, wenn ich bei Dir bin. Da wollen wir schwatzen, singen, pfeifen und zwischen den rauchenden Schollen herumgehen."

Witt nahm damals auf Grund der ihm nach Berlin gesandten Briefe schon an, Hoverbeck werde jetzt zwischen der Rechten und Linken eine mittlere Stellung einnehmen. Hoverbeck hatte in seinem Briefe erwähnt, wahrscheinlich werde sein Freund Oldenberg aus Königsberg, der Kandidat der Theologie, der im Laufe des Jahres 1848 eine bedeutende Thätigkeit in der Presse im Sinne der gemäßigten konservativen Partei entwickelt hatte, Ostern auch nach Quetz kommen. Witt schrieb darüber:

„Wenn Oldenberg kommt, haben wir ja gleich den parlamentarischen Dreiklang, Rechte Oldenberg! Centrum Du! Linke ich! Wenigstens werde ich mich wehren, und wenn Ihr mich auch zehn Mal mit Euren Argumenten ad absurdum führt, so sage ich mit Galiläi „Und sie bewegt sich doch."

Hoverbeck schrieb auf die ihm zugewiesene Stellung im Centrum am 7. März, er freue sich auf das politische Kampfspiel, das Witt und Oldenberg aufführen würden, er als Centrum komme am besten weg, er werde zwar am meisten verachtet, aber am wenigsten geprügelt u. s. w.

Um die letzte Jahreswende hatte bei nicht wenigen unabhängigen, frei denkenden Männern eine Verschiebung in der politischen Parteistellung stattgefunden. Die oktroyirte Verfassung hatte die meisten Artikel dem Entwurf der Kommission der Nationalversammlung entlehnt. Nur die Vorenthaltung des Steuerbewilligungsrechtes und der Oktroyirungs-Artikel, nach dessen Inhalt in dringenden Fällen unter Verantwortlichkeit des gesammten Staatsministeriums Verordnungen mit Gesetzeskraft erlassen werden konnten, machten es den konstitutionellen Demokraten unmöglich, sie en bloc anzunehmen. Der Wahlkampf drehte sich fast nur um die Frage, ob die oktroyirte Verfassung ungesäumt als rechtsgiltiges Staatsgrundgesetz, vorbehaltlich der Revision anzuerkennen sei, oder ob eine Anerkennung erst nach der Revision erfolgen könne. Im Wahlkampf standen den Konservativen rechts die Demokraten links ohne Mittelparteien gegenüber. Auch in dem am 26. Februar zusammengetretenen Landtag gab es zunächst nur zwei Parteien. Auf der Rechten standen die Männer des Feudalismus, die Anhänger der absoluten Monarchie, der bureaukratischen Herrschaft, die protestantischen und katholischen Ultramontanen; mit ihnen vereint die Männer, die früher freisinnig gewesen, aber erschrocken über die mannigfachen Exzesse, die alte Beamten- und

Polizeiherrschaft zurückwünschten, und endlich die Konstitutionellen, die meinten, durch die Verfassung das erlangt zu haben, was von ihnen während ihres ganzen Lebens erstrebt worden, die Reaktion für ein Gespenst erachteten und die Regierungen unterstützen wollten, damit die Verfassung befestigt und der Staat gekräftigt werde. [1])

In der zweiten Kammer unterzeichneten das Programm der Rechten unter Anderen die Konservativen: Kleist-Retzow, Bismarck-Schönhausen, Graf Arnim-Boizenburg, Stiehl, die Klerikalen: Osterrath und Plaßmann, die Konstitutionellen: Graf Schwerin, Camphausen, v. Auerswald, Grabow, v. Vincke, Wenzel, und die späteren Fortschrittsmänner Harkort und Müllensiefen, die beide in der Nationalversammlung bereits der Rechten angehört hatten. Eine Art Centralstelle für die Wahlagitation wurde geleitet von Fritz Harkort[2]), der eine Wahlkorrespondenz herausgab, die der spätere Professor Aegidi redigirte.

Auf der demokratischen Seite standen die Männer der oppositionellen Fraktionen der Nationalversammlung, von Kosch und Unruh an, bis zu Jacobi und d'Ester; dazu alle Liberalen, die von tiefem Mißtrauen gegen das Reaktionsministerium Brandenburg-Manteuffel, wegen der rechtswidrigen Auflösung der Nationalversammlung erfüllt, eine scharfe Opposition zur Wahrung der Rechte und Freiheiten des Volkes für geboten hielten. Viele Schwankende mochten zu Gunsten der Konservativen durch das Verhalten der Frankfurter Nationalversammlung zu den preußischen Wirren beeinflußt worden sein. Diese hatte Partei gegen die Berliner Versammlung genommen. Am 15. November hatte sie unter Ablehnung weitergehender Anträge beschlossen, die Zurücknahme der Verlegung der preußischen Versammlung nach Brandenburg und die Einsetzung eines das Vertrauen des Landes besitzenden Ministeriums anzurathen; aber am 21. November hatte sie mit 275 gegen 150 Stimmen den „auf Suspension der Steuererhebung gerichteten" Beschluß, der offenbar rechtswidrig sei, „ausdrücklich für null und nichtig" erklärt.

Witt hatte in der Wahlbewegung nach Auflösung der Nationalversammlung die gänzliche Unwissenheit der großen Masse der Wähler in politischen Fragen als Haupthinderniß des politischen Fortschritts erkannt und schnell den Entschluß gefaßt, zur Belehrung derjenigen deutschen und polnischen Handwerker, Bauern und Arbeiter der heimathlichen Kreise, die keine Zeitung lesen, eiu

Wochenblättchen herauszugeben. Er schrieb darüber an Hoverbeck in dem Briefe vom 28. Februar 1849:

„Hoffentlich kommen wir in den letzten Wochen des März mit ein paar Probeblättern „Osteroder Dorfzeitung" heraus, deutsch und polnisch, worauf dann zum April das Abonnement beginnen soll. Ich verkenne nicht die Last, die ich damit auf mich nehme, ich bin auch gar nicht sicher, ob ich das Richtige treffen werde, aber es kann gut werden und der Versuch ist dringend geboten."

Witt's Wochenblättchen, später neue Dorfzeitung genannt, ist jedenfalls einer der merkwürdigsten Versuche der Revolutionsjahre, eine in Bildung und Wohlstand weit zurückgebliebene Bevölkerung einer vom Verkehr abgelegenen Landschaft politisch heranzubilden. Drei Probeblätter wurden im März unentgeltlich vertheilt.[3]) Jede Nummer des Blättchens enthielt einen halben Bogen in Quart, die linke Spalte deutsch, die Rechte polnisch. Aus dem Inhalt kann man schließen, daß es nur für die protestantischen Kreise mit gemischt polnischer (masurischer) und deutscher Bevölkerung bestimmt war, namentlich für den Kreis Osterode, in dem die Polen fast zwei Drittel der Bevölkerung ausmachen und für den Kreis Neidenburg, von dessen Einwohnern etwa vier Fünftel Polen sind. Im Osteroder Kreise konnte die Zeitung in Osterode, Gilgenburg, Hohenstein, im Neidenburger Kreise in Neidenburg und Soldau an bestimmten Stellen für einen Silbergroschen monatlich bestellt und Sonnabends abgeholt werden. Bei der Bestellung war zu bemerken, ob man das Polnische mit deutschen oder mit lateinischen Lettern wünsche. Die Masuren, deren Mundart von dem Hochpolnischen vielfach abweicht, schreiben mit deutschen, die Polen mit lateinischen Buchstaben. Durch die Post konnte die Dorfzeitung für 3 Sgr. 9 Pf. vierteljährlich bezogen werden.

Das erste Probeblatt beginnt mit Folgendem:

„Dieses Blatt ist bestimmt, um den Bauer und Bürger, der keine Zeitungen liest, zu erzählen, was sich Wichtiges in der Welt und besonders im lieben Vaterlande begiebt. Unsere Abgeordnete sind in Berlin und in Frankfurt zusammen Da will doch jeder wissen, was sie beschließen, was sie für neue Gesetze machen. Nun spricht sich so etwas wohl bald herum, aber aufs Hörensagen kann man sich nicht verlassen. Da geht es oft wie in jener Geschichte von dem neugeborenen Kind, das ein wenig lange Ohren hatte. Wie es so einer dem andern erzählte und jeder ein bischen zusetzte, hieß es am Ende, das Kind hätte einen Kopf mit wahrhaftigen Eselsohren und Haut und Schnauze ganz wie ein Esel. So geht es mit dem Hörensagen und es ist daher immer am besten, wenn man etwas Schwarz auf Weiß lesen kann. Besonders wenn es wichtigere Dinge sind, von denen Wohl und Wehe abhängt. Darum wollen wir alle Woche ein Blatt für unsere lieben Landsleute herausgegeben, wo in deutscher und polnischer Sprache geschrieben sein soll, was sich eben Wichtiges zugetragen hat. Wir haben für uns nichts davon als die Mühe, aber die wollten wir gern daran wenden, denn es muß Einer dem

Anderen zu helfen suchen, auch wenn er keinen Lohn dafür bekommt. Freilich der Druck und das Papier kosten Geld, und das muß bezahlt werden. —[4])

Die Osterferien brachte Witt in Quetz und Nickelsdorf zu. Nach den vorhandenen Briefen ist es zweifelhaft, ob dort viel politisirt ist.[5]) Auch die mitgebrachten Probenummern der Dorfzeitung werden eingehende Erörterungen nicht veranlaßt haben. Denn Hoverbeck hat erst am 27. April auf das Blatt abonnirt. An diesem Tage wurde die aus dem allgemeinen gleichen Wahlrecht hervorgegangene zweite Kammer nach zweimonatlichem Bestehen aufgelöst. Sie hatte die oktroyirte Verfassung mit 19 Stimmen Mehrheit als rechtsgiltiges Staatsgrundgesetz anerkannt. Am 28. März war der König von der Frankfurter Nationalversammlung zum Kaiser gewählt. Der preußische Landtag hatte in einer Adresse vom 2. April den König gebeten, sich dem Rufe der deutschen Nationalversammlung nicht zu entziehen und die Hoffnungen und Erwartungen des deutschen Volkes zu erfüllen; der König aber am 5. April die Kaiserkrone abgelehnt. Am 21. April hatte darauf die zweite Kammer beschlossen, ihrerseits die von der deutschen Nationalversammlung vollendete Verfassung als rechtsgiltig anzuerkennen und die Ueberzeugung ausgesprochen, daß eine Abänderung derselben nur auf dem von der Verfassung selbst vorgesehenen Wege zulässig sei. Die Auflösung der Kammer erfolgte erst am 27. April, nachdem sie am Tage zuvor die Fortdauer des über Berlin und dessen zweimeiligen Umkreises seit dem 12. November 1848 verhängten Belagerungszustandes ohne Zustimmung der Kammer für ungesetzlich erklärt und das Ministerium aufgefordert hatte, ihn sofort aufzuheben.

Witt hatte bei Begründung seiner Dorfzeitung versprochen, den Bauern und Bürgern zu erzählen, was sich Wichtiges in der Welt und besonders im Vaterlande begebe und namentlich was unsere Abgeordnete in Berlin und Frankfurt beschließen. Die Auflösung der zweiten Kammer in Berlin und die bald nachfolgende Zersprengung des Frankfurter Parlaments erleichterten ihm die Erfüllung seiner Aufgabe nicht. Die Schwierigkeit, allwöchentlich auf so kleinem Raume nur von den allerwichtigsten Ereignissen Kenntniß zu geben, war gerade bei der Fülle der Begebenheiten des Jahres 1849 weit größer, als Witt voraussehen konnte. Die Wahl des Königs zum deutschen Kaiser, die Ablehnung der Kaiserkrone, das Ende des Frankfurter Parlaments, der dänische Krieg, die Aufstände in Sachsen und Süddeutschland zur Durchführung der Reichsverfassung, die Auflösung der preußischen zweiten Kammer, die rechtswidrige Oktroyirung des Wahlgesetzes, die Revision der preußischen Verfassung u. s. w. waren zu besprechen.

Welchen Einfluß die nächstfolgenden Ereignisse auf Hoverbecks politische Anschauungen hatten, ist aus seinem Briefwechsel nicht deutlich zu ersehen. Am 25. Mai, als die Kämpfe um die deutsche Reichsverfassung begonnen hatten, schrieb er:

„An die Politik will ich mich jetzt gar nicht macheu, . . . nur ein kräftiges Wort des alten Blücher: „Gut deutsch, oder an den Galgen!"

Ganz freilich konnte sich Hoverbeck politischen Entschließungen nicht entziehen. Bald mußte Jedermann in Preußen sich entscheiden, ob er sich an der Wahl nach dem am 30. Mai verfassungswidrig oktroyirten neuen, noch jetzt geltenden Wahlgesetz mit Drei-Klassen-Eintheilung und Oeffentlichkeit der Stimmabgabe für Urwähler und Wahlmänner betheiligen wolle. Die Leitung der demokratischen, ihrem Wesen nach durchaus monarchischen Partei der östlichen Provinzen Preußens hatten wegen des Berliner Belagerungszustandes die Parlamentarier der gemäßigten Linken in die Hand genommen. Ein Kongreß wurde am 11. Juni außerhalb Preußens in Köthen abgehalten, an dem sich auch die Abgeordneten von Unruh, Schulze-Delitzsch, Rodbertus betheiligten. Hier wurde ein provisorisches „Centralkomitee zur Wahrung des allgemeinen Wahlrechts" mit dem Sitze in Magdeburg eingesetzt und nach eingehenden Debatten mit großer Mehrheit beschlossen, sich an der Wahl zur zweiten Kammer nicht zu betheiligen. Man meinte, da die Regierung ihre reaktionären Wege unbekümmert um die Majorität der Volksvertretung verfolge, so müsse die Demokratie den Mittelparteien die parlamentarische Thätigkeit in der verfassungswidrig zu Stande gebrachten Kammer überlassen und unter Wahrung ihrer Prinzipien durch Wort und Schrift für Aufklärung des Volkes während der beginnenden Reaktionsperiode wirken.

Nicht blos die Demokraten hielten die Wahlenthaltung für nothwendig. Die unbestreitbare grobe Verletzung der Verfassung durch den Erlaß des Wahlgesetzes veranlaßte auch manchen ehrlichen Konstitutionellen, wie Georg von Vincke und den Oberbürgermeister Grabow von Prenzlau, den vormaligen Präsidenten der preußischen Nationalversammlung, sich der Wahl zu enthalten und sich von der politischen Thätigkeit zurückzuziehen. Mit der Wahlenthaltung von 1849 begann die lange Reaktionszeit — die schmachvolle und schamlose Mißregierung, die erst mit der Geisteskrankheit des Königs ihr Ende fand. Die Wahlenthaltung von 1849 ist den damaligen Demokraten vielfach als ein grober politischer Fehler angerechnet. Wie schwierig den Betheiligten die Entscheidung war, kann man aus dem Aufsatze entnehmen, durch den Witt in seiner Dorfzeitung den Wahlenthaltungsbeschluß der demokratischen Partei in überzeugender Weise vor seinen Lesern rechtfertigte. Der Aufsatz, der als ein Beispiel der klaren, schlichten, volksthümlichen Schreibart Witts dienen kann, befindet sich in der Dorfzeitung Nr. 17 und 18 vom 4. und 11. Juli und lautet folgendermaßen:

„Unsere Wahlen.

Es giebt zwei große Parteien in unserem Vaterland. Die eine ist die Volkspartei, die will, daß Jedermann gleiche Rechte haben soll. Die andere Partei will, daß die Vornehmen mehr Rechte haben sollen, als die Geringen, die Reichen mehr als die Armen.

Mehrere geachtete Männer in Königsberg, die zur Volkspartei gehören, erließen vor einiger Zeit eine Aufforderung, es möchten aus allen Theilen unserer Provenz Männer der Volkspartei zusammenkommen um zu berathen, ob man am 17. Juli wählen solle oder nicht wählen solle. Die Zusammenkunft hat Sonnabend den 30. Juni in Königsberg stattgefunden. Es ist der Beschluß gefaßt, nicht zu wählen. Die Versammlung hat diesen Beschluß öffentlich bekannt gemacht und zugleich angezeigt, aus welchen Gründen sie sich an der Wahl nicht betheiligen will. Es sind hauptsächlich drei Gründe.

1. In der Verfassung, die der König verliehen hat, ist das allgemeine Wahlrecht festgesetzt. Da ist von keiner Ungleichheit die Rede. Daher muß Jedermann verstehen, daß dies Recht für Alle gleich sein soll. Wenn also die Minister durch das neue Wahlgesetz dem Reichen mehr, dem Armen weniger Antheil an der Wahl geben, so verändern sie damit die Verfassung. Dazu haben sie aber kein Recht, denn es ist in der Verfassung ausdrücklich gesagt, daß nur mit Zustimmung der beiden Kammern die Verfassung verändert werden kann. Zu diesem neuen Wahlgesetz, wodurch die Verfassung verändert wird, ist aber die Zustimmung der Kammer nicht eingeholt. Daher hat es keine Gültigkeit, und die Minister, die dem Könige dazu gerathen, haben die Verfassung verletzt.

2. Im zweiten Artikel der Verfassung heißt es: „Alle Preußen sind vor dem Gesetze gleich." Auch diesen Artikel haben die Minister durch das neue Wahlgesetz verletzt, denn von dem wichtigsten Rechte, das die Preußen haben, vom Wahlrecht, haben sie den besten Theil den Reichen, den schlechtesten Theil den Armen zugewiesen. Zehn, zwanzig, ja an manchen Orten noch mehr Unbemittelte, sollen nur so viel Antheil an der Wahl haben, als ein Reicher. Das ist keine Gleichheit vor dem Gesetz.

3. Nach dem alten Wahlgesetz war geheime Abstimmung. Nach dem neuen Wahlgesetz soll jeder Urwähler öffentlich vor der ganzen Versammlung sagen, wen er zum Wahlmann haben will. Denen, die von Keinem abhängig sind, die bei Keinem in Lohn und Brot stehen, kann es gleich sein, ob sie geheim oder öffentlich ihre Stimmen abgeben. Ein anderes ist es aber auch für die große Klasse der Dienstleute, der Beamten, der Soldaten, überhaupt aller Derer, die von anderen was zu fürchten und zu hoffen haben. Wenn der Knecht nicht so stimmt, wie sein

Herr will, so kann er entlassen werden, wenn der Beamte nicht so stimmt wie sein Vorgesetzter will, kann er zurückgesetzt werden. Die Freiheit nach seiner Herzensneigung zu wählen, ist also für einen großen Theil des Volkes durch das neue Wahlgesetz vernichtet. Nicht jeder hat den Muth, seiner Ueberzeugung zu folgen, mag kommen was will. Von einem Familienvater kann man gar nicht einmal verlangen, daß er wegen der Wahl sein ganzes Wohl aufs Spiel setze.

Aus diesen drei Gründen hat die Versammlung in Königsberg beschlossen, nicht zu wählen. Auch hat sie im Voraus erklärt, daß sie die zweite Kammer, die aus der Wahl hervorgehen werde, nicht für die gesetzliche zweite Kammer achten könne und daß sie demgemäß alle Gesetze und alle Steuern, die von dieser zweiten Kammer beschlossen werden, als null und nichtig ansehe.

Die Männer, die in Königsberg zusammen waren, haben nicht bloß für sich gesprochen, es waren Abgesandte von 47 Städten und 158 Dörfern und was sie beschlossen haben, das werden die Städte und Dörfer, von denen sie geschickt waren, befolgen. Also kann man jetzt schon wissen, daß ein großer Theil der Volkspartei in unserer Provinz nicht wählen wird. Und wie es in unserer Provinz ist, so ist es auch in den anderen Provinzen. Ueberall hat die Volkspartei das neue Wahlgesetz verworfen, und hat beschlossen, an der Wahl, die zum 17. Juli angesetzt ist, nicht Theil zu nehmen. In der ganzen Volkspartei wird wohl nicht Einer sein, dem das neue Wahlgesetz gefällt. Im Krieg hat jeder gleiche Pflicht, bei der Wahl muß jeder gleiches Recht haben, mag er reich sein oder arm. So ist es gerecht, jede andere Art ist ungerecht. Wenn einer mehr Steuern zahlt, als der andere, so ist daraus zu sehn, daß jener mehr hat als dieser. Er hat also schon einen Vorzug, nun soll er auch noch einen Vorzug bei der Wahl haben? Das wäre nach dem Spruch: Wer hat, dem wird gegeben; das ist aber ein ungerechter Spruch. Zudem haben die Wohlhabenden schon die erste Kammer für sich ganz allein, denn da haben nur solche gewählt, die ein jährliches Einkommen von wenigstens 500 Thlr. nachwiesen. —

Die Leute sagen: „Ja die Reichen sind die Klugen, die Armen sind die Dummen, bei der Wahl müssen die Klugen mehr zu sagen haben, als die Dummen, also ist das neue Wahlgesetz gut." Da will ich ein Beispiel anführen: In Hohenstein gehören zur ersten Klasse 14 Urwähler, die wählen zwei Wahlmänner; in der zweiten Klasse sind über 40 Urwähler, die wählen auch zwei Wahlmänner; in der dritten Klasse sind an 200 Urwähler, die wählen auch zwei Wahlmänner. Also diese 200 sollen die Dummen sein. Nun seht Euch aber einmal die Leute an. Da ist mancher ehrbare Handwerker, der das seinige ebenso gut gelernt hat, wie einer von der zweiten Klasse. Da sind manche andere Leute, die sich gewiß nicht werden sagen lassen, daß sie die in der zweiten Klasse dumm sind. So wie es hier ist, so wird es anderwärts auch sein. Kurz, durch das Wahlgesetz wird nicht die Spreu vom Weizen, die Dummheit von der Klugheit gesondert, sondern Kluge sind in allen drei Klassen, nur im Einkommen unterscheiden sie sich. Und noch Eins. Es heißt: Die Wenigen in der ersten Klasse zahlen dem Staat ebenso viel Steuer als die Vielen in der dritten Klasse. Das ist aber nicht wahr. Nach welcher Steuer ist gemessen? Nach der Gewerbesteuer, nach der Klassensteuer, nach der Grundsteuer. Sind das die einzigen Steuern? O nein. Auf Branntwein liegt eine Steuer, der Schnaps würde billiger sein, wenn die Steuer nicht wäre. Wer zahlt also dte Steuer für den Schnaps? Nun doch, der den Schnaps trinkt. Auf Kleiderzeug liegt eine Steuer. Wer zahlt also die Steuer auf Kleiderzeug? Doch der sich das Kleid kauft. Ebenso ist es mit dem Salz und mit anderen Dingen.

Nun denkt Euch einmal so eine dritte Klasse, eine von 200 Urwählern, was für Steuern die wohl für sich und ihre Familien bei den Kleidern, beim Salz und bei anderen Dingen zahlen. Diese Steuer wird aber nicht angerechnet, und kann auch nicht angerechnet werden. Ist also die neue Art zu wählen nicht durch und durch ungerecht?

Ja sie ist durch und durch ungerecht. Aber was sollen wir machen. So werden viele fragen. „Wir möchten das neue Wahlgesetz gern los sein und möchten wieder nach dem alten Wahlgesetz wählen, wo jeder gleiches Recht hat. Aber wie können wir jenes los werden? Ist es nicht besser, wir nehmen etwas als gar nichts? Wenn wir gar nicht wählen, so kommen blos solche, die Vortheil haben wollen vom neuen Wahlgesetz und wählen einen recht Schlimmen, sind wir dabei, so wird vielleicht ein besserer gewählt.“ Darauf will ich Euch Antwort geben. Ich will Euch sagen, wie ich darüber denke, überlegt Euch, ob ich Recht habe.

Ich werde nicht mitwählen und werde auch keine Wahl annehmen. Zum Ersten und hauptsächlich, weil die Versammlung in Königsberg so bestimmt hat. Mit seiner Partei muß man zusammenhalten, man muß der Mehrheit folgen, sonst kommt nichts zu Stande. Die in der anderen Partei halten zusammen wie Pech, wir müssen das auch thun.

Zum Zweiten glaube ich auch, daß wir vielleicht wieder zum alten Wahlgesetz kommen können, wenn wir diesmal nicht wählen. Der König hat das neue Wahlgesetz unterschrieben, weil seine Minister ihm gesagt haben, die Mehrzahl im Volke will die Wahl so haben. Wenn nun die ganze Volkspartei nicht wählt und es wird nachher offenbar, daß die Mehrzahl mit dem neuen Wahlgesetz so unzufrieden ist, daß sie lieber gar nicht gewählt hat — dann wird der König die Wahrheit erfahren und es steht zu hoffen, daß der König das Wahlgesetz wieder aufhebt und das alte uns zurückgiebt. Wenn aber die Mehrzahl im Lande wählt, so muß der König denken, seine Minister haben Recht gehabt und es bleibt dann beim neuen Wahlgesetz.

Also ich lasse jeden, der will, ruhig wählen; das wäre sehr schlimm für unsere Partei, wenn irgend wo von ihr Unordnung oder Tumult angerichtet würde. Das könnte unserer gerechten Sache nur schaden. — Ich wähle nicht, aber wenn nachher eine Schrift herumgeht, wo sich Jeder unterschreiben soll, der nicht mitgewählt hat, weil er das neue Wahlgesetz für ungesetzlich und ungerecht hält, dann setze ich offen und ehrlich meinen Namen herunter, damit herauskommt, wie viele so denken, wie die in Königsberg.

Bedenke nur Jeder was er zu thun hat und thue Jeder nach seinem Gewissen. Doch Eins muß ich Euch noch sagen. Das allgemeine Wahlrecht, das uns nach der Verfassung gebührt, achte Niemand gering. Es ist wie eine Eichel, die sieht so klein aus, aber legt sie nur in die Erde und habt Geduld, aus dem kleinen Ding geht mit der Zeit ein mächtiger Baum hervor, dessen Schatten Euch gegen die brennendste Sonne schützt. So ist es mit dem Allgemeinen Wahlrecht. Darum meine ich, müssen wir alles thun, was nach den Gesetzen erlaubt ist, um das kostbare Recht wiederzubekommen. Unordnung und Tumult wird vom Gesetze bestraft, aber kein Gesetz kann mich strafen, wenn ich nicht wähle und wenn ich nachher offen bekenne, weshalb ich nicht gewählt habe.“

Am Wahltage (17. Juli) war Witt gleichzeitig mit Oldenberg in Quetz. Hoverbeck wählte nicht, obschon er zum Wahlkommissar ernannt war. Witt blieb nur wenige Tage dort. In dieser Zeit werden mit Bezug auf die Dorfzeitung volkswirthschaftliche Fragen erörtert sein. Auf dem Gebiete der Volkswirthschaft herrschte zwischen den Freunden Uebereinstimmung der Ansichten. Hoverbeck gab damals Witt, der sonst an seinem Blättchen keine Mitarbeiter hatte, das Versprechen, ihm für die Dorfzeitung ein paar volkswirthschaftliche Aufsätze zu schreiben. Zwei Aufsätze hat er geliefert. Der erste ist vermuthlich im Juli bei dem Beisammensein in Quetz entstanden und bildet einen Theil eines längeren Aufsatzes über die Einnahmen und Ausgaben des preußischen Staates in den Nummern 21 bis 23 vom 1., 8. und 15. August 1849.

Zunächst ist in dem Aufsatz die Prüfung des Voranschlags durch die Kammer und deren Steuerbewilligungsrecht erörtert. Dann sind die Einnahmen des Staates durchgegangen, die Grundsteuer, Klassensteuer, Mahl- und Schlachtsteuer und Gewerbesteuer besprochen. Hierauf wird zu den Abgaben übergegangen, die nicht so leicht zu merken sind, aber zu guterletzt ebenso vom Volke gezahlt werden müssen, wie die Grund- und Klassensteuer. Hieran schließt eine Erörterung über das Salzmonopol, die Hoverbeck verfaßt haben wird.

„So nimmt z. B. der Staat durch den Verkauf des Salzes fünf Millionen ein. Es ist nämlich mit dem Salze nicht so, wie mit anderen Waaren. Die kann jeder verkaufen, der sie hat, oder dem sie von anderen zum Verkaufen zugeschickt werden. Das Salz aber darf bei uns in Preußen niemand verkaufen, als der Staat allein, und wenn sonst auch noch von Kaufleuten oder Krämern Salz verkauft wird, so haben die es erst vom Staate kaufen müssen. Da ist es leicht einzusehen, wie bequem solch ein Handel zu treiben ist. Der Staat nimmt das Salz zum Theil aus seinen eigenen Bergwerken; das allermeiste aber kauft er aus anderen Ländern, besonders aus England. Da ist es viel billiger, als bei uns. Freilich kostet nun die Fracht für das Salz von England bis hierher auch noch etwas, aber doch nicht so sehr viel, weil es mit Schiffen gebracht wird. Dem Staate selbst kostet das Salz hier an Ort und Stelle noch nicht halb so viel, als wir dafür bezahlen müssen. Dieser Profit bleibt nun der Staatskasse und macht, wie ich schon sagte, fünf Millionen Thaler aus. Wäre es dagegen jedem erlaubt, sich aus England Salz zu holen und hier zu verkaufen, dann würde das Salz hier viel wohlfeiler werden; denn Einer zwingt immer den Andern, wohlfeil zu verkaufen, weil alle Leute zu dem gehen, der am billigsten ist. Wir würden dann für das Pfund Salz nur ungefähr halb so viel zahlen als jetzt. Wer jetzt ein Pfund Salz kauft, der zahlt dem Staate erstens den Preis für das Salz und außerdem noch ebenso viel Steuer, nur daß er nicht immer daran denkt . . .“

Nun folgen weitere Darlegungen über Abgaben von Bier und Branntwein und über Eingangs- und Durchgangszölle. Zuletzt werden — ohne Zweifel von Witt selbst — die Staatsausgaben behandelt.

Den zweiten Aufsatz sendete Hoverbeck mit einem Briefe vom 19. August, in dem es heißt:

„Um Dir zu zeigen, daß ich Deiner eingedenk gewesen bin, schicke ich hier den Aufsatz über das Salz, den ich gnädig anzunehmen bitte. (Es ist ein Irrthum in dem früheren Aufsatze, daß der wahre Werth des Salzes ungefähr die Hälfte des Verkaufspreises sei, er ist kaum ein Drittel, wie ich es jetzt gesagt habe.) Mach daraus, was Du willst. Aenderst Du aber, dann bist Du der Autor."

Dieser Aufsatz ist in Nr. 46 vom 6. September abgedruckt und lautet:

Das Salz.

Der Staat hat von seinem Salzhandel jährlich fünf Millionen Thaler Gewinn. Er macht an der Tonne Salz, die bei uns zwölf Thaler kostet, einen reinen Gewinn von ungefähr acht Thaler. Wenn wir also eine Tonne Salz kaufen, so zahlen wir erstlich vier Thaler für das Salz und dann nimmt uns der Staat noch bei der Gelegenheit eine Steuer von acht Thaler ab. Der Salzhandel, den der Staat treibt, ist also bloß eine andere Art von Abgaben. So weit wäre alles gut; denn am Ende gehört die Staatskasse ja dem ganzen Volke; aber das ist das Schlimme, daß diese Art Abgabe nicht nach Gerechtigkeit vertheilt ist. Es ist nämlich leicht einzusehen, daß die Abgabe die gerechteste ist, wo jeder nach Verhältniß seiner Einnahmen zahlt; also der, welcher zehn mal soviel jährlich einnimmt, als ein anderer, soll auch zehn mal soviel an den Staat Abgabe zahlen. Wenn nun ein Instmann oder Tagelöhner im ganzen, alles zu Gelde berechnet, hundert Thaler das Jahr einnimmt und jährlich eine halbe Tonne Salz zu sechs Thaler verbraucht, so zahlt er auf diese Art jährlich außer dem Werth des Salzes noch eine Abgabe von vier Thaler. Ein vornehmer Beamter in der Stadt, der ein jährliches Gehalt von tausend Thaler hat, also zehn mal so viel als der Tagelöhner, verbraucht auch eine halbe Tonne Salz, zahlt also außer dem Werthe des Salzes auch nur vier Thaler Steuer. Also hat der arme Tagelöhner auf diese Art ebenso viel Abgabe gezahlt als der reiche Beamte, der jährlich zehn mal so viel einnimmt. Das ist nun nicht gerecht und nicht so wie bei anderen Steuern; denn wir wissen alle, daß bei der Klassensteuer der Reiche viel mehr zahlen muß als der Arme. Und darum wäre es sehr gut, wenn statt der Einnahme aus dem Salzverkauf der Staat das Geld auf eine andere Weise sich verschaffen könnte.

Aber der Salzhandel des Staats thut uns noch auf eine andere Weise Schaden. Es ist eine bekannte Sache, daß das Salz allem Vieh sehr gesund und heilsam ist, daß das Vieh darnach sehr begierig ist, und daß es sich viel besser hält, wenn es Salz bekommt. Die Schafe geben davon mehr Fleisch und Wolle, die Kühe bessere Milch, die Ochsen und die Pferde bekommen mehr Kraft zum Ziehen. Das wissen die Engländer sehr gut. Sie geben dem Vieh sehr viel Salz und rechnen auf jede Kuh ungefähr jährlich hundert Pfund, und auf jedes Schaf zehn Pfund. Dort bei ihnen ist das Salz sehr wohlfeil, und da können sie das durchsetzen; aber wir können das hier nicht, und bloß darum, weil der Staat soviel Profit am Salz macht. Es wird bei uns freilich auch wohlfeileres Salz verkauft, aber das muß erst mit Fleiß verdorben werden, damit es nicht die Menschen zum Kochen nehmen, und da taugt es dann auch für das Vieh nicht viel. Die Engländer streuen auch auf den Acker Salz, damit das Getreide besser wächst, ungefähr wie bei uns viele den Gyps aussäen; aber dazu ist bei uns das Salz, auch das Viehsalz viel zu theuer. Auch die Obstbäume tragen besser, wenn sie mit Salz gedüngt werden. Alles das können wir aber nicht, weil das Salz bei uns zu theuer ist.

Wie kommt es denn aber, daß der Staat noch immer bei seinem Salzhandel bleibt, wenn alle klugen Leute begreifen, daß das nichts taugt? Das will ich Euch leicht sagen. Das kommt daher, daß noch zu wenig Leute klug sind. Denkt einmal an jenen Instmann, von dem wir eben berechnet haben, daß er bei seinem Salzkauf jährlich vier Thaler Abgabe giebt. Wenn der auf einmal hören möchte: Du sollst künftig Dein Salz kaufen können von wem Du willst, der Staat handelt nicht mehr allein damit; aber Du sollst künftig drei Thaler jährlich mehr Steuern bezahlen, als jetzt. Wie würde der fluchen und schreien und um Gotteswillen bitten, daß Alles beim Alten bleiben soll. Und doch würde der Narr bei der neuen Einrichtung einen Thaler reinen Profit haben. — Und darum ist es gut, wenn das ganze Volk, auch der Arme und Ungelehrte, etwas von den Einrichtungen im Staate und von den Steuern und Abgaben lernt, damit das Volk künftig weiß, was zu seinem Nutzen dient und was nicht. Ohne Abgaben, das weiß jeder, läßt sich kein Staat regieren; aber das kann man von jeder Regierung verlangen, daß nicht allzu viel Steuern genommen werden, daß sie gerecht vertheilt sind, und daß mit dem eingenommenen Gelde sparsam und ordentlich gewirthschaftet wird."

Hoverbecks Aufsätze stehen in Styl und Darstellungsweise nicht hinter denen Witt's zurück. Wie sehr dieser selbst Hoverbeck's Talent anerkannte, bezeugen Briefe vom Jahre 1851. Witt forderte Hoverbeck darin auf, für einen von Königsberger Freunden geplanten Volkskalender für 1852 einen aufklärenden Artikel über Freihandel und Schutzzoll „ungefähr im Style der seligen Dorfzeitung" zu schreiben. „Dein Talent, fügte er hinzu, für populäre Schreibart, soll durch meine Schuld nicht brach liegen". Hoverbeck hat daraufhin den Aufsatz geschrieben, der von der Kalender-Kommission mit großem Beifall aufgenommen wurde.[7])

Gegen das Salzmonopol waren bereits im vereinigten Landtage Anträge gestellt und angenommen. Erst 1867 ist es beseitigt, aber eine Salzsteuer von 2 Thalern für den Zentner Kochsalz eingeführt. Wie ein Antrag, der den Fortfall der Salzsteuer 1885 bewirkt haben würde, von Hoverbeck gestellt, aber von der Mehrheit der Volksvertretung abgelehnt worden ist, wird später dargestellt werden.

Um die Zeit, wo der zweite Aufsatz Hoverbecks in der Dorfzeitung veröffentlicht wurde, begannen die Denunziationen gegen Witt. Sie führten im April 1850 zu einer Disziplinaruntersuchung auf Grund der oktroyirten Verordnung vom 11. Juli 1849 und zur Amtssuspension (September 1851). Im Disziplinarverfahren erkannte in erster Instanz der Disziplinarhof im Juni 1851 auf Strafversetzung und das Staatsministerium in zweiter Instanz im September 1851 auf Dienstentlassung.[8])

Hoverbeck hielt es für unmöglich, daß in den von ihm geschriebenen Aufsätzen etwas Strafbares gefunden sein könnte. Er besprach dies in einem Brief vom 20. September 1849. Wegen des schlechten Wetters hatte er, um Witt „nicht mit dem Abhub seiner aschgrauen Laune zu regaliren", mehrere Tage das Schreiben aufgeschoben, nun sei es besser geworden und er habe Hoffnung, seine gehauenen, auf dem Felde liegenden 100 Fuder Erbsen nur halb verfault in die Scheune zu bekommen. Er fährt dann fort:

„Dadurch hat sich natürlich meine Laune verbessert, und läßt sich selbst durch die Kartoffelkrankheit nicht niederschlagen. Du weißt vielleicht ohnehin, daß ich ein eifriger Jäger nach Ursachen der Zufriedenheit bin, woraus mein Alter, vielleicht mit Recht prophezeit, ich würde nie was Rechts in der Landwirthschaft vor mich bringen. —

Ich habe in der letzten Zeit öfter an Dich gedacht, auch wenn ich nicht gerade die Dorfzeitung las, die mir jetzt beständig nach Märtyrerthum duftet oder stinkt. Eins bin ich, Gott sei Dank, überzeugt, wenn die Artikel der Dorfzeitung Deiner Carriere und Deiner Stellung schaden, so sind es nicht die beiden von Deinem unterthänigsten Diener geschriebenen; sie kommen mir in Gesellschaft der anderen vor, wie junge Lämmer unter der Löwenbrut."

Hoverbeck irrte sich. In der Anklage war in Betreff des Salzaufsatzes in Nr. 26 der „Dorfzeitung" ausgeführt, daß die Regierung verdächtigt werde, zu hohe Steuern zu erheben und unwirthschaftlich zu verwenden. Das Erkenntniß des Disziplinarhofes aber sagt, in dem Salzartikel werde durch die Angabe eines in Wirklichkeit nicht vorkommenden, übertrieben hohen Salzverbrauchs den Lesern eingeredet, daß die Regierung vier Thaler Salzsteuer von dem Instmann erhebe und daß die in zu hohem Betrage erhobenen Steuern nicht wohl verwendet würden.

Je weiter die Reaktion vorschritt, desto unbegreiflicher war es Witt, daß Hoverbeck nicht eben so demokratisch dachte, wie er. In einem Brief vom 6. November machte Witt noch einmal den Versuch, Hoverbeck zu seiner politischen Richtung zu bekehren. Es heißt in dem Brief:

„Manchmal hab' ich dran gedacht, daß es doch eigentlich gut ist, auf irgend einer Seite beschränkt zu sein. Leute, denen wegen ihres vortrefflichen Verstandes alles eingeht, die die Berechtigung der Linken, wie der Rechten anerkennen und gleich sehr anerkennen, sind am Ende wie der Buridamsche Esel (sans comparaison), der zwischen zwei Heubündeln verhungert, weil er nach keiner Seite einen überwiegenden Zug empfindet. In der Nationalökonomie bist Du enragirt, die Tarife möchtest Du ganz terroristisch bekämpfen, in der Politik aber kommst Du mir ungeheuer bedenklich vor. Hättest Du mit ähnlicher Temperatur zur Zeit der Reformation gelebt, Du hättest Dich jenem Reuchlin angeschlossen; ich denk', der war es, der sich über die Katholiken lustig machte, aber doch den Neuerungseifer Luthers verdammte. Versteht sich, wenn Du überhaupt religiöses Interesse gehabt hättest. Mir scheint, diese Stellung ist nicht richtig, Du müßtest eine entschiedenere annehmen und dann Deine wahrlich nicht verächtliche Kraft anspannen, vorn oder hinten, wie Du willst. Das war so manchmal mein Gedanke oder vielleicht nur mein Vorkommen, denn ein andres Mal schien es mir wieder, Du hättest ganz Recht, Dich so abwehrend nach beiden Seiten in die Mitte zu stellen. Aber zum Teufel nein! Totalsumma: Es ist doch nicht recht: Hilf die alte Welt aus den Angeln heben und eine neue schaffen. Ich kann Dich unmöglich meinem Widerpart gönnen, Du mußt Einer der Unsrigen sein. Ob Du wünschest oder nicht, ob Du Adressen verfertigst und unterschreibst — damit halt' es nach Belieben, das sind Kleinigkeiten, aber in Deinem engeren Wirkungskreise, in dem täglichen, da hilf die Fundamente zum neuen Bau legen. Ich habe überall, in Septima nicht minder als auf unserer liberalen Kneipe, das Gefühl des politischen Wirkens, überall sehe ich den Zusammenhang der kleinen Lebenskreise mit dem großen. In der Dorfzeitung muß ich die demokratischen Krallen einziehen, in der Schule werd' ich von denselben, die mich der Dorfzeitung wegen denunziren, höchlich belobt, wenn ich ihre Kinder im unterdrückten Styl der Dorfzeitung, d. h. demokratisch behandle. Ich möchte die Jungen so gern durch Freiheit für Freiheit erziehn, ich gebe mir auch redliche Mühe damit, aber theils sitzt mir doch noch die Bureaukratie des Lehrerthums in den Gliedern, theils zieht mir auch der Schulplan und das Zusammenwirken mit Kollegen ziemlich enge Schranken. Es kommt mir so vor, als liefe meine Behandlung der Kinder schließlich darauf hinaus: „Kinder, ich gebe Euch volle Freiheit, aber thut Ihr nicht, was ich für nöthig halte, so holt Euch der Teufel!" . . . In Betreff besagter neuer Welt hab ich übrigens in und seit Berlin verschiedene Perioden durchgemacht; ich habe zu Zeiten meinem politischen Liberalismus gemißtraut, weil er wie alles in jenem März aus einem kleinen schüchternen Feuer sehr schnell zu himmelhoher Lohe aufschlug. Schließlich bin ich aber doch der Ueberzeugung, daß ich stets, vor wie nach dem März, auf demokratischen Sinn angelegt gewesen und daß dieser Sinn nur auf politischem Gebiet später als auf andern zu voller Entschiedenheit gelangt ist. Jetzt wirkt freilich die politische Richtung auf die soziale, auf die pädagogische mächtig zurück. Der Gegenstand des Streits und die streitenden Mächte sind mir klarer geworden. . . ."

Der Bekehrungsversuch mißlang, aber er veranlaßte Hoverbeck, seinem Freunde die zu einem förmlichen System gewordene Parteilosigkeit, zu der er sich bekannte, näher zu begründen. In seinem Brief vom 10. November 1849 schreibt er:

„. . . Laß' mich einmal meine Stellung, des Esels zwischen zwei Heubündeln, oder etwa auch des Schiffers zwischen Scylla und Charybdis, rechtfertigen. Wir gehen von unserem Lieblingsprinzip aus: Die Wahrheit, die ganze Wahrheit, Nichts, als die Wahrheit. Dazu gehört noch: Nichts auf guten Glauben hinnehmen, selber prüfen; zweifeln, wo kein mathematischer Beweis vorhanden ist. — Mit diesen beiden scharfen, zersetzenden Reagentien prüfe ich eine politische Partei, es sei, welche es wolle. Und siehe da, sie zerfließt vor mir, wenn auch nicht in Wasser, so doch in viele verschiedenartige und verschiedenfarbige Materien. Daß ich da die Begeisterung für eine Parteieinheit verliere, ist natürlich. Darum resignire ich, und halte mich an meinen Grundsatz: jede einzelne politische Frage unparteiisch zu prüfen, und mich dann für diese Frage meinen Gesinnungsgenossen anzuschließen, sie mögen, wie Pieper[9]) sagt, „Rechte, Linke, Centrum" sein. Finde ich keine Partei, der ich mit voller Wahrheit mich anschließen kann, so bleibe ich allein. „Aber dann wirkst Du Nichts!" Sehr richtig, aber vor allen Dingen habe ich meine Pflicht gethan, niemals etwas zu befördern, was ich für falsch halte, und dann zweitens ist der Einwurf genau genommen nicht einmal wahr. Denn jeder Mensch, auch der unbedeutendste, ist eine Kraft, und keine Kraft ist unwirksam. Ziehen 100000 gleiche Kräfte nach rechts, und 100000 gleiche nach links, so giebt eine einzige 1, die nach der Mitte zieht, den Ausschlag; und ziehen 100 000 nach Norden und eine allein nach Süden, so geht die Last nicht ganz so weit nach Norden, als ohne diese 1. Mit diesen Ansichten bin ich eine schlechte Erwerbung für irgend eine Partei; denn ich erkläre immer von vornherein, daß ich in jedem Augenblicke die Fahne verlasse, und zum Feinde trete, wenn der mir Recht zu haben scheint. Noch mehr, ich halte das starre Festhalten an einer Partei für Lüge und für Gewissenlosigkeit gegen das Vaterland. (Dich, darauf vertraue ich fest, trifft das nicht.) — Solche Leute, wie ich, werden dann bei beiden Parteien mißliebig; ja die treuen Parteikämpfer verachten diese unzuverlässige Horde — und doch sind sie durchaus nothwendig, um für die gerade herrschende Partei ein Memento mori zu bilden, damit sie sich nicht einer schrankenlosen Tyrannei hingiebt. Das ist die innere Berechtigung des Centrums, zu dem ich mich darum häufig hingezogen fühle. — Nun sind außerdem eine Menge Fragen, wo ich noch so sehr im Unklaren bin, daß ich mich für garnichts entscheiden kann; denn wer nach Wahrheit strebt, muß den Zweifel lieben. — In dieser Beziehung bin ich eigentlich froh, daß ich eine Beschäftigung habe, die von politischen Ueberzeugungen ziemlich unabhängig ist; gern halte ich mich an den alten Spruch: Wer da macht, daß auf einem Felde zwei Halme wachsen, wo früher nur einer wuchs, hat mehr gethan, als — — — (Ausfüllung beliebig.)"

Bald darauf wurde Hoverbeck noch einmal vor die Frage gestellt, ob er wählen oder sich der Wahl enthalten solle. Die preußische Regierung hatte das deutsche Parlament zu Frankfurt zu Grunde gerichtet und die von ihm beschlossene deutsche Reichsverfassung verworfen, aber versprochen, ihrerseits das Werk der Einigung Deutschlands in die Hand zu nehmen. Im Mai 1849 brachte sie das sogenannte Dreikönigsbündniß mit Sachsen und Hannover zu Stande und verkündete einen neuen Verfassungsentwurf, nach dem einem erblichen Reichsoberhaupt ein Staaten- und ein Volkshaus zur Seite gestellt werden sollte. Zugleich war ein Wahlgesetz vereinbart, nachgebildet dem in Preußen oktoyirten, mit indirekter Wahl, Drei-Klassen-Eintheilung der Wähler und offener Stimmabgabe für Urwähler und Wahlmänner. Eine Versammlung der Kaiserpartei des Frankfurter Parlaments trat in Gotha vom 26. bis 28. Juli auf Einladung der Gebrüder von Gagern und Genossen zusammen. Hier verpflichteten sich schriftlich 130 von ihnen, auf den Anschluß der noch nicht beigetretenen deutschen Staaten zum Verfassungsentwurf der drei Könige hinzuwirken und sich an der Wahl zum Volkshause, gleichviel nach welchem Wahlgesetze zu betheiligen. Sachsen und Hannover fielen von dem Bündniß ab. Endlich wurde am 26. November 1849 die Verordnung zur Ausführung der Wahlen der Abgeordneten zum Volkshause des deutschen Parlamentes erlassen.[8]) Kurz vor der Wahl der Wahlmänner war die Revision der preußischen oktroyirten Verfassung vom Landtage beendet. Obschon eine arge

„Durchlöcherung" der oktroyirten Verfassung, der „Charte Waldeck", im reaktionären Sinne durchgesetzt war, erfolgte am 7. Januar 1850 — eine königliche Botschaft, in der Abänderung von noch 15 Artikeln der Verfassung als Vorbedingung für deren Verkündigung gefordert wurde. Beide Kammern gaben auch hier nach.[8])

Der Erlaß dieser königlichen Botschaft machte Hoverbecks Schwanken, ob er sich an der einige Tage darauf stattfindenden Wahlmännerwahl zum Erfurter Volkshause betheiligen solle oder nicht, ein Ende: er wählte nicht. Er setzte dies seinem Freunde Witt in einem Briefe vom 31. Januar 1850 auseinander, in dessen Eingang er noch einmal seinen Standpunkt der Unentschiedenheit in politischen Fragen begründete. Es heißt darin:

„Es scheint, der Himmel hat mich einmal zum Parteilosen machen wollen, indem er es gefügt hat, daß Leute, zu denen ich mich besonders geistig hingezogen fühle — mein Vater, Oldenberg, Du — nach so verschiedenen Enden ziehen. Jeder hilft mir, die Schwächen in der Argumentation des Anderen herausfinden — aber keiner kann mich zu dem positiven Theil seiner Lehren bekehren. Ein solcher Standpunkt ist unerquicklich, weil vereinzelt, und darum auch effektlos — aber vor allen Dingen muß man seine *Pflicht* thun, d. h. der Wahrheit offen bleiben, von woher sie auch kommen möge. Und ginge auf diese Art das ganze Leben entschluß- und thatenlos vorüber (doch immer nur nach gewissen Richtungen) — man hat darum doch nicht weniger gelebt. Jedenfalls ist es besser, nichts, als etwas Falsches zu thun, Null ist mehr als Minus zehn. . . .

Von Politik lohnt jetzt fast nicht zu sprechen; darum nur die Nachricht, daß ich zum Erfurter Tage in Folge der Botschaft nicht gewählt habe; sonst hätte ich es vielleicht gethan, weil vorher doch noch ein Funke von Hoffnung — freilich nicht mehr — da war, daß dieser Reichstag zu Deutschlands Einheit beitragen konnte. In diesem Punkte bin ich entschlossen — Deutschlands Einheit geht mir über Alles, und ich gebe ohne Bedenken die Freiheit dafür hin — nicht auf lange —. Unsere bevorstehende Erste Kammer! Es scheint doch *eine absolute Königsfamilie wird niemals konstitutionell* . . ."

Witt hat das Schwanken Hoverbecks in jenen Jahren mit Recht auf sein strenges Streben nach Recht und Wahrheit zurückgeführt. Er sagt darüber in dem 1887 veröffentlichten Aufsatze:

„Während schon alles seine Stellung hüben oder drüben gewählt hatte, schwankte er noch oder war er vielmehr noch im Unklaren darüber, auf welcher Seite das Recht und die Wahrheit zu finden sei. Er war überhaupt von Hause aus auf ruhige Besonnenheit angelegt. „Die beste That und nebenbei auch die nützlichste, am besten ihr Ziel erreichende wird immer die aus ruhiger und klarer Einsicht entsprungene sein. Edelmuth und Aufopferung kann meiner Ansicht nach auch mit ruhiger Beurtheilung der Verhältnisse bestehen und ist erst dann von rechtem Werth."

Es bedurfte, wie Witt hervorhebt, „*der damals sich abspielenden Reaktionszeit, um seine politischen Grundsätze für immer festzustellen.*"

Anmerkungen zum elften Kapitel.

[1]) Die Kennzeichnung der verschiedenen Richtungen, die sich damals in der Rechten zusammenfanden, ist der Darstellung des Justizraths Fischer, Mitglied der ersten Kammer, entlehnt, in seiner „Geschichte der Preußischen Kammern vom 26. Februar bis 27. April 1849" (Berlin 1849).

[2]) Harkort war von den Fraktionen der Konstitutionellen und Konservativen der Nationalversammlung zum Leiter des in Berlin eingesetzten Centralwahlkomités eingesetzt. In seiner Wohnung befand sich das Bureau des Centralwahlkomités und zugleich das Redaktionsbureau der „Parlaments-Korrespondenz", deren Redakteur der spätere Professor Aegidi war. Harkort war hauptsächlichster Mitarbeiter dieser Korrespondenz, und ebenso der von den Altliberalen gegründeten gemäßigtkonstitutionellen „Deutschen Reform", eines großen Organs, dessen Redakteur Oldenbergs Bruder Martin war. Ueber Harkort's damalige umfassende Thätigkeit vgl. das von seinem Schwiegersohn L. Berger 1890 herausgegebene Werk „Der alte Harkort" S. 394ff.

[3]) Auf der Universitätsbibliothek in Königsberg befinden sich die Nummern des Jahres 1849. Von Nr. 9 an ist der Kopf mit einem Holzschnitt verziert. An einem hölzernen Tisch sitzen in einer jeden Schmuckes entbehrenden Stube zwei ärmlich gekleidete Männer, die das Blatt lesen und dazu rauchen. — Die neue Dorfzeitung wird nur bis April 1850 bestanden haben. In der Disziplinar-Anklageschrift gegen Witt (siehe Seite 98) ist Nr. 8 von 1850 die letzte erwähnte Nummer.

[4]) Der Kongreß zu Köthen war nicht eine Versammlung liberaler Abgeordneter der aufgelösten zweiten Kammer, wie in den „Erinnerungen v. Unruh's", herausgegeben von Poschinger (1895) gesagt wird, sondern eine Versammlung der Deputirten der in der Provinz Sachsen bestehenden Vereine „zur Wahrung der Volksrechte". Es betheiligten sich aber daran auch Abgeordnete der aufgelösten Kammer aus anderen Provinzen. Rodbertus und v. Unruh waren gegen die Betheiligung an den Wahlen, während Schulze-Delitzsch dafür war. Vergl. Fischer: Preußen am Abschlusse der ersten Hälfte des Neunzehnten Jahrhunderts (1876) S. 715 und mein Buch: „Deutschlands politische Parteien und das Ministerium Bismarck" (1878) S. 15. Meine Angaben in jenem Buche beruhen auf mündlicher Mittheilung von Schulze-Delitzsch, Alwin Sörgel und anderen Theilnehmern. Fischer irrt, wenn er angiebt, der Beschluß sei einstimmig gefaßt. Unruh's „Erinnerungen" sind oft ganz unzuverlässig, namentlich, wenn es seine demokratische Vergangenheit angeht. Von einer agitatorischen Thätigkeit des provisorischen „Zentralkomitee's zur Wahrung des allgemeinen Wahlrechts" zu Magdeburg unter Unruh's Vorsitz ist nichts bekannt geworden.

[5]) Auf Scheibenschießen mit Büchsen und Pistolen wurde viel Zeit verwendet. Hoverbeck bat Witt am 25. Mai eine ihm geliehene Pistole zurückzuschicken. Er habe seinem Vater dessen Pistole zu den Pfingstfeiertagen zurückbringen müssen. „Mein Alter sieht, wie öfter alte Leute, die Gegenwart durch eine etwas düstere Brille an und will sich daher bewaffnet halten. Ich meinerseits habe zwar keine Angst vor der rothen Republik, indessen ist es doch sehr angenehm, ein gutes Pistol am Bette zu haben, falls man einmal nächtlich ungebetene Gäste erhalten sollte, was hier, wie Du weißt, nichts Seltenes ist." — Witt hatte vorher geschrieben, daß Quetz wegen des guten Pistols bei den Hobensteiner Pistolenschützen in gutem Rufe stehe. Man sage ihm nach, er habe Anlage, ein guter Büchsenschütze zu werden, es mache ihm Vergnügen, sich damit abzugeben.

[6]) Ob der Volkskalender erschienen oder was sonst aus Hoverbecks Arbeit geworden ist, habe ich nicht ermitteln können.

[7]) Hensel giebt irrthümlich den Preis auf einen Silbergroschen vierteljährlich, statt monatlich an. Mit Recht rühmt er (S. 52) von der Dorfzeitung: „Der Stil ist klar, verständlich und volksthümlich, im besten Sinn des Worts; die Tendenz freisinnig, aber durchaus maßvoll. In den deutschen Angelegenheiten vertritt die Zeitung die Einigung Deutschlands unter dem König von Preußen als deutschem Kaiser; sie wird

nicht müde, den Jammer der deutschen Zerrissenheit klar zu machen und Oesterreich als den Hauptschuldigen darzustellen, das diese Zerrissenheit zu österreichischen, undeutschen Zwecken begünstige und Preußen nichts Gutes gönne. Auch auf Rußland ist sie nicht gut zu sprechen, wie das bei einem liberalen ostpreußischen Blatt nahe der russischen Grenze natürlich war. Im dänischen Krieg ist sie enthusiastisch auf Seiten der Deutschen; eine hübsche Nummer schildert sehr anschaulich den Sieg bei Eckernförde, den einzigen Lichtpunkt in jenem schmachvollen Kriege. Durchweg sachliche, verständliche Belehrungen über die geplante deutsche und die preußische Verfassung, über den Staatshaushaltsetat, Geschworenengerichte, das Institut der Landschaft, über alles im Staat Wissenswerthe bilden den Hauptinhalt der Dorfzeitung."

[8]) Die Angaben Hensels über das Disziplinarverfahren habe ich in einem Aufsatze in der Sonntagsbeilage der Vossischen Zeitung vom 17. und 24. November und 11. Dezember 1895 auf Grund der Briefe Hoverbecks, einer Abschrift der Anklageschrift und eines Auszuges aus der Disziplinarerkenntniß ergänzt und berichtigt.

[9]) Pieper, Fleischermeister aus Fischhausen in Ostpreußen war ein konservatives Mitglied der preußischen Nationalversammlung. Er erregte durch seine Reden öfters Heiterkeit. In einer Rede vom 7. Oktober 1848 sagte er: „Glauben Sie nicht, daß ich Rechte bin, ich bin Linke, Centrum, Rechte, indem ich nur meiner Ueberzeugung folge."

Zwölftes Kapitel.

1850 bis 1853 in Quetz.

Hoverbeck's Vater hatte sich schon im Jahre 1847 eifrig bemüht, den Realkredit der kleinen Grundbesitzer Ostpreußens zu verbessern. Er hatte der Landschaft einen sorgfältig ausgearbeiteten Plan zur Verbindung einer Hypothekenbank mit ihren Kreditinstituten vorgelegt. Dem Plan waren drei ausführliche Berechnungen beigefügt. Ohne Zweifel hat er Beides mit seinem Sohn bei dessen sonntäglichen Besuchen durchgesprochen, vielleicht auch dessen Beihilfe bei den Berechnungen in Anspruch genommen. Der Plan ward auf dem landschaftlichen Generallandtag im Oktober 1847 gründlich durchberathen und dann mit großer Mehrheit (30 gegen 11 Stimmen) angenommen. Im Anschluß daran wurde auch mit 32 gegen 8 Stimmen beschlossen, den Bauernstand, auch wenn die landwirthschaftliche Hypothekenbank nicht zu Stande kommen sollte, in die Landschaft aufzunehmen. Das Jahr 1848 unterbrach diese Reformbestrebungen der Landschaft. Erst im Mai 1849 ward die Aufnahme des Bauernstandes von der Regierung genehmigt. Seitdem hat der gesammte ostpreußische ländliche Grundbesitz, soweit das einzelne Gut einen Taxwerth von mindestens 500 Thalern hat, das Recht, unkündbaren landschaftlichen Kredit zu erhalten und zugleich bei der Vertretung der gemeinschaftlichen landwirthschaftlichen Interessen mitzuberathen und mitzustimmen. Die Hypothekenbank aber wurde vom Ministerium des Innern abgelehnt.[1])

Leo v. Hoverbeck hatte während der politischen Wirren dieser Jahre sich unverdrossen der Bewirthschaftung seines Gutes hingegeben. Adlig-Quetz befand sich in trostloser Verfassung, als er es übernahm. Im ersten Jahre 1846 gab es auch noch eine vollständige Mißernte. Nach sorgfältig geführten Rechnungen setzte Hoverbeck 1846 2300 Thaler, 1847 nur 350 Thaler zu. Seitdem hatte er stets wachsende Erträge und Ueberschüsse zu verzeichnen. Im Winter, wenn es in der Wirthschaft wenig zu thun gab, sehnte er sich nach geistiger Arbeit. In dem bereits erwähnten Briefe vom 31. Januar 1850 an seinen Freund Witt schrieb er:

„Niemals kann ein Städter es recht empfinden, was es heißt, nach tüchtiger geistiger Speise hungern. — Ich hatte neulich ein Pröbchen davon. Geraume Zeit hatte ich nothgedrungen Nichts als Roman u. dgl. gelesen; da fiel mir ein tüchtiges landwirthschaftliches Buch in die Hände, werth, mit der Feder in der Hand gelesen zu werden. Ich fiel mit einem wahren Heißhunger darüber her, saß öfter bis spät in die Nacht, ohne mich davon trennen zu können, und hatte — leider in einigen Tagen drei gute Bände durchgearbeitet. Aber nun ist's alle — und die alte Leere wieder da."

Er hatte an ein „wenigstens halb gegebenes Versprechen" gedacht, Witt in Hohenstein zu besuchen. „Aber sobald einmal der Weg passabel war, stellte sich auch gleich das verfluchte Schneetreiben ein". Das hatte er aber gründlich kennen gelernt.

„Denke Dir, daß ich neulich auf dem Wege von Nickelsdorf hierher irre gefahren bin, endlich bei Rosengarth im Schnee stecken blieb, die Pferde ausspannen und ledig mit äußerster Anstrengung durch den Schnee schaffen, zuletzt mit meinem Knechte im Schnee bis an den Leib den Schlitten durch die Schneewehen bis auf den Acker schleppen mußte. Daß ich dabei ein Ohr erfror, blieb in der Hitze des Gefechts unbemerkt; ich thaute es zu Hause mit Schnee wieder auf."

Nicht einmal nach Nickelsdorf und Mohrungen, also halb so weit als nach Hohenstein, hatte er zu fahren gewagt, — „ein Pferdebesitzer ist immer ein feiger Reisender". Nun hoffte er auf Witt's Besuch um Ostern, „der verdammte Schnee" sei dann hoffentlich verschwunden.

Das Studium jenes landwirthschaftlichen Buches hatte ihm den Anstoß zu zwei anderen Arbeiten gegeben. Es heißt darüber in seinem Briefe vom 10. März 1850:

„Eine landwirthschaftliche Arbeit habe ich allerdings vor, genau genommen zwei verwandte; aber ich zweifle, daß sie Dich interessiren dürfte, da es meistens Rechnungen mit platten, plumpen Rthl., Sg., Pfg. sind. Die eine ist eine Berechnung der Produktions-rc.Kosten des Getreides, Milch, Wolle rc. (hier am Orte zunächst); die Zweite eine Kritik der landschaftlichen Taxprinzipien und Abänderungsvorschläge. Ich kann indessen sagen, so trocken sich die Sache anhört, so habe ich doch namentlich die Erste mit Lust gearbeitet. Vielleicht sahst Du schon früher einen Anfang davon . . ."

An der zweiten Arbeit nahm sein Vater lebhaften Antheil. Die Vorschläge zur Abänderung der landschaftlichen Taxprinzipien hatte sein Sohn ohne Zweifel auch seinem Schwager, dem Landschaftssyndikus Thiel in Mohrungen zur Prüfung und Begutachtung vorgelegt. Der Vater fand sie so gut, daß er seinen Sohn veranlaßte, sie dem Generallandschaftsdirektor v. Auerswald einzusenden.[2]) Auf dem 18. landschaftlichen Generallandtage der ostpreußischen Landschaft am 29. Juli 1850 beantragte nun der Landschaftsdirektor v. Hoverbeck, eine Kommission einzusetzen, mit dem Auftrage, eine Umänderung der Abschätzungsgrundsätze vorzubereiten und einem späteren Generallandtag vorzulegen, „um die Taxvorschriften mit den anerkannten praktischen Erfahrungen und mit den Grundsätzen der landschaftlichen Statik mehr in Uebereinstimmung zu bringen; inzwischen aber die Berathung dringend nöthiger Veränderungen der Abschätzungsgrundsätze wie bisher zu behandeln, die darauf gerichteten Beschlüsse aber vorher der Kommission zur Begutachtung zu übergeben". Der Antrag wurde „fast einstimmig" angenommen. Der Antragsteller übernahm, der nächsten Sitzung Vorschläge über Zusammensetzung und Arbeitsplan der Kommission vorzulegen, zu der nach einem ausdrücklichen Vorbehalt nicht nothwendig nur Mitglieder der Verwaltung oder des jetzigen Generallandtages gehören durften. Die Vorschläge wurden genehmigt und der Rittergutsbesitzer v. Hoverbeck auf Quetz wurde in die Kommission gewählt. Er war nicht Abgeordneter, also auch nicht anwesend. Die von ihm eingesandten Vorschläge wurden vom Generallandschaftsdirektor an die Kommission abgegeben. Diese bestand aus fünf Mitgliedern. Neben Hoverbeck wurden zwei Generallandschaftsräthe, ein Landschaftsrath und der Generallandschaftssyndikus gewählt. Sie erhielt die Befugniß, sich nach Bedürfniß, wann es ihr angemessen erschien, zu versammeln, Nachrichten, Zusammenstellungen und Taxakten von der landschaftlichen Verwaltung einzufordern und Sachverständige zuzuziehen. Jedem Mitgliede wurden zwei Thaler Tagegelder und ein Thaler Reisegelder für jede Meile Hin- und Rückreise zugesichert. Die Kommission hielt jährlich einige Tage in Königsberg Sitzungen ab. Ihr erster Bericht erschien aber erst 1853.

Ob Hoverbeck inzwischen Gelegenheit hatte, abgesehen von

seinen Bestrebungen für Verbesserung der Landschaftseinrichtungen, in öffentlichen Angelegenheiten zu wirken, geht aus seinen Briefen nicht hervor. Als Rittergutsbesitzer war er Mitglied des Heilsberger Kreistages mit Virilstimme. Das Gut aber gehörte zur Dorfgemeinde Quetz.

Die preußische Verfassung verlangte eine Umwandlung der gesammten Kommunalverhältnisse. Das Ministerium Auerswald-Hansemann hatte schon im August 1848 der Nationalversammlung den Entwurf einer Gemeindeordnung für den ganzen Staat, für Stadt und Land vorgelegt. Darnach sollten die Gemeinden mit hundert Einwohnern und darüber einen auf drei Jahre zu wählenden Gemeinderath haben. Gemeinden, die zu klein waren, einen eigenen Schulverband, Armenverband, überhaupt selbstständigen Gemeindeverwaltungsbezirk zu besitzen, sollten mit Nachbargemeinden für die über ihre Einzelkräfte hinausgehenden Zwecke Sammtgemeinden nach Art der Gemeinden der westlichen Provinzen bilden. Der Gemeindevorstand (Bürgermeister und Schöffen) sollte gewählt werden. Die Nationalversammlung ist nicht mehr zur Berathung dieses Entwurfs gekommen. Die Verfassungskommission derselben hatte in ihrem Verfassungsentwurf die leitenden Grundsätze für die Gemeindeverfassung in einem Artikel 104 aufgenommen, dieser ging im Wesentlichen in die oktroyirte Verfassung über. Darnach wurde die Gemeindeordnung vom 11. März 1850 erlassen; sie stand in engster Verbindung mit der gleichzeitig erlassenen Kreis-Bezirks- und Provinzialordnung. Sie organisirte die Verfassung der Gemeinden durch ein und dasselbe Gesetz, das für sämmtliche Stadt- und Landgemeinden des ganzen Staates Geltung haben sollte, setzte aber in einem besonderen Theile die Einschränkungen fest, unter denen das Gesetz für die Gemeinden mit mehr als 1500 Einwohnern zur Anwendung kommen sollte. Auch diese Gemeinden sollten einen Gemeinderath haben, bestehend aus dem Gemeindevorsteher und drei bis zwölf Mitgliedern. Die Wahl sollte öffentlich in drei Klassen erfolgen. Der Gemeindevorsteher und die Schöffen bedurften der Bestätigung durch den Landrath. Die kleineren Gemeinden waren zu Sammtgemeinden unter einem besoldeten Bürgermeister zu vereinigen. In allen politischen Parteien waren die Meinungen sehr verschieden, ob diese Gemeindeverfassung für die östlichen Provinzen passe. Zur Durchführung der Gemeindeordnung fanden Berathungen der Betheiligten statt. Hoverbeck schrieb an Witt am 19. Januar 1851 über eine Berathung:

„Heute hatte ich eine Zusammenkunft mit den Quetzer Bauern, worin ich eine brillante Rede gegen die Gemeindeordnung hielt und einen Protest gegen dies neumodische Beglückungssystem anregte, der demnächst soll verfaßt und unterschrieben werden. Die Besoldung des Bürgermeisters war das Hauptargument, namentlich das, was die größte Wirksamkeit zu haben schien; jedoch scheint der Gedanke an die Beschränkung der persönlichen Freiheit durch einen solchen Schreiber auch nicht spurlos vorbeigegangen zu sein. Es herrschte eine herzerfreuende Einstimmigkeit."

Witt nahm an Hoverbeck's Darstellung Anstoß. Er schrieb ihm von Königsberg am 18. Februar 1851:

„Wenn Du meinst, daß ich hier weiter links gehe, als in meiner Hohensteiner Einsamkeit, so kannst Du Recht haben. Aber glaube nicht, daß ich darüber die Besonnenheit verliere. Im Gegentheil, ich würde jetzt bedachtsamer sein, wo ich mitzusprechen hätte, als früher. Habe ich aber nicht auch Recht, wenn ich glaube, daß Du, besonders durch Pietät gegen Deinen erfahrungsreichen, feinblickenden Vater, immer weiter nach rechts getrieben wirst? In der äußeren Politik zwar nicht, aber vielleicht in Allem, was auf soziale Umgestaltung abzielt? Um aufrichtig zu sein, Deine Agitation gegen die Gemeindeordnung hat mir gar nicht gefallen. Von dem jetzigen Gesetz ist gewiß nicht viel Gutes zu erwarten, und gegen die Mängel desselben zu agitiren, — à la bonne heure — da wäre ich gern Schulter an Schulter mit Dir. Aber gegen Gemeindeordnung überhaupt zu agitiren, sofern sie den jetzigen Schlendrian aufhebt, besonders mit Hinweis auf die größeren Kosten, das scheint mir durchaus nicht gut. Die Freiheit, und alles Gute, was mit ihr kommt, kostet Geld, auch Handelsfreiheit in der ersten Zeit und — man sollte, denk' ich, all' seinen Witz anstrengen, um das Volk zu Ausgaben für einen guten Zweck willfährig zu machen, nicht es in der Gewohnheit bestärken, alles nur gut oder schlecht zu finden, je nachdem er mehr oder weniger Kosten macht, als das bisherige.

Als ich Dir in Gedanken solche Vorstellungen machte, fiel mir zugleich ein, zu fragen, auf welchem Wege Du wohl die jetzigen Zustände verbessern möchtest, oder ob Du glaubst, Dich dabei beruhigen zu müssen, daß eine so große Zahl von Menschen in Dummheit, Rohheit und Verbrechen zu Grunde geht? Deine Achillesferse ist der Haß gegen die katholische Bigotterie: Möchtest Du nicht, um unter andern diese zu heben, ein freieres, sozusagen volleres Bürgerleben für nothwendig halten? Und glaubst Du dies anders zu erreichen, als wenn die Glücklichen der Erde sich in Unbequemlichkeiten, ja in Opfer fügen? Wenn es Dir recht ist, laß Dich einmal über diesen Punkt aus, ich werde nicht verfehlen, bald zu antworten, denn ich möchte gar zu gern hierin zu einer Einigung mit Dir kommen, oder wenigstens sehen, daß unsere verschiedenen Ansichten aus gleich guter Wurzel erwachsen sind."

Die Antwort Hoverbeck's auf diesen Brief ist nicht erhalten. Witt's Annahme, daß Hoverbeck durch den Einfluß seines Vaters von freisinnigen Anschauungen abgelenkt werde, traf um diese Zeit wohl nicht zu. Der Vater war durch das Jahr 1848 seinen früheren liberalen Grundsätzen nicht entfremdet, wohl aber bestärkt in der geringen Meinung, die er im allgemeinen von den Menschen hegte. Adelsstolz kannte er nicht, aber er meinte, die Menschen verlangten durchaus, daß Einzelne vor Anderen bevorzugt würden. Sie würden Bevorzugungen, wenn sie nicht vorhanden wären, neu schaffen und wenn es die größte Dummheit wäre, z. B. „daß weiße Haare und rothe Augen die Bevorzugung ausmachten.“

Von dieser Geringschätzung seiner Mitmenschen war Leo Hoverbeck gänzlich frei. In der Menschenfreundlichkeit war er der echte Sohn seiner Mutter. Er glaubte an eine allmähliche Hebung der Volksmassen zu höherer Kultur. Er hoffte, daß die Fortschritte der Naturwissenschaften, die Entwicklung des Maschinenwesens, die Vervollkommnung der Technik den Menschen in Zukunft von den niedrigsten Arbeiten befreien würden. Bezeichnend dafür ist, was er seinem Freunde Witt (im Brief vom 10. März 1850) über eine neu angeschaffte Dreschmaschine schrieb:

„Meine Laune ist eigentlich etwas hölzern, indem mir in diesen Tagen die Dreschmaschine viel Rumor im Kopfe macht Nämlich ich bin vor ein paar Tagen in Königsberg gewesen, und habe mir für mein sauer erworbenes Geld (330 Thlr.) eine Dreschmaschine gekauft, um meinen Saatklee ausdreschen zu können. Ich weiß, Du interessirst Dich ein wenig für Landwirthschaft, oder duldest doch wenigstens, daß man darüber spricht; eine Toleranz, die meine Freunde bei mir auszuüben und einzuüben die beste Gelegenheit haben. So höre denn auch nun gnädig meinen landwirthschaftlichen Kalkul an. Ich hätte dieses Jahr in Folge der guten Ernte kaum mein Getreide, geschweige denn den eingefahrenen Saatklee (60 Fuder) ausdreschen können. Dies Jahr gilt der Saatklee etwas; konnte ich ihn nicht ausdreschen, so verlor er in Folge der vielleicht schlechteren Handelskonjunktur des folgenden Jahres, und weil alter Kleesamen sehr ungern gekauft wird, vielleicht die Hälfte seines Werthes, also etwa 2 bis 300 Thlr. Darum ging ich kühn daran und kaufte mir die Maschine. Ich habe jetzt gestern und heute Nachmittag mit vier Pferden gedroschen (der Versuch heute Vormittag mit Ochsen scheiterte an der Langsamkeit der Bestien), und bin mit den Resultaten der Arbeit sehr zufrieden. Indessen habe ich auch gemerkt, daß eine solche Maschine sorgfältig behandelt sein will, und fürchte mich sehr vor etwaigem Zerbrechen einzelner Theile, weil diese meistens nur in Königsberg reparirt werden können. Aber es ist wahr, wenn man die Maschine so verständig und mächtig arbeiten sieht, so ergreift Einen ein wahrer Kunstenthusiasmus. Oben legt ein Mensch, so schnell als er irgend vermag, das ungedroschene Getreide ein, unten fallen die Körner heraus und zur Seite fliegt das leere Stroh fort. Das einzige Schlimme ist, daß all' diese Kraft von den armen Pferden erzeugt werden muß. Ich will indeß an den Maschinenbaudirigenten schreiben, ob er nicht durch ein Vorgelege die Zahl der Umdrehungen verdoppeln kann, und dann die Ochsen anspannen.

Ob Dich all' das interessirt, weiß ich nicht; aber weß das Herz voll ist, geht der Mund über. Hoffentlich sagst Du auch homo sum humani nil a me alienum puto. Und ein humanum ist es in der That, wenn diese roheste und geistloseste von allen ländlichen Arbeiten in dieser Weise veredelt wird. Wenn die Industrie auf die rechte Höhe getrieben ist, müssen endlich unsere Knechte und Instleute zu lauter Maschinendirigenten werden. Es giebt jetzt schon Säemaschinen, Mähmaschinen, Heuwendemaschinen, Dresch- und Reinigungsmaschinen, so daß das Getreide von seinem Erwachsen bis zu seinem Verbrauche der Wirksamkeit der Maschinen unterliegt. (Freilich taugen manche derselben nicht viel.) Uebrigens bleibt doch die wohlthätigste Maschine von allen der Pflug, und ich sehne mich schon recht nach der Zeit, wo ich sie wieder in Thätigkeit setzen und „hinter den dampfenden Erdschollen" hergehen werde."

Leo Hoverbeck wurde von seiner Neigung zur Vermittlung und zur politischen Parteilosigkeit bald bekehrt. Es folgten acht Jahre der tiefsten Erniedrigung Deutschlands, der schmählichsten Mißregierung Preußens, die erst durch die Geisteskrankheit Friedrich Wilhelms IV. ihr Ende erreichte. Preußen schloß schon im Jahre 1850 den Frieden mit Dänemark, gab Schleswig-Holstein der dänischen Willkür preis, um sodann einem, die rechtmäßige Erbfolge umstoßenden, den Fortbestand des Gesammtstaates Dänemark garantirenden Londoner Protokoll der drei außerdeutschen Großmächte beizutreten und den Dänen bei völliger Unterjochung der Herzogthümer Schergendienste zu leisten. Dann kam noch im selben Jahre der Verfassungsbruch in Kurhessen unter Hassenpflug, die Bundes-Exekution zu Gunsten desselben, die Schlacht bei Bronzell, Manteuffels Canossa-Gang nach Ollmütz, die schmachvolle Demüthigung Preußens unter den Uebermuth Oesterreichs und Rußlands, die Wiederherstellung des Bundesraths u. s. w.

In den Verhandlungen des Landtages unterstützten den Minister Manteuffel in Vertheidigung der Schmach von Ollmütz nur die beiden reaktionärsten Vertreter des preußischen Junkerthums der hinterpommersche Landrath v. Kleist-Retzow und der Regierungsreferendar a. D. v. Bismarck-Schönhausen. Von diesen ward bald darauf der Erstere zum Oberpräsidenten der Rheinprovinz, der Andere zum geheimen Legationsrath und bevollmächtigten Minister am wiederhergestellten Bundesrath ernannt. Der Landtag wurde während der Berathung einer Adresse vertagt; als er im Januar 1851 wieder zusammentrat, war das Ministerium durch zwei hartgesottene Reaktionäre v. Westfalen als Minister des Innern und v. Raumer als Kultus- und Unterrichtsminister ergänzt.

Das Ministerium Manteuffel-Westfalen-Raumer etablirte, unterstützt von einer kleinen, den schwachen König beherrschenden Hofkamarilla, in Preußen ein schmachvolles Willkürregiment; mit Hilfe kriecherischer Beamten und einer gesinnungslosen Volksvertretung wurde unter Bruch der Gesetze und Mißachtung der Verfassung die Presse vergewaltigt[3]) und das Vereinsrecht unterdrückt; die „Gutgesinnten" wurden reich belohnt, gesinnungstreue patriotische Männer von unantastbarer Ehrenhaftigkeit und unbestechlicher Rechtschaffenheit wurden durch besoldete Polizeispione fälschlich denunzirt, unter Anklage gestellt und verhaftet, mit Hilfe meineidiger Zeugen zu Gefängniß oder Zuchthaus verurtheilt. Die Justiz ward zur unterthänigen Dienerin der Polizei herabgewürdigt, — und alles dies geschah unter dem Deckmantel der Religion und unter Gebet und Segen unduldsamer Pfaffen.[4]) —

Was in Preußen geschah, ward im übrigen Deutschland getreulich nachgeahmt. Nach Anleitung des im August 1851 eingesetzten sogenannten „Reaktionsausschusses" des Frankfurter Bundesraths, unter besonders eifriger Betheiligung des preußischen Bundestagsgesandten, suchten die deutschen Regierungen sich in Polizeiwillkür und Rechts- und Verfassungsbruch gegenseitig zu überbieten.

Hoverbeck lernte in seiner ländlichen Abgeschiedenheit ein Stück von dem neupreußischen Willkürregiment in der bereits erwähnten Verfolgung seines Freundes Witt kennen. Dieser wurde bald nach Oktroyirung der Verordnung vom 11. Juni 1849 über die Dienstvergehen der nichtrichterlichen Beamten bei dem Provinzialschulkollegium wiederholt denunzirt; zunächst wegen Verbreitung einiger Exemplare des vom Provinzialkomité „zur Wahrung des verfassungsmäßigen allgemeinen Wahlrechts" in Königsberg herausgegebenen zur Wahlenthaltung auffordernden Flugblattes, sodann wegen Aufsätze seiner Dorfzeitung. Aber erst im April 1850 wurde eine vollständige Disziplinaruntersuchung vom Minister angeordnet auf Grund einer Denunziation des „Königsberger Freimüthigen",[5]) eines Organs des Preußenvereins, das unter Aegide des Regierungspräsidenten Peters und des frommen, später im Duell erschossenen Generals v. Plehwe von dem berüchtigten Emil Lindenberg herausgegeben wurde.

Witt wurde vom Disziplinarhof im Juli 1851 zur Strafversetzung, ohne Umzugskosten und unter Gehaltsverminderung, verurtheilt, dann aber in zweiter Instanz am 27. September vom Staatsministerium zur Amtsentsetzung verurtheilt. Er erhielt die Ausfertigung des Erkenntnisses erst Mitte Oktober. Kurz zuvor am 7. Oktober 1851 hatte Hoverbeck ihm einen Brief zugesendet, in dem er von seinem Haß gegen die Regierung sprach, sein unpolitisches thätiges Leben glücklich pries im Vergleich zu der von der herrschenden Partei so verächtlich gemachten Beamtenkarriere, und sich schließlich in seinem Unmuth zu starken Aeußerungen des seiner Natur sonst durchaus widerstrebenden Pessimismus verstieg. Es heißt in dem Briefe:

„Im Uebrigen würde es mir ganz gut thun, einmal wieder in Königsberg zu sein. Es ist hier denn doch ein bischen einsam, und so schön es ist, um sich

Stille zu haben, so ist doch nicht zu leugnen, daß bei dem Mangel an Anregung die Gefahr der Einseitigkeit und einer zu harten Beurtheilung des thätigen Lebens nahe liegt. Das gilt namentlich vom politischen Standpunkte; denn im Uebrigen will ich doch mein Leben kein unthätiges nennen, wenn ich auch gerade nicht mit Anstrengung arbeite. Glücklicher Weise auch nicht erfolglos, das merke ich in meiner Wirthschaft immer mehr. Trotz einzelnem Mißlingen (dies Jahr z. B. sind die Kartoffeln in Folge der Krankheit ganz schlecht) geht es doch im Ganzen immer besser, und die immer steigende Düngerproduktion verspricht die Fortsetzung dieser Steigerung.

Ich danke meinem Gott alle Tage, daß ich nicht bei meinem Brodstudium geblieben bin und meine Ernährung nicht dem Staate, sondern mir selbst anvertraut habe. Vielleicht ist es sehr gut, daß die Beamtenkarriere durch die jetzt herrschende Partei so verächtlich gemacht wird. Es werden sich nicht mehr, wie früher, die besten geistigen Kräfte dem Studium zuwenden und dann als Beamte das Volk unterdrücken helfen. Gott bescheere uns einen klugen Gewerbestand und eine dumme Regierung. Darum ist es auch gut, daß die „Herren" jetzt anfangen, die Beamtenschaft zu purifiziren — sehr schlimm für die armen Teufel, die darunter leiden, aber gut für das Volk. Es soll durchaus nur ein schlechter und dummer Beamtenstand zurückbleiben, dann wollen wir einmal sehen, wo die Büreaukratie bleiben wird. — Aus diesem Gesichtspunkt weiß ich wirklich nicht, ob ich Dir etwas Anderes als Kassation wünschen soll, namentlich da auch im besten Fall Dir ein Vorwärtsschreiten in Deiner Karriere unter der Herrschaft dieses Systems immer verschlossen sein würde. Nur wäre es freilich empörend, wenn damit zugleich die Anstellungsfähigkeit bei städtischen oder Privatanstalten ausgeschlossen wäre. Es ist doch ein trauriges Ding, wenn ein Volk mit seiner Regierung Krieg führen muß. Und dieser innere Krieg, dem so viele ungezählte Opfer fallen, wüthet jetzt beinahe in ganz Europa! — Wie froh wäre ich, nebenbei gesagt, wenn ich die Gegner der Regierung ebenso rein und unbedingt lieben könnte, als ich die Regierung hasse."

In Quetz wurde es in den Jahren 1851 bis 53 für Hoverbeck noch einsamer als früher. Abgesehen von den Sonntagsfahrten nach Nickelsdorf und Mohrungen und den paar Reisen nach Königsberg zur landschaftlichen Taxkommission und zum Kornverkauf kam er garnicht mehr aus dem Hause. Im Winter fielen wegen Schneetreiben noch einzelne der sonntäglichen Besuche aus.

„In der öden Winterzeit ist es in Adlig Quetz sehr still hergegangen; die Brennerei und hin und her ein Gang in die Ställe und Scheunen, bisweilen eine Fahrt aufs Vorwerk waren meine Hauptbeschäftigungen."

In früheren Jahren gab es wochenlange Besuche von Oldenberg und einzelnen anderen Universitätsfreunden, später von Witt. Die Universitätsfreunde blieben allmählich aus und Oldenberg verließ im Herbst 1849 Königsberg und wurde Gehilfe, später Vertreter und Nachfolger des geheimen Oberkirchenraths Wichern im Rauhen Hause bei Hamburg. Auch der Briefwechsel der beiden Freunde wurde spärlicher und dann Anfang 1854, zwei Jahre nach dem letzten kurzen Besuch Oldenberg's in Quetz von Hoverbeck abgebrochen, weil in der langen Trennung der Gedankenkreis mit dem veränderten Lebenszweck ein anderer geworden war und der Mangel an innerer Uebereinstimmung wuchs.[6])

Auch Witt's Besuche wurden in diesen Jahren spärlicher. Er war in den Osterferien 1850/51 und in beiden Jahren im Herbst ein paar Tage in Quetz. Zu den Sommerferien hatte Witt in diesen Jahren längere Besuche zwar versprochen, aber Krankheit und Familienverhältnisse hinderten ihn. 1852 hatte er Weihnachten und Ostern wegen seiner Privatstunden, die ihm als abgesetzten Lehrer zum Lebensunterhalt unentbehrlich waren, nicht kommen können, — und dann mußte er auch auf den zu den Sommerferien bestimmt versprochenen Besuch verzichten, weil er um diese Zeit bei dem Amtsrath Schoen in Kleinhof-Tapiau, einem Neffen des alten Oberpräsidenten Schoen eine Hauslehrerstelle annahm.

Viele Stunden der Wochentage wurden von der Arbeit in Hof, Garten und Feld nicht in Anspruch genommen. Es gab keinen Sport, mit dem sich Hoverbeck die Zeit vertrieb. Der Jagd hatten sein Vater und Großvater mit Leidenschaft gefröhnt; ihn reizte sie nicht. Zuletzt als zwölfjähriger Knabe hatte er seinen Vater auf der Jagd begleitet und einen Hasen geschossen. Die Todesqualen des Thieres verleideten ihm das Schießen. „Was habe ich für ein Recht" — sagte er oft — „Thieren solche Qual zu bereiten?" Er liebte die Musik und pflegte selbst mit Eifer den Gesang. Aber in Quetz gab es kein Fortepiano, darum begnügte er sich, Sonntags in Mohrungen sich von seiner Schwester Lieder einüben zu lassen.[7])

Bei alledem verstand er über die Langeweile Herr zu werden. „Ich langweile mich nirgend" — schrieb er einmal an Witt.[8]) — „Ich habe mir so lange vorgehalten, wie thöricht die Langeweile sei, daß ich sie jetzt wirklich niemals habe, wenigstens mir dessen niemals bewußt bin."

Mit vollem Behagen gab er sich regelmäßiger und mannigfacher Lektüre hin. Große Bücherpackete gingen regelmäßig zwischen Quetz und Königsberg hin und her. Sie kamen von Witt und aus der besten Königsberger Leihbibliothek. „Das Lernen", schrieb er einmal an Witt, „ist zuletzt eine der größten Freuden, die dem Menschen gegönnt sind". Den Büchern verdankte er sehr viel an der Erweiterung und Vertiefung seiner Bildung.

„Was er gelesen und durchdacht, blieb für immer in seinem treuen Gedächtniß unversehrt haften, mochte es wissenschaftlicher oder unterhaltender Natur sein. Nichts lag ihm ferner, als Sentimentalität und schöngeistige Schwärmerei, aber gute Poesie senkte sich so tief in sein Herz, daß er sie auch in ihrer äußeren Form sicher festhielt. Es war nicht räthlich, sich mit ihm über den Wortlaut der Stelle aus einem klassischen Dichter in Streit einzulassen; wer es versuchte, gab es bald auf, denn Hoverbeck behielt immer Recht.“ 8)

Wie er unter Beirath seines Vaters stets auf neue Fortschritte in seiner Wirthschaft bedacht war, zeigt die nachfolgende Stelle eines Briefes an Witt vom 19. Januar 1851:

„Ich werde wahrscheinlich meine Brennerei eingehen lassen, sobald ich Gelegenheit finde, den Apparat zu erträglichem Preise zu verkaufen. Hauptgrund ist der allmähliche Umbau, indem im nächsten Winter alles Vieh außer den Pferden schon auf dem neuen Vorwerk stehn wird, und ich dann alle Schlempe täglich dorthin zu fahren hätte; demnächst aber auch der geringe Ertrag der Brennerei, der die Kartoffeln nur kümmerlich verwerthet, was zum Theil in dem schlechten Lokale liegt. Und endlich ist es richtig, je einfacher eine Wirthschaft, desto besser wird Alles darin gemacht, desto rentabler ist sie also zuletzt auch: ein Prinzip, was jeder Engländer zugiebt, unsere sogenannten praktischen Wirthe aber gewöhnlich bestreiten. Ich sehe aber an Nickelsdorf, wie wahr das ist. Wirklich ist N. ein Ort, wo Mancher, der sich für einen guten Wirth hält, noch tüchtig lernen könnte, und auch Mancher, der sich nicht zu vornehm dünkte, gelernt hat. — Aber ich darf Dir eigentlich mit gutem Gewissen Nichts von der landwirthschaftlichen Intelligenz meines Vaters vorprahlen — was ich unter Landwirthen öfter nicht ungern thue — weil Du mich nicht widerlegen kannst.“ 9)

Hoverbeck's Vater nahm an den Arbeiten der 1850 eingesetzten Kommission zur Reform des landschaftlichen Taxwesens das lebhafteste Interesse. Der Verlauf der Berathungen war nicht erfreulich. Leo Hoverbeck blieb mit seinen Anträgen in der Minderheit. Die Kommission legte ihre Beschlüsse in einer besonderen Denkschrift nieder, in der sie sich gegen die gänzliche Umänderung der damals bestehenden Abschätzungsgrundsätze aussprach. Für die nächste Zukunft entsprächen diese dem Bedürfnisse, und einzelnen in der Praxis hervorgetretenen Mängeln, sei auf reglementsmäßigem Wege abzuhelfen. Diese Denkschrift kam auf dem 19. Generallandtage im Mai 1853 zur Verhandlung. 10) Man hatte unterlassen, Leo v. Hoverbeck, der nicht Abgeordneter war, zur Vertheidigung seiner abweichenden Meinung einzuladen. Sein Vater bekämpfte die Denkschrift. Auf Antrag des Generallandschaftsdirektors v. Auerswald wurde beschlossen, die Taxkommission mit dem gleichen Auftrage fortbestehen zu lassen, aber neu zu wählen und ihr anheim zu geben, bei Ausführung ihres Auftrages den Inhalt der jetzt stattgefundenen Diskussion zu berücksichtigen. Als zur Neuwahl geschritten werden sollte, beantragte der Landschaftsdirektor Hoverbeck, in die Kommission keine Landschaftsbeamten zu wählen. 11) Dieser Antrag wurde mit 28 gegen 16 Stimmen abgelehnt, die bisherigen Mitglieder der Taxkommission, darunter

Leo v. Hoverbeck und der Generallandschaftssyndikus wurden wiedergewählt.

Die dreijährige Wahlperiode des Landschaftsdirektors Hoverbeck war abgelaufen. Er bat, ihn seiner vorgerückten Jahre wegen von der Wiederwahl zu entbinden. Dies that die Landschaft, indem sie ihm ihren Dank um seine vielen Verdienste für das landschaftliche Institut ausdrückte. Zum Generallandschaftsdirektor wurde diesmal der Minister a. D. Alfred v. Auerswald-Plauthen und zum Generallandschaftsrath der Gutsbesitzer August v. Saucken-Julienfelde[12]) zum zweiten Male wiedergewählt. Inzwischen war die Reaktionspartei in Preußen so mächtig geworden, daß beiden Männern, die altliberale Mitglieder des Abgeordnetenhauses waren, durch königliche Cabinetsordre ohne Angabe von Gründen die Bestätigung versagt wurde. An Stelle Auerswald's wurde im November der Landschaftsdirektor Graf zu Dohna-Wesselhöfen gewählt, der sich während seiner kurzen Amtsdauer hervorragende Verdienste um die Landschaft erwarb.

Es erscheint mir angemessen, den späteren Verlauf der Berathungen der Taxkommission und das schließliche Ergebniß dieser landschaftlichen Reformarbeiten schon hier mitzutheilen.

Die neugewählte Taxkommission arbeitete wiederum mehrere Jahre, dann überreichte sie 1856 eine Denkschrift. Sie rieth, von der Aufstellung neuer mit der Statik mehr im Einklang stehenden Abschätzungsgrundsätze und eines neuen darauf gegründeten Abschätzungssystems abzusehen und gab nur einige allgemeine Rathschläge. Auch die Generallandschaftsdirektion erklärte es für zweckmäßiger, einzelne in der Praxis hervortretende Mängel der jetzigen Abschätzungsgrundsätze auf dem bisherigen reglementsmäßigen Wege zu beseitigen. Hoverbeck erschien 1856 als Abgeordneter auf dem Landtage und vertheidigte sein als Mitglied der Taxkommission abgegebenes Separatvotum, war aber schließlich mit der Uebertragung der Geschäfte der Taxkommission auf die Generallandschaftsdirektion einverstanden. So wurde beschlossen. Auf dem Landtage kam auch eine vom Generallandschaftsdirektor Grafen zu Dohna herausgegebene Denkschrift über die Reform der landschaftlichen Verwaltung zur Berathung. In eine Kommission von neun Mitgliedern zur Begutachtung dieser Reformvorschläge wurde auch Hoverbeck gewählt. Nach achttägiger Berathung erstattete sie einen ausführlichen gründlichen Bericht, dem sie einen einstimmig angenommenen Gesetzentwurf beifügte, demzufolge nach Vereinigung der verschiedenen Kassen und Behörden eine Vereinfachung und Abkürzung des Geschäftsganges und eine vollkommene Einheit in der Verwaltung herbeigeführt werden sollte. Nach § 1 des Entwurfs sollten die Stellen des Generallandschaftsdirektors, der drei Generallandschaftsräthe und der Departementsdirektoren des Königsberger, Angerburger und Mohrunger Departements aufgehoben und die Verwaltung 13 Kreislandschaftsräthen unter dem Vorsitz eines Direktors übertragen werden. Der Landtag nahm nach mehrtägigen Debatten, an denen sich Hoverbeck lebhaft betheiligte, den Gesetzentwurf an. Aber der Minister des Innern von Westfalen billigte ihn nicht, wollte namentlich die bestehenden Behörden erhalten. Erst unter dem Ministerium der neuen Aera gelang es dem Generallandschaftsdirektor Graf zu Dohna, der der eifrigste Leiter und Förderer der Reformbestrebungen war, für eine veränderte Organisation die Genehmigung zu bekommen.[13]) Seitdem sind sämmtliche landschaftliche Behörden und Kassen in Königsberg zu einem einheitlichen Geschäftsbetriebe vereinigt. Die Stellen der Landschaftsdirektoren der drei Departements blieben bestehen und Hoverbeck, der sie beseitigt wissen wollte, wurde von 1862 an wie sein Vater Landschaftsdirektor des Mohrunger Departements.

Anmerkungen zum zwölften Kapitel.

1) Der vom Minister des Innern 1849 abgelehnte Plan des Landschaftsdirektors Freiherrn v. Hoverbeck zur Errichtung einer landschaftlichen Hypothekenbank wurde nach der Vereinigung aller landschaftlichen Behörden und Kassen, in erweiterter Gestalt wieder aufgenommen. Auf Anregung des Gutsbesitzers Louis Donalies-Milluhnen (von 1863—66 und 1870—79 fortschrittliches Mitglied des Abgeordnetenhauses, geb. 1824, gest. 1882) von 1862, ist 1868 das Statut der „Ostpreußischen landschaftlichen Darlehnskasse" beschlossen und 1869 bestätigt. Diese Darlehnskasse hat seit 1886 ein Stammkapital von 2 Millionen Mark. (Vgl. Denkschrift zur Feier des 100jährigen Bestehens der Ostpreußischen Landschaft von 1888 und Denkschrift zum 25jährigen Bestehen der Ostpreußischen landschaftlichen Darlehnskasse vom 1. Oktober 1894.)

2) Ueber Alfred von Auerswald auf Plauthen s. oben S. 50 Anmerkung 2. Derselbe wurde am 11. Oktober 1847 zum Generallandschaftsdirektor erwählt, behielt das Amt auch während er Minister war. Zum zweiten Mal 1853 wiedergewählt, wurde er nicht bestätigt s. oben S. 128.

3) Die Presse wurde durch eine verfassungswidrig oktroyirte Verordnung vom 8. Juni 1850 gemaßregelt, wozu das Attentat des wahnsinnigen Artillerieunteroffiziers Sefeloge vom 22. Mai dem Könige gegenüber als Motiv vorgeschoben wurde. An der Unzurechnungsfähigkeit Sefeloges, die im Laufe der Untersuchung von Richtern, Staatsanwälten und Aerzten anerkannt wurde, konnte kein Zweifel sein. Nach den 1891 erschienenen Denkwürdigkeiten des Generals v. Gerlach besuchte dieser unmittelbar nach dem Attentat den verhafteten und „furchtbar durchgeprügelten Mörder", der in die Stube der Constabler gebracht war. Er sah verwirrt aus und sagte, nach dem Motiv seiner

That gefragt, „er sei ein Souverain, den man seiner Herrschaft beraubt und unglücklich gemacht habe, seine Herrschaft habe in Nordafrika gelegen". Dennoch sollte „die That eine Ausgeburt von Verbindungen aller Art sein". In zahlreichen Haussuchungen und Verhaftungen wurde vergebens nach Mitschuldigen gesucht. Gerlach erklärte es für „eine Mattigkeit ohne Gleichen, daß die Minister in der Preßgesetznovelle den Nordanfall gegen den König ganz ignorirten, der doch der strikten Wahrheit gemäß die einzige Veranlassung dazu ist." Sefeloge starb im Irrenhause.

[4]) Hervorzuheben sind die Prozesse gegen Waldeck, gegen die 42 Steuerverweigerer der preußischen Nationalversammlung, gegen Ziegler, gegen 20 Mitglieder des deutschen Parlaments, die am Stuttgarter Rumpfparlament theilnahmen und dann die drei zusammenhängenden großen politischen Prozesse, in denen der frühere Artillerieoffizier Hentze, der sich als pommerscher Hypothekendirektor der Bestrafung wegen Fälschungen, Unterschlagungen und Betrug durch Selbstmord entzog, und andere Polizeispitzel durch Meineide Bestrafungen von Demokraten erzielten, nämlich der Kölner Kommunistenprozeß, in dem das Kölner Schwurgericht unter Anderen die späteren Reichstags- und Landtags-Abgeordneten Heinrich Becker, der als Oberbürgermeister von Köln starb, zu 5 Jahr, und Heinrich Bügers zu 6 Jahr Einsperrung verhalf, — der Ladendorf'sche Hochverrathsprozeß, in dem durch den preußischen Staatsgerichtshof die Berliner Dr. Ladendorf, Dr. Falkenthal, der jüngst verstorbene Kaufmann Levy und andere zu 3 bis 5 Jahr Zuchthaus verurtheilt wurden, — der Rostocker Hochverrathsprozeß, in dem die späteren Reichstagsabgeordneten Professor Dr. Julius Wiggers (nach 44 Monaten Untersuchungshaft), Advokat Moritz Wiggers und andere Professoren, Advokaten, Aerzte u. s. w. zu schweren Strafen verurtheilt wurden. — Es fehlt bisher an einer zusammenhängenden Darstellung dieser politischen Prozesse, die für die Geschichte jener Zeit unentbehrlich ist.

[5]) Der „Freimüthige" zu Königsberg ersetzte durch seine Denunziationen die seit 1848 fortgefallenen geheimen Konduitenlisten über Beamte. Sein Redakteur Lindenberg war vor 1848 wegen gemeiner Vergehen zweimal zu Zuchthausstrafe und Verlust der Nationalkokarde verurtheilt. Er wurde als Redakteur sechszehnmal wegen Verleumdung verurtheilt, aber jedesmal begnadigt, zuletzt war er wegen Beleidigung des Prinzen von Preußen bei Gelegenheit des Depeschendiebstahls zu mehrjähriger Freiheitsstrafe verurtheilt worden. Unter der neuen Aera war er Distriktskommissar in der Provinz Posen.

[6]) Bereits in Briefen Hoverbeck's an Witt im Jahre 1850 zeigte sich, wie sich allmählich diese Entfremdung entwickelte. In einem Brief vom Januar 1850 heißt es:

„ . . . So wenig ich meinerseits glaube, daß Deutschland durch die Bibel und die innere Mission gerettet werden wird, so kann ich doch unmöglich gleichgültig sein gegen ein so rechtschaffenes und wohlgemeintes Streben, wie es außer in Oldenberg hoffentlich noch in andern Gliedern dieser inneren Mission liegt. Allerdings kann man sie Träumer oder Idealisten (Ideologen) nennen, aber doch nicht mehr, als die reinen Demokraten, wohin ich einen andern guten Freund von mir rechnen muß."

In dem folgenden Brief neckte er Witt mit dessen Ankündigung neuer Ideen. Er fürchte sich vor „neuen Entwicklungen" seiner Freunde.

„Wenigstens scheint die Oldenbergs von der Art zu sein, daß sie mir leicht, zwar nicht den werthgehaltenen, aber doch den gleichgesinnten Freund rauben könnte. Es ist peinlich oder vielmehr schmerzlich, Jemanden, den man so liebt, wie ich Oldenberg, so entschieden einen Weg einschlagen zu sehen, den man für einen falschen halten muß, und das Traurigste dabei, daß gerade und edlen Seiten des die guten Menschen oft die Anführer auf diesen falschen Wegen werden."

Im Februar 1852 hatte Oldenberg von Wichern die Arbeit im Schulmeisterhause und Pensionat des rauhen Hauses übertragen bekommen. Die äußere Stellung war so, daß er „heirathen und der Heimath Valet sagen konnte". Vorher reiste er nach Königsberg zu Mutter und Geschwistern und machte auf dem Umweg einen kurzen Besuch in Quetz. Trotz der herzlichen Erneuerung der Freundschaft entschloß sich Hoverbeck zwei Jahre später, bald nach seiner Verheirathung, den Briefverkehr mit Oldenberg abzubrechen. Was er ihm dabei geschrieben hat, ist mit allen seinen Briefen vernichtet, aber man wird es ersehen können aus einem Brief vom 26. Oktober 1854 an Witt. Es heißt darin:

„Der briefliche Verkehr ist doch ein sehr schlechtes Mittel, um seine Erlebnisse, besonders, wenn sie mehr innerlicher Natur sind, mitzutheilen; und darum ist gerade für solche Verhältnisse, die dem idealen Begriffe der Freundschaft nach Kräften nahe zu kommen sich bemühen, der persönliche Umgang so sehr wichtig. Ich habe es mit großem Bedauern schon bei Oldenberg erfahren, wie die Erinnerung an die enge Verbindung früherer Jahre nicht hinreicht, ohne persönlichen Verkehr eine wirkliche Freundschaft aufrecht zu erhalten; unser Gedankenkreis ist allmählich ein so verschiedener geworden, daß ich das, was für ihn Lebenszweck ist, nicht begreife, ja nicht einmal für Recht halten kann. So hat unsere Korrespondenz aufgehört, was jedenfalls besser ist, als wenn ich sie bei dem vorhandenen Mangel an innerer Uebereinstimmung fortdauern ließe; und ob und wann wir uns wiedersehen und ob wir je wieder so gegen einander stehen können, wie früher, ist fraglich."

7) „Vorigen Sonntag" — hieß es z. B. in dem Briefe an Witt vom 7. Oktober 1851 — „war ich in Mohrungen: ein schwerer Tag für das Klavier und die Schubert'schen Hefte. Wir erfreuen uns jetzt fast ausschließlich an Schubert. Ich lerne immer mehr begreifen, welch' ein Meister er war. Schade, daß ich früher nicht besser gelernt habe. Das Einstudiren kostet so viel Zeit — und ist doch schön. Man erwirbt den Genuß mit Arbeit, man erobert sich die Melodien. Das Erlernen eines Liedes ist doch fast das Schönste für mich. Viel leichter lerne ich übrigens die Lieder, welche ich Dich auch nur einmal singen hörte."

8) Aus Witt's Aufsatz im Reichsfreund 1887.

9) Hoverbeck hatte zum Schluß des Briefes vom 19. Januar 1851 die Hoffnung ausgesprochen, Witt wenn nicht eher so jedenfalls zu Ostern bei sich zu sehen. Er freute sich auf den Frühling:

Ich habe jetzt schon einige Erinnerung an den Frühling, so weit es auch noch hin sein mag. 1. Heute habe ich schon nach Ablegern von Haselnüssen edler Sorte nach Landsberg a. d. Warthe geschrieben. 2. Hyazinthen am Fenster fangen an zu blühen, und nun endet das Blühen drinnen und draußen nicht mehr bis November. 3. Meine Mastochsen bekommen schon Erbsen als intensivste Mast, um vor Fastnachten geschlachtet zu werden; und Fastnachten ist nur 7 Wochen vor Ostern. 4. Die Tage werden länger und heller. 5. Mein Winteranzug ist ganz zerrissen. 6. Das Heu nimmt gewaltig ab. Aus diesen Indizien folgere ich mit mathematischer Sicherheit, daß der Frühling nicht weit sein kann."

In dem Antwortschreiben vom 18. Februar 1851 berichtete Witt ausführlich von einer neuen Liebe. Er schloß mit den Worten: „Möge es bei Dir am Fenster sund im Herzen in einem Strich vom Februar bis wieder der Winter kommt grünen und blühen! Mit diesem Segen eines augenblicklich Sentimentalen der Deine K. Witt."

10) Weder die Vorschläge Leo v. Hoverbeck's von 1850, noch die Denkschriften der Taxkommission von 1853 und 1856 sind mit den Landtagsverhandlungen gedruckt und veröffentlicht, auch waren sie bei den Akten der Landschaft nicht zu ermitteln.

11) Der Antrag, keine Landschaftsbeamten zu wählen, war jedenfalls ein Mißtrauensvotum gegen den Generallandschaftssyndikus, nicht auch gegen die übrigen Mitglieder, da die Landschaftsräthe niemals als Beamte bezeichnet werden.

12) August v. Saucken-Julienfelde, geb. 1798 gest. 1873, war Mitglied des vereinigten Landtags und dann von 1849 bis zu seinem Tode Mitglied der zweiten Kammer bezw. des Abgeordnetenhauses (altliberal, zuletzt nationalliberal), Bruder des Abg. Ernst v. S. (siehe S. 50 Anmerk. 2), Vater des Reichstags- und Landtags-Abgeordneten Constanz v. S. (geb. 1826 gest. 1891).

[13]) Graf zu Dohna-Wesselhöfen † im März 1859. Seine Nachfolger waren Graf v. Kanitz auf Podangen, † im Juni 1877, Rittergutsbesitzer Boltz auf Parcyken, † im März 1887. Der jetzige Generallandschaftsdirektor, Rittergutsbesitzer Bon auf Neuhausen, fungirt seit dem November 1887.

Dreizehntes Kapitel.

Die letzten Jahre in Quetz 1853 bis 1856.

Witt, der sich „in verliebten Dingen" mit einem Streichhölzchen verglich, das die geringste Reibung entzündet, seinen Freund aber mit einem Marmelstein, beklagte wiederholt in seinen Briefen, auch Hoverbeck werde „dem Familienleben verloren gehen". Er werde durch eine Art Indolenz seitab geführt. Hoverbeck hatte in einem nicht mehr vorhandenen Briefe erklärt, sich „vorläufig nur gelegentlich umsehen" zu wollen. Witt schrieb ihm darauf am 22. August 1852:

„Lege die Hände nicht in den Schooß, sondern suche mit Eifer. Dazu gehört aber doch eine andere Lebensweise als Deine einsiedlerische zwischen Weizen, Klee und den Büchern aus der Leihbibliothek. Flink ein paar muntere Rosse eingespannt und zu guten Leuten gefahren, die Gesellschaften geben. Vor allen Dingen ist doch nöthig, daß Du Dich in der Welt umhertreibst, wenn Du Menschen suchen willst. Nun, Du pflegst es ja, wenn Du etwas anfängst, nicht bei einem schwächlichen Wunsche bewenden zu lassen, sondern alles zu thun, was Deine Zwecke erforderten. Vielleicht tummelst Du Dich bereits unter Menschen und lauschest, wo sich einmal Dein Herz und Verstand in einem günstigen Urtheil begegnen."

In „Gesellschaften guter Leute", die von Quetz „durch ein paar muntere Rosse" zu erreichen, war es nicht, wo Hoverbeck seine Gattin fand. Im Herbst 1852 besuchte er seine Schwester Lydia Thiel, die sich mit ihren Kindern im Seebad Crauz aufhielt. In ihrer Gesellschaft lernte er die beiden jüngsten Töchter des Rittergutsbesitzers Gottlieb Käswurm auf Puspern bei Gumbinnen kennen, die mit Lydia Thiel seit längerer Zeit befreundet waren und denen Leo selbst durch seine Freundschaft mit ihrem älteren Bruder Bernhard kein Fremder mehr war. Im Frühjahr 1853 besuchte Leo seinen Freund für einige Tage in Puspern, traf dann auch die Schwestern bei gemeinsamen Freunden und im Juni warb er um die jüngste, um Leopoldine (geboren am 2. September 1831) und erhielt ihr Jawort. Er, den — um mit Witt zu reden — „der Himmel lange für die Liebe aufgespart hatte", empfand sie nun mit einer Kraft, Tiefe und Innigkeit, wie es nur ein edler, durch strenge Sittenreinheit ausgezeichneter Mann vermag. In seinem neuen großen Glücke vergaß er nicht des treuen, mitfühlenden Freundes. Noch am Verlobungstage schrieb er ihm:

Puspern, den 13. Juni 1853.

Mein lieber Witt!

Erschrick nicht über den Ort meines Schreibens. Heute Morgen bin ich von Gumbinnen aus hier angekommen und jetzt mit Leopoldine K. verlobt. Daß ich Dir nicht früher was von der Sache gesagt habe, geschah zum Theil daher, weil Du es ohnehin wußtest, zum Theil, weil bei unserem letzten Zusammensein die Sache sich in mir selbst noch nicht so klar gestaltet hatte, daß ich sie hätte aussprechen wollen. Das Nähere mündlich. Ich möchte Dich gern sehen und denke das auf irgend eine Weise möglich zu machen; wie, das weiß ich in diesem Augenblick freilich noch nicht. Du hast daher bald entweder mich oder einen citirenden Brief von mir zu erwarten. Dein Hoverbeck.

Witt bekundete seine große Freude über diese Nachricht in einem Brief vom 27. Juni 1853:

Also wirklich, so lange kalt gewesen, und dennoch die Fähigkeit einer neuen Empfindung nicht verloren! Einen eigentlichen Anspruch auf Glück, wenigstens auf großes Glück hat Niemand, aber wenn verständiges Zurathehalten aller guten Empfindungen besonnenes Wachen darüber Anspruch giebt sich für alles Edle und Treffliche offen zu finden und so sich darbietendes Glück lebhaft zu genießen, so hast Du, denke ich, Anspruch darauf. Durch weise Mäßigung wirst Du es Dir hoffentlich recht lange und rein erhalten. Ich habe einmal eine Selbstbiographie von Lichtenberg gelesen, es sind nur ein paar Blätter, aber mir haben sie einen dauernden Eindruck hinterlassen. Unter andern besinne ich mich auf diese Stelle: „Ich habe einmal in meinem Leben geliebt, und das Mal glücklich." So ist es auch Dir gegangen, sei froh darüber. Und wie ächt wirst Du genießen können, da Du Dich in Deinem bisherigen Leben, wo es sich um kleinere und alltäglichere Dinge handelte, gewöhnt hast, Dich nicht durch Schilderungen bestimmen zu lassen, wie sie Andere in Lebenslagen gleicher Art durchgemacht haben. Du wirst nicht fragen, wie Dichter es für poetisch erklären, zu empfinden, Du wirst den Quell Deiner Empfindungen ganz aus Dir schöpfen, und nur solche Dichterwerke in der Erinnerung willkommen heißen, welche sprechen, was Dir selbst auf der Zunge liegt. Das hoffe ich nun wohl, daß Dir manches Lied, das wir im Zwielicht in Deiner rothbunten Stube gesungen haben, stellenweise tiefer erscheinen wird, als bisher. Deine Braut ist etwas musikalisch; schreibe mir doch, wenn Du überhaupt einmal schreibst, ob sie sehr fertig spielt und ob sie auch allein singt. In Althof hörte ich sie nur ihre Schwester begleiten. Musik wird ein freundlicher Genius für Dein neues Haus sein.

Wann wirst Du denn Hochzeit machen? Ich hoffe, sehr bald; worauf solltest Du warten? Gewiß doch nicht auf ein neues Haus! Es wird sehr gut sein, wenn Leopoldine zuerst durch den Augenschein erfährt, wie Du auf den Gedanken gekommen bist, Dein Gut „Kahlfelde" zu nennen, und unter ihren Augen Haus und neuen Garten entstehen sieht. Ich werde mir noch besser vorstellen können, wie Ihr zusammen leben werdet, wenn ich Leopoldine näher kenne, und ich denke, sobald Du mich nach Puspern bescheidest, Gelegenheit dazu zu finden. Ich denke, Du wirst nicht eben einen Heiligenschein um das Haupt Deiner Braut zu sehen glauben, aber es wird Dir darum doch gewährt sein, einmal recht volle, frische Züge aus dem Kelch des Lebens zu thun."[1])

Auf seine Anfrage, wann Hochzeit sein werde, mußte Witt lange auf Antwort warten. Er bat am 22. September wiederholt um Nachricht über das alte und das neue Haus, über die Hochzeit und dergleichen.

„Ueber Dein Stillschweigen bisher habe ich mich fast gefreut, denn ich sehe daraus, daß Du glücklich und angenehm beschäftigt bist. Verkümmere Dir diese Zeit ja nicht durch zu viel Vernunft, Du wirst schon wieder dahin kommen, allem Uebrigen sein Recht widerfahren zu lassen. Für jetzt sei einmal recht einseitig.“

Die Einladung zur Hochzeit blieb noch länger aus, die Braut war schwer am Typhus erkrankt. Erst am 9. Dezember 1853 konnte die Hochzeit stattfinden. Hoverbeck führte nun in sein einsames Eulennest die junge Gattin, die in dem gastfreien elterlichen Hause inmitten vieler Geschwister,[2]) umgeben von einem großen Verwandtenkreise, ein abwechslungsvolles Leben gewöhnt war. Das junge Paar wohnte in dem einfachen, kleinen Bauernhäuschen zu Quetz, einsam für sich ohne allen Verkehr außer des Sonntags mit Nickelsdorf und Mohrungen. Doch vermißten Beide den geselligen Verkehr nicht. Bei ihm entsprach das einsame Leben seiner Gewohnheit und Neigung — und welch' einen neuen, reichen Inhalt hatte es jetzt für ihn! Für sie aber eröffnete sich an der Seite des ausgezeichneten, hochgebildeten Mannes, der sie mit zartester Sorgfalt und Liebe umgab, ein ganz neues, reiches, geistiges Leben! Die Lektüre unserer deutschen Klassiker, daneben Shakespeare und W. Scott, nahmen einen bedeutenden Raum darin ein, und Hoverbeck empfand oft mit inniger Freude, „wie anders er jetzt, da er selbst von Liebe erfüllt und glücklich sei, die Dichter verstehe.“ Auch die Musik wurde fleißig ausgeübt, da zu der Ausstattung der jungen Frau auch ein Klavier gehörte.

Jetzt, wie in späteren Jahren, hat Hoverbeck sich nirgend wohler und glücklicher, als in seiner Häuslichkeit gefühlt. Da aber seine Gattin mir nicht gestattet, Mehreres von ihr zu sagen, kann ich nur noch hinzufügen, daß diese glückliche Ehe zweiundzwanzig Jahre, bis zu Hoverbecks Tod, währte.

Religiöser Fanatismus hatte Hoverbeck's Vorfahren vor 270 Jahren aus der niederländischen Heimath vertrieben. Das gleiche Geschick hatte die Vorfahren seiner Frau vor 120 Jahren betroffen. Sie gehörten zu jenen wegen ihrer Glaubenstreue vertriebenen evangelischen Salzburger, deren Einwanderung unter König Friedrich Wilhelm I. das durch die Pest stark entvölkerte Lithauen sein Wiederaufblühen verdankt. Veit Käswurm, auf dem Schießlehnhof im Taurachthal bei Radstadt in der salzburgischen Landschaft Pongau 1720 geboren, kam als zwölfjähriger Knabe mit seinen Eltern Hans Käswurm und Anna geborene Kendelbacher im August 1732 in Ostpreußen an. Hans Käswurm hatte seinen stattlichen Hof, der hoch oben im Taurachthal an der Paßstraße liegt, die von Radstadt über die Radstädter Tauern nach dem Lungau führt, im Stich gelassen und war mit Roß und Wagen — und mit Frau und zwölf Kindern, darunter drei erwachsenen Söhnen nach Lithauen[3]) gezogen. Veit, sein sechster Sohn, wurde Huf- und Waffenschmied. Er heirathete Marie Steeger, die 1725 im Salzburgischen geboren war. Er kaufte 1754 den köllmischen Kirchenkrug zu Walterkemen, später den köllmischen Krug mit Brau- und Brennereigerechtigkeit in Sodenen. Seiner Ehe entsproßten zwölf Kinder, der älteste Sohn Johann (geboren 1747, gestorben zu Puspern 1816) kaufte 1786 das adlige Gut Puspern. Erst nach Jahre langen Kämpfen und mehrmaligen Reisen nach Berlin erlangte er durch eine Kabinetsordre vom Dezember 1791 die Erlaubniß als Bürgerlicher ein adliges Gut zu besitzen. Er war verheirathet mit Marie, geb. Büttler. Auch er hatte zwölf Kinder. Seinem jüngsten Sohn Gottlieb, geb. 1790, gestorben 1864, verschrieb und übergab er schon bei Lebzeiten Puspern für 70000 Thaler.[4])

Gottlieb Käswurm heirathete Caroline Wilwodinger, eine Beamtentochter aus Gumbinnen und hatte sieben Kinder. Die jüngste Tochter war Leopoldine, Hoverbecks Frau. Ihre drei Brüder sind der von den Vorfahren überlieferten Liebe zu politischer und religiöser Freiheit treu geblieben. Die Rittergutsbesitzer Theodor Käswurm-Puspern (von 1869 bis 1874 fortschrittliches Mitglied des Abgeordnetenhauses), Bernhard Käswurm-Kindschen und Eugen Käswurm-Tilsewischken standen in dem langjährigen politischen Kampf um das verfassungsmäßige Volksrecht in ihren Kreisen bei allen Wahlen in den vordersten Reihen der liberalen Opposition. Hoverbeck stand mit allen drei Schwägern in freundschaftlichem Verhältniß, aber ganz besonders eng verband ihn persönliche Freundschaft und später die gemeinsame politische Thätigkeit mit seinem Schwager Dr. Bender, dem Gatten der ältesten Schwester seiner Frau.[5]) Der Politik wandte Hoverbeck in den nächsten Jahren nach seiner Verheirathung nur geringes Interesse zu. Die Zeitereignisse waren nicht dazu angethan, es zu erregen. Auch nahmen das von ihm 1/4 Stunde vom Dorfe Quetz angelegte Vorwerk Kahlfelde, der Bau des Wohnhauses und die dabei angelegten Gärten seine Thätigkeit stark in Anspruch. In einem Brief vom 16. Mai 1854 entschuldigte er bei Witt sein langes Schweigen zunächst mit

Krankheit seiner Frau, die an wiederholten Fieberanfällen litt, und dann mit „der Menge von Sorgen und Geschäften, die der Hausbau mit sich bringt.“ Er schreibt:

„Wenn Du bedenkst, daß in diese Zeit zugleich die ganze Sommersaatbestellung, eine Reise nach Königsberg zur Sitzung der landschaftlichen Taxkommission, und endlich der Anfang des Hausbaues fiel, so magst Du glauben, daß es mir, wenn auch nicht ganz an Zeit, doch an der nöthigen ruhigen Stimmung zum Briefschreiben fehlte. — Zum Hausbau sind jetzt die Materialien fast ganz an Ort und Stelle, mit Ausnahme der erst noch zu brennenden Ziegel. Der Maurer arbeitet am Fundamente, der Zimmermann hat das Bauholz bereits beschlagen, der Ziegler macht seit dem Weggehen des Frostes Zieget, der Töpfer Dachpfannen — unser ruhiges Vorwerk ist in ein vielgeschäftiges Kahlfeld umgewandelt. Dabei ist aber mein Steckenpferd, die Obstbaumzucht, nicht ganz vergessen; in die Baumschule auf dem Vorwerk sind gegen 1300 veredelte und noch eine Anzahl unveredelte Obstbäumchen gepflanzt, auch noch einige Kirschen und Pflaumen in den schon voriges Jahr angelegten Garten. In diesem treiben die damals gepflanzten, wie Du Dich erinnern wirst, sämmtlich zwergstämmigen Bäumchen recht hübsch, obwohl sie natürlich noch sehr niedrig sind; die im vorigen Jahre dort gesetzten Kirschbäumchen sind bereits in voller Blüthe, darunter Stämmchen von 1 bis 2 Fuß Höhe.“

Die Obstbaumzucht war ihm mehr als „ein Steckenpferd“.

„Von früh auf gewährte Hoverbeck das persönliche Eingreifen in die Förderung der Natur große Freude. Schon als ganz junges Kind zeigte er, anders als sonst Kinder pflegen, eine zarte Pietät für die Blumen, indem er bei Gängen durch den Garten seine Begleiter ermahnte: „Nur riechen an den Blümchen, nicht abreißen!“ — Als Student brachte er eine junge Weihmuthskiefer aus Königsberg mit und pflanzte sie auf dem elterlichen Gut, wo sie unter seiner Pflege auf's beste gedieh. — Aus dem Jahre 1846 stammt eine größere Gruppe von Rüstern, die er „ihrer rauhen Rinde wegen“ besonders liebte, und er hatte eine Freude wie ein zärtlicher Vater an wohlgerathenen Kindern, wenn er sie bei späteren Besuchen in Nickelsdorf nach Wunsch fortgeschritten fand.“[6)]

In jungen Jahren Gutsbesitzer geworden, ging er in seinem Thun und Treiben sofort von der Bestrebung aus, dem Grund und Boden

„durch fleißige und intelligente Arbeit gesteigerte und veredelte Erträge abzugewinnen und dadurch zur Hebung des Nationalwohls beizutragen. Zu dem Zweck schien ihm der Obstbaum, den er als das edelste Gebilde der Pflanzenwelt liebte, in erster Linie geeignet. In dieser Auffassung wurzelte seine entschiedene Neigung für die Obstkunde, die Obstbaumzucht und deren Begünstigung in weiteren Kreisen.“[7)]

Der Obstbau stand damals in Deutschland noch auf niedriger Stufe. Hoverbeck hatte auf seiner Reise gefunden, daß die Obstbaumzucht fast nirgends rationell betrieben würde. Eine Ausnahme zeigte ihm Hohenheim, wo ihn der Obergärtner Lucas in seiner sechzig Morgen umfassenden Baumschule herumführte. (Siehe oben Seite 70 und 81.) Unter Berufung auf die persönliche Bekanntschaft trat er mit ihm Anfang 1849, als er in Quetz Baumschule und Obstgarten anlegte, in briefliche Verbindung.

Briefe von Hoverbeck an Lucas sind nicht mehr vorhanden, aber aus vier Briefen von Lucas aus den Jahren 1849, 51 und 53[8]) geht hervor, daß Hoverbeck sich nicht darauf beschränkte, von Hohenheim Edelreiser und briefliche Belehrung über deren Behandlung und Veredlung und über Anlagen von Baumschulen u. dgl. zu beziehen, sondern daß auch er durch werthvolle Mittheilungen über eigene Erfahrungen und Beobachtungen und durch Uebersendung von Reisern und Obstproben aus Ostpreußen zur Förderung des Obstbaues in Hohenheim und der praktischen und schriftstellerischen Arbeiten von Lucas nicht unwesentlich beitrug. Nach den Briefen hatte Hoverbeck schon 1850 vorzügliche Exemplare von ausgezeichneten ostpreußischen Obstsorten, namentlich von einem Apfel, einer glattschäligen Wachsreinette, dem Jungfernschönchen und einer Sommerbirne, der Honigbirne, an Lucas gesendet und ihn eine besondere Methode des Baumschnittes gelehrt, die Lucas so vortrefflich fand, daß er sie in Hohenheim einführte, in seinem Buche „die Gemeinde-Baumschule" beschrieb und Hoverbeck dafür als Autorität anführte. Das Jungfernschönchen ließ Lucas in einer Schrift abbilden und taufte es „Hoverbeck's schönen Jungfernapfel". Hoverbeck bestand aber darauf, den Apfel nur ostpreußisches Jungfernschönchen zu benennen. Edelreiser aus Quetz wurden von Lucas im Frühjahr 1853 nach Kärnthen, Norwegen und Westfalen gesendet, und bis heute noch kommen aus entlegenen Theilen Deutschlands Anfragen nach Reisern dieser Sorte. Lucas bat damals, die nach Quetz zum Versandt kommenden Hohenheimer Edelreiser als kleines Aequivalent für eine ihm übereignete interessante Obstsammlung zu betrachten. Die Beziehungen zwischen den beiden Männern wurden enger seit dem Herbst 1854, wo Lucas in Gemeinschaft mit Oberdieck die Monatsschrift für Pomologie und praktischen Obstbau herausgab, an der Hoverbeck ein eifriger Mitarbeiter wurde.

Zwei Aufsätze „über den Schnitt des Leitzweiges in Baumschulen", Jahrgang I Seite 198 und „Zapfenschnitt beim Kopuliren" Jahrgang II Seite 129, hat Hoverbeck unter Anderem auf Lucas Aufforderung geschrieben. Es handelt sich dabei um eine Verbesserung der sogenannten Dittrich'schen Methode zur Erziehung starker Hochstämme, die darin besteht, daß die Sommertriebe alljährlich je nach Bedürfniß etwa ein Drittel ihrer Länge zurückgeschnitten werden. In dem ersten Aufsatze heißt es:

„Bei Anwendung des jährlichen Rückschnitts bemerkte ich in meiner Baumschule sehr bald, wie viel kräftiger und werthvoller meine Bäumchen wurden, aber auch gleichzeitig, daß dabei ein völlig gerader Hochstamm bei Kernobst eigentlich eine Ausnahme von der Regel war. Um diesen Fehler zu verbessern, versuchte ich es, bei dem jedesmaligen Rückschnitte des Leitzweiges über dem obersten Auge einen Zapfen von 2 bis 3 Zoll Länge stehen zu lassen, und den neu entstehenden Leitzweig, während er noch weich und biegsam war, mit Bast daran anzubinden. Diese Methode hat sich mir bei mehrjähriger Anwendung als vollkommen genügend erwiesen, und da Herr Garteninspektor Lucas, dem ich sie mittheilte, sie für neu hält, und mich zu ihrer Veröffentlichung auffordert, so habe ich hiermit diesem Wunsche genügt. Die Sache ist an sich so einfach, daß dabei wenig zu beschreiben ist ....

Ich wende den Rückschnitt gewöhnlich bei Aepfeln, Birnen und Pflaumen an, bei Kirschen nur ausnahmsweise, wenn ihr Trieb nicht ganz so kräftig ist, als gewöhnlich. In der Regel lasse ich dem Leitzweige nur ein Drittel seiner Länge, bei sehr starkem Triebe mehr, bei schwachem weniger. Natürlich suche ich mir ein möglichst kräftiges Auge zum Endtriebe aus, schneide den Leitzweig 3 Zoll höher, und nehme etwa darüber befindliche Augen glatt weg. Gut ist's, wenn das oberste Auge möglichst senkrecht steht, damit der künftige Leitzweig ohne Mühe gerade wächst; jedoch giebt mir der Zapfen die Möglichkeit, ihn auch bei schräger Stellung dazu zu zwingen. Wenn nämlich der neue Trieb 6 bis 12 Zoll lang ist, und anfängt einige Festigkeit zu bekommen, wird er mit ein wenig Bast an den Zapfen so angebunden, daß er vollkommen senkrecht steht. Wächst ein einzelner Leitzweig von selbst ganz gerade, so kann das Anbinden natürlich unterbleiben; dies geschieht jedoch verhältnißmäßig selten, da die meisten sich nach der Seite hinneigen, nach der sie am Zweige stehen."

Es folgen dann noch einige Winke. Lucas fügte dem Aufsatze eine Anmerkung an, worin er sagt, daß diese Methode seit zwei Jahren, wo Hoverbeck ihm dieselbe mittheilte, in der Hohenheimer Baumschule mit dem entschiedensten Vortheile bei allen jungen, dem Rückschnitt unterworfenen Kernobstbäumen in Anwendung gebracht werde ... Mit ihm würden viele Obstbaumzüchter dem Herrn Hoverbeck für die Bekanntmachung der Vervollkommnung der Dittrich'schen Erziehungsmethode sehr dankbar sein.

Ueber die verschiedenen Quetzer Obstgärten erfährt man Näheres aus einem von Lucas veranlaßten Auffsatze Hoverbecks Seite 413 bis 419 Jahrgang I, „Notizen über die Dauerhaftigkeit mehrerer Kernobstsorten." Die Mittheilungen erstrecken sich auf 82 Aepfel- und 93 Birnensorten, die er sämmtlich meist in den Jahren 49 bis 51 aus der Hohenheimer Baumschule bezogen hatte und an drei verschiedenen Orten beobachtet; erstens in seiner alten Baumschule mit dunkelbraunem reichen Lehmboden, zweitens in seiner neuen, auf freiem Felde angelegten Baumschule (der Boden gesunder Lehm, für Weizen und Klee geeignet) und drittens in einem nur für Zwergbäume bestimmten Sortengarten in freier Lage mit mildem Lehmboden. Für die Dauerhaftigkeit der Sorten sei der harte Winter 54/55 ein wahrhafter Prüfungswinter gewesen. Der Frost war schon am 10. November eingetreten, die Kälte war im

Januar und Februar bis 22, ja 26° R gestiegen. Hoverbeck führte jede einzelne Obstsorte in acht Abtheilungen auf, je nachdem sie ganz gesund, beinahe gesund oder ziemlich gesund geblieben war oder etwas gelitten, gelitten, stark gelitten, sehr stark gelitten hat oder erfroren war. Er kam zu dem Schluß:

„Für unser Klima dürften die drei ersten Abtheilungen zu Hochstamm, die drei folgenden nur als Zwergbaum, die beiden letzten wohl gar nicht geeignet sein."

Mit der ihm eigenen Gründlichkeit hatte er in seinem Handexemplar über dieselben Sorten weitere Beobachtungen im Winter 55/56 verzeichnet.

Das neue Wohnhaus auf dem Vorwerk Kahlfelde hat Hoverbeck nicht bezogen. Ganz unerwartet kündigte ihm sein Vater den Entschluß an, sich zur Ruhe zu setzen und ihm Nickelsdorf zu übergeben, wogegen der zweite Sohn Ernst Quetz übernehmen sollte. Gesundheitsrücksichten waren bei dem Entschluß des Vaters keinesfalls maßgebend. Der alte Herr erfreute sich einer kernfesten Gesundheit.[9]) Den eigentlichen Anlaß bot für ihn — abgesehen von dem Wunsche seiner Frau, die mancherlei Lasten und Unbequemlichkeiten der ländlichen Hauswirthschaft jüngeren Kräften zu übertragen — die Rücksicht auf seinen Sohn Ernst. Dieser, im März 1832 geboren, war von Kindheit an schwächlich und konnte nicht nach den bei Leo angewendeten strengen Grundsätzen des Vaters erzogen werden. Er besuchte die Gymnasien zu Hohenstein und zu Königsberg und wurde dann Landwirth. Auch er wurde vom Militärdienst befreit, da seine Lungen nicht ganz gesund befunden wurden. Im Jahre 1853 ging er für längere Zeit nach Regenwalde, war dann in der Wirthschaft seines Vaters thätig und hatte nun dasselbe Lebensalter erreicht, in dem Leo selbstständiger Besitzer geworden war.

Am 17. Mai 1855 wurden die Kaufverträge abgeschlossen. Der Kaufpreis von Quetz betrug 45000 Thaler, der von Nickelsdorf 70000 Thaler. Da Ernst auf Wunsch seines Vaters im Sommer 1855 eine mehrmonatliche Reise machte, blieb Leo vorläufig noch in Quetz und siedelte erst Mitte September nach Nickelsdorf über.

Die Eltern zogen nach Königsberg, vertauschten diesen Wohnsitz aber bald mit dem ruhigen freundlichen Elbing.

Das Scheiden des alten Landschaftsdirektors aus dem Kreise Allenstein wurde von den Kreiseingesessenen schmerzlich empfunden. Durch seine hervorragenden persönlichen Eigenschaften, durch seine Tüchtigkeit als Landwirth und durch rastlose gemeinnützige Thätigkeit in Ehrenämtern aller Art, hatte er sich ein so allgemeines Vertrauen, so unbedingte Hochachtung erworben, wie sie nur Wenigen zu Theil wird. Auf den Kreistagen war sein Votum so gut wie maßgebend. Wie es Anfangs der fünfziger Jahre auf den Kreistagen in Allenstein herging, schilderte ein Mitglied desselben später folgendermaßen: „An einem Tisch des Sitzungssaales saßen der Landrath und der Kreissekretär, in einiger Entfernung auf Stühlen die Mitglieder des Kreistages. In dem Zwischenraum zwischen beiden stand der alte Hoverbeck in einem bequemen Anzuge. Aus der linken Tasche sah ein buntseidenes Taschentuch hervor, aus der rechten der Tabacksbeutel, im Munde hatte er die nie verlöschende lange Tabackspfeife. Der Kreissekretär verlas die Vorlagen, der Landrath erläuterte sie. Dann sagte der alte Hoverbeck: „Wir nehmen es an", oder „Wir lehnen es ab", oder „Wir verlangen diese oder jene Aenderung". Hierauf drehte er sich zu den übrigen Kreistagsmitgliedern um und sagte: „Es ist doch recht so?" Und wohl ausnahmslos wurde ihm zugestimmt, dann war der Beschluß gefaßt."

Bei seinem Abschiede wurden ihm besondere Ehren erwiesen. Die Stände des Allensteiner Kreises beschlossen in der ersten Versammlung, in der sie ihn „schmerzlich vermißten", ihm in einem von allen Mitgliedern unterzeichneten Anschreiben vom 8. November 1855, den wärmsten Dank auszusprechen für die Aufopferung, mit der er durch 35 Jahre als Mitglied des Kreistages zum Wohl des Kreises treu gewirkt. Die Kreistagsverhandlungen, zum großen Theil niedergelegt in dem durch ihn eingeführten Protokollbuch, zeugten von den Beschlüssen, „an denen sein heller Verstand, sein scharfes Urtheil, seine weise Sparsamkeit den sprechendsten Antheil gehabt." Ein unvergängliches Zeugnis aber legten die Werke ab, an denen er zwölf Jahre hindurch als Mitglied des Meliorationskomitees uneigennützig für seine Mitbürger gearbeitet habe. In seiner Antwort sprach Hoverbeck seinen hochverehrten Mitständen seinen gerührten Dank für das Wohlwollen und das Vertrauen, das er stets unwandelbar genossen und für die freundliche und ehrende Anerkennung, mit der sie seine redliche Gesinnung so über Verdienst belohnten. Offen und klar bekenne er, daß die Anerkennung seiner Genossen im engeren Sinne stets das einzige und höchste Ziel seiner Bestrebungen gewesen sei.

Anmerkungen zum dreizehnten Kapitel:

1) Vgl. Hensel S. 83, hier im Einzelnen vervollständigt.

2) Die Eltern der Frau v. Hoverbeck waren Gottlieb Käswurm, geboren 1790, † 1864 und Karoline, geborene Wilwodinger, geboren 1793, † 1862. Ihre Brüder,

die Gutsbesitzer Theodor in Puspern geb. 1825, † 1883, Bernhard in Kindschen, geboren 1828, † 1890 und Eugen in Tilsewischken, geboren 1833, † 1873. Die älteste Schwester der Frau v. Hoverbeck, Ida, geb. 1818, war seit 1841 die Gattin des Oberlehrers Dr. Bender.

[3]) In der salzburgischen Landschaft Pongau entspringt auf den hohen Eisbergen der Radstädter Tauern die Ens. Unweit ihrer Quelle im Flachauthal liegen dicht bei der Flachauer Kirche zwei alte Bauernhöfe Vorder- und Hinter-Käswurm, wohl die Stammsitze der dort in den Bergthälern seit vielen Jahrhunderten weit verbreiteten Familie Käswurm. Ihre Besitzer waren 1732 Wolfgang und Hans Käswurm. Der erste Gebirgsbach, der sich in die Ens ergießt, ist die Taurach (oder die Tauern Ache), die parallel mit der Ens ebenfalls von den Radstädter Tauern herabstürzt. Im Taurachthal, etwa eine halbe Meile südlich von Radstadt liegt ein stattlicher Bauernhof Hinter-Gottschallehn, und eine Viertelstunde weiter hinauf der uralte Hof Schießlehn in der Taurach. Der erstere gehörte 1732 Veit Käswurm, bei dem sein jüngerer Bruder Matthes als Knecht diente, der andere dem älteren Bruder Hans. Die Familie Käswurm stand im Radstädter Bezirk, dem ein Drittel aller Evangelischen angehörte, mit an der Spitze der Opposition. Ein Tobias oder Adam Käswurm war einer der 21 im August 1731 von den evangelischen Bauern gewählten Aeltesten, die nach Wien zum Kaiser gesandt, aber unterwegs nach Salzburg zurückgeschickt und dort in Haft gehalten wurden. Als der Erzbischof 1731 eine Kommission in die Gebirgsthäler sendete, gehörten die Gebrüder Käswurm aus dem Taurachthal zu den „Hauptprädelsführern", die „herumliefen und die Leute zum evangelischen Glauben anfrischten" und damit bewirkten, daß fast alle Bewohner sich auf dem Pflegerhause zu Radstadt als Evangelisch-Lutherische einschreiben ließen. Auf den Höfen der Käswurms im Taurachthal und in der Flachau waren Versammlungen, in denen gesungen und Reden gehalten wurden; namentlich aber „rottirte man sich zusammen" bei Adam Käswurm, dem bürgerlichen Bierbrauer in Radstadt. Dort lag die lutherische Bibel auf dem Tisch und lutherische Lieder wurden gesungen, „wozu der Bräu die Getge tapfer strich". Hier hörte man böse Reden, wie 30000 Bauern das Zeughaus in Radstadt stürmen und dann nach Salzburg gegen den Erzbischof ziehen wollten, schlimmstenfalls würden die Schweizer helfen und der Brandenburger mit 80000 Mann zu Hülfe kommen. So nach Aussagen gerichtlich vernommener katholisch gebliebenen oder wieder katholisch gewordenen Zeugen.

Als die zur Musterung bestellten Feuerschützen durch Soldaten entwaffnet waren, wurde Veit, der krumme Gottschall genannt, verhaftet; nachher wurde auch sein Bruder Matthes durch Soldaten und Gerichtsdiener aus dem Bett geholt, gemißhandelt und eingesperrt. -- Veit und Hans Käswurm gehörten nach dem erzbischöflichen Auswanderungspatent vom 31. Oktober 1731 als Besitzer von Bauernhöfen zu denjenigen „Empörern", denen die längste Frist zur Auswanderung gelassen war. Sie ließen ihre Höfe, die sie nicht verkaufen konnten, im Stich und zogen mit Pferd und Wagen nach Lithauen. Unter den dort eingewanderten 12000 Salzburgern befanden sich 16 Männer, 11 Frauen und 28 Kinder, zusammen 55 des Namens Käswurm.

[4]) In meinem Besitz befindet sich ein gedrucktes Verzeichniß, „derer zu freiem Kauf feilstehenden Güter der Emigranten" (Druckort nicht genannt), das jedenfalls von einem Beamten des 1734 mit Einziehung der Forderungen und Verkauf der Grundstücke beauftragten preußischen Agenten Freiherrn von Plotho gefertigt ist. Die Güter sind nach den Gerichten geordnet. Unter 381 Gütern im Radstädter Gericht befinden sich Hans Käswurms Gut Schießlehn in der Taurach, Veit Käswurms Gut Hinter-Gottschallehn in der Taurach und Wolfgang Käswurms Gut Vorder-Käswurm in der Flachau. — Das hier im Text und in Anmerkungen über die Salzburger Mitgetheilte ist entnommen den Schriften von Moser, Göcking, Krüger, Rahts, Panse, Casparis und den mir von Karl Käswurm-Sodenen übersandten schriftlichen Aufzeichnungen, desselben.

[5]) Dr. Karl Bender, geboren 1811, 1848 Oberlehrer an dem altstädtischen Stadtgymnasium zu Königsberg, betheiligte sich lebhaft an der politischen Bewegung.

Von 1847 bis 1851 Stadtverordneter, von 1848 bis 1850 Mitarbeiter an der demokratischen neuen Königsberger Zeitung, nahm er 1851, als man ihn zu diszipliniren drohte, den Abschied, wurde Landmann und kaufte das Gut Katharinenhof (Kreis Preuß. Eylau). Von 1861 bis 1885 war er ununterbrochen Mitglied des preußischen Abgeordnetenhauses. Er starb am 1. September 1893. Sein fünfter Sohn Georg, geboren 1849, ist Oberbürgermeister in Breslau und Mitglied des Herrenhauses.

6) Nach Witt in dem Aufsatze im Reichsfreund 1887.

7) Aus einem Nachruf in der Monatsschrift für Pomologie und praktischen Obstbau, herausgegeben von Oberdieck, Superintendent zu Jeinsen, und Eduard Lucas, württembergischen Garteninspektor zu Hohenheim, Jahrgang 1876 Seite 196. Verfasser des Nachrufs ist der Gerichtsassessor a. D. und Gutsbesitzer Schmiedicke in Groß-Lensk bei Lautenburg. Er war von 1863 bis 66 zugleich mit Hoverbeck Landtagsabgeordneter für Osterode-Neidenburg und ein ebenso eifriger Pomologe wie er.

8) Lucas hatte 1845 in Hohenheim Hoverbeck als Oekonom Hoverbeck aus Ostpreußen kennen gelernt. In seinem Briefe vom Februar 1849 spricht er seine Freude aus, „die frühere ihm sehr werthe Bekanntschaft erneuert zu haben“. Der Brief ist wie die folgenden bis 1857 adressirt: Sr. Wohlgeboren Herrn Gutsbesitzer Hoverbeck in Quetz. Auch in der Monatsschrift wird Hoverbeck bis zum Jahre 1857 als Mitarbeiter ebenso bezeichnet, erst später wird Rittergutsbesitzer von Hoverbeck Hochwohlgeboren daraus.

9) „In seinen mittleren Lebensjahren wurde er sehr von Rheumatismus heimgesucht, diesen kurirte er in der Kaltwasser-Heilanstalt Reimannsfelde bei Elbing und setzte die Kur später zu Hause auf originelle Weise fort. Neben seinem Schlafzimmer wurde ein kleiner Anbau errichtet und in demselben ein 7 Fuß hohes Faß aufgestellt und täglich von außen mit frischem Wasser gefüllt. An jedem Morgen sofort nach dem Erwachen stieg er auf einer Leiter bis zu der Höhe des Faßrandes und sprang in das kalte Wasser, um dann an einem von der Decke herabhängenden Strick wieder herauszuturnen. Dieser viele Jahre streng befolgten Abhärtungsmethode glaubte er seiner kernfesten Gesundheit zu verdanken.“ Aus einem Briefe seines Enkels Georg Thiel.

Vierzehntes Kapitel.

In Nickelsdorf 1856 bis 1858.

Leo von Hoverbeck hatte sich bei den Bauern in Quetz und Umgegend im Laufe der Jahre eine ähnliche Vertrauensstellung erworben, wie sein Vater im Allensteiner Kreise inne hatte:

„Noch nach vielen Jahren, als er längst das väterliche Gut Nickelsdorf übernommen hatte, kamen seine früheren bäuerlichen Nachbarn meilenweit zu ihm gefahren, um seinen Rath in Wirthschaftsangelegenheiten einzuholen; stets wurde derselbe ihnen klar, bündig und uneigennützig ertheilt, ja oft kam Hoverbeck unter persönlichen Opfern zu ihnen, um ihnen an Ort und Stelle die Anleitung zu einer durchgreifenden Umgestaltung der Wirthschaft zu geben. So war er also vermöge seines klaren Blickes und seiner gründlichen Bildung schon als junger Landwirth gegenüber viel älteren Standesgenossen eine Autorität und machte von seinem Ansehen den humansten und wohlthätigsten Gebrauch.“[1])

Im Allensteiner Kreise kam ihm auch das Ansehen seines Vaters zu gute. Auf dem ersten Kreistage des Jahres 1856 ward er zum zweiten Kreisdeputirten gewählt. Uebrigens hatte er keine Zeit, müßig zu sein. So glänzend der Kulturzustand des Gutes auch war, gab es doch reichlich zu arbeiten. Ein Theil des Ackers war zu drainiren. Dabei stieß er auf Schwierigkeiten. In einem Briefe an Witt vom 30. Oktober 1856 heißt es:

„Der Herbst ist gerade hier in Nickelsdorf die dringendste Arbeitszeit. Für allen schweren Boden ist es beinahe Hauptbedingung einer gedeihlichen Bestellung, daß er vor Winter gepflügt werde, und daher sind jetzt sämmtliche Gespanne nur damit beschäftigt. Leider aber ist der Boden in Folge der langen Dürre so hart geworden, daß die Brache gar nicht und die anderen Schläge nur mit vier Pferden und der äußersten Kraftanstrengung zu pflügen sind. Was ich sonst irgend von Menschenkräften, eignen und fremden, disponibel habe, wird zum Drainiren verwendet. Bis jetzt sind etwa 7 Morgen vollendet; jetzt aber sind wir auf sehr beträchtliche Schwierigkeiten gestoßen. Wir müssen nämlich die Röhren in Triebsand und 7 Fuß tief legen, wobei sie sich fortwährend durch das zuströmende Wasser — denke Dir, trotz dieser Dürre und einer scheinbar trockenen Lage, sind die unteren Schichten ganz mit Wasser gesättigt — verstopfen, da es den Triebsand in den Röhren ablagert. Die Arbeit muß statt einmal, beinahe dreimal gemacht werden, die ganzen Grabenränder stürzen wiederholt ein; aber wir verzagen nicht. Gelingt es, das Wasser gut abzuführen, so ist dem Ackerstücke die größte Wohlthat erwiesen. Aber Geduld gehört dazu. Mir selbst ist die Sache so interessant, daß ich mich ordentlich zusammennehmen muß, um hin und her auch noch andere Gedanken zu haben als das Drainiren. Im Garten werden auch einige Neupflanzungen, namentlich von Beerenobst (Stachel-, Johannis-, Him- und Erdbeeren) gemacht, welches ich von Jena bezogen habe."

Witt fand es ganz nützlich, daß sein Freund mit Schwierigkeiten zu kämpfen habe. Er schrieb ihm (2. November 1856):

„Die Schwierigkeiten Deiner Drainage freuen mich, und wie es scheint, haben sie auch für Dich mehr Reiz, als das mühlose, regulär fortschreitende Drainiren. Du hast kräftige Zähne, Dir können schon harte Nüsse vorgelegt werden. Gewiß wird Dir nachher der Erfolg auch weit erfreulicher sein, wenn er mit Aufbietung von allerlei neuen Gedanken erreicht ist. Also wünsche ich Dir fortgesetzt viel Vergnügen und viel Mühe bei Deinen Arbeiten."[2])

Die Hauptarbeit galt in Nickelsdorf wie zuletzt in Quetz dem Bau eines neuen Wohnhauses und der Anlegung und Vergrößerung von Obstgärten und Baumschulen. Auch unterließ Hoverbeck nicht, sich auch ferner an der Monatsschrift für Pomologie und praktischen Obstbau von Oberdieck und Lucas durch belehrende Aufsätze als Mitarbeiter zu betheiligen. Zunächst veröffentlichte er in der Monatsschrift (2. Jahrgang 1856), gewissermaßen zum Abschluß seiner Mittheilungen über Quetzer Erfahrungen, eine Vegetationstabelle für Quetz der Jahre 1848 bis 55. In Anknüpfung an seine früheren Aufsätze über die Dauerhaftigkeit mehrerer Kernobstsorten wollte er durch Veröffentlichung seiner Beobachtungen einen Anhalt zur Beurtheilung des Klimas bieten, zugleich eine Anregung geben, daß recht viele derartige Notizen gesammelt und veröffentlicht würden.

Der Nickelsdorfer von Hoverbeck gepflanzte Obstgarten konnte bald als „der größte (16 Morgen) und sorgsamst gepflegte Garten des mannigfachsten Obstes in Ostpreußen bezeichnet werden."[3]) Welche Ergebnisse Hoverbeck in Nickelsdorf mit den 1855 begonnenen Gartenarbeiten schließlich erzielte, stellte sein Freund und Spezialkollege im Abgeordnetenhause während der Konfliktzeit, Assessor a. D. Schmiedicke aus Groß-Lensk, ein eifriger, kenntnißreicher Pomologe in einem auf Lucas Wunsch geschriebenen und Seite 196 u. f. des Jahrgangs 1876 der Monatsschrift veröffentlichten Nekrolog ausführlich dar.

Wir entnehmen demselben Folgendes:

„In seinem schön gelegenen, großen Gutsgarten, welchen er noch vergrößerte und durch ein nicht prunkvolles, aber bequem eingerichtetes und nach seinen Angaben in edlen Verhältnissen erbautes Wohnhaus, durch Anlagen von Ziersträuchern, schönen Terrassen und prächtigen Blumenbeeten schmückte, hatte er neben einzelnen Baumgruppen riesiger Linden, Spitzahorne und anderer heimischer Waldbäume eine große Zahl aller Obstbäume, besonders in den der Provinz eigenthümlichen Sorten, deren viele er mit vollem Rechte sehr werth hielt. . . . Er pflegte dieselben mit wahrer Pietät und vermehrte sie durch Anpflanzen junger, von ihm selbsterzogener Hochstämme in den werthvollsten Sorten und in seinen letzten Lebensjahren auch vieler Pyramiden- und Spalierbäume, von denen er jedoch nur vereinzelte Früchte sehen sollte. Außerdem schuf er auf dem dem Gutshofe gegenüberliegenden Felde in vielen langen Reihen, denen der Gutswald zum End- und Stützpunkte diente, eine Pflanzung von Kern- und Steinobst und daneben, getrennt durch Weg und Hecken, seine umfangreiche Baumschule. Dieselben enthielten theils in Einzel-, theils in schön geformten Sortenbäumen, eine sehr zahlreiche Sammlung der edelsten Obstsorten, welche er durch Reiser von seinen pomologischen Freunden vermehrte. In der Erkenntniß, daß der Obstbaum gesund sein und kräftig wachsen müsse, wenn er vollkommene Früchte bringen und widerstandsfähig sein solle gegen die Unbillen des ostpreußischen Klimas, war Hoverbeck mit nie ruhender Sorge für seine Lieblinge bemüht, den an sich günstigen und reichen Boden noch durch Auf- und Abtragen, fortgesetztes Bearbeiten zwischen und Hacken in den Reihen, sowie durch passende Düngung und systematische Drainage zu verbessern und dadurch die zusagendste und reichlichste Nahrung den Pfleglingen zuzuführen. Für den Kundigen war es ein wahrer Hochgenuß, mit ihm diese reichen Reihen zu durchwandern, jeden einzelnen Baum und Zweig, welche von ihm nach Ursprung und Stellung in sorgfältig geführte Register eingetragen waren, mit ihm zu betrachten und in ihrer Eigenheit zu erfassen, seine Bemerkungen, welche von seiner gründlichen umfassenden Kenntniß in der Obstkunde beredtes Zeugniß gaben, darüber zu hören oder die Baumschule, aus welcher er Stämme und Reiser in großer Zahl jährlich an die Umgegend abgab, durchzusehen und an deren Zöglingen die kundige Hand des Züchters zu bewundern. Und diese Hand war die des Entschlafenen selbst. Er selbst zog die Wildstämme, von ihm allein oder unter seiner Leitung wurden dieselben mit den Sorten, welche nach seiner Erfahrung die dauerhaftesten und werthvollsten für die Provinz waren, veredelt und dabei handhabte er Messer und Scheere mit einer Geschicklichkeit, Sicherheit und Kraft, um welche der geübteste Gärtner ihn beneidet haben würde."

Aus dieser Darstellung ist zu entnehmen, welche unendliche Mühe und Arbeit Hoverbeck in den ersten Jahren seines Besitzes auf Nickelsdorf und dessen Gärten verwendete und welche Freude und Befriedigung ihm diese friedliche Arbeit in der freien Natur gewährte. In späteren Jahren, als ihn seine anstrengende Thätigkeit im Landtag und Reichstag oft viele Monate des Jahres von der Heimath fern hielt, fand er, zurückgekehrt, in dieser Beschäftigung seine beste und wohlthätigste Erholung. Im Sommer 1857 besuchte er die Versammlung deutscher Obstzüchter und Pomologen in Gotha, die mit einer Ausstellung verbunden war. Er schrieb darüber an Witt:

„Die Ausstellung war die größte bis jetzt in Deutschland gesehene und für meine Obstkenntniß außerordentlich förderlich. Unter den Anwesenden fand ich sehr bald Lucas, den ich von früher her kannte und unter den 120 Mitgliedern sind fast alle bedeutenden Pomologen in Deutschland. Die persönliche Bekanntschaft mit diesen Männern ist mir bei der Gemeinsamkeit unserer Bestrebungen eine sehr erfreuliche..."[4])

Von Gotha machte er auf der Eisenbahn einen Ausflug nach Eisenach und der Wartburg und auf der Rückreise nach der Heimath fuhr er mit Lucas nach Erfurt, wo sie sich einen großen Garten ansahen. Hoverbeck benutzte die Ausstellung zu einer absonderlichen Untersuchung, deren Ergebniß von der Gründlichkeit Zeugniß giebt, die allen seinen Bestrebungen eigen war. In einem 27 Seiten der Monatsschrift umfassenden Aufsatze, überschrieben „Bericht über einige Obstsortimente von der Gothaer Ausstellung" sagt er in der Einleitung:

„So vielfache Belehrung gewiß jedem Obstfreunde der Besuch der großartigen Gothaer Ausstellung geboten hat, so mußte doch natürlich eine dort gewonnene Kenntniß von Obstsorten eine sehr unvollständige bleiben, da das bloße Anschauen einer Frucht oder vielmehr tausender von Früchten in wenigen Tagen sich weder dem Gedächtniß fest einprägt, noch auch über die Haupteigenschaften derselben, ihren Geschmack und ihre Haltbarkeit Aufschluß geben kann. Um nun über diese Punkte etwas mehr ins Klare zu kommen, suchte ich in den Besitz einiger größerer dort aufgestellter Sortimente zu gelangen. Die nach dem Schlusse der Ausstellung anberaumte Auktion des ausgestellten Obstes bot dazu die Gelegenheit; leider aber fehlte es mir an Zeit, derselben persönlich beizuwohnen."

Sein Wunsch wurde aber doch erfüllt. Es wurden für ihn schöne mit Prämien ausgezeichnete Sammlungen aus dem Regierungsbezirk Düsseldorf und aus Züllichau und reichhaltige Apfelkollektionen aus Meiningen angekauft und ihm in sorgfältiger Verpackung zugesandt. Diese Früchte wurden nun in Nickelsdorf in einer kühlen vor Frost geschützten Obstkammer übersichtlich ausgelegt, häufig durchmustert, und diejenigen, die gerade den richtigen Reifepunkt erreicht zu haben schienen, zum Verspeisen ausgewählt. Es ergaben sich nun manche überraschende Thatsachen. Einige, gewöhnlich als Herbstobst empfohlene Sorten hielten sich den ganzen Winter über gut, während andere als sehr dauerhaft gerühmte sich als entschieden überreif zeigten. Ueber Geschmack und Dauer jedes einzelnen Apfels wurden schriftliche Notizen gemacht, die Hoverbeck Sorte für Sorte unter Angabe des Tages, an dem die Frucht verspeist wurde, nun veröffentlichte. Es fanden sich dabei auch große Verschiedenheiten in der Haltbarkeit der Früchte, je nach der Gegend, wo sie gewachsen waren. Dieselben Sorten reiften meistens desto später, je nördlicher sie erzogen waren. Im Ganzen waren es 339 Sorten Aepfel, die Hoverbeck in jenem Aufsatze besprach.

Das Freundschaftsverhältniß zu Witt blieb nach Hoverbeck's Verheirathung unverändert. Schon im März 1855 hatte er bei Gelegenheit einer Einladung zu längerem Besuche an Witt geschrieben:

„Du wirst mich in einer wesentlich veränderten Lage kennen lernen. Glücklicherweise kann ich Dir jetzt als Wahrheit sagen, was ich Dir früher einmal als meine Hoffnung und meinen Entschluß angab, daß die innige Liebe zu meiner Frau mich meinen Freunden nicht entfremden würde."

Daß auch Witt von der Unwandelbarkeit ihrer Freundschaft überzeugt war, beweist eine scherzhafte Aeußerung in einem Briefe vom November 1856:

„Sollte ich ein höheres Alter erleben, so könnte vielleicht Nickelsdorf noch einmal mein Altensitz werden."[6)]

Hoverbeck mochte wohl im Ernst diese Möglichkeit in Erwägung ziehen. Jedenfalls wurde im Giebel des neuen Hauses ein Stübchen mit freundlicher Aussicht in den Garten eingerichtet, das den Namen „Wittstübchen" führte.

Inzwischen begann ein Umschwung in der Politik. Jahrelang hatte König Friedrich Wilhelm IV. mit seinen Ministern und seiner pietistischen Umgebung berathen und verhandelt, wie man die beschworene Verfassung durch einen mit einem Eidbruch beginnenden Staatsstreich aus der Welt schaffen könnte. Ein Vorschlag nach dem andern wurde erörtert und wieder verworfen, bis im Juli 1857 ein Schlagfluß und in dessen Folge die geistige Umnachtung des Königs die Pläne beseitigte. Der Prinz von Preußen übernahm die Stellvertretung und im Oktober 1858 die Regentschaft. Weder die Einsetzung der Regentschaft noch die Ableistung des Verfassungseides hatten die Minister und die feudale Hofpartei durch ihre Ränke zu hintertreiben vermocht. Schon während der Stellvertretung hoffte alle Welt auf vollständige Aenderung in der inneren Politik. So auch Witt. Wohlwollende Freunde, die ihn als ausgezeichneten Lehrer kannten, riethen ihm 1858 beim Minister von Raumer einzukommen, ihn wieder für anstellungsfähig zu erklären. Er folgte dem Rathe und gab statt des sonst erforderten Bekenntnisses der Reue die schriftliche Erklärung ab, er werde sich bemühen, die Jugend in Liebe und Treue für König und Vaterland zu erziehen. Raumer schlug das Gesuch ab, weil darin der Ausdruck der Reue fehlte.

Hoverbeck schrieb ihm tröstend (27. August 1858):

„Vielleicht bist Du, wie jetzt der ganze Staat, an den Leiden des Interregnums gescheitert, wiewohl man allerdings gar nicht wissen kann, ob der Thronaspirant, wenn er wirklich auf dem Stuhle sitzt, eine großherzigere Politik einschlagen wird. Man hofft unwillkürlich so; denn das bestehende System ist nicht nur jämmerlich engherzig, sondern auch entschieden dumm. Denken die Narren denn, wenn sie ihre Beamten systematisch aller Selbstständigkeit entkleidet und sie in der Gesinnungslosigkeit bis zum höchsten Punkte gebracht haben, daß dieses Pack ihnen eine Minute länger anhängen wird, als es vortheilhaft ist, das heißt, bis zum ersten Unfalle. Mit einem Wort, sie sind so lange der Unterstützung ihrer Beamten sicher, als sie dieselben nicht brauchen, und verlieren sie entschieden in dem ersten Augenblick, wo sie sie brauchen."

Uebrigens war Hoverbeck keineswegs so hoffnungslos, wie es hiernach schien. Er schrieb in demselben Briefe:

„Man kann gar nicht wissen, ob wir nicht im November ein Ministerium Schwerin haben, oder wenigstens die jetzigen Minister auf hohe Ordre sich schwerinisirt haben; dann wäre es eher Zeit damit. Alles in Allem betrachtet, ist es vielleicht kein Unglück, daß die Sache jetzt mißlungen ist. Entweder — das alte Regime, gleichviel unter welcher Person, bleibt auch ferner bestehen, — dann ist für Dich immer keine Zeit, denn Du bist für sie zu ehrlich — und hättest Du auch bereits eine kleine Stelle ergattert, so könntest Du dabei verfaulen; — oder es kommt eine entschiedene Wendung zu einer liberaleren Politik; dann läßt sich Dein Antrag wohl immer noch erneuern (wiewohl allerdings nicht so gut, als wäre dieser Versuch nicht vorhergegangen, denn die neuen Gewalthaber werden einen alten Steuerverweigerer und Dorfzeitungsschreiber auch gerade nicht lieben, sondern höchstens ihm verzeihen). Aber thut nichts, es wird dann schon auf die eine oder andere Weise gehen. Also nur Courage behalten!"

Hoverbeck meinte, durch seine öffentliche Thätigkeit in der Kreis- und Provinzialverwaltung selbst schon verdächtig geworden zu sein.

„Wie gern würde ich meinerseits Etwas für Deine Zwecke gethan haben, und wenn ich nicht einerseits selbst in keinem guten politischen Geruch stände, andererseits gegen den Oberpräsidenten manchesmal selbst etwas schroff gewesen wäre, so würde ich gradezu zu ihm hingehen; so aber fürchte ich, daß es Dir nur schaden würde. Wir sind beide zu ehrlich für dieses Volk. — Nun, für alle Fälle, will ich Dir im neuen Hause ein hübsches Stübchen einrichten, in das Du auf Altentheil ziehen sollst."

Die Vollendung des Hausbaues zog sich in die Länge. Erst Ende Oktober wurde das neue Wohnhaus bezogen und nun lebte das Ehepaar nicht ganz so einsam wie in Quetz. Die beiderseitigen Verwandten besuchten Nickelsdorf häufiger. Hoverbecks Schwester, Frau Syndikus Thiel z. B. war mit ihren drei Kindern regelmäßiger Sommergast. Als ausgezeichnete Klavierspielerin und große Musikfreundin brachte sie stets reiche musikalische Anregung. Es wurde viel vierhändig gespielt und viel gesungen. Es machte Frau Thiel besondere Freude, ihres Bruders, wenn auch kunstlosen, so doch wohlklingenden Gesang zu begleiten.

Mit der Umgegend wurde erst in späteren Jahren einiger Verkehr angeknüpft. Für die erste Zeit beschränkte er sich auf vier freisinnige, junge Kreisrichter mit ihren Frauen in dem benachbarten Allenstein, mit denen regelmäßige gesellige Zusammenkünfte stattfanden. Mit den Männern hatte Hoverbeck ein „englisches Kränzchen", in dem Bücher wie Boz's Pickwickier in der Ursprache gelesen wurden.[7]) Da brachte die Politik von neuem Unruhe.

Dem königlichen Erlaß vom 7. Oktober 1858, betreffend die Aufforderung an den Prinzen von Preußen zur Uebernahme der Regentschaft folgte die Einberufung des Landtags, der nach der Verfassung über die Nothwendigkeit der Regentschaft zu beschließen hatte, und die Entlassung des Ministers des Innern von Westfalen, der bis zuletzt für Ablehnung der Regentschaft eingetreten war. In der gemeinschaftlichen Session beider Häuser des Landtags wurde einstimmig die Regentschaft genehmigt und vom Prinzen am 26. Oktober der Eid auf die Verfassung geleistet. Neuwahlen zum Abgeordnetenhause wurden ausgeschrieben, die Urwahlen auf den 12. November, die Abgeordnetenwahlen auf den 23. November bestimmt. Die Entlassung der Minister von Manteuffel und von Raumer und die Einsetzung des Ministeriums des Fürsten Hohenzollern mit den Liberalen von Auerswald und von Patow ließ eine lebhaftere Wahlbewegung entstehen. Die alten Demokraten von 1848 betheiligten sich überall daran, die Führer traten mit großer Mäßigung auf und lehnten eigene Kandidaturen ab. In Königsberg erließ das Komité für unabhängige Wahlen ein von Dr. Johann Jacoby und den späteren fortschrittlichen Abgeordneten Dickert, Prediger Rupp und Dr. Bender-Katharinenhof einen Wahlaufruf. Zu dessen Begründung erklärte Johann Jacoby u. A.:

„Jetzt giebt es in unserem Lande in der ganzen demokratischen Partei nicht einen einzigen, der für Preußen, wie es ist, eine andere als monarchische Staatsform zu wollen, geschweige zu erstreben sich nur im Traume einfallen läßt! Unser

Programm . . . ist das vollständige, aufrichtige Programm für das künftige politische Wirken aller demokratisch gesinnten Preußen: Ehrerbietung dem Könige! — Achtung der Landesverfassung! — Den Gemeinden Selbstverwaltung! — Allen Bürgern gleiche Pflichten, gleiche Rechte; das ist verfassungsmäßige Monarchie auf der echt demokratischen Grundlage der Selbstverwaltung und Gleichberechtigung . . ."[8])

Die landrechtlichen Kreise Allenstein (92,0 % Katholiken) und Osterode (90,8 % Evangelische) bildeten damals einen Wahlkreis, der zwei Abgeordnete wählte. Den Wahlkreis Allenstein-Osterode (mit 51,6 % Evangelische und 47,3 % Katholiken) vertraten in der letzten Legislaturperiode von 1855 bis 1858 zwei Konservative, der Oberregierungsrath v. Kamptz zu Königsberg und der Landrath Martens zu Allenstein. Letzteren hat Hoverbeck als Kreisdeputirter während der Sessionen wohl öfters vertreten müssen. Seinem Freunde Witt schrieb er im Herbst 1857 in Bezug auf Reisepläne:

„Freilich hängen alle diese Pläne davon ab, daß Onkel Beliau[9]) wieder die Verwaltung des Landrathsamts während der Kammersitzung übernimmt, da dieselbe sonst mir zufallen würde. Das wäre mir sehr unangenehm. Denn dieser hauptsächlich polizeiliche und steuereintreibende Wirkungskreis würde mir außerordentlich widerlich sein, abgesehen davon, daß er auch meine übrigen Projekte durchkreuzen würde und doch immer viel Zeit kostet. Der Himmel lasse diesen Kelch der Ehren an mir vorübergehen!"

Es lag Hoverbeck fern, sich bei der Wahl von 1858 um ein Mandat zum Abgeordnetenhause zu bewerben. Aber eines Tages erschienen bei ihm in Nickelsdorf ein paar Kleinbürger von Allenstein, um ihn zu bitten, ein Mandat anzunehmen. Er hatte Bedenken; — aber als die gleiche Aufforderung noch von anderen Personen aus beiden Kreisen kamen, erklärte er schließlich, er werde die Wahl, wenn sie auf ihn fiele, nicht ablehnen. Er muß dies Anfang November Witt mitgetheilt haben Witt schrieb ihm am 8. November 1858:

Das wäre mir eine sehr große Freude, wenn ich hören könnte, daß Du nach Berlin gingest. Sei doch nicht gar zu neutral. Du gehst ja nicht für Dich, sondern für Deine Gesinnungsgenossen. Du brauchst nicht zu ambiren und kannst doch die Anstrengungen Deiner Freunde unterstützen."

Am 23. November 1858 wurden von den Wahlmännern im ersten Wahlgange Hoverbeck, im zweiten der klerikale Bürgermeister a. D. Siebert in Wartenburg (Ostpr.) zu Abgeordneten gewählt. Hoverbecks Eltern in Elbing antworteten auf die Anzeige der Wahl am 28. November in einem gemeinschaftlichen Briefe. Die Mutter wünschte ihm Glück. Der Vater schrieb:

„Wenn Dir Deine Wahl zur Befriedigung gereicht, so will ich das und die geistigen Genüsse, die Du allerdings dort finden magst, mit meinen Bedenklichkeiten kompensiren und nur wünschen, daß keine derselben sich verwirklichen möchte. . . .

Daß Du nicht um Stimmen geworben, wußte ich im Voraus, ohne Deine Versicherung, weil Du mein Sohn bist; darum ist das Ergebniß für Dich um so mehr ehrenvoll, als nicht vorauszusetzen, daß Du im Ortelsberger Kreise überhaupt gekannt seiest."[10])

Anmerkungen zum vierzehnten Kapitel.

[1]) Aus Professor Julius Möller: „Der verewigte Reichstags-Abgeordnete Freiherr Leopold von Hoverbeck. Rede zur Königsberger Gedächtnißfeier am 18. September 1875", aufgenommen in „Populäre Vorträge und Aufsätze" von Dr. Julius Möller. (Hamburg 1890.)

[2]) Hensel hat in seinem Buche, Seite 95, in dem Briefe Witts vom 2. November 1856 diese Stelle fortgelassen.

[3]) Aus dem Aufsatze Witt's im Reichsfreund 1877.

[4]) Aus einem Briefe Hoverbeck's an Witt, mitgetheilt in Witt's Aufsatz im Reichsfreund 1877. Die Stelle ist der ersten, mir nicht übergebenen, vermuthlich von Witt vernichteten Hälfte des Briefes entlehnt. Aus der zweiten Hälfte ist S. 149 eine Stelle mitgetheilt.

[5]) Hoverbeck hat von 1859 bis 1870 keinen Aufsatz für die Monatsschrift geschrieben. Der Jahrgang 1871 weist seine letzte Arbeit auf „Notizen über die Obsternte 1870 in Ostpreußen". Ueber seine Verdienste um Ostpreußens Obstbau und den ganz neuerdings eingetretenen Aufschwung desselben urtheilt der Oekonomierath Stöckel folgendermaßen:

„Der Obstbau war in Ostpreußen seit langer Zeit auf den großen Gütern der Provinz betrieben, man hatte aber bis vor kurzer Zeit nie an einen Obstbau gedacht als wirthschaftliche Branche. Dieser Richtung des Obstbaues hat Hoverbeck, neben den vielen Anregungen in technischer Beziehung, durch sein Beispiel und durch den Umfang des Obstbaues, den er selbst betrieb, reiche Anregung gegeben. Den jetzt eingetretenen Aufschwung des Obstbaues hat er nicht mehr erlebt, ebenso wenig die Anerkennung, die das Ostpreußische Winterobst im übrigen Deutschland findet. Heute ist bekannt, daß viele edle Sorten Winteräpfel, z. B. Gravensteiner und gelber Richard in Ostpreußen in Bezug auf schöne Form und Aroma dieselben Sorten aus milderen Klimaten weit übertreffen. 1889 erhielten Aepfel aus Littauen-Masuren auf der großen Gartenbau-Ausstellung in Stuttgart die große silberne Medaille und augenblicklich herrscht in Ostpreußen eine sehr rege Thätigkeit zur Ausdehnung und Verbesserung des Obstbaues, die bedeutende Erfolge erzielt und größere verspricht. Hoverbeck's Arbeiten auf diesem Gebiete haben mit den Grund zu der jetzt beginnenden großen Reform gelegt."

[6]) Siehe Hensel a. a. O. Seite 94.

[7]) Die vier Kreisrichter des englischen Kränzchens in Allenstein waren Mahraun, der 1896 als Landgerichtsrath a. D. in Allenstein gestorben ist. Ihm verdanke ich die Abschrift einer Reihe parlamentarischer Briefe Hoverbeck's (s. folgende Kapitel). Seine Tochter Olga wurde 1872 von Hoverbeck adoptirt. Winckler starb als Generallandschafts-Syndikus in Königsberg um's Jahr 1875. Siehr lebt in Allenstein als Rechtsanwalt und Justizrath, Patzig als Geh. Justizrath und Landgerichtsdirektor a. D. in Charlottenburg.

[8]) Ueber die Wahlbewegung 1858 vgl. Parisius, „Deutschlands politische Parteien und das Ministerium Bismarck" (1878) S. 23 bis 28 und „Aus dem Leben Theodor von Bernhardi's" Theil III (1894) S. 33, 45 f., 69 bis 99, 140 bis 149.

[9]) „Onkel Belian", Rittergutsbesitzer zu Trautzig war der erste Kreisdeputirte.

[10]) Witt hatte unmittelbar vor den Wahlen brieflich lebhafte Auseinandersetzungen mit Hoverbeck über die Demokratie. Hoverbeck muß sich unzufrieden mit

dem Verhalten der Königsberger Demokraten ausgesprochen und Witt sie verteidigt haben. In einem Briefe vom 20. November 1858 schrieb er:

„Die Demokratie hat gelernt und vergessen. Dies Bekenntniß erscheint mir jetzt ebenso angemessen, wie es mir früher, als Männer, wie Westphalen, es ihr durch Schrecken abzupressen suchten, unwürdig vorgekommen wäre. Ihr Irrthum lag darin, daß sie aus Holz eherne Bilder herzustellen dachten ... Die feige Furcht der letzten Jahre hat gezeigt, in welchem rohen Stoffe die Demokraten zu arbeiten hatten. Jetzt ist es die herrschende Ansicht der Demokratie, daß ihre Bemühungen nicht länger auf die Ertrotzung freiester Staatsformen, sondern auf die Beförderung ruhiger Kraftentwickelung im Volke gerichtet sein müsse. Die Demokratie verlangt daher von der Regierung jetzt nur, daß sie dem Wachsthum der Volkskraft keinen unsittlichen Widerstand entgegensetze ... Preß- und Religionsfreiheit werden ausreichen, um die berechtigten Triebe der Volkskraft ans Tageslicht zu lassen. Selbstverwaltung in kleineren Kreisen werden noch lange eine ausreichende Schule sein, die Selbstständigkeit und Staatskraft des Volkes zu üben. Vor allem muß man darin sicher sein, daß nicht die Regierung selbst, die das Volk sittlich bilden helfen soll, durch ein Verfahren, wie wir es fast 10 Jahre über uns haben ergehen lassen müssen, es entsittliche" u. s. w.

Nach den noch länger ausgesponnenen Betrachtungen über die Aufgabe der Demokratie kam er zum Schluß dahin:

„In diesem Sinne aufgefaßt, erscheint mir die Demokratie als das beste, was ich im Leben gefunden, sie vertritt die Stelle der Religion, die mir versagt scheint."

In demselben Briefe theilte Witt mit, daß er ernstlich darauf ausgehe, wieder eine Dorfzeitung herauszugeben. Hoverbeck's Antwort ist nicht erhalten. Witt's Auseinandersetzungen scheinen ihn nicht überzeugt zu haben. Den Plan der Gründung einer Dorfzeitung nannte er „unpraktisch".

Witt seinerseits war betroffen über die Meinungsverschiedenheit. Er klagte in einem Briefe vom 15. Dezember 1858:

„Meine arme Dorfzeitung! Der erste feindselige Angriff kommt ihr von einem Freunde ihres beabsichtigten Vaters! Er macht ihr schon vor ihrer Geburt den Vorwurf, daß sie unpraktisch sein werde, ja fast sein müßte."

In demselben Briefe heißt es:

„Ich rechne sehr darauf, daß Du nicht bloß dem Landtag, sondern auch der Landtag Dir nützlich sein wird, d. h. in sofern, als Du bei Deinem Fleiß, Deinen schönen Kenntnissen und Deinem hellen Verstande jedenfalls ein gut Stück Einsicht in die Staatsverhältnisse, wie sie sich aus dem Centrum der Regierung machen, aus Berlin mitbringen wirst. Und dies wird auch mir zu Gute kommen. Sollte ich Dich politisch rangiren, so möchte ich Dich allerdings *ein Ende rechts von mir* unterbringen, allein darin ist doch Deine Stellung für mich eine ganz andere, als die der meisten Deiner Gesinnungsgenossen, daß ich Dir zutrauen darf, Du wirst in Deinen Ansichten nur durch die Rücksicht auf das allgemeine Wohl, nicht im entferntesten auf die selbstsüchtigen Wünsche der *Wohlhabenden* bestimmt. Du strebst wie ich und meine Gesinnungsgenossen danach, die Theilnahme an dem Staatsleben soweit als möglich auszudehnen; würdest Dich ebenso freuen wie ich, wenn es möglich wäre, *alle* Menschen in Bezug auf Lebensgenuß, Mündigkeit, Einsicht auszugleichen. Nur Du hältst, um diesem (unerreichbaren, aber höchst erstrebenswerthen) Ziele Dich zu nähern, einen behutsameren, langsameren Weg nöthig als ich und wer von uns Beiden Recht hat, darüber bin ich jeden Augenblick bereit, mich belehren zu lassen, und werde mich also freuen, wenn Du von Berlin mit kräftigen Belegen für Deine oder meine Ansicht zurückkehrst."

Fünfzehntes Kapitel.

Das Abgeordnetenhaus von 1859 und der deutsche Nationalverein.

Das neu gewählte Abgeordnetenhaus ergab bei der Eröffnung des Landtages am 21. Januar 1859 eine überwältigende Mehrheit für das Ministerium. Die Konservativen waren von 240 auf 60 Mitglieder zusammengeschmolzen. Die katholische Fraktion hatte mit klerikalen Wilden und dem Rest der durch Wahlkreisgeometrie fast aufgeriebenen Polen zuletzt etwa 60 Mitglieder gezählt; jetzt erschien sie mit fast ebenso viel Mitgliedern neben einer polnischen Fraktion von 18 Mitgliedern. Die Liberalen waren zum Schluß der vorigen Legislaturperiode einschließlich der 21 Mitglieder der Fraktion Mathis 57 Mitglieder stark gewesen. In dem neuen Abgeordnetenhause gab es etwa 210 Liberale, wovon 50 der Fraktion Mathis und 150 der Fraktion Vincke angehörten. — Der Umschwung war am bedeutendsten in Ostpreußen. In der Landrathskammer waren unter den 32 Ostpreußen nur ein Liberaler und ein Klerikaler, alle übrigen gehörten den konservativen Fraktionen an. Bei den Wahlen von 1858 wurden nur 7 Konservative gewählt, unter den übrigen waren 3 Klerikale, die anderen 22 waren liberal. Von ihnen traten nur 2 der Fraktion Mathis bei, — darunter der Staatsanwalt Falk, der spätere Minister. — Dagegen 20 der Fraktion Vincke. Innerhalb dieser Fraktion zählten fast alle Ostpreußen zu der entschiedenen Linken; unter ihnen waren 10, die später zur Fortschrittspartei bezw. Jung-Littauen gehörten. Aehnlich verhielt es sich in Westpreußen.

Hoverbeck hat in dieser Legislaturperiode parlamentarische Berichte 1859 und 1860 für seine nächsten Freunde an Mahraun-Allenstein und 1861 an die Gesammtheit der liberalen Wähler gesandt. Diese Berichte sind zum Theil erhalten, auch einige Briefe an Witt sind noch vorhanden. Wie sich daraus ergiebt, war Hoverbeck ohne Begeisterung für die neue Aera, aber immerhin mit einer günstigen Meinung für das neue Ministerium in das Abgeordnetenhaus eingetreten. Der Prinzregent hatte schon in seiner Ansprache an die Minister vom 8. November 1858 nachdrücklich betont, daß von einem Bruch mit der Vergangenheit nie und nimmermehr die Rede sein könne; er hatte sich mit Entschiedenheit gegen „sogenannte liberale, in Wahrheit überspannte Ideen" ausgesprochen. In der Rede, mit der er den Landtag am 12. Januar 1859 eröffnete, erklärte er für eine der Hauptaufgaben seiner Regentschaft, dem Könige die Rechte seiner Krone ungeschwächt zu erhalten.

Wie Hoverbeck von der vorgefaßten günstigen Meinung über die Regierung nach und nach zurückkam und zur entschiedenen Opposition gelangte, ist aus seinen Berichten und Briefen zu ersehen. Mit dem ihm eigenen Scharfsinn erkannte er schnell die Schwächen der Geschäftsordnung und Geschäftsführung des Abgeordnetenhauses, dann auch bald die Unentschiedenheit und Unfähigkeit der Minister und ihrer Abgeordnetenmehrheit.

Schon acht Tage nach der Eröffnung der Session, am 22. Januar, sandte er den ersten Bericht an den Kreisrichter Mahraun in Allenstein:

Berlin, 22. Januar 1859.

Ich habe unsere Verabredung, Sie und die übrigen Führer der liberalen Parthei gelegentlich von den wichtigeren Vorgängen hier zu benachrichtigen, nicht vergessen. Leider habe ich aber sehr wenig zu berichten. Es war wohl natürlich, daß es am Anfange der Session noch nichts zu thun gab, und die langweiligen Wahlprüfungen scheinen eigens an die Spitze der ganzen parlamentarischen Thätigkeit gestellt zu sein, um den Eifer des Neulings gründlich bis zu jenem Mittelzustande zwischen Schlaf und Wachen abzukühlen, aus dem bekanntlich gewöhnlich das Staatsglück hervorzugehen pflegt. Ich habe mir zehnmal vorgehalten, daß es nothwendig sei, die Wahlen von der Kammer kontroliren zu lassen, und daß ich selbst am wenigsten geneigt wäre, dieses Recht zu schmälern; dagegen habe ich es immer nicht einsehen können, warum über ganz zweifellose, mit großer Majorität erfolgte Wahlen mit einer Breite referirt wird, als ob die Erfüllung derartiger Förmlichkeiten die Hauptobliegenheit der Kammer sei. „Auch dem Teufel sein Recht!"[1]) Der einzige vernünftige Berichterstatter war Rhoden[2]) ein Führer der Katholiken und starr ultramontan, der alle zweifellosen Wahlen en bloc vortrug und bestätigen ließ. — — —

Wie Sie wohl erwartet haben, gehöre ich zur Fraktion Wenzel-Schwerin, (Vincke) welche jetzt 147 Mitglieder enthält. Eine so große Zahl ist in Beziehung auf das genauere kollegialische Durchsprechen der Vorlagen für die Plenarversammlung keineswegs günstig, da wir in den Fraktionssitzungen völlig die Formen der Kammer beobachten müssen; auf der anderen Seite macht sie uns aber sehr unabhängig von den übrigen Fraktionen, da wir mit Hinzurechnung einiger Wilden, welche doch in der Regel uns auch zufallen, schon allein die ganze Hälfte der Kammer bilden. Bis jetzt sind wir übrigens gegen alle Fraktionen billig, gegen die uns zunächst sitzenden von Mathis und Reichensperger sogar übermäßig zuvorkommend gewesen. Ich möchte die Fraktion „Mathis" als den versüßten, hoffähig gewordenen Liberalismus, die „Reichensperger" als den religiös-starren, aber politisch gewandten Katholizismus bezeichnen. Letztere hat sich jetzt umgetauft, und nennt sich offiziell „Fraktion des Centrums", aber für die aufrichtigeren und schwächeren Mitglieder ist der Name (Katholiken) in Parenthese beigefügt, ein Auskunftsmittel, worüber der Erfinder hoffentlich sehr stolz sein wird. Es soll nämlich ein Theil der Mitglieder erklärt haben, sobald der Name Katholiken aufhörte, würden sie ihr Mandat niederlegen und nach Hause gehn; diese sind aber durch die heilbringende Parenthese glücklich für die Kammer erhalten. Uebrigens wird die Parthei künftig auch Protestanten aufnehmen, falls es denselben nämlich gelingt $^2/_3$ der Stimmen der bisherigen Mitglieder für sich zu erhalten; jedenfalls aber wäre es ein kürzerer Weg in den Schooß dieser Fraktion, sich vorher in die alleinseligmachende Kirche aufnehmen zu lassen.

Uebrigens zählt unsere Fraktion nicht wenig Katholiken, die entschieden gegen die Reichenspergersche Richtung auftreten; von den mir näher bekannten ist Forckenbeck[3]) (mein Nachbar in der Kammer wie in Ansichten) einer der entschiedensten. Bis jetzt ist er noch mit markirter Theilnahme von den Katholiken behandelt worden; wahrscheinlich werden sie aber bald aus ihren Himmeln fallen. Er ist nämlich in die Unterrichts-Kommission gewählt und wird dort sicherlich mit Diesterweg, Jubel (einem gemaßregelten evangelischen Pfarrer), Beitzke (dem Verfasser der Geschichte der Freiheitskriege), Jonas (dem bekannten rationalistischen Berliner Prediger), Harkort und Eckstein (sämmtlich Mitglieder unserer Fraktion[4]) für möglichste Beförderung und Befreiung unseres Unterrichts sprechen.

Die Bildung der Kommissionen ist auch bereits beendet; wir haben wohl ziemlich in Allen die Majorität, obwohl wir theils aus Höflichkeit, theils in Anerkennung wirklicher Tüchtigkeit für ein besonderes Fach in einigen Kommissionen Mitglieder anderer Fraktionen zu Vorsitzenden gewählt haben.

Es folgt ein Verzeichniß der Kommissionen, ihrer Vorsitzenden und der darin befindlichen Mitglieder der Fraktion Vincke. Hoverbeck selbst war Mitglied der Budgetkommission geworden. Interessant ist es, aus dem zweiten Briefe vom 5. Februar 1859 zu ersehen, durch welchen Zufall er, der sich später als entschiedenster Gegner und Wortführer gegen den Militarismus auszeichnete, in der ersten Session seiner parlamentarischen Thätigkeit Mitglied der Budgetkommission und Referent beim Militäretat geworden ist.

„Sie fragen mich, warum ich gerade in die Budgetkommission und besonders in das Referat für das Kriegsministerium gerathen bin. Nun, das ist Alles ohne mein Zuthun und ziemlich direkt meinen Wünschen entgegen geschehen. Die Kommissionen werden nämlich aus den Abtheilungen gewählt. Da unsere Fraktion die Wahlen ziemlich in Händen hatte, so bestimmt diese auch vorher in besonderer Sitzung die Kandidaten.[5]) Natürlich werden die begehrtesten Kommissionen, also namentlich die interessanteste, die Petitionskommission hauptsächlich an ältere Mitglieder vergeben, und da ich von meinem alten Prinzip, mich zu Wahlen nie zu melden, nicht abging, hätte es sehr leicht kommen können, daß ich, wie eine große Zahl von neuen Mitgliedern, gar nicht herangekommen wäre; ich kann es also noch als ein Glück betrachten, daß ich in die Budgetkommission kam, die eigentlich eine der wichtigsten, aber wegen der sehr langen und fast täglichen Sitzungen bei den etwas trägeren Mitgliedern nicht sehr beliebt ist. Mir ist das aber gerade recht, da ich wahrhaftig nicht Haus und Hof verlassen habe, um mich hier in Berlin zu amüsiren; seit wir jetzt vollauf zu thun haben, ist mir erst wohl, während ich früher mit Mißmuth auf die unnütz weggeworfene Zeit sah. — Gleich nach der Konstituirung wählt die Kommission ihren Vorsitzenden, wir Kühne-Berlin. Nun ernennt nach der Geschäftsordnung der Vorsitzende die Referenten. Kühne war darin sehr rücksichtsvoll, und nahm Wünsche entgegen. Natürlich wären mir Domainen und Forsten, Landwirthschaft u. s. w. lieber gewesen. Da aber so viele Landwirthe auch unter den älteren Mitgliedern sind, so schwieg ich ganz und nahm ruhig an, was auch mich traf, oder eigentlich, was für mich übrig blieb Ich bedaure das heute nicht, denn in der Kommission höre ich doch Alles, was in den anderen Etats vorkommt, erfahre dagegen bei den Zusammenkünften von uns vier Referenten am Kriegsministerium manches Interessante und lerne gerade das etwas näher kennen, worin ich bisher total Laie war. Auch bringt mich dieser Umstand einem Manne näher, der mir aus allen Entschiedneren unserer Fraktion sehr wohl gefällt, nämlich Bockum-Dolffs.[6])

Montag ist wieder Plenarsitzung (heute Abend demzufolge Fraktionssitzung), worin am Interessantesten ein Petitionsbericht, der sich für Abhülfe der Nothstände bei der Wiederverheirathung Geschiedener ausspricht. Neulich in der Fraktion wurde bereits darüber berathen, und wir hörten zwei Reden, eine von Jonas, worin er seine Ansichten über das Verhältniß von Kirche und Staat darlegte, und mit der Ueberzeugung schloß, daß nur eine obligatorische Civilehe vor jeder kirchlichen Trauung aus den fortwährenden Schwierigkeiten erlösen könne. Simson sprach sehr geschickt .... Diesmal lautete die Rede recht energisch, weil er in der Fraktion sprach, die in der Mehrheit (hoffen wir) Entschiedene enthält. Der Antrag selbst aber war matt, nämlich Unterstützung des Kommissionsantrages, der meiner Meinung nichts als die sogenannte Civilnothehe (Sünderehe) ist. Wentzel[7]) hatte vorher ein direktes Ammendement auf Civilehe gestellt, aber aus diplomatischen Gründen zurückgezogen; Behrend-Danzig[8]) nahm es aber auf, und wir Nichtdiplomaten brachten etwa 25 Stimmen dafür zusammen.

Gestern hat die Fraktion eine Kommission von Vincke, Rönne (Westhavelland und Grabow[9]) eingesetzt, um die Beschwerden über ungesetzliche Einwirkung der Reaktion bei der Wahl oder noch nachträglich gegen die Wähler zu sammeln und als Antrag vor das Haus zu bringen; wir haben bereits ein Kabinetstück, einen Originalbrief des Konsistoriums in Königsberg von Eichmann unterschrieben, an einige evangelische Pfarrer, die Forkenbeck gewählt haben. Behrend wird mehrere offizielle Schreiben des Landraths von Brauchitsch beibringen . . .

Sie fragen, ob unsere Fraktion zusamenbleiben wird. Auf die Länge glaube ich es nicht. Sie enthält 4 Elemente: 1. Leute, die mit jedem Ministerium stimmen würden (ich hoffe, wenige, aber daß welche darunter sind, habe ich Veranlassung zu glauben). 2. Andere, die mit diesem Ministerium durch Dick und Dünn gehen, weil sie in schlechten Zeiten mit Patow, Bethmann-Hollweg u. s. w. zusammen für die gute Sache gekämpft haben. Dahin dürfte ein ziemlich großer Theil der älteren Mitglieder zu zählen sein. 3. Gothaer, Präsident Simson. 4. Die Entschiedeneren, vorläufig noch ohne rechte Führer, da die älteren Mitglieder, welche dahin zu zählen wären, Grabow, Harkort, Bockum-Dolffs vorläufig, und bis sie durch eine Lebensfrage gezwungen werden, die Fraktion nicht spalten wollen. Hiernach glaube ich nicht, daß so verschiedene Elemente für immer zusammenhalten können; ob aber noch in dieser Sitzung sich neue Fraktionen oder etwa kleinere Kränzchen einer Gesammtfraktion bilden, ist nicht zu übersehen. Wir werden immerhin durch die gemeinsame Aufgabe zusammengehalten, gegen die noch gemäßigtere Fraktion Mathis, die Centren, Polen und die Reaktion, die vereinigt noch immer die Majorität haben würden, das Interesse des Landes zu vertreten.

Auch an Witt hatte Hoverbeck von Berlin aus schon Briefe gesandt. Dieser antwortete ihm am 1. Februar, indem er vom

Standpunkt des ungeduldigen demokratischen Wählers strenge Kritik übte. In der Beantwortung der Adresse fand er unwahre diplomatische Wendungen, hündische Schwanzwedelei u. dgl. Bis dahin habe man noch kein vernünftiges Wort im Abgeordnetenhause zu hören bekommen. Man tröste sich aber und sage sich:

„Nun gut, sie glauben es mit einem . . . zu thun zu haben, der gleich auf alles losfährt, wenn man ihn nicht durch Schmeicheln und Liebkosen bei guter Laune erhält; ich sehe die Nothwendigkeit nicht ein, halte vielmehr den Regenten für einen redlichen Mann, der das wenige, was man von ihm verlangt, nämlich ehrlich im Geiste der Verfassung zu regieren, auch ohne Karessen thun würde."

Uebrigens dürfe man nicht vergessen, „daß noch immer die Befreiung von der früheren Mißregierung und die Zuversicht, daß die gegenwärtigen Minister keine Gauner sind, nachhaltig als eine der größten Wohlthaten empfunden wird" . . .

Von Hoverbeck wußte Witt, daß er der Mahnung, „den geraden Nacken des Volksvertreters nicht zu verleugnen", keinesfalls bedürfe.

„Wir stimmen in dem Maß unserer Forderungen überein . . . und ebenso in den Ansichten über die gebührende Haltung eines Volksvertreters, denn Dir ist die Schwanzwedelei und die dienerhafte Ergebenheit nicht weniger verhaßt als mir."

Schließlich wünschte er ihm Glück zu dem Militair-Budget:

„Sie haben sich wenigstens breite Schultern ausgesucht für diese Last und ich glaube auch bestimmt, daß Du mit soviel Verständniß als ein Laie es irgend kann, darauf eingehen wirst."

Hoverbecks Antwort auf diesen Brief ist nicht mehr vorhanden. An Mahraun schrieb er am 20. Februar u. a.:

„Was unsere große Fraktion anlangt, so leidet dieselbe nicht wenig von ihrer Größe, um so mehr, da sie die meisten neuen Mitglieder zählt. Gleichwohl wird eine Trennung wahrscheinlich nicht erfolgen, da die alten Mitglieder trotz mancher Differenz der Ansichten durch die früher erlebten gemeinschaftlichen Kämpfe eng miteinander verbunden sind, und die neuen im Allgemeinen noch wenig ihre Ansichten ausgesprochen haben, was ich auch für vollkommen zweckmäßig halte, da Neulinge auf Schritt und Tritt durch die Geschäftsordnung und den Usus der Plenarversammlungen, Kommissionen und Fraktionen gehemmt werden. Uebrigens fängt unser Vorstand an, zu merken, daß wir nicht unbedingt gehorsam sind. Wir Preußen gehören im Allgemeinen zu den Entschiedeneren, vielleicht nur mit Ausnahme von Dohna-Wesselshöfen, Tamnau und Simson. Man erkennt das allmählich bei uns und fängt an, vor unserer Einigkeit Respekt zu bekommen. In unserer Fraktion sind 32 Preußen, mehr als aus irgend einer anderen Provinz. Neulich kam in der Fraktion die Civilehe an die Reihe; Wentzel plädirte stark für die „fakultative". Wiewohl es zu einer eigentlichen Abstimmung nicht kam, zeigte sich doch, daß wir Preußen meistens Anhänger der obligatorischen, oder mit einem Worte „des Rheinischen Civilehegesetzes" sind, schon um der Einheit in der Gesetzgebung willen. Natürlich gilt das nur von den Preußen aus unserer Fraktion. Die wenigen

Ultramontanen und Reaktionäre unserer Provinz werden wohl durch Dick und Dünn mit ihren Führern gehen.

Das Civilehegesetz ist uns bereits vorgelegt; wir Entschiedeneren nennen es, trotz aller Beschönigungen Bethmann-Hollwegs und Wentzels eine „Sünderehe": der Erfolg soll lehren, ob wir nicht Recht haben. Trotz alledem wird es durchgehen; denn nur ein Theil unserer Fraktion ist für das Rheinische Gesetz und sonst wohl Niemand im ganzen Hause.

Das neue Ehegesetz war nothwendig geworden, weil die orthodoxe Geistlichkeit die Trauung bei Wiederverheirathung Geschiedener verweigerte, sobald die Scheidungsgründe zwar im Landrecht, aber nicht in der Bibel als zulässig anerkannt waren. Friedrich Wilhelm IV. hatte Aenderung des Landrechts im orthodoxen Sinne nicht durchsetzen können. Pfaffen und Junker sträubten sich gegen die Civilehe und beeinflußten den Prinzregenten. Das Ministerium war auch hier schwach. Die Mehrheit des Abgeordnetenhauses gab nach. Hoverbeck schrieb in einem Briefe vom 5. März an Mahraun:

Berlin, den 5. März 1859.

Heute ist Tauftag [des jetzigen Kaisers Wilhelm II.], also Parlamentsferien, und da kann ich Ihren gestern erhaltenen Brief gleich beantworten. Ich freue mich sehr darüber, daß meine Wähler meine Ansichten über das neue Ehegesetz so vollkommen theilen. Sollte das Ding in derselben Form bleiben, was ich zur Ehre der Kommission nicht annehmen kann, so würde ich dagegen stimmen, da ich lieber die früheren gesetzlichen Bestimmungen, gemildert durch liberale Verwaltung und Auslegung, als den bleibenden Krebsschaden eines so monströsen Gesetzes haben will. Man will mit uns einen unanständigen Schacher treiben, und sagt uns: „Gieb Du so und so viel Ehescheidungsgründe, um unsere Mucker zu beruhigen, dann gebe ich Dir den Schein einer fakultativen Civilehe. Daß dabei ein Satz des Gesetzes dem anderen widerspricht, daß § 2 den § 1 totschlägt, oder vielmehr umgekehrt, das laß Dich nicht kümmern, sieht es doch in unserem Kopfe und in unserem Kabinet nicht besser aus!" Wir Entschiedneren antworten aber: „Behaltet Eure Sünderehe für Euch und laßt uns unsere alten landrechtlichen Ehescheidungsgründe!" So steht es vorläufig. Leider aber werden wir Entschiedeneren gewiß in der Kammer, wahrscheinlich aber sogar in der Fraktion in der Minorität bleiben. — — —

Sollte die Redaktion des Gesetzes wenigstens für eine wirklich fakultative Civilehe ausfallen, und möglichst wenig Scheidungsgründe gestrichen werden, dann würden wir möglicherweise doch dafür stimmen, da man sich mit dem Geringeren begnügen muß, wenn man das Bessere nicht haben kann; anders aber dagegen.

In der Plenarsitzung haben wir, nämlich Ancker[10]) aus Ruß, ich, Forkenbeck, Häbler aus Sommerau[11]) und Grüttner aus Westpreußen, die letzte Bank (also die äußerste Rechte!) inne, und die Bank hat einen gewissen Stolz auf ihre Abstimmungen. Gamradt-Tilsit[12]) kommt gewöhnlich zum Stimmen zu uns, und ist daher zum Ehrenmitgliede der Bank erklärt. Natürlich ist das Ganze Scherz und die meisten Preußen, welche in der Fraktion hin und wieder vertheilt sitzen, stimmen ebenso wie wir.

Hoverbeck hatte richtig vorausgesagt, die fakultative Civilehe wurde vom Abgeordnetenhause in dieser und in der folgenden

Session angenommen. Auch die Anhänger der obligatorischen Civilehe, mit ihnen Hoverbeck, stimmten dafür. Aber das Herrenhaus verwarf das Gesetz.

In einem Briefe Hoverbecks an Witt vom 15. März besprach er den plötzlichen Tod des Abgeordneten Graf zu Dohna-Wesselshöfen, des Generallandschaftsdirektors von Ostpreußen, der sich im Abgeordnetenhause zur altliberalen Partei hielt. Hoverbeck beklagte den schweren Verlust für die Provinz, besonders für die Landschaft. Sodann schilderte er dem Freunde seinen arbeitsvollen Lebenslauf: Vormittags Plenar- oder Kommissions-Sitzungen, nach Tische um 5 Uhr nochmals Kommissions- oder Referenten- oder Fraktions-Sitzungen, nach den Abendsitzungen mit Freunden zum „schweren Wagener," um echtes Bier, oder zu Kühn am Werderschen Markt, um „leichten Moselwein, sogenannten Kutscher," zu trinken.

„Wenn ich auch oft nicht einmal sonderliche Lust zu diesem Kneipen habe, so mag ich doch nicht zurückbleiben, da namentlich ein Neuling dort nicht nur die Abgeordneten, sondern auch das Berliner Publikum und manche interessanten Leute besser kennen lernt. — — —

Vom Prinzregenten oder den Ministern wissen wir so viel, oder wenig, als ihr; denn was sie im Hause thun, erfahrt ihr sofort auch. Ich bin nicht vertrauensselig, aber auch noch nicht verzweifelt; daß der Ton jetzt anders ist, als vor einem Jahre, darüber kann kein Zweifel sein.

Das Herrenhaus haßt uns grimmig, weil es weiß, daß wir es verachten. Das ist ein schlimmes Loch in unserm konstitutionellen System, daß die beiden Häuser so wenig stimmen wollen."

Auf Witt's Anfrage gab ihm Hoverbeck auch Auskunft über diejenigen liberalen Abgeordneten, mit denen er gesellig verkehrte. Am nächsten standen ihm damals wohl eine Reihe ostpreußischer Abgeordneter, namentlich Rechtsanwalt von Forkenbeck, dem er in Mohrungen nicht näher getreten war und Generallandschaftsrath, Rittergutsbesitzer Häbler, den er von den Landschaftssitzungen her kannte, Gutsbesitzer Gamradt-Tilsit und Constantin v. Saucken-Oslöpschen.

Das preußische Abgeordnetenhaus führte in dem ersten Theil der Session von 1859 ein förmliches Stillleben, das durchaus der Gleichgültigkeit entsprach, in die das Volk nach der kurzen Erregung bei Errichtung der Regentschaft und bei den Wahlen von 1858 wieder versunken war. Aber plötzlich entstand eine lebhafte Bewegung im Volk und in der Volksvertretung durch den italienischen Krieg. Am 28. April, in der ersten Sitzung nach den Osterferien eröffnete der Minister der auswärtigen Angelegenheiten v. Schleinitz dem Abgeordnetenhause: Jeden Augenblick sei die Eröffnung des Kriegs von Oesterreich mit Frankreich und Sardinien zu erwarten. Preußen machte seine ganze Armee mobil. Die Ansichten über die Folgen, die der Krieg für Preußen und für Deutschland haben werde, gingen anfänglich auch in Preußen noch ziemlich auseinander. Hoverbeck schrieb am 1. Mai an Witt von der Aufregung der politischen Lage, von der Tragweite des russisch-französischen Bündnisses, von dem man wohl erst durch die Schritte Rußlands etwas genaueres ersehen werde, — von dem Gift, was der Krieg für die Freiheit sei.

„Es ist nur jammervoll, daß wir mit dem Schutze Deutschlands und unserer eigenen Haut auch mittelbar die Gewaltherrschaft Oesterreichs in Italien unterstützen; auf unsere Fahnen werden wir schreiben müssen „„für Deutschland und das Konkordat!““

In diesen Tagen haben wir in der Fraktion hauptsächlich über Politik debattirt; Vincke hat uns in einer langen Rede eine Art von Resumé der politischen Ereignisse des letzten halben Jahres vorgetragen, das mich mit großem Respekt sowohl vor seinen Fähigkeiten, als vor seinem gesunden Verstande und vor seinem ehrenwerthen Charakter erfüllt hat. Im Allgemeinen kann man sagen: so lange der Krieg ein italienischer war oder gewesen wäre, hatten wir wenig Lust, Oesterreich in seiner Selbstsucht und seiner Unterdrückung zu helfen; wird er aber ein europäischer (durch Rußland oder wenn Louis Napoleon die deutschen Grenzen bedroht), dann müssen wir losschlagen. In einigen Tagen kommt die Anleihe.“

In seiner Antwort vom 8. Mai schrieb Witt:

„Ich denke, wir beide werden ziemlich einverstanden sein. Mögen die Österreicher aus Italien hinausgejagt werden, ich werde nicht den kleinen Finger dagegen aufheben. Aber wird der Schelmfranzos nach deutschem Lande lüstern, dann müssen wir nöthigenfalls Mann für Mann aufstehen und uns totschlagen lassen, wo es uns trifft, um uns selbst und der Welt zu beweisen, daß wir kein Lumpengesindel, sondern ein Volk im wahren Sinne des Worts sind. Ein solcher Krieg könnte uns vielleicht von ein paar Dutzend kleiner Fürsten helfen, die ich für meine Person herzlich gern daran wenden würde.“

Am 5. Mai forderte die preußische Regierung vom Landtage einen Kredit von vierzig Millionen Thaler. Dieser wurde einstimmig bewilligt und der Landtag am 14. Mai geschlossen.

Hoverbeck hatte in der ganzen Session nur zweimal im Plenum gesprochen. Die erste kurze Rede vom 19. März hielt er zur Vertheidigung eines von ihm gestellten Antrages. Die Budgetkommission hatte von 34000 Thalern, die für Vorarbeiten zu Eisenbahnen gefordert waren, 14000 Thaler gestrichen. Sämmtliche Abgeordnete der Provinz Preußen waren übereingekommen, das Haus müsse die gestrichene Summe im Interesse ihrer lange vernachlässigten armen Provinz bewilligen. Sie hatten Hoverbeck beauftragt, den Antrag einzubringen und zu vertreten. Der Auftrag zeigt, daß Hoverbeck durch seine Thätigkeit in Abtheilungen, Kommissionen und in der Fraktion sich schnell in hervorragender Weise das Vertrauen seiner landsmännischen Kollegen, sogar ohne Unterschied der Partei, erworben hatte.

Das zweite Mal, am 15. April, sprach er bei Berathung des Militäretats wenige Worte für eine von der Budgetkommission vorgeschlagene Ablehnung einer von der Regierung geforderten Erhöhung der Reisekosten.

Von seiner Thätigkeit in der Budgetkommission, der er alle drei Sessionen dieser Legislaturperiode angehörte, ist aus den Akten des Abgeordnetenhauses wenig zu ersehen. Die Protokolle der Kommission wurden sehr ausführlich aufgenommen und dann gedruckt. Aber sonderbarer Weise wurde in demselben damals kein Redner oder Antragsteller mit Namen genannt.

Noch nach Schluß des Landtages erklärte Hoverbeck für wünschenswerth, daß Oesterreich, nicht nur Italien, sondern auch Ungarn u. s. w. verlöre und nichts weiter bliebe als ein zweites Bayern:

„Die Vortrefflichkeit des Dualismus zwischen Preußen und Oesterreich, zwischen politischer und religiöser Freiheit auf der einen, Despotismus und Pfaffenthum auf der anderen Seite, will mir nicht einleuchten. Wer begeistert sich in Preußen für die Oesterreicher? Die Reaktionäre und die Ultramontanen! — Damit soll aber nicht gesagt sein, daß ich Oesterreichs außerdeutsche Länder den Franzosen oder Russen gönne; die dürfen und sollen sie nicht haben. Aber wenn diese Länder zur wirklichen Unabhängigkeit reif wären, so würde ich ihrer Erhebung gegen Oesterreich den Sieg wünschen. Und wenn wir je ein einiges Deutschland bekommen, so geschieht es nur auf diese Weise! —“

Oesterreich wurde am 4. Juni bei Magenta und am 24. Juni bei Solferino geschlagen. Es opferte wenige Tage darauf in Villafranca die Lombardei, nur um die preußisch-deutsche Hülfe nicht unter Bedingungen anzunehmen, die den Einfluß Preußens in Deutschland verstärken und die Wege zur deutschen Einheit ebnen mußten.

Die ersten Nachrichten von dem Frieden zu Villafranca riefen überall in Deutschland Schmerz und Entrüstung hervor. In Süddeutschland war man geneigt, Preußen wiederum alle Schuld aufzubürden; die Regierungsorgane Oesterreichs und der Mittelstaaten überhäuften es mit Schmähungen; in Norddeutschland machte sich die umgekehrte Strömung gegen Oesterreich und die Mittelstaaten in den bittersten Auslassungen der Presse bemerklich. „Alle alten Gegensätze — zwischen Norden und Süden, Katholiken und Protestanten, Demokraten und Konstitutionellen — regten sich wieder, alle alten Vorwürfe wurden wieder hervorgezogen und die neu hinzugetretenen Differenzen trennten auch die alten Freunde. Aber nur kurze Zeit dauerte dieser Zustand. Das Bild, das es für jeden Patrioten bot, war zu traurig, die von außen drohende Gefahr zu groß, das Gefühl für des Vaterlandes Wohl zu lebendig, als daß das Uebermaß des Uebels nicht zugleich den Anfang der Hülfe hätte bringen sollen.“ [13])

Die Hülfe kam vom Volk. Der Nationalverein, dessen Verdienste um die nationale Einigung Deutschlands weit unterschätzt werden, wurde gegründet. Der Anstoß ging von Preußen aus, wo die Reaktionsperiode die Männer der beiden liberalen Parteien von 1848, die Demokraten und die Konstitutionellen einander näher gebracht hatte; beiden Richtungen fehlte es damals aber an allen Beziehungen zu den Liberalen des übrigen Deutschlands.

In der Pfingstwoche, Mitte Juni, fand in Weimar unter Schulze-Delitzsch' Leitung eine erste Versammlung von Abgesandten der Vorschuß- und Kreditvereine statt. Nach Schluß der Versammlung verkehrte Schulze-Delitzsch privatim mit zwei jungen patriotischen Rechtsanwälten Fries[14]) aus Weimar und Hering[15]) aus Eisenach. In ihrer Besprechung über die Folgen, die der italienische Krieg für Deutschland haben werde, kamen sie zu dem Ergebniß, jetzt sei der rechte Zeitpunkt da, um für die Einigung Deutschlands mit Wort und That einzutreten. Sie beschlossen eine Versammlung von befreundeten Demokraten aus Sachsen, Thüringen und Franken zu veranstalten, um eine gemeinschaftliche Grundlage des ferneren Handelns zu gewinnen. Die Versammlung, auf der Schulze-Delitzsch der einzige Preuße war, fand am 21. Juni in Eisenach statt, und wurde von etwa dreißig Personen besucht. Sie tagte unter dem Vorsitz des Oberappelationsgerichtsrathes Schüler aus Jena, einem früheren Mitglied des Frankfurter Parlaments von 1848 und nahm eine Erklärung an, die dahin lautete:

1. Wir erblicken in der gegenwärtigen politischen Weltlage große Gefahren für die Unabhängigkeit unseres deutschen Vaterlandes, welche durch den zwischen Oesterreich und Frankreich abgeschlossenen Frieden eher vermehrt als vermindert worden ist.

2. Diese Gefahren haben ihren letzten Grund in der fehlerhaften Gesammtverfassung Deutschlands und sie können nur durch eine schleunige Aenderung dieser Verfassung beseitigt werden.

3. Zu diesem Zwecke ist es nothwendig, daß der deutsche Bundestag durch eine feste, starke und bleibende Centralregierung Deutschlands ersetzt und daß eine deutsche Nationalversammlung einberufen werde.

4. Unter den gegenwärtigen Verhältnissen können die wirksamsten Schritte zur Erreichung dieses Zieles nur von Preußen ausgehen, es ist deshalb dahin zu wirken, daß Preußen die Initiative dazu übernehme.

5. Zu diesem Zwecke und zu kräftigerer Wahrung der deutschen Interessen nach außen sind einstweilen und bis zur definitiven Konstituirung der deutschen Centralregierung die Leitung der deutschen Militärkräfte und die diplomatische Vertretung Deutschlands nach außen an Preußen zu übertragen.

Unabhängig von dieser Versammlung ward zwei Tage darauf, am 19. Juli in Hannover, wo zufällig ein Anwaltstag und die Eröffnung der Ständeversammlung eine größere Anzahl Politiker, die zum Theil der demokratischen, zum Teil der konstitutionellen Partei angehörten, zusammenführte,[16]) eine Erklärung über die bedrohte Lage des Vaterlandes angenommen und veröffentlicht, die im Wesentlichen auf dasselbe hinauslief: Einführung einer einheitlichen und freien Bundesverfassung mit einer starken Centralgewalt und einem deutschen Parlament statt des Bundestages und die Initiative Preußens um diese Zwecke zu erreichen. Der weitere Hergang ist zu ersehen aus einem Briefe von Unruh's, des früheren Präsidenten der Berliner Nationalversammlung, an den gemaßregelten früheren Oberbürgermeister Phillips in Elbing,[17]) der in der demokratischen Partei hohes Ansehen genoß. Der Brief lautet:

Berlin, 4. August 1859.

Lieber Phillips!

Hierdurch theile ich Ihnen mit, daß das in Eisenach gewählte Komité, zu dem ich gehöre, am 29. v. M. in Kösen beschlossen hat, für jetzt keine große öffentliche Versammlung einzuberufen, sondern zu dem einen Zwecke:

„Bildung einer großen nationalen Partei für die Einheit und Kräftigung Deutschlands".

tüchtige Männer aus allen deutschen Staaten und sämmtlichen liberalen Fraktionen zuzuziehen, mit diesen am 13. d. M. (Sonnabend) Abends 7 Uhr und den folgenden Tag in Eisenach im goldenen Löwen zusammenzukommen und ohne Heimlichkeit zu besprechen, welche Schritte zu thun sind.

Es ist sehr wünschenswerth, daß Sie daran Theil nehmen, womöglich auch Forkenbeck und Abgeordneter v. Hoverbeck, welchen Nachricht zu geben, event. durch Mittheilung dieses Briefes, ich Sie recht dringend bitte.

Der Eisenacher Versammlung (NB. der ersten) habe ich nicht beigewohnt. Die Zusammenkunft in Kösen hat indessen einen sehr guten Eindruck auf mich gemacht, schon deshalb, weil ein sehr großer Fortschritt in der politischen Bildung und Einsicht hervortrat (v. Bennigsen aus Hannover war auch dort). Gar kein Theoretisiren, kein Zank über abstrakte Prinzipien, ein klarer Zweck und ruhige Wahl der geeigneten, praktischen Mittel: Vereinigung der freisinnigen Parteien zu einer nationalen Einwirkung auf die öffentliche Meinung und die unabhängige Presse in ganz Deutschland und dadurch Vorbereitung auf die Krisis, welche muthmaßlich durch Frankreich oder Oesterreich zum Ausbruch gebracht wird.

Man erkannte sofort an, daß der alte Streit, ob Groß- oder Klein-Deutschland, ein unfruchtbarer sei, daß die deutschen Provinzen Oesterreichs nur durch eine

Revolution von demselben getrennt werden könnten, daß aber eine deutsche Revolution jedenfalls die Kräfte zersplittern und vielleicht eine Theilung Deutschlands, wie einst Polens, herbeiführen werde, daß also eine Einigung Deutschlands nur mit Preußen an der Spitze jetzt denkbar sei, und man in diesem Sinne fortarbeiten müsse, wenn die preußische Regierung noch nicht die nöthige Entschlossenheit und Energie besitze. Man müsse helfen, daß diese sich einstellen werde, wenn die Noth von Außen dränge und die Stimmung eine ähnliche Intensität erlange, wie 1813.

Sie sehen, lieber Phillips, die Leute sind praktischer geworden. Nach meiner Meinung muß am 13. d. M. in Eisenach das Programm vom 16. Juli eingenommen oder modificirt, dann aber mit vielen und guten Namensunterschriften in allen Zeitungen veröffentlicht werden. Sodann muß für Beitrags = Erklärungen aus allen deutschen Landen gesorgt werden. Ferner müßte in jedem derselben, soweit das Bundes-Vereins-Gesetz es gestattet, für Verbindungen gesorgt werden, welche in diesem Sinne ununterbrochen thätig sind, namentlich durch die Presse. Wir wollen die Bedeutung und die Kräfte nicht überschätzen, aber nur nicht still sitzen und zu Hause kannegießern.

Käme wohl einer von den Saucken's nach Eisenach? Antworten Sie bald

Ihrem

Unruh.

An der zweiten Eisenacher Versammlung am 14. August 1859 nahmen aus Preußen neben Schulze-Delitzsch und v. Unruh noch einige Berliner, ferner außer Thüringern, Sachsen und Hannoveranern noch zwei Darmstädter, ein Nürnberger, ein Heidelberger und je ein Vertreter aus Lübeck, Braunschweig, Frankfurt a. M., Theil. Sie beschloß eine Erklärung, die wörtlich übereinstimmte mit den Sätzen der ersten Eisenacher Erklärung, aber dann auslief in einen Appell an alle deutschen Vaterlandsfreunde, „mögen sie der demokratischen oder der konstitutionellen Partei angehören, die nationale Unabhängigkeit und Einheit höher zu stellen, als die Forderungen der Partei, und für die Errichtung einer kräftigen Verfassung Deutschlands in Eintracht und Ausdauer zusammen zu wirken." Eine zweite von Metz[18]) aus Darmstadt zur Erläuterung der Beschlüsse hinzugefügte und von fast allen Anwesenden unterzeichneten Erklärung, hob noch schärfer die freiheitlichen Interessen hervor. Sie forderten Jeden auf, „der in sich den Drang und die Kraft fühlt, für die Idee eines einigen Deutschlands mit nach Außen kräftigen und nach Innen freien Institutionen — ohne Rücksicht auf die vorerstige Form der Regierung und Einigung — zu handeln und zu leiden", sich der öffentlichen Erklärung anzuschließen und in seinen Kreisen mit zur weiteren Entwickelung zu wirken. Zum Schluß heißt es wörtlich:

„Wir werden fortfahren, durch Versammlungen, durch Aufrufe, durch Bildung von Vereinen und sonstige erlaubte Mittel unsern Hauptzweck zu erstreben: kräftige Einigung von Deutschland durch Bildung einer nationalen Fortschrittspartei."

Zu weiterem Betrieb der Agitation wurde ein geschäftsführender Ausschuß eingesetzt, bestehend aus Bennigsen-Hannover, Fries-Weimar, Metz-Darmstadt, Reuß, dem Redakteur des fränkischen Kuriers in Nürnberg, v. Rochau-Heidelberg,[19]) v. Unruh-Berlin. Unruh versandte schon am 18. August die in Eisenach gefaßten Resolutionen mit einem, durch Steindruck vervielfältigten erläuternden Schreiben[20]) u. A. auch an Forkenbeck und Hoverbeck. Es heißt in den Schreiben:

„Um noch deutlicher darzuthun, daß eine Vereinigung der freisinnigen Parteien sowohl, als des Nordens mit dem Süden und Westen in nationalen Fragen angebahnt sei, ist beschlossen worden, jene Resolutionen zuvörderst noch einer Anzahl tüchtiger, freisinniger Männer, besonders solchen, welche der konstitutionellen Partei angehören und solchen, welche im Süden und Westen Deutschlands wohnen zur Anerkennung und Unterschrift vorzulegen und dann spätestens gegen Ende dieses Monats mit den sämmtlichen Unterschriften zu veröffentlichen."

Er forderte auf, die Resolutionen zu unterschreiben und sofort an den Obergerichtsadvokaten Fries in Weimar zu senden, auch Bekannte, deren Namen im Vaterlande guten Klang haben zur Unterzeichnung zu veranlassen, ferner nach der Veröffentlichung dahin zu wirken, daß Beitrittserklärungen in möglichst großer Zahl, aus allen freisinnigen Parteien und allen Klassen der Bevölkerung, namentlich der großen besitzenden Klassen, erfolgen und in befreundeten Blättern bekannt gemacht würden. Ferner lud er ein, an einer Versammlung derer, die sich diesem Streben anschließen in Frankfurt a. M. am 15. und 16. September Theil zu nehmen, und Männer von Einfluß aufzufordern, sich ebenfalls in Frankfurt einzufinden. Forkenbeck schrieb darüber an Hoverbeck:

Lieber Hoverbeck!

Dein Schreiben vom 9. August traf erst am 13. hier ein. Die Geschäfte des täglichen Lebens, auch wohl etwas Bequemlichkeit, dazu Dein Schweigen, hatten Phillips und mich den Entschluß zu fahren aufgeben lassen. Wir hätten am 12. Abends abfahren müssen.

Inzwischen erhalte ich heute von Unruh die beiliegenden Papiere für Dich. Ich werde die Erklärung unterschreiben, Housselle und Lietz[21]) von hier wahrscheinlich ebenfalls.

Die Gründe, die mich leiten, sind folgende:

Bei der Schlaffheit und Bequemlichkeit, ja Gleichgültigkeit die jetzt nach Beendigung der dringendsten, augenblicklichen Gefahr mit dem Frieden von Villa franka, überall wieder sich breit machen wird, bei der Nothwendigkeit einer Aenderung der Gesammt-Verfassung Deutschlands, und bei den unendlichen Schwierigkeiten einer solchen Aenderung, ist m. v. [meo voto] die Existenz einer einigen und thätigen Partei, die über ganz Deutschland verbreitet ist, politisch vorgeschrieben

Ohne eine andere Gestaltung der deutschen Verhältnisse ist m. v. für die Dauer auch die Existenz einer vernünftigen freien Verfassung Preußens eine Unmöglichkeit. Bleiben die deutschen Verhältnisse so wie sie sind, so wird und muß in Preußen nur der Militärstaat weiter ausgebildet werden.

Wir sehen es jetzt schon. Die einzige Aenderung, die abgesehen von der gerechten Verwaltung, das neue Ministerium ins Leben führen kann, ist eine anderweitige, Geld und Menschenkräfte mehr heranziehende Organisation der Armee. Das Programm d. dato Eisenach den 11. August stellt unter Nr. 3, 4, 5, nur praktische Zwecke der Partei auf, die die Fragen, ob Deutschland mit oder ohne Oesterreich? nicht theoretisch entscheiden, die aber nach dem Schreiben v. Unruh's nur auf dem langsamen, allein sicheren und richtigen Wege der Ideenverbreitung allmählich erreicht werden sollen. Als Abgeordneter habe ich nicht Lust, ängstlich Rücksichten auf das gegenwärtige Ministerium oder die bisher leitenden Gothaer zu nehmen. Ich schließe mich ohne Rücksicht darauf der Bewegung an, die mir vernünftig scheint und die ein bestimmtes vernünftiges Ziel aufstellt, während doch die Gothaer vor lauter Rücksichten jetzt einen bestimmten Zweck noch nicht offenbart haben.

Ich wünschte sehr, daß du auch unterschriebst. Neue Leute können m. v. der neuen Partei nur den neuen Stempel geben, so daß sie weder als die alte demokratische oder konstitutionelle erscheint.

Schreibe mir doch umgehend und sende event., wenn du einverstanden bist, den Bogen mit Deiner Unterschrift hierher oder direkt an v. Unruh.

Elbing, 21. 8. 59. Forkenbeck.

Kannst Du nicht an Häbler u. s. w. schreiben?

Unter den Anfangs September von Fries in der Nationalzeitung veröffentlichten Unterschriften, befinden sich aus Elbing und Ostpreußen auch die von Phillips, Jakoby und den Abgeordneten Forkenbeck, Housselle, Lietz, Schenckel,[21]) Behrend und Hoverbeck. Hoverbeck sorgte für weitere Beitrittserklärungen. Aus dem Allensteiner Kreise wurden bald darauf die Namen von über 80 Personen als Beitretende veröffentlicht. Darunter die Namen von siebzehn Rittergutsbesitzern, 3 Domänenpächtern, 5 Richtern, 3 Aerzten u. s. w.

Ueber die Zusammenkunft in Frankfurt a. M. habe ich in einer kleinen geschichtlichen Darstellung der deutschen Fortschrittspartei von 1861 bis 1878 gesagt:

„Die preußische Regierung verhielt sich zu der nationalen Bewegung eher ablehnend als fördernd. Es war daher kein Wunder, daß auf der größeren Zusammenkunft der Patrioten zu Frankfurt a. M. (15. und 16. September 1859) das Mißtrauen gegen Preußen eine Einigung über ein nationales Programm unmöglich machte. In der Kommission, welcher die verschiedenen Programm-Anträge zur Vorbereitung überwiesen waren, befand sich zum Glück derjenige Demokrat, der schon damals sein großes organisatorisches Talent auf wirthschaftlichem Gebiete durch Begründung der Erwerbs- und Wirthschaftsgenossenschaften bewährt und zugleich in der Absicht, „das Gefühl der Einheit und Zusammengehörigkeit unseres politisch so zerrissenen Volks zu stärken", die erste Anregung zu der seit 1858 unter dem Namen „Kongreß deutscher Volkswirthe" tagenden Wanderversammlung gegeben hatte. Schulze-Delitzsch veranlaßte die Kommission, statt eines Programms das Statut eines programmlosen Vereins vorzuschlagen, der es sich zur

Aufgabe stellte, für die thatsächlich gebildete nationale Partei „zum Zwecke der Einigung und freiheitlichen Entwicklung des großen gemeinsamen Vaterlandes“ mit allen ihm zu Gebote stehenden gesetzlichen Mitteln zu wirken. Durch eine begeisterte Ansprache gelang es Schulze als Referenten der Kommission, in der Versammlung die einmüthige Ueberzeugung von der Nothwendigkeit dieses Schrittes hervorzurufen und so den deutschen Nationalverein zu begründen.“[22])

Der Friede von Villafranka hatte die gebildeten Kreise des Volkes in Aufregung versetzt und zur Gründung des Nationalvereins geführt. Das in der Reaktionszeit zur Herrschaft gelangte Preußische Junkerthum wollte von der Herstellung eines einigen Deutschlands nichts wissen. In das altliberale Ministerium war nach Schluß der Session als Minister des Innern der Graf Schwerin eingetreten, ein früheres Mitglied des Frankfurter Parlaments. Die Bestrebungen des Nationalvereins erfuhren vom Ministerium aber keine Förderung. Man sah in ihm vornehmlich den Versuch der 1848er Demokratie wieder Einfluß zu gewinnen und bedachte nicht, daß in den zehn Jahren seit 1849 ein neues Geschlecht herangewachsen war. Auch die Führer der konstitutionellen Partei in Preußen hielten sich vom Verein fern.

Anmerkungen zum fünfzehnten Kapitel.

1) Die Wahlen wurden damals von den sieben Abteilungen, die durch das Loos gebildet waren, geprüft, und über jede einzelne mündlicher Bericht erstattet. Im deutschen Reichstage, dessen Geschäftsordnung der des Abgeordnetenhauses nachgebildet war, wurde erst 1875 zur Prüfung der zweifelhaften Wahlen eine besondere Wahlkommission eingesetzt. Später ist auch die Geschäftsordnung des Abgeordnetenhauses dementsprechend abgeändert.

2) Wilhelm Rhoden, geb. 1806 in Westphalen, Appellations-Gerichtsrath in Posen, seit 1860 Kammergerichtsrath in Berlin, gehörte dem Abgeordnetenhause von 1849—1868 an, und war ein liberaler Führer des katholischen Centrums. Er starb im Juli 1871.

3) Max v. Forkenbeck, geb. 21. Oktober 1821 in Münster, war bei seiner Wahl ins Abgeordnetenhaus Rechtsanwalt in Mohrungen. Mitglied der Fraktion Vincke, Mitbegründer 1861 der Fraktion Junglithauen und der deutschen Fortschrittspartei. Er blieb bis 1873 Abgeordneter und war von 1866—1873 durch drei Legislaturperioden Präsident des Abgeordnetenhauses. 1859 wurde er als Rechtsanwalt nach Elbing versetzt, 1866 trat er aus der Fortschrittspartei aus, und gründete mit Lasker und anderen Abgeordneten die nationalliberale Partei, 1872 wurde er Oberbürgermeister von Breslau und dann 1878 Oberbürgermeister von Berlin. Er gehörte dem konstituirenden wie dem ordentlichen norddeutschen Reichstage und dann dem deutschen Reichstage bis 1884 an und war von 1874—79 erster Präsident desselben. Aus der nationalliberalen Partei trat er 1879 aus und schloß sich bei der Fusion 1884 der deutschen freisinnigen Partei an. Er starb in Berlin 1894.

4) Dr. Adolf Diesterweg, geb. 1790 in Westfalen, war als Seminardirektor a. D. von 1859 bis zu seinem im Juli 1866 erfolgten Tode Abgeordneter des dritten Berliner Wahlkreises. Er gehörte von 1859—61 zur Fraktion Vincke und von da an zur deutschen Fortschrittspartei. Friedrich Jubel, geb. 1810 zu Havelberg, evangelischer Geistlicher, seit 1861 a. D., von 1849—52, dann von 1858—68,

von 1866—67 und von 1873—81 Mitglied des Abgeordnetenhauses. Zuerst rechtes Centrum, dann Fraktion Vincke, von 1862—67 altliberal, von 1873 nationalliberal. Heinrich Ludwig Beitzke, geb. 1798, Geschichtsschreiber der Freiheitskriege, Major a. D. zu Köslin, saß im Abgeordnetenhause 1859—60 als Mitglied der Fraktion Vincke, von 1862 bis zu seinem im Mai 1867 erfolgten Tode Mitglied der Fortschrittspartei. Prediger Dr. Jonas in Berlin, war 1848 Mitglied der Nationalversammlung, 1859 in Berlin I zum Abgeordnetenhause gewählt, starb er nach Schluß der Session. Professor Dr. Eckstein zu Halle a. S., saß von 1849 bis 52 und von 1859—61 im Abgeordnetenhause, zuletzt als Mitglied der Fraktion Vincke.

5) Jede Abtheilung wählte damals den siebenten Theil der Kommissionsmitglieder aus ihren eigenen Mitgliedern, oft in hartem Wahlkampf. Damals gab es den aus Delegirten der einzelnen Fraktionen bestehenden, sogenannten Seniorenkonvent noch nicht. Im Reichstag wie im Abgeordnetenhause bestimmt dieser nach Verhältniß der Fraktionsstärke, wieviel Mitglieder jede Fraktion in die einzelnen Kommissionen zu senden hat. Dann wählt die Fraktion ihre Kommissionsmitglieder ohne Rücksicht darauf, welcher Abtheilung sie angehören.

6) Florens von Bockum-Dolffs, geb. 1802, Landrath in Soest, zur Disposition gestellt, 1859 Regierungsrath in Koblenz, 1863 nach Gumbinnen versetzt, nahm 1866 den Abschied und lebt seitdem als Gutsbesitzer in Völlinghausen bei Soest. Er war von 1847—48 Mitglied des vereinigten Landtags, von 1849—52 Mitglied der ersten Kammer, gehörte dem Abgeordnetenhause von 1852—86 ununterbrochen und dem Reichstage seit 1867—84 an. Er war die Konfliktzeit hindurch von 1862—66 zweiter Vizepräsident des Abgeordnetenhauses und Vorsitzender der Budget- und Militärkommission.

7) August Wentzel, geb. 1799, Präsident des Appellationsgerichts zu Ratibor, von 1849 bis zu seinem Tode im Mai 1860 hervorragendes Mitglied der Altliberalen im Abgeordnetenhause.

8) Heinrich Behrend, Kaufmann in Danzig, geb. 1817, von 1855—1863 Mitglied des Abgeordnetenhauses (Fraktion Vincke, Junglithauen, Fortschrittspartei), 1862 und 1863 erster Vizepräsident. Er starb 1893.

9) Wilhelm Grabow, geb. 1802, Oberbürgermeister in Prenzlau, Mitglied des vereinigten Landtages, Präsident der preußischen Nationalversammlung vom Juni bis Oktober 1848, Mitglied des Abgeordnetenhauses von 1849 und von 1858 bis 1867 Präsident desselben und von 1862—66 als Mitglied des linken Centrums, starb im April 1874.

10) Ancker, Heinrich, geb. 1820 zu Ruß, Spediteur daselbst, von 1858—61 Landtagsabg. für Memel-Heydekrug, Mitbegründer von Junglithauen und der Fortschrittspartei, ward 1881 wieder in das Abgeordnetenhaus gewählt, starb im April desselben Jahres. Sein Sohn Heinrich, geb. 1850, ist seit 1893 Reichstagsabgeordneter für Memel-Heydekrug und Mitglied der freisinnigen Volkspartei.

11) Karl Häbler, geb. 1816 in Königsberg, Gutsbesitzer und Generallandschaftsrath in Sommerau bei Szillen, wurde wie Hoverbeck 1858 in das Abgeordnetenhaus gewählt (Wahlkreis Ragnit-Pillkallen) — Fraktion Vincke, dann Junglithauen, Fortschrittspartei. Er blieb ununterbrochen Abgeordneter desselben Wahlkreises bis 1879, wo die Fortschrittspartei den Konservativen unterlag. Er starb 1891 in Königsberg.

12) Hermann Gamradt, geb. 1817, Gutsbesitzer auf Neuhoff-Szillen, war 1853—54 und dann 1859—61 Mitglied des Abgeordnetenhauses (Junglithauen). Er starb im Juni 1866.

13) Aus „Der Deutsche Nationalverein, seine Entstehung und seine bisherige Wirksamkeit" (Oktober 1861), herausgegeben vom Geschäftsführer, und aus meiner Schrift „Die deutsche Fortschrittspartei von 1861—1878 eine geschichtliche Skizze."

14) Fries, Hugo, geb. 1818, war nationalliberaler Abgeordneter auf dem konstituirenden, dem norddeutschen und dem ersten deutschen Reichstage, starb als Landtags- und Landgerichtspräsident 1889.

15) Hering, Hermann, geb. 1821, war nationalliberales Mitglied des konstituirenden Reichstags.

16) Sechs von den 34 Unterzeichnern der Erklärung sind später Reichstagsmitglieder geworden (Bennigsen, Adickes, Roemer-Hildesheim, Weber-Stade, Miquel, damals Obergerichtsanwalt und Bürgerworthalter in Göttingen, und Albrecht) und neun wurden Mitglieder des preußischen Abgeordnetenhauses. Allesammt gehörten der nationalliberalen Partei an.

17) Phillips, Adolf, geb. 1813 in Königsberg, seit 1843 Oberbürgermeister von Elbing, 1848 Abgeordneter zur preußischen Nationalversammlung, Vizepräsident, 1849 2. Kammer, wurde 1853 genöthigt, sein Amt niederzulegen, 1871—73 fortschrittliches Mitglied des Abgeordnetenhauses, starb 1877.

18) Metz, Aug. Joseph, geb. 1818, Hofgerichtsadvokat in Darmstadt, Mitglied des Zollparlaments und des ersten Reichstags, nationallib., starb 1874.

19) v. Rochau, Aug. Ludw., geb. 1819, nationallib. Mitglied des norddeutschen und des ersten deutschen Reichstags, starb 1873.

20) Unruh fragte in einer Unterredung mit dem Minister von Auerswald: ob die Regierung die Zwecke des beabsichtigten preußenfreundlichen Vereins fördern würde. Auerswald erklärte, sich die Sache überlegen zu wollen. Er sendete darauf an Unruh den geheimen Regierungsrath Max Duncker, der früher als Professor in Halle Mitglied des Frankfurter Parlaments gewesen war. Duncker überreichte jenem im Auftrage des Ministerpräsidenten eine offiziöse Denkschrift, die in dem von Poschinger herausgegebenen Erinnerungen aus dem Leben Unruh's 1859 unter der Ueberschrift: „Vertrauliche Besprechungen" vollständig abgedruckt ist. Unruh stellte in seinem lithographischen Schreiben vom 15. August einzelne Sätze desselben zum Theil wörtlich zusammen und fügte der mit Anführungszeichen versehenen Zusammenstellung hinzu: „Dies sind Gedanken, von welchen ich überzeugt bin, daß sie in bestimmenden Kreisen Preußens volle Geltung haben."

21) Housselle, Stadtrath in Elbing, Lietz, Rentner in Marienau, Schenkel, Rechtsanwalt in Marienburg (starb 1880 in Berlin) vertraten Elbing-Marienburg, Fraktion Vincke, dann Junglithauen, Housselle und Lietz bis 1863 fortschrittliche Abgeordnete.

22) Zum Schluß seiner Rede wies Schulze hin auf das altgermanische Institut der Geschworenen, wie es sich bei unserem Brudervolke England erhalten habe: „Wenn die Geschworenen dort zusammentreten, so dürfen sie nicht eher die Stätte verlassen, als bis sie sich über den Wahrspruch vollständig geeinigt haben. Sie, die hier Versammelten, sind die Geschworenen des deutschen Volkes in dieser großen Frage, und Sie dürfen diesen Saal nicht verlassen, bis Sie den Wahrspruch gefunden haben über die von der ganzen Nation heißersehnte Einigung. Geistige Wächter hüten den Eingang und scheuchen Alle zurück, die entweichen wollen. Es sind der Schmerz und Jammer unseres Volkes, seine zertretene Größe, seine geschändete Ehre. Die brennendste Scham müßte mich verzehren, wenn ich ohne Frucht von diesem Einigungswerke zurückkehren sollte zu Denen, die mich gesendet; die brennendste Scham, die es giebt, nicht bloß in der eigenen Seele, die Scham in der Seele meines Volkes!"

Sechszehntes Kapitel.

Im Abgeordnetenhause. Session 1860.

Der Prinzregent hatte niemals zweifelhaft gelassen, daß er die Umgestaltung des Preußischen Heerwesens als unerläßlich für Preußens Machtstellung ansah.

Im Sommer 1858 hatte er nach einer längeren Audienz den General v. Roon[1]) beauftragt, ihm seine Gedanken und Pläne über die Heeresreform schriftlich einzusenden. Roon's Denkschrift entwickelte den Plan einer Vermehrung der Aushebung und Verstärkung der Kadres unter Beibehaltung der dreijährigen Dienstzeit und Verschmelzung der Landwehr mit der Linie. Schon im Januar 1859 hatte der Prinzregent angeordnet, daß eine Kommission zur Prüfung des Reformplanes im Kriegsministerium zusammentreten solle. Die Kommission trat nicht zusammen. Der Kriegsminister von Bonin verschleppte die Sache. Die Mobilmachung im Sommer 1859 ließ die Mängel der Heeresverfassung grell hervortreten. Endlich im Herbst 1859 trat eine durch namhafte Generäle verstärkte Kommission zusammen zur Berathung und Feststellung des von dem allgemeinen Kriegsdepartement umgearbeiteten Plans zur Reorganisation der Armee. Bonin wurde entlassen und Roon am 5. Dezember 1859 zum Kriegsminister ernannt, nachdem das Ministerium das Projekt zu seinem solidarischen Eigenthum gemacht hatte. Roon hatte, wie er einem Freunde schrieb, „unumwunden erklärt, daß er von der ganzen konstitutionellen Wirthschaft niemals etwas gehalten hätte", sich aber „als richtiger Konservativer den vollbrachten Thatsachen unterthänig füge", daß er ferner ein Narr auf eigener Hand zu bleiben, nichts desto weniger aber Fachminister sein zu können gedenke. . .

Der Landtag trat am 12. Januar 1860 wieder zusammen. Der Schwerpunkt der ganzen Session lag in der Militärvorlage. In der Thronrede war hervorgehoben, die Heeresverfassung sei im Drange einer schweren Zeit geschaffen, der damaligen Volkszahl und Finanzkraft des Staates entsprechend, im Gefühl ruhmreicher Erfolge sei sie festgehalten worden. Die Erfahrungen der letzten zehn Jahre hätten jedoch verschiedenartige, tief empfundene Uebelstände immer klarer herausgestellt. Zur Beseitigung derselben werde dem Landtage der Entwurf eines Gesetzes über die allgemeine Wehrpflicht mit den nöthigen finanziellen Vorlagen zugehen.

„Es ist nicht die Absicht, mit dem Vermächtniß einer großen Zeit zu brechen. Die Preußische Armee wird auch in Zukunft das Preußische Volk in Waffen sein. Es ist die Aufgabe, innerhalb der durch die Finanzkräfte des Landes gezogenen Grenzen die überkommene Heeresverfassung durch Verjüngung ihrer Formen mit neuer Lebenskraft zu erfüllen."

Hoverbeck berichtete seinem Freunde Mahraun schon am 15. Januar über die Wahl der Präsidenten und der Kommissionen. Simson war Präsident, Grabow erster Vizepräsident geworden. Hoverbeck selbst war nach seinem Wunsche wieder in die Budgetkommission gewählt.

„Etwa $^2/_3$ der Mitglieder sind die vorjährigen und man kommt sich jetzt darin ungefähr so vor, wie ein „Jungbursche" in einer studentischen Verbindung den Füchsen gegenüber!"

In der vorigen Session hatte die Fraktion Vincke für gut befunden, auf der rechten Seite die Plätze zu belegen. Jetzt hatte sich ein Theil der Fraktion auf die alte Linke, unmittelbar hinter die Katholiken gesetzt. Auch Hoverbeck und viele seiner Freunde hatten die „secessio in montem sacrum" mitgemacht.

In einem zweiten Briefe vom 22. Januar schrieb Hoverbeck von der stillschweigenden Uebereinstimmung die Thronrede gar nicht zu beantworten.

„Damit aber sind wir Entschiedneren doch nicht ganz einverstanden. Zwar ist es uns vollkommen recht, daß nicht die ganze Thronrede durch eine schönrednerische Adresse beantwortet werde. Dagegen haben wir es für unsere Pflicht gehalten, auf alle Fälle einen Antrag auf Erlaß einer Adresse in der deutschen Frage in die Kammer zu bringen. Wir haben demgemäß einen solchen Antrag in der kürzesten Form niedergeschrieben. Motive: „„Die Nothwendigkeit einer Centralgewalt, bei der Preußen die ihm gebührende Stellung findet, und der Volksvertretung bei dieser Centralgewalt."" Diesen Antrag haben 25 aus unserer Fraktion unterschrieben."

Unter den Unterzeichnern waren auch mehrere Abgeordnete, wie Harkort, Immermann,[2]) Lette,[3]) die der Besprechung nicht beigewohnt hatten. Behrend (Danzig) legte dem Fraktionsvorsitzenden Vincke den Antrag für die nächste Fraktionssitzung vor. Vincke billigte den Antrag, bat aber um einen Aufschub und eine gemeinsame Berathung mit Simson und den Unterzeichnern.

In einem folgenden Briefe vom 6. Februar berichtete Hoverbeck über das Schicksal des Antrages: er habe daraus gelernt, „wie geschickt das System arbeitet, welches nur eine gewisse Summe Allerhöchst approbirter liberaler Thätigkeit den Kammern gewähren will." Fünf Unterzeichner, darunter Behrend, Immermann, Hoverbeck wurden auf Veranstaltung Vinckes zu einer Vorberathung bei Simson eingeladen. Zu ihrer Ueberraschung fanden sie nicht blos den Fraktionsvorstand, sondern auch zahlreiche Mitglieder der Fraktion Mathis, zusammen 36 Abgeordnete, vor. Zunächst nahm Vincke das Wort. Er erklärte eine Resolution für besser, was die Unterzeichner sofort zugaben.

„Er ging dann auf den eigentlichen Punkt ein, daß wir unter einer Centralgewalt nur eine unbeschränkte Führung Preußens verstehen könnten, das also ehrlicher Weise auch sagen müssen, damit aber wahrhaftig keine Sympathien im übrigen Deutschland finden würden. Jetzt war natürlich die Schleuse aufgezogen, durch die sich die loyale Besonnenheit der anderen 30 Mitglieder ergoß, wir wurden von dem Wasser ihrer Beredsamkeit überfluthet, und trotzdem wir Jeder ein paar Mal zur Vertheidigung sprachen, war doch unsere schwache Opposition nicht hinreichend, diesem Strome zu widerstehen. So schloß die Sache, zwar wie verabredet, ohne Abstimmung, aber doch mit dem klaren Beweise, daß wir bei solcher Stimmung des parlamentarischen Creme im Hause unterliegen müßten . . .

Trotzdem nun die Berathung bei Simson so verlaufen, versammelten sich die Unterzeichner des Antrages, und wir beschlossen, denselben auf eine (bei der nächsten geeigneten Gelegenheit) ins Haus zu bringende Resolution umzuformen und der nächsten Fraktionsversammlung vorzulegen. — Tags darauf waren die im Nationalverein befindlichen Mitglieder der Kammer (natürlich nur in unserer Fraktion, und zwar nur unter den Unterzeichnern des obigen Antrages — außer Grabow — zu finden) zu Veit geladen, um uns dort mit Bennigsen über die nächsten Schritte für den Verein zu berathen. Wir lernten in Bennigsen einen glücklicher Weise noch jungen und entschiedenen Mann kennen . . .

Man besprach auch den Antrag:

„Bennigsen stimmte natürlich mit uns ganz überein, betonte aber mehr als wir es bisher gethan, daß wir, wenn irgend möglich, eine Majorität im Hause brauchten, und wir gaben ihm zu, daß wir in der Form so nachgiebig als möglich sein wollten, um dieselbe zu erreichen, sofern nur die Sache selbst bliebe. — Nach einigen Tagen war nun Fraktionssitzung. Wir brachten unseren Antrag ein, und zur Verhandlung desselben wurde eine besondere Fraktionssitzung anberaumt. Hier hielt zunächst Behrend zur Begründung unseres Antrages eine recht gute und geschickte Rede. Ihm erwiderte Vincke mit einem oratorischen Talente, wie er es öfter bei bedeutenden Veranlassungen entfaltet, aber auch mit Anwendung von nicht lobenswerthen Redekünsten, die ihm sogar von mehreren Gegnern unseres Antrages verdacht wurden. Hierauf sprach Immermann für uns, und zwar sehr gut, und aus aufrichtigem warmen Herzen, dann Sänger gegen, ich für, Auerswald gegen, Assmann für, nochmals Vincke gegen den Antrag."

In der Abstimmung wurde der Antrag abgelehnt. Die Minderheit beschloß, den Antrag bei erster geeigneter Gelegenheit wieder aufzunehmen. „Sie sollen uns so leicht nicht los werden."

Erst am 10. Februar 1860 wurde die Militärvorlage — ein Gesetzentwurf betreffend die Verpflichtung zum Kriegsdienste und ein Nachtrag zum Staatshaushaltsetat und ein Gesetzentwurf zur

Forterhebung von 25 % Zuschlag zu den direkten Steuern (Einkommen-, Klassen-, Mahl- und Schlachtsteuer) — vom Ministerpräsidenten Fürst Hohenzollern in das Abgeordnetenhaus eingebracht und von den Ministern v. Roon und v. Patow ausführlich begründet, und am 15. Februar einer besonderen Kommission von 20 Mitgliedern, darunter Hoverbeck, Harkort und der nachgewählte Generalmajor z. D. Stavenhagen,[4]) früher Mitglied des Frankfurter Parlaments, überwiesen.

Nach der Vorlage sollte die stehende Armee um 117 Bataillone Infanterie, 72 Schwadronen Kavallerie und ein Viertel der Artillerie verstärkt und die Reservepflicht auf drei Jahr verlängert, die Dienstpflicht der Kavallerie auf vier Jahr ausgedehnt werden. Dagegen sollte die Landwehr aus dem Verbande des stehenden Heeres gelöst, in das Verhältniß des zweiten Aufgebots zurücktreten, die Landwehrkavallerie aufgelöst werden. Die Dienstpflicht der Infanterie, die thatsächlich Jahrzehnte hindurch nur zwei Jahre und in der letzteren Zeit 2½ Jahr betragen hatte, sollte wieder die volle gesetzliche Ausdehnung von drei Jahren erhalten. Für die erhöhte Aushebung von 40000 auf 63000 Rekruten jährlich waren alle Parteien. War doch die Bevölkerung seit 1816 von 10 auf 18 Millionen gestiegen. Die Opposition richtete sich gegen die Aufhebung der Landwehr und vor allem gegen die dreijährige Dienstzeit. Für die Herabsetzung der Dienstzeit des Fußvolks war selbst ein großer Theil der hohen Offiziere. Unter den Abgeordneten war anfänglich die irrige Meinung verbreitet, der Prinzregent folge in militärischen Fragen nur dem Einflusse seiner militärischen Umgebung, namentlich des Flügeladjutanten General von Manteuffel. Sie meinten deshalb durch Ausübung ihrer verfassungsmäßigen Rechte die zweijährige Dienstzeit sicher durchsetzen zu können.

Hoverbeck schrieb seinem Freunde Mahraun, als Kommissionsmitglied habe er alle Veranlassung, sich zu informiren.

„Bockum-Dolffs, Milde,[5]) Behrend und ich haben vorläufig einige Besprechungen verabredet, in denen Milde auch eine längere eigenhändige Korrespondenz zwischen dem Prinzregenten und ihm vorlegen werde."

Weiteres über die Besprechungen ist aus den vorhandenen Briefen nicht zu entnehmen. Dagegen berichtete Hoverbeck ausführlich über manche Vorkommnisse in der Militärkommission. Auch legte er seine, in der Kommission nachgeschriebenen Aufzeichnungen mit der Bitte, sie ihm zu bewahren, bei. Am 26. Februar schrieb er:

„Jetzt von etwas Erfreulicherem! Wir haben in der Militär-Vorlage-Kommission bereits zwei Sitzungen gehabt, und dieselben lassen mich glauben, daß die Regierungsvorlagen entweder gar nicht oder nur mit sehr bedeutenden Modifikationen durchgehn werden. Die Minister setzen alles in Bewegung, sprechen von Abdankung u. s. w., finden aber bis jetzt ziemlich taube Ohren. Die Kommissionssitzung, der außer dem Kriegsminister und seinem Kommissarius, Oberstlieutenant v. Hartmann, auch Auerswald, Patow und Schwerin beiwohnten, begann mit einem langen Vortrage des Oberstlieutenant v. Hartmann, eines gescheuten und persönlich liebenswürdigen Mannes, recht dazu geeignet, seinem in der Debatte sehr ungeschickten Chef[6]) gelegentlich aus der Patsche zu helfen .... Nach ihm nahm Stavenhagen das Wort — General z. D. und ein tüchtiger, kerniger Mann — um zunächst es der Kommission anheimzustellen, ob sie ihn als Referenten, wozu Vincke, unser Vorsitzender, ihn designirt hatte, belassen wolle; er müsse erklären, aß er in wesentlichen Punkten gegen die Vorlage sei. Vincke erwiderte, die Kommission habe ihm die Ernennung des Referenten übertragen, und er bitte daher Stavenhagen nochmals, das Referat anzunehmen. Wenn Stavenhagen auch nicht immer mit der Vorlage übereinstimme, so habe das gar nichts zu sagen, um so weniger, da ja die Regierung selbst so zahlreich und mit so glänzenden Kräften hier vertreten sei. Hierauf hielt Stavenhagen seine erste Rede. Dann Vincke-Ohlan (oder Olbendorf),[6]) ehemaliger Adjutant des Prinzen von Preußen und ihm persönlich zugethan — vermittelnd, aber doch für zweijährige Dienstzeit. Nun General v. Brandt für die Regierungsvorlage. Hierauf Harkort. Die erste Pflicht des Abgeordneten sei, ungeschminkt die Wahrheit zu sagen, und das wolle er hier thun. Von Anfang an sei die Landwehr der Kamarilla unangenehm gewesen; sie hätte sie auf jede Weise in Mißkredit bringen wollen. Man hätte sie darum auf dem Exerzierplatz mit der Linie in Verbindung gebracht, um sie dort zu blamiren; aber siehe da, selbst in dieser Beziehung hatte sich die Landwehr so vortrefflich bewährt, daß ihre ärgsten Gegner lauter Lob gewesen seien. Darum habe man nun die Sache behutsamer angefangen und die Landwehr dadurch ruinirt, daß man, statt die Landwehr allein zu lassen, je ein Landwehr- und ein Linien-Regiment zu einer Brigade vereinigt habe. Die Offiziere habe man zurückgesetzt, ihre militärische Ausbildung vernachlässigt, und sei nun endlich durch eigene Schuld so weit gekommen, eine ganz neue Organisation vorschlagen zu müssen. Aber so wie diese hier vorliege, würde sie das Land geradezu ruiniren. Die Regierung komme ihm vor wie ein Mann, der ein Weizenfeld habe, und dem Wächter desselben mehr zahlen wolle, als der ganze Weizen werth sei. Daß es mit den geforderten $9^1/_2$ Millionen nicht einmal genug sei, müsse Jeder einsehen. Die Zahl 15 sei der Wahrheit näher. Er erinnere nur an die Kasernenbauten, mit denen man das Land bedecken wolle. Aber ehe diese Bauten beendet wären, hoffe er, wäre das ganze System gefallen. Nun antwortete noch Hartmann in einer sehr geschickt und versöhnend gehaltenen Rede und damit wurde die erste Sitzung geschlossen."

Am 18. März schrieb Hoverbeck an Mahraun:

„Sie werden wohl von der Sitzung der Militär-Kommission gelesen haben, in der der Antrag auf Ausschließung der Zuhörer gemacht wurde. Diesen Antrag stellte Vincke als Vorsitzender, und wurde in der Debatte von Reichensperger, Blankenburg und Mathis[7]) unterstützt. Andererseits sprachen Brämer, Harkort, Behrend und ich, und ich hatte die Ehre, bei der schließlichen Erwiderung Vincke's allein seine ganze Widerlegung auf mich zu ziehen, wohl, weil ich am schärfsten den Gegensatz hervorgehoben hatte, der in unserer Auffassung bestand.

Es kam zur Abstimmung und wir siegten mit 14 gegen 7 Stimmen; ein schwerer Schlag für Vincke, der nur mühsam seine Fassung behaupten konnte . . .

Die Debatte am letzten Sitzungstage, namentlich bei Gelegenheit der Petitionen von Uhlich und Poleski, wird Sie überzeugt haben, daß wir keine liberalen Minister mehr haben. Es war an dem Tage eine tiefe Verstimmung bei unserer Fraktion, die auch ich lebhaft theilte. Jetzt aber bin ich bereits ganz beruhigt. Ich sehe jetzt, daß dies Ministerium dem Lande nichts leisten kann (ob aus Schwäche der Personen oder der Stellung ist für den Erfolg gleich) und daß man daher sich gar nicht bedenken darf, es jederzeit, wo es Unsinn macht, durchfallen zu lassen."

Die Petition von Uhlich betraf Beschwerden der freien Gemeinde zu Magdeburg. Bei der Petition Poleski mußte sich der Minister Schwerin gegen Angriffe seiner besten Freunde wehren, die sich über das Treiben von Oberpräsidenten, Regierungspräsidenten und Landräthen beschwerten, die genau wie unter dem vorigen Ministerium die politischen Maßregelungen und Verfolgungen liberaler Urwähler und Wahlmänner fortsetzten.

Am 22. April schrieb Hoverbeck:

„In der Militärangelegenheit hat der alte Kühne nochmals eine Resolution vorgeschlagen, die einige Hoffnung auf Annahme hat und darauf hinausgeht, dem Ministerium zur Aufrechterhaltung der Kriegsbereitschaft auf Grund des Gesetzes von 1814 eine Summe von x Thalern zu bewilligen. Gegenwärtig wird, wie es leider Pflicht der Kommission ist, der für die Reorganisation vorgelegte Etat durchberathen, und dabei durch Stavenhagen namentlich manches gute Amendement gestellt und durchgebracht, z. B. die neu projektirten Garderegimenter auch in der Landwehr abzusetzen.[8] Jetzt, da die Kommission so in alle Einzelheiten des Militärbudgets hineinsteigen muß, ist sie weder so interessant noch so vielfach von Zuhörern besucht als früher . . .

Der alte brave Stavenhagen ist uns für diese Einzelheiten unschätzbar, aber durch sein freimüthiges Auftreten dem Kriegsminister, ja allen Ministern im höchsten Grade verhaßt. Bei der Berichtverlesung warf im Schwerin geradezu parteiliche Fassung des Berichts vor, worauf Vincke erklärte, daß er nur aus Achtung vor dem Amte des Ministers den Ordnungsruf unterlasse, den er gegen jeden Andern ausgesprochen hätte. Auch der Kriegsminister beschwerte sich, daß im Berichte die Ausführungen der Majorität den sieben fetten, die der Regierung den sieben mageren Kühen des Pharao gleichen, worauf Vincke entgegnete, daß er das sehr bedaure, daß aber die sieben mageren Kühe von der Regierung selbst geliefert seien. Der Regierungs-Kommissar hatte nämlich, wie das häufig geschieht, dem Referenten Stavenhagen ein Resumé seiner Reden selbst eingereicht."

Die Verhandlungen in der Militärkommission verliefen für die Vorlage so ungünstig, daß die Regierung den Gesetzentwurf zurückzog und vorschlug, die zur Aufrechthaltung der Kriegsbereitschaft des Heeres erforderlichen Mittel mit 9 Millionen Thaler bis zum 1. Juli 1861 zu bewilligen. Dies wurde von der Kommission einstimmig angenommen und sodann am 15. Mai 1860 im Hause mit allen gegen 1 Stimme, während 4 Abgeordnete, darunter Harkort, sich der Abstimmung enthielten. Der Beschluß lautete wörtlich:

„Der Kriegsminister wird ermächtigt, zur einstweiligen Aufrechthaltung und Vervollständigung derjenigen Maßnahmen, welche für die fernere Kriegsbereitschaft und erhöhte Streitbarkeit des Heeres erforderlich und auf den bisherigen gesetzlichen Grundlagen thunlich sind, außer den im gewöhnlichen Budget bewilligten Mitteln für die Zeit vom 1. Mai d. J. bis zum 30. Juni 1361 neun Millionen Thaler zu verwenden".

Georg v. Vincke war Berichterstatter der Kommission. Er erläuterte die Bedeutung des „einstweiligen" und sagte dabei, ohne daß einer der Minister widersprach, die Kommission sei sich vollständig bewußt geblieben, „daß jede Position des Staatshaushaltsetats, also auch des Militäretats der ausdrücklichen Bewilligung des Abgeordnetenhauses unterliegt, daß keine Ausgabe, es sei für irgend eine Organisation der Armee, die das Haus nicht gutgeheißen hat, gemacht werden kann, und daß eine Regierung, die dagegen handelt, sich einer Verfassungsverletzung schuldig macht."

Hoverbeck schrieb darüber am 18. Mai, indem er das Ergebniß der Abstimmung aufführte und dann fortfuhr:

„Hieraus ergiebt sich schon, daß eigentlich die ganze liberale Partei sich zur Annahme der Vorlage entschlossen hat. Es ist das nicht ohne langes Bedenken geschehen, und so wahr es ist, daß sehr, sehr viel bei dem ganzen Abkommen zu wünschen übrig bleibt, so hege ich doch die aufrichtige Ueberzeugung, daß die liberale Majorität der Militär-Kommission, welcher in dieser Angelegenheit die Initiative überlassen war, Alles gethan hat, was sie im Hinblick auf die schwankende Stellung überhaupt thun konnte. Sie irren sich, wenn Sie meinen, daß wir der Regierung und noch dazu allen Mitgliedern derselben unbedingtes Vertrauen geschenkt haben. Wir haben viele Stunden zusammen gesessen, überlegt und gerechnet. Dabei haben wir nun gefunden, daß die erhöhte Rekrutirung — selbst wenn man die zweijährige Dienstzeit voraussetzt — so viel größere Kosten verursacht, daß auch nach dem im Kommissionsberichte ausgesprochenen Plane für die Zeit bis 1. Juli 1861 mindestens 8 Millionen hätten bewilligt werden müssen. Um die mehrgeforderte neunte Million ist ein sehr heftiger Kampf zwischen uns und dem Finanzminister gewesen, so daß z. B. nach der einen Kommissionssitzung die Einigung fast unmöglich schien. Es war übrigens dabei vollkommen klar, daß der Kriegsminister mit aller Absicht auf einen Zwiespalt zwischen uns und dem Ministerium hinarbeite, und als die erwähnte Sitzung hauptsächlich durch seine Schuld ein so ernstes Aussehen annahm, und wir uns im völligen Gegensatze trennten, war am nächsten Morgen der Jubel bei den höheren Militärs und dem Herrenhause ein allgemeiner. Andrerseits merkten auch die liberaleren Minister, daß der Kriegsminister nicht höchst ungeschickt, sondern höchst geschickt für seine Zwecke gesprochen habe, und sie ihrerseits bemühten sich nach einer längeren Kabinetssitzung uns einigermaßen entgegen zu kommen. Unsere Hauptforderung blieb, im Tenor des Gesetzes, das Provisorische hervorzuheben, also das Wort „einstweilige" einzuschalten, und dazu entschlossen sie sich endlich, oder vielmehr, sie brachten es dahin, daß der Kriegsminister (richtiger der Generaladjutant v. Manteuffel und sein — der Prinz) dies Wort annahm. Den Prinzen zu diesem Nachgeben zu bewegen, welches er sonderbarer Weise als der Würde der Krone vergebend ansieht, soll entsetzlich schwer gewesen sein, und nur die Erklärung der Minister, daß sie sofort abgehen müßten, hat ihn dazu gebracht. — So viel ist gewiß, dieses Zurückziehen der ursprünglichen Vorlage ist ein parlamentarischer Sieg. Die Stellung der Kommission war früher eine sehr feste, weil sie die Majorität der Kammer hinter sich hatte. Sobald aber die zweite Vorlage eingebracht war, stand die Sache himmelweit anders. Die Majorität des Hauses war entschieden für die Annahme und wir, die wir in der Kommission die radikalste Richtung vertraten, konnten doch nur auf höchstens 50 Stimmen aus der Fraktion Vincke, 10 aus der katholischen und 5 Andere rechnen, die gegen die Vorlage stimmen würden.

Von diesem Faktum haben wir uns vollkommen überzeugt. Da also war es sicher geboten, als uns das Ministerium mit der Annahme des Wortes „einstweilige" entgegenkam, auf die möglichst besten Bedingungen Frieden, oder besser gesagt „Waffenstillstand" zu schließen, und wir waren darüber damals Alle einig, incl. Harkort. Nachdem aber die Kommission einstimmig die Vorlage angenommen hatte, und ehe sie im Hause angenommen war, ernannte der Prinz eine Anzahl Offiziere zu „Führern von combinirten Infanterie-Regimentern". Ungesetzlich oder perfide war dies nicht, namentlich da die Ernennung zum „Führer" keine definitive ist; dennoch ist es klar genug, daß es aus einem Trotze auf seine Rechte als oberster Kriegsherr ausgegangen ist. (Beiläufig wieder von Herrn v. Manteuffel eingeblasen.) Natürlich aber war es sehr unschicklich, ehe das Haus die Vorlage angenommen hatte, und Mehrere, darunter auch Harkort, thaten der perfiden Reaktion den Gefallen, darum ein paar vereinzelte Nein in die Abstimmung zu bringen. Das thaten wir Andern nun nicht und glauben damit richtiger gehandelt zu haben."

Am 23. Mai wurde der Landtag geschlossen. In der Thronrede sprach der Prinzregent sein tiefes Bedauern aus, daß über das Gesetz der allgemeinen Wehrpflicht eine Beschlußfassung nicht habe herbeigeführt werden können. Die Einmüthigkeit der Bewilligung gebe ihm ein Pfand dafür, daß die Nothwendigkeit der Heeresreform endlich richtig gewürdigt und die Lösung der zurückgestellten Frage in kürzester Frist gelingen werde.

Hoverbeck hat auch in dieser Session nur zwei Mal gesprochen. Zuerst am 7. März 1860 bei der Berathung einer Petition eines landwirthschaftlichen Vereins für Bildung von Zwangsgenossenschaften zur Drainirung. Die Agrarkommission hatte Ueberweisung zur Berücksichtigung beantragt. Hoverbeck sprach mit kurzen Worten für einen Antrag auf Tages-Ordnung in Uebereinstimmung mit dem Minister für landwirthschaftliche Angelegenheiten Graf Pückler. Er hob hervor, die schwere Kränkung des Eigenthumsrechts, indem das beabsichtigte Zwangsrecht, das die Mehrzahl der Besitzer einer Flur über die Minderzahl ausübe, um so gehässiger werde, da im Falle der wirklichen Ausschließung eines Einzelnen die übrigen sehr wenig oder gar nicht zu leiden haben. Man solle nur solche Gesetze ins Leben rufen, die wirklich nöthig sind, aber nicht Gesetze machen, um einzelnen Herren, die gute Absichten in Beziehung auf die Landeskultur haben, die Honneurs zu machen.

Am 23. März vertrat er bei Berathung des Gesetzentwurfs, betreffend die Feststellung der Wahlbezirke erfolglos den Antrag, die Kreise Allenstein-Ortelsburg als Wahlbezirk zu belassen. Nach dem Vorschlage der Kommission wurde Allenstein mit Rössel und Osterode mit Neidenburg zu Wahlbezirken vereinigt.

Hoverbeck benutzte in dieser Session seine Anwesenheit in Berlin, um seinem Freunde Witt endlich zur Wiederanstellung zu verhelfen. Als Raumer entlassen und Bethmann-Hollweg Kultusminister geworden war, wiederholte Witt im Sommer 1859 seine frühere Eingabe. Er wurde vom Kultusminister angewiesen, sie durch das Provinzialschulkollegium gehen zu lassen. Dies unterließ er, weil ihm der Schulrath Schrader davon abrieth, da das Kollegium nach einer von Raumer erlassenen Entscheidung, die noch zu Recht bestehe, kein solches Schreiben befördern dürfe, das die Reue nicht hinreichend ausspräche!

Zum Beginn der Session 1860 übernahm nun Hoverbeck, die Eingabe Witt's dem Minister selbst zu übergeben. Er ließ sich von Witt die Erkenntnisse, Eingaben, Bescheide u. s. w. senden, um „so gerüstet wie möglich zu Felde zu ziehen". Ueber den Verlauf berichtete er seinem Freunde ausführlich am 29. Januar. Er war zuerst vorsichtig beim Dezernenten Wiese gewesen und dann erst ging er zum Minister:

„Ich übergab ihm Dein Gesuch und erzählte ihm gleichzeitig Deine Lebens- und Leidensgeschichte. Mit dem Tone, in dem dies geschah, würdest Du hoffentlich zufrieden gewesen sein. Ich glaube, ich habe ihm so viel gesagt, als ein Minister des juste milieu irgend vertragen kann, erzählte ihm manche Kuriosa aus Deinem Prozeß, zitirte ihm die berühmte Stelle über das Salzmonopol, natürlich mit der Anführung, daß ich der Attentäter war, machte ihm bemerklich, daß Dein Ankläger Raumer zugleich Dein oberster Richter gewesen wäre, daß Deine Lehrfähigkeit und die ausgezeichneten Zeugnisse darüber als Erschwerungsgrund passirt hätten u. s. w. Ich bat ihn, Deine Eingabe sofort zu lesen, und nachdem dies geschehen, und er mich nach Deinen jetzigen politischen Ansichten gefragt hatte, sagte ich, daß ich ihm unter vier Augen und ohne Deinen Auftrag wohl so viel sagen könnte, daß zehn Jahre in einem Menschenleben nicht ohne Spuren vorübergingen, und daß Du jetzt in deinen Ansichten gemäßigter wärest, als im Jahre 1848. Im übrigen ständest Du mir persönlich so nahe wie Niemand anders, und obwohl er vielleicht noch im Laufe der Session in meinen Abstimmungen bemerken würde, daß ich der entschiedenen Färbung der liberalen Partei angehöre und wir beide darin völlig übereinstimmten, so ständen wir doch entschieden auf dem Boden der Verfassung. Ich erwartete aber, daß er Dich nicht etwa zu einer Reueerklärung auffordern würde, welche nur zur Folge habe, daß die weniger zuverlässigen Leute wieder angestellt würden, und die eigentlich ehrenhaften ausgeschlossen bleiben. Hier fiel er mir fast in's Wort, um mir zu erklären, daß er durchaus nichts von solchen Reueerklärungen halte und seinerseits ein solche nie fordern würde. Ich setzte ihm nun den formellen Anstoß auseinander, der das Provinzialschulkollegium verhinderte, Deine Eingabe an ihn jetzt zu überschicken. Er war darüber sichtlich verwundert und sagte, einer direkten Eingabe an ihn hätte nie etwas im Wege gestanden."

Im vorigen Sommer war in Königsberg von den alten Demokraten ein Handwerkerverein begründet. Witt war zum Vorsitzenden desselben erwählt, Hoverbeck fährt in seinem Briefe fort:

„Da aber fuhr mir der Gedanke durch den Kopf (was aus dem Gespräch mit Wiese nur durch Ahnung zu entnehmen war), das Schulkollegium verstecke sich hinter der Formfrage aus Angst vor der Empfehlung eines Handwerkervereiners. Ich sagte also Bethmann sofort, ich müsse ihm noch einen Punkt anführen, um Deine gegenwärtige Stellung zu bezeichnen, nicht weil ich ihn für wesentlich hielte, sondern weil sich in dieser Angelegenheit schon wieder in manchen Kreisen eine thörichte Gespensterfurcht gezeigt habe. Du wärst nämlich im Handwerkerverein in Königsberg und spieltest darin eine hervorragende Rolle. Ich fragte ihn, ob er etwas von der Existenz dieses Vereins gelesen und auf seine Verneinung erzählte ich ihm, daß der Verein Montag Abend sich versammelte, die populäre Belehrung der eigentlichen Handwerker und Gesellen im Auge habe, sie von den schlechten Kneipen zurückhalte, in denen sonst diese Abende zugebracht wären und in seinem Statute ausdrücklich bestimmt habe, daß keine politischen Fragen verhandelt werden dürften. Diesen Punkt hörte er mit großer Befriedigung. . . Auf diese Auseinandersetzung erwiderte er mir nun, daß er von dem Prinzip seines Vorgängers, eine Reueerklärung zu fordern, nichts halte, daß er gern bei Anstellung von Lehrern von ihren politischen Ansichten absehe, namentlich wenn sie in jenen bewegten Zeiten hervorgetreten wären . . . und daß er seinerseits gern das Mögliche thun wolle. Eine sofortige Entscheidung würde ich aber wohl nicht verlangen, da er natürlich erst an die provinziellen Behörden sich wenden müsse, jedoch versprach er mir auf meine Bitte, die Sache möglichst zu beschleunigen . . . und Dir und gleichzeitig mir dann Nachricht zu geben.

Das ist etwa das Wesentliche der fast halbstündigen Audienz, aus der ich den Eindruck mitnehme, Bethmann sei ein an sich ehrenhafter und durchaus wohlmeinender Mann. Daß er nicht selbstständig und vorurtheilsfrei ist, zeigen leider seine letzten Erlasse zur Genüge. Es kommt also jetzt wesentlich darauf an, was das Prov.-Schulkollegium und vielleicht Eichmann über Dich berichten. Ich habe übrigens Bethmann eingeprägt, daß diese beiden Behörden schon unter Raumer für Dich berichtet hätten und daß nur die Reuesorderung Raumers Deine damalige Rehabilitirung verhindert hätte. Daß Du aber nicht geneigt gewesen, gegen Deinen Ankläger und Richter in einer Person eine Erklärung von Deiner Zerknirschung abzugeben, könne Dir bei jedem Ehrenmann nur zum Ruhm gereichen.

So steht also jetzt die Sache. Ich glaube, Bethmann hat den guten Willen, Dich anzustellen. Wiese wird Dir wenigstens nicht entgegenwirken, und wenn die Provinzialbehörden gut berichten, so ist die Sache auf dem besten Wege. . . ."

Hoverbeck gab nun Witt den Rath, sofort zu Schrader und zum Oberpräsidenten Eichmann zu gehen und sie zu bitten, ihm nicht entgegen zu sein.

„Dringe nur ja auf Beschleunigung; denn die Zeit könnte kommen, wo meine Empfehlung bei Bethmann ein Uriasbrief würde."

Witt wurde endlich zu Ostern 1860 wieder angestellt, zunächst als wissenschaftlicher Hülfslehrer am altstädtischen Gymnasium zu Königsberg. Hoverbeck sandte ihm am 26. März aus der Sitzung der Budgetkommission seinen Glückwunsch:

„Ich freue mich von Herzen, daß Deine Sache in Ordnung ist, es ist wohl das Einzige, was ich bei diesem Ministerium durchgesetzt habe und durchsetzen werde. Jetzt gehöre ich bereits zu den Gegnern dieses Ministeriums, wie mehr oder weniger ein großer Theil der liberalen Fraktion."

Anmerkungen zum sechszehnten Kapitel.

1) Albrecht v. Roon, geboren 1803, Kriegsminister von 1858 bis 1873, kurze Zeit auch Ministerpräsident, zuletzt Graf und Feldmarschall, starb 1879.

2) Immermann, geb. 1807, gestorben 1868, Bruder des Dichters Karl Immermann, Landgerichtsdirektor in Groß-Salze, 1849 und dann von 1859 bis 66 Abgeordneter, seit 1861 Fortschrittspartei. In einem Necrolog heißt es von ihm: „Ein Mann, der unwandelbar treu seinen Grundsätzen und Ueberzeugungen, in seinem kindlich reinen und sanften Gemüthe äußern Schein, Gunst und Ehre stets von sich wies, sein ganzes Leben lang von seinen Freunden und Parteigenossen geliebt und verehrt, sich auch der Hochachtung seiner politischen Gegner in hohem Maße erfreute."

3) Lette, Wilhelm Adolf, geboren 1799, Präsident des Revisionskollegiums für Landeskultursachen, 1848 Mitglied des Frankfurter Parlaments, 1852 bis 68 Abgeordneter, zuletzt nationalliberal, 1867 und 1868 Reichstagsabgeordneter, starb im Dezember 1868; Gründer und Leiter zahlreicher gemeinnütziger und wohlthätiger Vereine.

4) Stavenhagen, Friedrich, Generalmajor, geb. 1796, war als Oberst im Generalstab 1848 Mitglied des Frankfurter Parlaments, von 1860 bis 1869 als Generalmajor zur Disposition Landtagsabgeordneter, zuerst Fraktion Vincke, dann linkes Centrum, von 1866 nationalliberal, starb 1869.

5) Milde, Kattunfabrikant in Breslau, geb. 1805, Mitglied des vereinigten Landtags, in der preußischen Nationalversammlung Mitglied und Präsident bis 25. Juni; dann Handelsminister bis September 1848, Abgeordneter von 1851 bis 55 und von 1859 bis 61, starb 1861.

6) Hoverbeck erkannte bald genug, daß Roon sich ein großes Geschick in der Debatte aneignete.

7) Freiherr v. Vincke, Carl, geboren 1800, Rittergutsbesitzer von Olbendorf, Mitglied der ersten Kammer von 1849 bis 54, des Abgeordnetenhauses von 1859 bis 61 und von 1862 bis 69, Reichstagsmitglied von 1867 bis 68, altliberal, starb 1869 als Oberstlieutenant a. D. 1848 war er als Adjutant des Prinzen von Preußen diesem auf seiner Flucht über Spandau nach England hilfreich gewesen.

8) Aus den militärischen Schriften Kaiser Wilhelms (1897) ergiebt sich, daß er schon zu Lebzeiten seines Vaters auf das Entschiedenste für die Nothwendigkeit der dreijährigen Dienstzeit, gegenüber dem Kriegsminister und den alten Generälen der Freiheitskriege, eingetreten war und dabei verharrte, als durch Winterbeurlaubungen $2^1/_2$jährige Dienstzeit eingeführt war. Ebenso, daß er die Landwehr wegen ihrer politischen Unzuverlässigkeit seit 1849 gänzlich verwarf und ferner, daß

er auf allerlei Besonderheiten bei der Reorganisation hartnäckig bestand. Bernhardi berichtete über ein Gespräch mit dem Ministerpräsidenten Fürsten Hohenzollern vom Februar 1860. Dieser erklärte, die Vermehrung der Cadres und die dreijährige Dienstzeit sei nothwendig; die Vermehrung der Garderegimenter, der übermäßig hohe Präsenzstand der Gardebataillone im Frieden und der hohe Präsenzstand der Reiterei seien es nicht. Auch manches Paradestück der Ausrüstung sei zu entbehren. Aber da seien die alten Generäle, die glaubten, der Staat gehe unter, wenn diese oder jene hergebrachte Kleinigkeit beseitigt würde. Da könne nur der Landesherr Rath schaffen, aber der bestehe selbst auf diesen unnützen Dingen. Man solle doch bedenken, in welch ganz anderer Zeit, in welcher Umgebung, unter was für Einflüssen, in welchen Vorurtheilen der Herr aufgewachsen sei und nicht das Unmögliche von ihm erwarten. Es sei im Gegentheil zu bewundern, daß er so vieles gelernt habe . . . . .

Schon im Februar 1860 hatte der Regent zu Vincke-Olbendorf gesagt, wenn die Militairvorlage nicht ohne Aenderung durchdringe, müsse er entweder die Kammer nach Hause schicken, oder er selbst müsse die Regierung niederlegen und die Sache seinem Sohne überlassen. Aehnliche Drohungen, abzudanken, hat er bis 1870 öfters wiederholt, namentlich im Herbste 1862, bevor er sich durch Bismarck bewegen ließ, ohne Budget im Widerspruch mit der Verfassung zu regieren.

Siebzehntes Kapitel.

Session 1861. — Junglithauen.

Nach dem Schluß des Landtags von 1860 wuchs die nationale Bewegung in Preußen, wie im übrigen Deutschland noch an Ausdehnung und Stärke. Nicht wenig trugen dazu die Ereignisse in Italien bei. Sardinien trat Savoyen und Nizza an Frankreich ab, dagegen wurden die mittelitalienischen Staaten Toskana, Modena, Parma und die römischen Delegationen auf das durch allgemeine Abstimmung festgestellte Verlangen der Bevölkerung mit Sardinien vereinigt; das italienische Parlament, zu dem nur noch Venetien, der Rest des Kirchenstaates und das Königreich beider Sizilien nicht gewählt hatten, trat zusammen; Garibaldi und die 1050 von Marsala eroberten Sizilien und Neapel für das Königreich Italien.

In Deutschland war der Gründung des Nationalvereins die allgemeine Feier des hundertjährigen Geburtstages Friedrich Schillers voraufgegangen, — des Dichters,

„der des Volkes Liebling und zugleich der lauterste Prophet seiner Nationalität war . . . Keine Stadt, kein Flecken, so weit die deutsche Zunge klingt, blieb theilnahmlos an diesen großen Ehrentagen und über die Meere hinüber und herüber, wo irgend Deutsche bei einander waren, erscholl mit des Dichters Worten Mahnung und Gelübde: Wir wollen sein ein einig Volk von Brüdern, in keiner Noth uns trennen und Gefahr!"[1])

Nationale Wanderfeste der Schützen, Turner, Sänger entzündeten und kräftigten das Verlangen nach Einheit, Freiheit und Macht des deutschen Volks. Wissenschaftliche und wirthschaftliche Versammlungen der Volkswirthe, Genossenschafter, Kaufleute, Landwirthe, Juristen, Philologen, Lehrer, Naturforscher und Aerzte förderten die politischen Einheitsbestrebungen.

Im September 1858 war auf Anregung von Schulze-Delitzsch und Dr. Viktor Böhmert der Kongreß deutscher Volkswirthe gegründet,[2]) der in seinen jährlichen Wanderverhandlungen zunächst vornehmlich für Gewerbefreiheit, Freizügigkeit, Freihandel, Verbreitung auf Selbsthülfe gegründeter Erwerbs- und Wirthschaftsgenossenschaften, für Einheit in Maß, Gewicht und Münze wirkte. Bald entstand im Anschluß an ihn eine Reihe volkswirthschaftlicher Gesellschaften; darunter auch die volkswirthschaftliche Gesellschaft für Ost- und Westpreußen mit dem Sitze in Danzig. Diese hatte Anfang September 1860 ihre Jahresversammlung in Elbing. Hoverbeck besuchte die Versammlung. In Elbing wohnten damals außer seinen Eltern auch seine, seit 1859 verwittwete Schwester, Frau Syndikus Thiel mit ihren Kindern, deren Vormund er war. Am 7. September schrieb Hoverbeck von Nickelsdorf aus an Witt:

„Die Kammern werden ja zuverlässigen Nachrichten zu Folge wieder erst im Januar eröffnet, was in gewisser Hinsicht gut ist, da die große Geldbewilligungsmaschine doch etwas später zu arbeiten anfängt. Einige meiner Herren Kollegen, namentlich Forckenbeck, Behrend, Housselle, Konstanz Saucken 2c., habe ich neulich bei der volkswirthschaftlichen Versammlung in Elbing wiedergesehen. Auch Brämer,[3]) mit dem ich in politicis viel besser harmonire als in landwirthschaftlichen Angelegenheiten, traf, wenn auch verspätet, dazu ein. Von da fuhr er zur Versammlung des Nationalvereins nach Koburg. Soeben steht in den Zeitungen die Nachricht, daß der Nationalverein die deutsche Reichsverfassung als noch zu Rechte bestehend anerkannt hat; ich hoffe, daß sich das bestätigt und halte diesen Schritt für einen sehr fruchtbaren und erfolgreichen."

So bestimmt lautete nun freilich die Resolution der Generalversammlung des Nationalvereins nicht. Sie tagte vom 3. bis 5. September unter dem Vorsitz von Bennigsen, bei Anwesenheit von fast 446 Mitgliedern, unter denen nur 80 Preußen, dahingegen 184 Mitglieder aus den sächsischen Herzogthümern und Fürstenthümern sich befanden.[4]) Die vom Ausschuß vorgeschlagene, und nach langen Debatten schließlich fast einstimmig angenommene Resolution gab Zeugniß von der wachsenden Unzufriedenheit mit der preußischen Regierung.

Die ersten Sätze lauteten:

„Das deutsche Volk wird seinen Anspruch auf bundesstaatliche Einheit, welcher durch das Gesammtorgan des Bundes nnd alle einzelnen deutschen Regierungen anerkannt ist und in der Reichsverfassung von 1859 seinen rechtlichen Ausdruck gefunden hat, nimmermehr aufgaben.

Hiernach erkennt es der Nationalverein für seinen Beruf, auf die Schaffung einer einheitlichen Centralgewalt und eines deutschen Parlaments mit allen gesetzlichen Mitteln hinzuwirken. Zu den Befugnissen der Centralgewalt gehört vor Allem die militairische Obergewalt und die ausschließliche Vertretung gegenüber dem Ausland.

Der Nationalverein erwartet, daß jeder deutsche Volksstamm willig die Opfer bringen werde, die zur Erreichung der Größe und Einheit Deutschlands nöthig sind. Das preußische Volk vor allem muß darthun, daß es trotz seiner glänzenden Geschichte und trotz der Großmachtstellung des preußischen Staats sich als Theil des deutschen Volkes fühle und daß es gleich jedem andern Staate Deutschlands der deutschen Centralgewalt und Volksvertretung sich unterordne.

Wenn die preußische Regierung die Interessen Deutschlands nach jeder Richtung thatkräftig wahrnimmt und die unerläßlichen Schritte zur Herstellung der deutschen Macht und Einheit thut, wird gewiß das deutsche Volk vertrauensvoll die Centralgewalt dem Oberhaupt des größten reindeutscheu Staates übertragen sehen."

Der Beschluß stimmte mit dem Antrage des Ausschusses überein, nur war in dem ersten Absatze das Wort „rechtlich" eingeschoben. Es war eine Art Kompromiß zwischen denjenigen, die trotz des allgemeinen Mißtrauens zum Willen und zur Energie der preußischen Regierung, ausdrücklich die Uebertragung der Centralgewalt an Preußen aussprechen und denjenigen, die die Reichsverfassung von 1849 direkt als Panier der Nationalpartei aufpflanzen wollten.[5])

Das preußische Ministerium war selbst schuld daran, daß überall in den liberalen Kreisen Deutschlands der Mißmuth über Preußen und seine Regierung wuchs. Durch die gerichtlichen Verhandlungen wider den Polizeidirektor Stieber, durch die dabei gehaltenen Reden des Oberstaatsanwalts Schwarck und die gegen diesen erhobenen Beschuldigungen des Angeklagten war festgestellt, daß das unter Polizeipräsident Hinkeldey bestandene, Gesetze mißachtende, ja verhöhnende Willkürregiment auch unter seinem Nachfolger Polizeipräsident v. Zedlitz fortgesetzt und durch den Justizminister Simons und die Berliner Staatsanwaltschaft geduldet war. Die Enthüllungen des Schriftstellers Wilhelm Eichhoff und die darüber von den Berliner Kommunalbehörden angestellten Ermittelungen bewiesen Schwindeleien und

Betrügereien bei Verwaltung des Bekleidungs- und Remontewesens der Berliner Schutzmannschaft, an denen der Polizeioberst Patzke in erster Linie betheiligt war. Der Justizminister Simons zog sich im Dezember 1860 vor dem öffentlichen Unwillen zurück, indem er den Abschied nahm. Sein Nachfolger v. Bernuth[6]) war ein aufrichtig liberaler Mann. Minister Schwerin aber schützte, auch gegen die Angriffe seiner besten Freunde aus „Großmuthssucht" noch Monate lang den Polizeipräsidenten v. Zedlitz und den Polizeioberst Patzke. Das öffentliche Aergerniß, das diese Vorgänge erregten, schädigte das Ansehen Preußens über die Grenzen Deutschlands hinaus.

Im November waren Hoverbeck, Forckenbeck und Behrend als Mitglieder des ständigen Vorstands der volkswirthschaftlichen Gesellschaft für Ost- und Westpreußen in Danzig zwei Tage zu einer Sitzung beisammen. In ihren politischen Unterhaltungen waren sie darüber einig, daß die politische Lage des Landes in den letzten zwei Jahren nicht besser sondern schlechter geworden sei, Pessimismus und Hoffnungslosigkeit wüchsen von Tage zu Tage. Die unentschiedene Haltung des Abgeordnetenhauses trage nicht allein die Schuld, aber man müsse ihm vorwerfen, zur Bildung fester, bestimmte politische Zwecke verfolgender Parteien nichts beigetragen zu haben. Ein besonderer Uebelstand sei die Programmlosigkeit der großen Fraktion Vincke. Aus solchen Erwägungen gelangten die drei Abgeordneten dazu, versuchsweise einen Programmentwurf festzustellen. Zugleich aber einigten sie sich, die entschiedneren Mitglieder der Fraktion aufzufordern, sich zu einer Zusammenkunft zwei Tage vor Eröffnung des Landtages in Berlin einzufinden, um das weitere Verhalten zur Vincke'schen Fraktion zu berathen. Forckenbeck übernahm Einladungen durch besondere Briefe an etwa 20 Abgeordnete der Fraktion zu senden. Er that dies erst am 23. Dezember, nachdem schon vorher gegen alle Verabredung der Programmentwurf ohne Angabe der Verfasser in Zeitungen abgedruckt war. Unter den Eingeladenen antwortete Immermann ausführlich. In dem Briefe dieses gemäßigten sehr besonnenen Mannes ist für die damals herrschenden Ansichten Folgendes bezeichnend:

„Die Situation ist zu heillos nach außen und innen, und unbedingt nothwendig, wenn nicht alles verloren gehen soll, daß wenigstens unsere Partei ihre Schuldigkeit thut und offen, klar, fest der Regierung den Weg zeigt, auf dem sie nur mit ihr gehen kann. Die Schwarck-Stieber'sche Geschichte, so gewaltige Schäden sie aufdeckte, war keineswegs schlimm für die Regierung, ja richtig angefaßt von der Regierung könnte sie gerade dazu beitragen, mit einem Ruck Preußen in sich kräftig und fest und damit unendlich einflußreich auch auf das übrige Deutschland hinzustellen, wenn nämlich bei dieser Veranlassung sich die Regierung ermannt und entschieden ausgesprochen mit der Vergangenheit gebrochen hätte. Dann war alles gewonnen. Wenn Preußen sich in Folge dieser Veranlassung fest und straff auf die Füße des Rechtsstaates, des Wahrheitsstaates hingestellt hätte, dann war alles gesund gemacht und jene Aufdeckung ein wahrer Segen. Das Vertuschen hat uns aber so heruntergebracht, daß ich eigentlich gar nicht weiß, wie wir wieder aus dieser Misère herauskommen sollen."

Er bezeichnete es dann als Pflicht der Partei in der zwölften Stunde energisch offen und klar aufzutreten. Allein er erklärte sich gegen Ausscheiden aus der Fraktion. Er hielt es für richtiger, den Gründungs- und Läuterungsprozeß in der Partei vorgehen zu lassen. Ihm persönlich würde es unüberwindbar schwer werden, auszuscheiden, weil es ihn nöthigte, von seinem alten, treubewährten Freunde Grabow, mit dem er in den Wogen der Jahre 1848 und 1849 treu zusammen gekämpft und einen Bund auf Leben und Tod geschlossen habe, sich äußerlich zu scheiden.

Am 28. Dezember wurde in einer Nachwahl zu Bielefeld der demokratische Führer der Linken der Nationalversammlung von 1848, Obertribunalsrath Waldeck mit großer Mehrheit von denselben Wahlmännern gewählt, die zwei Jahre zuvor neben zwei anderen fast einstimmig Georg von Vincke gewählt hatten.

Am 2. Januar endigte der Tod die Leiden des geisteskranken Königs Friedrich Wilhelm IV. Die Proklamation des neuen Königs enthielt den Ausspruch, er werde treu dem Eide, mit dem er die Regentschaft übernommen, die Verfassung und die Gesetze des Königreiches schirmen. Sie enthielt aber nichts von freiheitlichen Zugeständnissen und nichts von bestimmteren Erklärungen in der deutschen Frage.

Auf die Einladungen der drei preußischen Abgeordneten fanden sich am 12. Januar zur Vorbesprechung etwa 20 Mitglieder der Fraktion Vincke in einem Zimmer des Abgeordnetenhauses ein. Ueber die Verhandlungen und den weiteren Verlauf bis zum Austritt aus der Fraktion berichten genaueres Briefe Hoverbecks an seine Wähler und Tagebuch-Aufzeichnungen des Rechtsanwalts Krieger-Goldap. Dieser, im Sommer in einer Ersatzwahl gewählt, nahm sofort lebhaft an den Berathungen theil. Durch Muth, Unerschrockenheit und feste liberale Grundsätze ausgezeichnet, ein scharfer Jurist und schneidiger Redner, erwarb er sich schnell die Freundschaft Hoverbecks.[7])

Krieger schrieb mir 1877 bei Uebersendung seiner Aufzeichnungen:

„Schon in der Session des Jahres 1860 hatten sich 30—40 Abgeordnete aus der damals sogenannten „todten Masse“ der Vincke'schen Fraktion herausgehoben und zu Anfang leise, allmälig aber immer deutlicher dem großen Olympier Opposition gemacht. Die dabei am unerschrockensten zu Wege gingen, waren Ostpreußen; voran ihr Tapferster — Hoverbeck, er, vor dem Georg Vinke den allergrößten Respekt hatte; die Andern sah er kaum . . .“

In seinem Tagebuch heißt es dann:

„12. Januar Versammlung der Unzufriedenen, Gegenstand der Berathung Entwurf eines politischen Programms. Alle Anwesenden waren Mitglieder der Fraktion Vincke, und ich selbst auch eingetreten, um die Zahl der Separatisten zu vermehren.“

In einem Briefe vom 15. Januar schreibt Hoverbeck über diese Sitzung:

„Wir waren Alle darüber einig, daß es nothwendig wäre, daß die Fraktion Vincke ein Programm aufstelle und veröffentliche, um einerseits dem Volke offen zu sagen, was das Ziel unseres Strebens sei, andererseits manche Mitglieder der Fraktion, die bisher statt liberal nur rein ministeriell gewesen waren, zu der bestimmten Wahl zu zwingen, entweder mit uns zu gehen oder auszutreten. Im Allgemeinen zeigte sich unter den Erschienenen die lebhafte Ueberzeugung, daß es in der Weise wie bisher in der großen Fraktion nicht weiter gehen könne. Dagegen zeigte sich bald Verschiedenheit der Ansichten über die Frage, ob wir die Fraktion nur auffordern sollten, die Aufstellung eines Programms zu beschließen, oder derselben sofort ein von uns entworfenes Programm als Vorschlag zur Prüfung einzureichen. Immermann und acht andere waren für den ersten Weg. Wir Preußen (merkwürdiger Weise standen alle Preußen auf dieser Seite) stimmten für Vorlegung eines von uns zu machenden Programms: die Fraktion könne ja, wenn sie wolle, Abänderungen treffen; es sei aber gerade unsere Pflicht, nicht der Fraktion die ganze Arbeit aufzubürden, sondern unsererseits auch praktisch zu zeigen, wie wir ein solches Programm auffaßten. In der Abstimmung siegten wir mit 11 Stimmen, leider gegen 9, und da wir nun den Unterliegenden nicht zumuthen wollten, ein Programm zu unterschreiben, das sie zwar in der Sache selbst billigten, dessen Vorlegung vor der Fraktion sie aber nicht für räthlich hielten, so gingen wir Preußen nun an die Durcharbeitung des Programms selbst. Die 11 waren: Behrend, Forckenbeck, Housselle, Lietz, Krieger, Gamradt, Gorzitza, Larz, Below, Weese[8]) und ich. Unserer Berathung, bei der die Anderen Anfangs nur Zuhörer waren und nicht mitstimmten, wurde der wider unsern Willen schon früher durch die Zeitungen bekannt gewordene Programm-Entwurf zu Grunde gelegt. Er erfuhr vielfache Veränderungen, großentheils sogar durch seine ursprünglichen Verfasser, da sein Zweck nur eine vorläufige Vorlage für diese Versammlung war.“

Die Berathung dauerte bis tief in die Nacht. Zum Schluß

„bekamen Behrend, Forckenbeck, Krieger (der neu in Stallupönen gewählte Abgeordnete, ein tüchtiger und völlig entschiedener Mann) und ich den Auftrag, einige Sätze nach den Beschlüssen noch umzuarbeiten.“

Die vier entledigten sich am Sonntag Vormittag (13. Januar) des Auftrages. Das Programm wurde am Abend mit 17 Unterschriften in die Fraktion Vincke eingebracht „unter höhnischen Bemerkungen“ von Georg Vincke. Der Antrag ging dahin, es von einer besonderen gewählten Kommission begutachten zu lassen. Dies wurde vorläufig abgelehnt.

Am 14. Januar wurde der Landtag eröffnet. In der Thronrede sprach der König über die Heeresreform als eine fertige Schöpfung; die getroffenen Anordnungen bewegten sich innerhalb der gesetzlichen Grundlagen unserer Heeresverfassung; die Landesvertretung werde sich der Aufgabe nicht versagen, das geschaffene zu bewahren und in seiner Entwickelung zu fördern.

Am Abend beschloß die Fraktion Vincke den Antrag auf Erlaß einer Adresse in Beantwortung der Thronrede einzubringen. Ueber die dem Antrag beizufügende Motive gab es eine lange Debatte. Krieger schrieb darüber:

„Für einen Neuling scheinbar unglaubliche Dinge mit ganz unpassendem Ernste bearbeitet!"

Der Programmantrag hatte den Vorstand der Fraktion in eine gewisse Erregung gegen die Antragsteller versetzt. Krieger schrieb darüber:

Auffallend strenge Disciplin in der Fraktion. Der Vorstand sammt dem Schriftführer Delius[9]) ragen durch vornehme, beinahe sacerdotale Erscheinung hervor: Delius verweigert mir, dem neu Eingetretenen, ein Exemplar der Geschäftsordnung mit dem Bemerken: mich habe wohl Herr v. Hoverbeck abgesandt! Herr Georg Vincke später — als man mich ihm vorstellte —: ich sei wohl nur eingetreten ad hoc, um die Zahl der Separatisten zu vermehren, — was ich mit biederer Offenheit bejahen konnte."

Am 16. Januar kam es zu langer und lebhafter Verhandlung über den Programmantrag. Vincke und seine nächsten Freunde bestritten die Nothwendigkeit eines Programms für die Fraktion, die Namen wären allein ein Programm. Nach Behrend, Immermann und Forckenbeck sprach zuletzt Hoverbeck gegen Vincke, letzterem hatten die Redner „tüchtig mitgespielt", „so deutlich", schrieb Hoverbeck, „ist in der Fraktion noch nie gesprochen worden." Zum Schlusse forderte Hoverbeck die Gegner nochmals auf, wenn ihnen das vorgelegte Programm nicht gefiele, nur ja nicht ganz unthätig zu bleiben, sondern mit ihren viel bedeutenderen Kräften ein besseres zu machen.

Der Antrag wurde mit etwa 70 gegen 30 Stimmen abgelehnt.[10])

Für die Kommissionswahlen waren in einer Vorschlagsliste des Vorstandes die Renitenten vorwiegend berücksichtigt. Zu seiner Ueberraschung war Hoverbeck neben Behrend und Immermann für die zunächst wichtigste Kommission, die Adreßkommission bestimmt. Hoverbeck schrieb seinen Freunden:

„Bald nach Anfang der Fraktionssitzung war Vincke zu mir herangekommen, und hatte gesagt: Der Vorstand hält es für besser, daß der Vorschlag zu den Kommissionswahlen von ihm ausgehe. Ich hoffe, daß Sie und die übrigen „Herren Renitenten" nicht dagegen opponiren werden; ich kann Sie versichern, daß wir Sie Alle besonders berücksichtigt haben. — Ich antwortete ihm: „Sie werden erlauben Herr von Vincke, daß ich gerade aus diesem Grunde um so entschiedener opponire." Er zog sich sofort auf seinen Platz zurück, nicht gerade mit den freundlichsten Gefühlen für mich.

Inzwischen hatte man sich, nach lebhafter Diskussion, bei der es wieder zu scharfen Reden zwischen Vincke und Hoverbeck kam, dahin geeinigt, die Vorschläge des Vorstandes und der einzelnen Abtheilungen mitzutheilen und dann die Endentscheidung zu treffen. Hoverbeck nahm die Wahl in die Adreßkommission nur mit Vorbehalt an:

„Da ich mit Herrn von Vincke noch nicht fertig war, so trat ich auf, erklärte, es sei mir nicht im Traume eingefallen, in die Adreßkommission zu kommen, sondern ich sei mit der Wahl in's Budget, wie sie die Abtheilung über mich beschlossen, vollkommen zufrieden. Ich machte die Fraktion darauf aufmerksam, daß ich in wesentlichen Punkten von den Ansichten der Majorität abwiche, und daß sie, im Falle sie mich wählte, es sich selbst zuschreiben möge, wenn ich meine eigenen Ansichten, nicht die der Fraktion, in der Kommission vertrete. (Ich hielt diese Erklärung für notwendig, um mir nicht später nachsagen zu lassen, daß ich die Hülfe der Fraktion zur Erlangung dieser Wahl illoyaler Weise in Anspruch genommen hätte.) Vincke, obgleich sehr erbittert über meine Hartnäckigkeit, war doch so großdenkend zu erwidern, daß er mich gerade darum vorgeschlagen habe, weil er wisse, daß unsere Ansichten differirten, und so ging denn der Vorschlag des Vorstandes glatt durch. Nun kam die Wahl zu den übrigen Kommissionen, und wirklich ergab es sich, daß der Vorstand überall für uns Renitenten besser gesorgt hatte, als wir selbst — was gewiß sehr anerkennenswerth wäre, wenn sie uns nur nicht vorher durch die mir gemachte Mittheilung hätten bestechen wollen."

Die Adreßkommission tagte sonderbarer Weise in geheimen Sitzungen unter Ausschluß aller Abgeordneten, die nicht der Kommission angehörten. Hoverbeck schrieb wie dies gekommen war:

„Am Abend des 17. Januar war abermals eine Fraktionssitzung angesetzt, um einen von Beseler eingebrachten Antrag zu berathen: Die Fraktion möge ihre Ansicht darüber aussprechen, ob in der Adreßkommission die Zulassung von Zuhörern auszuschließen sei. Es erfolgte eine lange und scharfe Debatte, worin die Polen und das Revolutionskomité in Paris unsern Gegnern als Vogelscheuche dienten, während wir behaupteten, Staatsgeheimnisse dürften und könnten in einer Kommission nicht mitgetheilt werden, und man versündige sich an dem Rechte der übrigen Abgeordneten, wenn man ihnen den Zutritt zu den Kommissionssitzungen verwehre. Die Abstimmung, nach unserm Antrage namentlich, ergab für uns 47, für unsere Gegner 53 Stimmen, wir waren also mit 6 Stimmen geschlagen."

„Freitag den 18., Nachmittags, Sitzung der Adreßkommission. Beseler brachte seinen Antrag auf Ausschließung der Zuhörer ein. Ich erwiderte ihm mit den Gründen, die wir schon Tags vorher in der Fraktion weitläufig auseinandergesetzt hatten, und deutete zum Schlusse an, daß der Zweck dieses Antrages, nämlich Geheimhaltung der Vorgänge in der Kommission auch nach der Ausschließung der Zuhörer doch nicht erreicht werden könne, falls nicht jedes Kommissionsmitglied sich zum Schweigen verpflichte; ein solches Versprechen zu geben, sei ich aber nicht gesonnen."

Vincke machte den vermittelnden Vorschlag, nur bei den Debatten über die auswärtigen Angelegenheiten und das Militair die Zuhörer auszuschließen.

Zunächst erklärte ich nun, daß ich meinerseits mich durch kein Votum der Kommission zum Stillschweigen verpflichten ließe, und abwarten würde, ob man mich durch gesetzliche Mittel dazu zwingen könne. Trotzdem also der vorgebliche Zweck des Antrages, Geheimhaltung von staatsgefährlichen Eröffnungen durch meine Erklärung vereitelt war, hatte der Beselersche Antrag doch eine, wenn auch schwache Majorität. Dies schien mir ein deutlicher Beweis, daß der eigentliche Zweck des Beselerschen Antrages nur eine Gefälligkeit gegen die Minister war, um ihnen das peinliche Gefühl zu ersparen, in Gegenwart vieler Abgeordneten zur Rechenschaft gezogen zu werden."

Die Adreßkommission berieth über eine Woche lang Tag für Tag. Hoverbeck berichtete in seinen Briefen über die einzelnen Sitzungen. Am interessantesten war die vom 19. Januar, wo der Minister Schwerin wegen seines Verhaltens zu den Berliner Polizeienthüllungen weit schärfer als später im Plenum angegriffen wurde. Hoverbeck schrieb:

„Sonnabend, den 19. Januar. Sitzung der Adreßkommission. Nach der vorher festgestellten Reihenfolge, kamen die inneren Angelegenheiten heran. Vincke begann mit dem Bedauern, daß er durch seine Ueberzeugung gezwungen werde, gegen einen stets hochgeachteten, früher ihm eng verbundenen politischen Freund sich auszusprechen und hielt nun in einer einstündigen vortrefflichen Rede Schwerin sein ganzes politisches Sündenregister vor. Hauptvorwurf war Mangel an Energie und Aufrechterhaltung der alten Organe des Ministerium Manteuffel in den höchsten Beamtenstellen. Dies Letztere sowohl in den Provinzen (z. B. Preußen) als hier in Berlin. Nun kamen die Polizei-Silhouetten Eichhoffs, der ganze Schwarck-Stieber'sche Prozeß u. s. w. heran. Als Probe nur eine Stelle: Nach diesem Prozesse gab es in den Augen des Volkes drei schwer kompromittirte Beamte: Erstens Schwarck. — Er wolle keinen Augenblick für Schwarck auftreten, denn wiewohl derselbe durch seine Enthüllungen dem Lande allerdings einen großen Dienst geleistet habe, könne man doch weder vor einer Persönlichkeit Achtung haben, die von Partei zu Partei gewechselt habe, erst im Jahre 1848 als exaltirter Demokrat Wirthshausschilder, die den Namen des Königs von Preußen trugen, abgerissen habe, dann mit fliegenden Fahnen in's Lager der Reaktion übergegangen, sich zum Werkzeuge einer gesetzwidrigen Verfolgung des Grafen Reichenbach[11]) hergegeben habe, und dafür durch die Stelle des Oberstaatsanwalts in Berlin belohnt sei, endlich jetzt vor kurzer Zeit, wie eine Ratte, die das sinkende Schiff verläßt, sich durch seinen Angriff gegen Zedlitz bei der liberalen Partei zu insinuiren suche, — noch vor einem Beamten, der durch seine Enthüllungen zu allererst beweise, daß er selbst lange Zeit hindurch pflichtwidrig gehandelt und grobe Ungesetzlichkeiten geduldet habe. Also die schuldigen Beamten seien: 1. Schwarck, 2. Zedlitz. Die ungesetzliche Handlungsweise desselben scheine ihm durch den Stieber-Schwarck'schen Prozeß erwiesen. 3. Der frühere Justizminister Simons. Derselbe sei allerdings entlassen, nachdem sein längeres Verbleiben unmöglich geworden, aber er begreife nicht, wie ein Ministerium

Hohenzollern nach solchen Thatsachen eine Kabinetsordre habe contrasigniren können, worin dem ehemaligen Justizminister für die geleisteten Dienste gedankt, und einer der höchsten Orden verliehen wurde. Er halte im Allgemeinen wenig von Orden, jetzt aber um so weniger, da er die Brust von Leuten mit Orden bedeckt sähe, die für das Vaterland verderblicher, als dessen ärgste Feinde gewesen wären. Nun mindestens sei Simons doch beseitigt; um so schlimmer aber sei es, daß Zedlitz noch immer nicht nur Polizeipräsident sei, sondern sogar in dieser Eigenschaft mehrmals wöchentlich Immediatvorträge halte, was mit dem konstitutionellen System durchaus unverträglich sei.

Dies als Beispiel von dem Tone der Rede. Ihr Eindruck war mächtig. Schwerin, der natürlich erwidern mußte, war so ergriffen, theils von dem Gefühle, daß dies beinahe ein Absagebrief seiner bisherigen liberalen Freunde sei, theils von der Gewichtigkeit und Wahrheit dieser Vorwürfe, daß er kaum Worte finden konnte, und mit Thränen in den Augen stotternd und stockend seine Erwiderung begann. Bald aber war er wieder mitten in seiner vorjährigen Praxis, alle alten Beamten sind vortrefflich, Dispositionsstellung wäre Strafe vor der Verurtheilung, er könne die Leute nicht so entehren u. s. w.

Selbst der noch weiter rechts stehende Abgeordnete Mathis (Wirklicher Geheimer Oberregierungsrath z. D.) sprach sich sehr entschieden über den Polizeidirektor von Zedlitz aus. Darauf folgte der Sächsische Staatsminister a. D. v. Carlowitz,[12]) damals Mitglied der Fraktion Mathis:

„Das Ministerium hätte bei seinem Eintritt 1859 hauptsächlich drei Aufgaben gehabt: 1. Wegräumung des Wustes von reaktionären Gesetzen, womit die zehn Jahre vorher das Land belastet hätten; 2. Vorlegung der in der Verfassung vorbehaltenen Gesetze (z. B. Verantwortlichkeit der Minister); 3. Wegräumung der reaktionären Beamten. Von diesen Hauptaufgaben sei wenig geschehen. Der Minister des Innern habe sich vor einer Krankheit zu hüten, die bei Privatleuten liebenswürdig, bei Staatsmännern aber verderblich sei, die Großmuthssucht. Aus der Beibehaltung der alten Beamten sei der Stieber-Schwarck'sche Prozeß entsprungen. Es ginge Preußen übel mit den Sympathien Deutschlands. Kaum hätte eine gute Maßregel die Herzen der übrigen Deutschen erwärmt, so käme sogleich ein eiskaltes Sturzbad nach. Diesmal sei Schwarck der Bademeister!" . . . .

Nach weiteren Debatten blieb Schwerin dabei, er könne Zedlitz jetzt nicht fallen lassen.

Am 15. Januar Abends war wieder Sitzung der Renitenten. Es ergab sich, daß für die Trennung von der Fraktion Vincke unter den Anwesenden nur 12, hauptsächlich Ostpreußen waren, gegen die Trennung die Uebrigen. Von den Ostpreußen ward nun mit Mehrheit beschlossen, auszutreten, sobald sie 15 an der Zahl seien. Es war, wie Krieger bemerkt, noch viel Zaghaftigkeit vorhanden,

„und der Entschluß, sich von der großen Fraktion zu trennen, noch immer nicht recht fertig; mag ihnen auch schwerer geworden sein als mir, der ich neu eingetreten und frei von allen parlamentarischen Krankheiten war."

Die weiteren Berichte Hoverbecks über die Adreßkommission

sind nicht mehr vorhanden bis auf ein Stück über die Sitzung vom 21. Januar:

„Vormittags wieder Sitzung der Adreßkommission. Vincke (als Referent) will näher auf die Beschuldigungen der Eichhoff'schen Brochüre eingehen; Schwerin verweigert Auskunft, weil die Sache noch in der Untersuchung schwebe. Dennoch geht Vincke auf einige Punkte ein, nur als Beispiele dieses Treibens. So die kostbare Rummelsburger Landwirthschafts-Kirche — geheizte Schweineställe, in denen nach Westphalen eine Gräfin wohnen könnte. — Denkmal für Hinkeldey aus der Schutzmanns-Pensionskasse. — Ein Schutzmannswachtmeister hat die Kühe halten müssen, die dem Bullen zugeführt wurden." . .

In einem Briefe an Mahraun schrieb Hoverbeck am 27. Januar von Gerüchten einer Ministerkrisis. Die letzte Sitzung der Adreßkommission sei in so fern interessant gewesen,

„weil Vincke mit ein paar entschiedneren Anträgen nicht durchdrang und das Referat für das Plenum ablehnte, um freie Hand zu behalten, und Beseler, der Heros des flauesten Gothaerthums, gewählt wurde. Jetzt hat Beseler einen matten Entwurf gemacht, und Vincke ihm das Exercitium so gründlich korrigirt, in 17 Amendements, daß, falls Vincke fest bleibt und im Hause seine Ansichten vertheidigt, die Zeit nicht verloren ist, die wir in der Kommission zugebracht haben. So lange Vincke so auftritt, stehen wir „Renitenten" ihm natürlich zur Seite."

Krieger, der der Adreßkommission nicht angehörte, schrieb:

„Haupt-Interesse bieten die Verhandlungen der Adreß-Kommission. 17 Amendements von Vincke allein mit Energie in die Kommission eingebracht, mit Energie vertheidigt, mit Energie sodann zurückgezogen!! So das Amendement in Betreff der Militärfrage, so das andere wegen der reaktionären Beamten" u. s. w.

Die Adreßdebatte im Plenum begann am 5. Februar und führte zum Austritt Hoverbecks und seiner Freunde aus der Fraktion Vincke. Hoverbeck schilderte die Vorgänge, die zugleich ein helles Licht auf die Schwachmüthigkeit der Mehrheit des Abgeordnetenhauses warfen, ausführlich in einem Briefe vom 17. Februar. Er hätte — schrieb er — den Austritt aus der Fraktion Vincke nicht ohne ernste Ueberlegung und in vollem Gefühle seiner Pflicht gethan. Er besprach die Ablehnung des in der Fraktion gestellten Antrages auf Annahme eines festen Programms. Dann kam er auf die Verhandlungen über die Adresse in der Fraktion:

„Wir Entschiedneren hatten bei der Adresse hauptsächlich drei Ziele im Auge, 1. die Entfernung der reaktionären Beamten, 2. die äußere Politik besonders konzentrirt in der Italienischen Frage, 3. die deutsche Politik im Sinne des Nationalvereins. Für 1 und 3 hatten wir besondere Amendements aufgestellt (Behrend), vielleicht nicht die best stylisirten, aber nach meiner Ansicht klarer und praktischer, als manche andere. Für 2 hatten wir uns dem Amendement Vincke angeschlossen."

Das Amendement lautete: „Der fortschreitenden Konsolidirung Italiens entgegenzutreten, erachten wir weder im Preußischen noch im Deutschen Interesse".

„Wir gingen einen förmlichen Vertrag ein, wonach Behrend sein eigentlich besseres Amendement in der Beamtenfrage zurückzog unter der Bedingung, daß Vincke sein Italienisches Amendement stellte, und daß die Fraktion das Amendement Stavenhagen annahm, das in der deutschen Frage, wenn auch nicht so deutlich und praktisch als das unserige, doch im Allgemeinen einen ähnlichen Sinn ausdrückte."

In diesem Amendement wurde in Ansehung der Umgestaltung der Kriegsverfassung des Deutschen Bundes es als nothwendig bezeichnet, daß „die oberste Führung des deutschen Heeres in die Hand des Königs gelegt werde" und ferner in Betreff der einzuführenden festen, dem Drange der deutschen Nation nach größerer Einheit entsprechenden politischen Institutionen im unzertrennlichen Interesse Deutschlands wie Preußens gefordert, daß Preußen die ihm durch seine Geschichte und durch seine Machtverhältnisse gebührende Stellung „an der Spitze des deutschen Bundesstaates" eingeräumt werde. Die Fraktion beschloß für die Amendements Vincke in der italienischen und Stavenhagen in der deutschen Frage zu stimmen. Am 6. Februar ward in der Plenarsitzung Vincke's Amendement mit 159 gegen 146 Stimmen angenommen. Hoverbeck schreibt:

„Nun kam den Tag darauf das Amendement Stavenhagen, für uns das wichtigste, weil es die deutsche Frage behandelte, an die Reihe. In einer Art von Ahnung des Unheils, das da kommen sollte, war ich von unseren gewöhnlichen Sitzen auf der Linken auf die andere Seite gegangen, wo das Gros der Fraktion und „der Vorstand" derselben sitzt. Sehr bald merkte ich, was gespielt wurde. Die Minister, namentlich Patow und Schwerin, setzten sich in lebhaften Rapport mit einigen Stimmführern der Fraktion und diese arbeiteten fleißig an Stavenhagen herum, um ihn zur Zurücknahme des Amendements zu bewegen. Angeblich sollte Schleinitz, wenn das Amendement durchginge, seine Entlassung nehmen wollen, und dann Patow, Schwerin u. s. w. auch zum Gehen entschlossen sein. Ich brauche nicht zu sagen, daß ich kein Wort davon glaubte, vielmehr die ganze Sache als ein unwürdiges Manöver ansah, auf die Abstimmung der Fraktion einzuwirken. Um nun die Zurücknahme des Amendement Stavenhagen zu verhindern, ließ ich Stavenhagen durch seinen Vetter Aßmann[13]) bitten, ja nicht sein Amendement zurückzunehmen; zur Abstimmung werde es doch jedenfalls kommen; denn wenn er es zurückzöge, würde ich es jedenfalls wieder aufnehmen. Trotzdem ließ sich Stavenhagen beschwatzen, und nun nahm ich natürlich das Amendement auf. Mittlerweile war der Einfluß des Vorstandes und der Minister zusammen so mächtig gewesen (es giebt eine Menge Leute, die naiv genug waren, das Geschichtchen von der Ministerkrisis zu glauben), daß von den 150 Fraktionsmitgliedern nur 41 ihrer Abstimmung und den uns gegenüber eingegangenen Verpflichtungen treu blieben.

Dies war nun für uns eine entscheidende Erfahrung. Wir konnten daraus deutlich ersehen, welches die wirkenden Kräfte in der Fraktion Vincke waren. Vincke selbst hatte sich bei der Abstimmung entsetzlich blosgestellt; denn nachdem er nur unter der einen Bedingung vom Amendement Stavenhagen abzulassen erklärt hatte, daß die Minister davon Gefahr für den Staat besorgten, Schleinitz aber darauf ausdrücklich erklärt hatte, von Gefahr für den Staat sei nicht die Rede, aber den Ministern würde die Annahme unangenehm sein, stimmte er trotzdem gegen das Amendement. Um der Sache die Krone aufzusetzen, erschien den Tag darauf in der Preußischen Zeitung die offiziöse Erklärung, in Beziehung auf das Amendement Stavenhagen hätten Gerüchte von einer Ministerkrisis cirkulirt; dieselben wären ohne allen Grund."

Am nächsten Tage beriethen die Mitglieder der Fraktion Vincke, die für das Amendement Stavenhagen gestimmt hatten, über ihre Stellung zur Fraktion. Auch jetzt war die Mehrheit gegen den Austritt. Behrend, Forckenbeck, Hoverbeck erklärten sich dafür. Die Entschiedneren beschlossen am folgenden Tage, ein Jeder brieflich ihren Austritt anzuzeigen. Dies thaten elf Abgeordnete aus Ost- und Westpreußen: Ancker, Behrend, Forckenbeck, Gamradt, Gortzitza, Häbler, Hoverbeck, Houselle, Krieger, Morgen,[14]) Weese. Schon vorher waren ausgetreten die Westpreußen Lietz und Schenkel, sowie Senff aus Bromberg. Die Austrittserklärungen führten in der nächsten Fraktionssitzung zu lebhaften Erörterungen. Hoverbeck schrieb:

„Es hat uns von manchen Seiten nicht an Vertheidigern gefehlt. Einer (Larz) hat sogar gesagt, daß die Fraktion uns schmählich im Stiche gelassen habe. — Der hochgeehrte Vorstand hat sich förmlich auf's Entschuldigen und Bedauern gelegt; kurz, wir sollen ganz anständig zu Grabe gebracht sein."

Die Ausgeschiedenen bildeten den „parlamentarischen Verein Ancker und Genossen". Sie konstituirten sich auf das von der Fraktion Vincke verworfene Programm und hielten täglich Sitzungen ab; sie hatten keinen Führer, keinen Vorstand und keinen ständigen Vorsitzenden. Die Leitung der Fraktionssitzungen erfolgte abwechselnd nach dem Alphabet. Vincke spottete über das Fraktiönchen „Junglithauen". Diese Bezeichnung wurde später allgemein auch von den Mitgliedern gebraucht. Bald trat auch der alte Taddel, der 75jährige Kammergerichtsrath, bei. Als Präsident des Schwurgerichts in dem Prozeß Waldeck 1849, hatte er sich durch die ausgezeichnete Leitung desselben und vor allem durch die Mahnung an den damals allmächtigen Polizeipräsidenten Hinkeldey, sich als Zeuge vor Gericht zu benehmen wie es sich schicke, bei der reaktionären Regierung mißliebig gemacht, aber Ansehen und Liebe des Volkes erworben. Ferner traten bei: Rittergutsbesitzer Thiel-Wangotten, der Mutterbruder Hoverbeck's und Rittergutsbesitzer Stephan-Martinskirchen, Abgeordneter für Torgau-Liebenwerda,[15]) und dann am 15. März, sofort bei seinem Eintritt in's Haus der von den Wahlmännern des dritten Berliner Wahlkreises an Stelle des verstorbenen Freiherrn von Arnim gewählte Kreisrichter a. D., Schulze-Delitzsch.

Geschäfts[...]

für den parl[...]

§ 1. Die Unterzeichn[...]
parlamentari[...]

§ 2. Der Verein [...]
freisinnigen [...]
Art beirathe[...]
Wohl des ge[...]
unternehm[...]

§ 3. Der Verein [...]
handlung im [...]
langenden [...]
Ueberwachung, [...]
Mitglieder zu[...]
[illegible]
die durch di[...]
[...] vorgeschrie[...]

§ 4. Vor jeder Plena[...]
ordentliche Ve[...]
statt.

§ 5. Jedes Mitgli[...]
der alphabetischen [...]

…ung

…tarischen Verein.

…n traten zu einem
Vereine zusammen.
…ch auf den Boden
…ch Rücksichten seiner
…stand sich für das
…m und des ganzen
deutschen Vaterlandes.
…reicht die zur Ver
…rdnetenhäuser ge-
…genheiten einer Vor-
…zieht die durch seine
…ernden Anträge ei-
…gereicht denselben
…iftsordnung des Hau-
Unterstützung.
…ng findet eine
…ung des Vereines

…verpflichtet, sobald
…erfolge es trifft,

den Vorsitz zu
führen

§6. Der Vorsitz-
ung ist ver
deren Mitgli
lichen Versamml

§7. Der Eintri
schrift dieser
Austritt durch
Brief an den

Ancker. Behre..

Gaurant Eertri

Hanselle Hoverbe

Senft. Weiß

Schenrmer Schultze-

Versammlung zu

der letzten Versam-
at, auf Antrag
einer außerordentl-
zu berufen
folgt durch Unter-
tsordnung, der
ige Anzeige.
März 1861.

v. Strantz

Haebler

Lütz

Taddel

Thiel

Gegen **Waldeck**, den viel verleumdeten und gehaßten Führer der demokratischen Partei der preußischen Nationalversammlung von 1848, herrschte damals, selbst bei verschiedenen Lieberalen, ein gewisses Mißtrauen. Forckenbeck und Hoverbeck hatten ihn schon während der Session von 1860 besucht, als er noch nicht dem Abgeordnetenhause angehörte. Krieger-Goldap ging am 18. Januar 1861 zu ihm und fand ihn in langer Unterredung „ruhig, klar, besonnen, durchaus konstitutionell, auf dem Boden des Programms der Renitenten stehend". Am 8. Februar nahm Waldeck zum ersten Male das Wort zu einem Schlußsatz der Adresse, in dem mit Bezug auf die Thronrede ausgesprochen war, unser Volk werde unter der weisen Fortentwickelung seines Rechts- und Verfassungslebens in politischer Bildung und Tüchtigkeit wachsen und so das sicherste Mittel gewinnen, den Geist des Umsturzes fernzuhalten.

Die Rede Waldecks, in der er mit beredten Worten seinen demokratisch-konstitutionellen Standpunkt darlegte, machte tiefen Eindruck und erwarb ihm sofort das Vertrauen aller wirklich Liberalen. Es wäre endlich Zeit, sagte er, das rothe Gespenst, das als Schreckbild und Staffage dem Absolutismus leider Dienste genug geleistet, auf Pension zu setzen. Vom politischen Leben, vor allen Dingen von den Stufen des Thrones müßte gebannt werden „der Geist der Lüge und der Geist der Servilität", diese schlimmen Geister, die schlechtesten Helfershelfer der Reaktion, die grimmigsten Feinde eines verfassungsmäßigen Lebens. Die gegenseitige männliche Achtung der Parteien müsse die Grundlage eines politischen Lebens werden und bleiben. Er richtete sich gegen die seit zehn Jahren mit Eifer betriebene Zerbröckelungsarbeit der Verfassung, deren Fortentwickelung er für die „ewigen allen kultivirten Völkern eigenen freiheitlichen Grundsätze"[14]) forderte. Die Abgeordneten, nach der Verfassung Rathgeber des Königs, müßten klugen, treuen, festen, männlichen Rath geben, um auf die Ueberzeugung des Königs zu wirken, auf daß sie zu einem freien Entschluß führe und dieser dem König eine lange ruhmreiche, dem Volke nützliche Regierung anbahne.

Erst nach Schulze-Delitzsch trat Waldeck in die Fraktion; er marschirte — wie Krieger es ausdrückt — „in Reih und Glied und sie trugen ihn alle auf Händen."

In jener Zeit, wo Hoverbeck täglich mehrere Stunden in der Adreßkommission beschäftigt war, erging an ihn aus dem heimischen Kreise Allenstein von mehreren Seiten die Anfrage, ob er das erledigte Landrathsamt zu Allenstein annehmen werde, wenn ihn der Kreistag wähle. Er wußte, daß die Wahl sicher stattfinden würde, falls er sich zur Annahme bereit erklärte. Am 31. Januar antwortete er seinem Freunde Mahraun, der an ihn die letzte Anfrage auf Ersuchen von Kreistagsmitgliedern gestellt hatte:

„Ihr Brief hat mir ein wenig das Herz schwer gemacht. Ich habe mich nach demselben . . . nochmals gefragt, ob meine Pflicht gegen den Kreis es erfordere, mich um das Amt zu bewerben. Ich bin aber zu meinem Troste zur Ueberzeugung gelangt, daß dem nicht so sei. Hören Sie nun meine Gründe. Zunächst habe ich gegen viele von den Beschäftigungen, zu denen mich das Landrathsamt zwingen würde, einen entschiedenen Widerwillen. Was aber aus widerwilliger Arbeit wird, wissen wir. Ich würde also -- mindestens nach dieser Richtung hin -- ein schlechter Landrath sein. Der nächste Grund ist noch entscheidender. Ich kann und will mich nicht einer Abhängigkeit unterziehen, die ich selbst bei einem Verwaltungsbeamten in Beziehung auf seine Dienstvorgesetzten für nothwendig anerkenne, nach meinen Ueberzeugungen aber weder gegen das jetzige Ministerium, noch gar gegen die Königsberger Regierung übernehmen könnte. Wenn ich überhaupt Beamter werden wollte, was schon meine Augen verbieten, so würde ich hundertmal eher, vom Referendarius wieder anfangend, mich zum selbstständigen Richter emporarbeiten, als Verwaltungsbeamter werden wollen; — Sie wissen, ich spreche ehrlich! Ich wäre lieber Kreisrichter, als Oberpräsident; am liebsten freilich keins von Beiden.“ . . .

Die eigentliche Konstituirung der Fraktion fand erst am 2. März statt. Die von Hoverbeck's Hand geschriebene Geschäftsordnung, deren genauer Abdruck beigefügt ist, wurde damals nur von 13 Mitgliedern unterschrieben. Die andern 6 haben erst später unterschrieben; der Eintritt in die Fraktion erfolgte nach § 7 durch Unterschrift der Geschäftsordnung.

Hoverbeck konnte sich schwer entschließen, in Plenarsitzungen des Abgeordnetenhauses das Wort zu nehmen. Seine Freunde waren überzeugt, er habe hervorragende Anlage, ein wirkungsvoller Redner gerade in der Volksvertretung zu werden. Witt sagt von seiner rednerischen Begabung:

„Ihre Erfolge beruhten kaum je auf rhetorischem Schmuck, seine Reden, ob in größeren oder kleineren Kreisen gehalten, gewannen vielmehr allein durch ihre Klarheit und den markigen, streng auf die Sache gerichteten Charakter der Gedanken den Beifall ihrer Zuhörer. Er verstand stets, was ihn am Herzen lag, in kurzer, gediegener und kräftiger Weise auszusprechen, wie er sich denn überhaupt die Kürze im Schreiben und im Sprechen angelegen sein ließ und darin ein großes Geschick besaß.“ [17])

Hoverbeck's Schwager, Dr. Bender, schrieb ihm am 24. Januar 1861 von der schweren Aufgabe der Adreßkommission:

„Werdet Ihr sie auch nur zu einiger Zufriedenheit des Landes lösen können? Ich zweifle. Hier heißt es: Sehet klar, und sprechet ohne Rücksicht, aber auch ohne Leidenschaft aus, was Ihr für das Rechte haltet. Die Stimme des Einzelnen wird in der Kommissionssitzung verhallen, -- im Plenum wird sie es nicht. Du wirst gleich fühlen, was ich damit sagen will. Ich will sagen: Wenn im entscheidenden Augenblicke Niemand das Schlimmste sagen will, obgleich es das Wahre ist, dann sprich Du es aus, einfach, kurz, mit Nachdruck, weil es das Wahre ist. Tausende werden Dir dafür dankbar sein, auch wenn es scheinbar ohne Nutzen vorübergeht."

Es ist nicht anzunehmen, daß Dr. Bender's Mahnung auf Hoverbeck Einfluß geübt hat. Er hat in dieser Session öfter als in den beiden vorhergehenden das Wort genommen. Seine Thätigkeit in den Kommissionen und die Führerschaft, die ihm in der Fraktion bei der Opposition gegen Vincke zugefallen war, bedingten es.

Gelegentliche kurze Bemerkungen machte er bei den Berathungen über das Gesetz, betreffend die anderweite Regelung der Grundsteuer. In der mit der Vorberathung der Steuergesetze betrauten Kommission für Finanzen und Zölle hatte der konservative Abgeordnete von Blankenburg ein Amendement gestellt: „Die durch die Ausführung entstehenden Kosten trägt die Staatskasse." Hoverbeck nahm das Amendement in der Plenarsitzung vom 7. März auf mit der Bemerkung:

„Da ich einmal verurtheilt scheine, gefallene Amendements aufzunehmen, so will ich dies Geschick auch heute erfüllen."

Das Amendement wurde verworfen.

Bei der Berathung über den Gesetzentwurf wegen Einführung der Gebäudesteuer am 8. März machte Hoverbeck die Bemerkung, er werde gegen den Abschnitt des Gesetzes über die ausführenden Beamten und Kommissionen stimmen:

„Die Bezirks-Kommissionen werden gebildet durch die Provinzial-Landtage und ich kann die Provinzial-Landtage nach meiner besten Ueberzeugung nicht der Verfassung entsprechend erachten und daher auch nicht meine Hand dazu bieten, eine Behörde am Leben zu erhalten, die der Verfassung zuwider ist."

Die Provinzialstände waren durch die Verfassung beseitigt. Die Kreis-, Bezirks- und Provinzialordnung vom 11. März 1850 hob alle früheren Gesetze über die Kreis- und Provinzialstände auf. Minister Westphalen aber berief 1851 die gesetzlich nicht mehr bestehenden Provinziallandtage und durch ein Gesetz vom 24. Mai 1853 wurden die Kreis- und Provinzialverfassungen, soweit sie mit den Bestimmungen der Verfassungsurkunde nicht in Widerspruch stehen, wieder in Kraft gesetzt. Daß die wiedererstandenen Provinziallandtage der Verfassung zuwider seien, war rechtlich kaum zu bezweifeln.

Grundsteuer- und Gebäudesteuergesetze kamen zu Stande.

Hoverbeck schrieb darüber seinem Freunde Mahraun am 15. März 1861:

„Die langen aber sehr unerquicklichen Debatten über die Grundsteuer haben zum Theil die Zeitungen gebracht; ich will Ihnen nur unseren Standpunkt in dieser Frage angeben. Wir haben gegen die Vorlagen gestimmt, erstens aus den von Waldeck entwickelten, konstitutionellen Bedenken, nach denen es nicht Aufgabe dieser Legislatur sein konnte, eine erst im Jahre 1865 fällige Einnahme schon heute zu bewilligen, zweitens weil dieses Gesetz nicht eine Ausgleichung, sondern eine bedeutende Erhöhung der gesammten Grundsteuer ist, drittens weil die Regierung unverschämt genug ist, den Provinzen noch die Kosten der Vertheilung zur Last zu legen, während dieselben ohnehin die sicher noch viel größeren Kosten der späteren Endvertheilung auf die Kreise, Gemeinden und einzelnen Grundstücke tragen müssen, viertens weil die Privilegirten entschädigt werden sollen, während die Uebrigen für die Erhöhung ihrer Steuer gar keine Entschädigung bekommen; fünftens, weil die Gebäudesteuer eine höchst lästige, schwere Chikanen für Stadt und Land hervorrufende, und zur Anfertigung der berühmten Schraube ohne Ende sehr geeignete Abgabe werden wird. Für reine Ausgleichung hätten wir gestimmt."

Auf Antrag der Budgetkommission war eine besondere Kommission zur Prüfung des Militairetats gebildet aus dem Vorsitzenden der Budgetkommission und den zur Prüfung des Militairetats in ihr ernannten beiden Referenten und vier Korreferenten, sowie 14 zu wählenden Mitgliedern. Zu den Korreferenten gehörte Hoverbeck. Ueber die ersten Arbeiten der Militairkommission schrieb er am 15. März:

„In der Militärkommission haben wir zunächst den alten Etat durchgenommen, den unser Referent, Stavenhagen, aus dem neu vorgelegten, der die ganzen Kosten der Reorganisation mit enthält, erst künstlich herausrechnen mußte. Den Ministern schien der Beschluß, erst den alten Etat durchzuberathen, nicht sehr angenehm; er wurde übrigens mit großer Majorität gefaßt. Noch zwei bedeutende Abstimmungen sind bei der, übrigens langwierigen und langweiligen Berathung dieses alten Etats vorgekommen, erstens: „die bestimmte Erwartung" auszusprechen, „die Regierung werde noch in dieser, oder spätestens zu Anfang der nächsten Session ein neues Militär-Pensionsreglement vorlegen," einstimmig, da es damit in der That gar zu arg wird, und jetzt allein die für Offiziere bestimmten Pensionen über $2^1/_2$ Millionen ausmachen. Wir haben doppelt so viele pensionirte, als aktive Generale und Stabsoffiziere. Die zweite Abstimmung war die über das neu zu errichtende Kadettenhaus in Weißenfels, das mit 18 gegen 3 Stimmen abgelehnt wurde. In der nächsten Kommissionssitzung gelangen wir an den Reorganisations-Etat und die eigentliche Entscheidung."

Ueber den weitern Verlauf der Berathungen der Militairkommission berichtete Hoverbeck am 2. Mai 1861:

Die Militärkommission ist vorgestern zu den entscheidenden Abstimmungen gekommen. Gegen die ganze Reorganisation war nur eine Stimme, nämlich ich; für die Verwerfung der 25 Prozent Zuschlag, welche allerdings den Plan wenigstens bedeutend modifizren würde, 5 Stimmen (Harkort, Bockum-Dolffs, Schömann, Schulze-Herford und ich) für Bewilligung eines besonderen provisorischen Kredits nach Abzug von $1^1/_2$ Millionen Thalern von der Forderung der Regierung: Stavenhagen und die obigen 5 (natürlich erst, nachdem unser weiter gehender Antrag gefallen war). Dagegen bewilligten die übrigen 15 Stimmen die Regierungsforderung minus $1^1/_2$ Millionen im ordentlichen Etat, aber als Extraordinarium (der Widerspruch in ihren Köpfen spiegelt sich in dieser Abstimmung ab), nachdem 5 von denselben sogar im Ordinarium bewilligen wollten, darunter der neue Staatsanwalt beim Kammergericht Falk, der sich übrigens dabei auf mich berief. Ich hatte nämlich ausgeführt, daß ich weder im Ordinario noch im Extraordinario noch als Provisorium bewilligen könne, weil das Alles dem Erfolge nach auf Eins herauskäme, nämlich auf definitive Einführung der Reorganisation. (Natürlich antwortete ich ihm das Nöthige.) Vincke war unter den 15 Stimmen sogar noch flauer als Mancher von denselben, da er nur eine Million an der Forderung der Regierung abziehen wollte.

Am 15. Mai ereignete es sich bei der Berathung über dem Justizetat, daß Hoverbeck sich zum ersten Mal eine Rüge des Präsidenten zuzog. Um die Kosten für einen Erweiterungsbau des Berliner Stadtgerichts zu beschaffen, hatte dasselbe 1853 mit Genehmigung des Justizministers Simons aus dem von ihm verwalteten General-Depositorium die erforderlichen Geldmittel zum Ankauf des Grund und Bodens (78500 Thaler) und zur Bestreitung der Baukosten (78298 Thaler), dem Justizfiskus gegen hypothekarische Eintragung auf die anzukaufenden Grundstücke zu $4^1/_2$ % dargeliehen und von den Zinsen $2^1/_2$ % den Depositalinteressenten in Rechnung gestellt und die überschießenden 2% zu einem Amortisationsfonds behufs Rückzahlung des Darlehns verwendet. Es war somit gegen die Bestimmungen der Verfassung eine Staatsschuld ohne Genehmigung der Landesvertretung aufgenommen. Die Budgetkommission hatte sich damit begnügt, das Verfahren für nicht gerechtfertigt zu erklären und die Erwartung auszusprechen, daß der Justizminister im nächsten Jahre Anträge stellen werde, die Angelegenheit in einen verfassungsmäßigen Zustand überzuleiten. Hoverbeck verlangte in einem Zusatzantrag, daß die zur Amortisation verwendeten Zinsen den Depositalmassen erstattet würden, zog aber seinen Antrag schließlich zu Gunsten eines auf das Gleiche hinauslaufenden Antrag Vincke's zurück. Bei Begründung seines Antrags sprach sich Hoverbeck „im Interesse der Integrität und Unabhängigkeit des preußischen Richterstandes" sehr scharf über das fast unglaubliche Verfahren und über die in der Kommission vom Regierungskommissar vorgebrachten Entschuldigungsgründe aus. Er sagte u. A.:

„Ich mache darauf aufmerksam, daß der Herr Regierungskommissar sich mit der dringenden Nothwendigkeit, ein neues Gebäude zu errichten, entschuldigt hat. Meine Herren! Wenn ich diese Worte von einem armen unglücklichen Mann hörte, der aus Noth zu einem Diebstahl veranlaßt wird, dann kann ich ihn zwar nicht entschuldigen, aber doch begreifen; wenn aber der Vertreter des Rechts hier in Preußen diesen Grund anführt, um ein Verfahren zu entschuldigen, das ich nur als ein gemeinschaftliches Attentat des früheren Justizministers und eines Richter-Kollegiums auf die Verfassung bezeichnen kann, dann habe ich dafür keinen Ausdruck!“

Präsident Simson unterbrach die Rede; er rügte die Ausdrücke, die in keiner Weise Anspruch darauf hätten, für parlamentarische zu gelten. Hoverbeck entschuldigte sich, wenn seine Ausdrücke außer der Ordnung seien, aber die ganze Sache sei so außer der Ordnung, daß ein fehlerhafter Ausdruck verzeihlich sei. Im weitern Verlauf seiner Rede hob er noch hervor, daß noch ein ähnlicher Fall vorgekommen sei, in dem der frühere Justizminister Simons die Initiative ergriffen. Er habe dem Kreisgericht zu Bromberg, das ein neues Gerichtsgebäude brauchte, vorgeschlagen, auf die gleiche Weise die Erbauung zu ermöglichen. Das Kreisgericht aber antwortete, es könne sich in keiner Weise eine solche Verfassungsverletzung zu Schulden kommen lassen.

Am 23. Mai schrieb Hoverbeck seinem Freunde Mahraun:

„Ihren Wunsch, ich möge in der Militärangelegenheit das Wort nehmen, werde ich vermuthlich erfüllen; da unsere kleine Fraktion dabei eine so abweichende Stellung einnimmt, und ich in derselben das einzige Kommissionsmitglied bin, so war mir dies Geschäft ohnehin zugedacht. Natürlich werden mir meine Freunde sekundiren. Wir haben übrigens das Nähere darüber noch gar nicht verabredet, da die Militärvorlage erst Montag herankommt, und wir mit anderen Fragen noch reichlich zu thun hatten. Morgen kommt der Marineetat an die Reihe, wofür eigentlich Behrend Referent war. Da derselbe aber zum deutschen Handelstage in Heidelberg ist, so hat leider die Budgetkommission mich zum Referenten gewählt, und ich werde nun das Vergnügen haben, morgen im Hause Behrend's Arbeit zu vertreten.“

Bei der Berathung des Marineetats sprach Hoverbeck als Berichterstatter dem Abg. Harkort, dem unermüdlichen Vorkämpfer für schleunige Herstellung einer preußischen Flotte an Stelle der 1853 verauktionirten deutschen Flotte, seinen Dank aus. Harkort hatte, wie stets bei diesem Etat zahlreiche Ausstellungen und Rathschläge vorgetragen und an den Organisationsplan erinnert, der seit 13 Jahren erwartet werde und dessen Vorlegung auch wieder das Abgeordnetenhaus von 1859 verlangt hätte. Roon, der erst am 16. April Marineminister geworden war, versprach einen detaillirten Gründungsplan im nächsten Jahre vorzulegen.

Bei dem Militairetat trat Hoverbeck in der Generaldiskussion als Fraktionsredner auf. Vor ihm hatte der Abg. Appellationsgerichtsrath v. Ammon-Köln,[18]) wie Harkort ein Freiwilliger der Freiheitskriege, für die „einstweilige Bewilligung“ nach dem Kommissionsantrage gesprochen, — mit scharfen Bemerkungen über unnütze Ausgaben im Heerwesen, über die enormen Gehälter

in den höhern Chargen der Offiziere, über die leichte Pensionirung und die hohen Pensionssätze, über die Vermehrung der Garden, über die beklagenswerthe Stellung des Militairs als eines exklusiven Sonderstandes, über die unleugbare Bevorzugung des Adels u. s. w. Hoverbeck knüpfte an den Vorredner an, in dessen Ansichten er vollständig die seinigen finde, aber er komme zu andern Konsequenzen und anderer Abstimmung und wolle dies begründen.

„Ich glaube, die ganze Reorganisation, wie sie die Regierung vorgeschlagen hat, beruht auf zwei Grundprinzipien: erstens auf der dreijährigen Dienstzeit, zweitens auf der vermehrten Rekrutirung, welche von 40000 Mann jährlich auf 63000 gesteigert ist. Geben Sie der Regierung diese beiden Prinzipien zu, so haben Sie kein Mittel mehr, sich gegen die Konsequenzen zu wahren. Aus diesen beiden Grundprinzipien geht nämlich die Höhe des stehenden Heeres hervor, wie es jetzt besteht oder vielmehr vollständig erst für das nächste Jahr projektirt ist, und die Höhe des stehenden Heeres bestimmt unweigerlich die Höhe des Kostenaufwandes. In Beziehung auf diese Kosten sind allerdings verschiedene Rechnungen vorgelegt. Der Herr Finanzminister hat eine für die Regierung günstigere Berechnung in Höhe von $8^1/_2$ Millionen gemacht. Allerdings hat der Referent der Kommission $9^1/_2$ Millionen berechnet, und ich muß bekennen, daß ich in dieser Beziehung nicht nur der Ansicht des Herrn Referenten beipflichte . . . vielmehr darin noch verschiedene Positionen vermisse, die, wie ich glaube, das Endresultat noch bedenklich höher stellen werden. . . . Ich erinnere Sie zunächst daran, daß wir in Folge des verbesserten Artillerie-Wesens und der großen Fortschritte in Betreff der Tragfähigkeit der Geschütze einem Umbau unserer Festungen entgegensehen, die natürlich auf eine so große Tragweite nicht berechnet waren, und was der Festungsbau an Kosten beansprucht, darf ich wohl nicht weiter ausführen. Aehnlich werden wir gezwungen werden, unsere Küsten zu armiren, und ihre Vertheidigung bedeutend verstärken müssen, wenn wir nicht einem schwächeren Feinde, der uns aber maritim überlegen ist, gegenüber wehrlos dastehen wollen Dann erinnere ich Sie daran, daß die Regierung sechs neue Kavallerieregimenter errichten will. Wir haben in den westlichen Provinzen keine Landwehr-Kavallerie mehr und die bedeutenden Opfer, die mit der Lieferung der Pferde für Uebungen und Mobilmachungen verbunden sind, werden sich auch in den östlichen Provinzen nicht aufrecht erhalten lassen, wenn man sie den westlichen Provinzen erlassen hat. Das erlauben die Grundsätze der Gleichstellung und der Billigkeit nicht. Nun kostet ein Kavallerieregiment jährlich 150000 Rthlr., das macht also für sechs Regimenter 900000 Rthlr.

Ich erlaube mir, Sie viertens daran zu erinnern, daß nothwendigerweise eine neue Regelung des Service wird vorgenommen werden müssen, es ist die Nothwendigkeit von der Regierung selbst anerkannt worden. Der Herr Regierungs-Kommissar hat in der Kommission die etwaigen Mehrkosten auf eine Million jährlich angeschlagen. Ich erlaube mir noch hinzuzufügen, daß wenigstens nach meiner Ansicht dasjenige, was wir jetzt für die Marine thun, nicht ausreicht, uns zu einer seekräftigen Nation zu machen. Wenn wir unsere Marine auf den Standpunkt bringen wollen, daß wir auch nur einem schwachen Gegner gewachsen sind, so werden wir wenigstens eine Million jährlicher Mehrkosten haben.

Endlich sechstens . . . erinnere ich an eine Ausgabe, die, meiner Meinung nach die dringendste von allen ist. Wir werden unweigerlich die Löhnung für den gemeinen Soldaten erhöhen müssen. Ich habe mich überzeugt, daß der Soldat bei der jetzigen Löhnung hungert, wenn er nicht etwa das Glück hat, sich durch anderweitige Unterstützung oder durch Arbeiten, die man ihm von Seiten der Privaten zuweist, eine Verbesserung seiner Lage zu verschaffen. Das können wir aber so nicht ferner bestehen lassen, und es wird das dringendste Bedürfniß sein, eine Erhöhung der Löhnung eintreten zu lassen. Findet aber eine solche Erhöhung nur um einen Silbergroschen täglich statt, so macht dies auf ein Jahr für den Mann 12 Rthlr., oder, wenn man 125000 Mann veranschlagt, denen diese Zulage zu Theil werden soll, die Summe von 1½ Millionen Rthlrn. jährlich. . . .

Aus diesen Einzelheiten mögen Sie einen ungefähren Schluß machen auf die Höhe der Summen, die wir künftig mehr auf unsere Heeresmacht würden verwenden müssen. Was aber, meine Herren, kann die Folge davon sein? Meiner Ansicht nach nichts Anderes als die finanzielle Zerrüttung. Wir sind schon jetzt so weit gekommen, daß wir die produktiven Ausgaben in den letzten Jahrgängen wesentlich beschränkt haben. Das nennt man das Huhn schlachten, welches die goldenen Eier legt. Wir sind ferner genöthigt gewesen, bedeutende Anspannungen in Bezug auf die direkten Steuern, auf die Klassensteuer und auf die Mahl- und Schlachtsteuer eintreten zu lassen, und außerdem den Zuschlag von 25 pCt. auf diese Steuern zu legen, einen Zuschlag, den ich nur im Falle eines Krieges gerechtfertigt halte, der aber im Frieden das Land schwächt und aussaugt. Wenn ich nun aber alle diese Mehrausgaben und Auflagen für das Land zusammenfasse, so glaube ich doch, daß wir damit nicht im Stande sind, alles dasjenige zu erfüllen, was die Reorganisation des Herres fordert, und daß wir zu diesem Behufe noch außerdem tiefe Griffe in den Staatsschatz machen müssen . . . Ich kann durchaus nicht anerkennen, das dies ein finanziell glücklicher, auch nicht einmal, daß es ein auf die Länge durchführbarer Standpunkt ist. Wenn wir also auf diese Weise einem gewohnheitsmäßigen Defizit entgegensehen, so will ich nur noch andererseits hervorheben, daß die volkswirthschaftlichen Nachtheile der Reorganisation ebenso groß sind, daß diese 50000 Mann kräftiger Arbeiter, die dem Lande mehr entzogen werden, dasselbe um so mehr unfähig machen, die großen Mehrausgaben zu tragen, welche ihm jetzt angesonnen werden.

Aus alledem kann ich nur folgern, daß es mir nicht möglich ist, mit den beiden Grundprinzipien, welche die Regierung aufgestellt hat, mich einverstanden zu erklären. Das erste derselben ist die erhöhte Rekrutirung. Ich wünsche mit der Regierung, daß die erhöhte Rekrutirung sich ausführen lasse, weil ich der Meinung bin, daß es für künftige Eventualitäten sehr gut wäre, wenn alle für den Waffendienst brauchbare Mannschaft auch wirklich in den Waffen geübt wird. Das kann ich aber nur für ausführbar halten, wenn man die erhöhte Rekrutirung, die 63000 Mann, die jährlich ausgehoben werden, kürzere Zeit unter den Fahnen hält, also unter der Bedingung daß man die zweijährige Dienstzeit einführt. Das ist der Kernpunkt der Sache. Ich bin geneigt, der Regierung die geforderte Rekrutirung zuzugestehen, wenn dieselbe untrennbar damit verbunden das Gesetz wegen Einführung der zweijährigen Dienstzeit vorlegt. Ich weiß wohl, meine Herren, daß die Regierung diese meine Offerte nicht acceptiren wird, ich täusche mich darüber nicht. Sie steht jetzt in einer viel besseren Position der Kammer gegenüber, als daß sie sich auf solche Bedingungen einlassen sollte. Aber ich erinnere Sie daran, daß wir schon im vorigen Jahre ein Gesetz vorgelegt erhalten haben, und daß also im vorigen Jahre die Regierung der Meinung war, daß ein solches Gesetz eine Nothwendigkeit wäre, um die neue Organisation durchzuführen. Das Schicksal des Gesetzentwurfs ist Ihnen allen bekannt: in der Kommission von vielen Seiten angefochten, ist derselbe in das Haus gar nicht gelangt — ich darf vermuthen, daß die Regierung gemeint hat, ihre Reformen, wie sie sie vorgelegt hatte, in dem hohen Hause nicht durchbringen zu können. Statt dessen hat die Regierung uns eine provisorische Bewilligung von neun Millionen angesonnen, und wir haben dieselben genehmigt; wie es wörtlich heißt: zur einstweiligen Aufrechterhaltung der erhöhten Kriegsbereitschaft.

Bald darauf gingen die Kammern auseinander. Nun wurde plötzlich die Entdeckung gemacht, daß ein Gesetz nicht nöthig sei. Man hat die neun Millionen genommen, die zur Aufrechterhaltung des Provisoriums bewilligt waren, und damit ein Definitivum zu Stande gebracht. Es ist unleugbar von der Regierung selber zugestanden — der Herr Finanzminister hat es in der Kommission selbst ausgesprochen, daß wir einer vollendeten Thatsache gegenüberständen.

Ob ein solches Verfahren legal ist, weiß ich nicht; für loyal aber kann ich es nicht halten. In Bezug auf die rechtlichen Zweifel werde ich die Ausführung den Rechtsverständigen überlassen. Ich will meinerseits aber nur eins anführen. Es steht fest, daß, wie die Reorganisation jetzt steht, die Regierung im Falle einer Mobilmachung 50000 Mann weniger unter die Fahnen stellen kann, als nach der alten Organisation. Die Regierung erkennt selber an, daß der § 15 ihr nur für den Fall eines Krieges das Recht giebt, Landwehrleute unter die Linien-Regimenter zu stecken, aber nicht in dem Falle einer Mobilmachung. Es würde also mindestens eines Gesetzes bedürfen, welches ihr auch für den Fall einer Mobilmachung, ehe der Krieg ausgebrochen ist, ein solches Recht giebt. Dieses Recht wäre doch das Mindeste, was vorgelegt werden müßte. Es ist nicht geschehen; ich kann das Verfahren der Regierung nicht für ein gerechtfertigtes halten.

Aus diesen Ausführungen ergiebt sich von selbst, was meine Meinung ist, daß der Landtag in dieser Angelegenheit thun solle: ich werde bis dahin, wo die Regierung ein solches Gesetz vorlegt, ein Gesetz, das die zweijährige Dienstzeit enthält, die Forderungen in Bezug auf die Reorganisation ablehnen. Ich weiß, daß ich mit dieser Ansicht in der Kommission in einer geringen Minorität gewesen bin, ich weiß außerdem, daß daselbst die Begeisterung einzelner Mitglieder so weit ging, unbedingt im Ordinarium die Forderungen der Regierung zu bewilligen. Die Mehrzahl hat sich freilich anders entschieden, sie hat sie zum Extraordinarium des gewöhnlichen Budgets verwiesen, und es war noch eine dritte Ansicht, die aber nicht in der Majorität gewesen ist: das als einen besonderen provisorischen Kredit zu bewilligen, was überhaupt bewilligt werden sollte; denn ich erkenne an, daß die Kommission einige Abzüge an den Forderungen der Regierung gemacht hat. Ich muß nun bekennen, daß ich den Unterschied zwischen den letzten beiden Ansichten nicht für bedeutend halte. Ich würde aber dennoch wünschen, daß eher ein provisorischer Kredit als ein Extraordinarium gegeben würde, weil das letztere leider von Jahr zu Jahr wiederkehrt. . . .

Was nun meine eigene Ansicht betrifft, so weiß ich sehr wohl, daß ich und meine Freunde mancherlei Verdächtigungen ausgesetzt sein werden. Man wird uns Opposition vorwerfen, eine tendenziöse, eine faktiöse Opposition und wie alle die Kunstausdrücke lauten; sie werden unter Umständen sich bis zum Landesverrath steigern, und zwar weil man uns imputirt, daß wir damit unser Vaterland wehrlos dem Gegner Preis geben würden. Ich bin der Ansicht durchaus nicht. Ich glaube, daß ich noch nie eine so patriotische Handlung ausgeführt habe, als durch das Nein, welches ich jetzt spreche. — Abgesehen davon aber, mache ich die Freunde der Regierung darauf aufmerksam, daß sie die Regierung mit einer solchen Behauptung kompromittiren; denn die Regierung hat im vorigen Jahre bei Vorlage der Forderung der neun Millionen laut und energisch, in diesem Jahre, wenn auch weniger laut, noch deutlich genug ausgesprochen, daß es möglich sein würde, im Falle der Verwerfung der Vorlage auf den früheren Standpunkt zurückzukehren. Ich glaube mindestens, die Freunde der Regierung müßten geneigt sein, dies zu glauben; sollte man aber den Standpunkt einnehmen, den ich nicht theile, der Regierung das nicht zu glauben, so wäre die schlimme Eventualität, deren Herbeiführung man uns vorwerfen möchte, doch keineswegs vorhanden. Ich mache darauf aufmerksam, daß bis zum 1. Juli d. J. die Kosten des Heeres und der Reorganisation bestritten werden aus dem Kredit der 9 Millionen, also erst vom 1. Juli ab, würde eine Verlegenheit für die Regierung eintreten. Könnte sich das Haus dazu entschließen, in diesem Falle mit uns zu stimmen, so würden wir eben die Regierung durch unser Nein veranlassen, eine solche Gesetzvorlage zu bringen, wie wir sie wünschen. Und, meine Herren, wenn das Haus durch sein Nein eine solche Gesetzvorlage mit zweijähriger Dienstzeit durchsetzte, so hätte es dem Lande die größte Wohlthat erwiesen, und sich in der Geschichte eine Denksäule gesetzt, die alle Unterlassungssünden, welche dem Hause seit mehreren Jahren zum Vorwurfe gemacht werden . . . . weit überstrahlen würde."[19])

Bei den letzten Worten des Redners ist im stenographischen Bericht bemerkt: „Stimmen rechts: Oho! — Lebhaftes Murren rechts, Bravo links!" Der Präsident Simson aber sprach rügend:

„Der Herr Abgeordnete geht offenbar zu weit, wenn er sich ein Urtheil anmaßt über die „„Unterlassungssünden"" des Hauses."

Roon wendete sich gegen Hoverbeck's Ausführungen über die aus der Reorganisation noch erwachsenden Mehrkosten wegen zukünftiger Bedürfnisse; er wollte es dahin gestellt sein lassen, woraus Hoverbeck seine Befürchtungen schöpfe, — die Kommissions-Verhandlungen seien in dieser Beziehung nicht gründlich und erschöpfend genug gewesen. Hoverbeck erklärte, seine Quellen seien die Erklärungen der Staatsregierung selbst, und die Kommissionsberichte aus diesem und dem vorigen Jahre u. s. w.

In der Spezialdebatte trat Hoverbeck (29. Mai) für die Erhöhung des Servises und gegen die Vermehrung der Kasernen ein. Die Kasernen — sagte er unter Andern — sollten dazu dienen, eine bessere Ordnung unter den Soldaten zu erhalten. Er glaube dies und namentlich, daß es viel bessere Paradesoldaten seien, als wenn sie bei einzelnen Bürgern untergebracht wären . . .

„Und endlich — und das ist für mich Hauptsache — lege ich großen Werth darauf, daß auf diese Weise der Soldat das Gefühl der Zusammengehörigkeit mit den übrigen Bürgern verliert. Ich bin überzeugt, daß das Zusammenleben in den Kasernen viel dazu beiträgt, einen besonderen Stand zu schaffen und da ich das um aller Welt nicht wünsche, so bitte ich Sie, den Kommissions-Antrag anzunehmen."

Am 31. Mai wurde in einer verwickelten Abstimmung nach dem Antrage Kühne angenommen, für den Bedarf für Aufrechthaltung der Kriegsbereitschaft des Heeres 4132025 Thaler als

Extraordinarium zu bewilligen und der Regierung zu überlassen, die in den Etat aufgenommenen Ausgabepositionen im Ganzen um 750000 Thaler zu ermäßigen . . .

Hoverbeck und seine Freunde stimmten gegen die Bewilligung, die mit 159 gegen 148 Stimmen angenommen wurde, aber dafür, daß der Betrag ein Extraordinarium sein solle. Vincke hatte in der Debatte Hoverbeck und Genossen wiederholt, weil sie nichts bewilligen wollten, „Nihilisten" titulirt, aber spöttisch Hoverbeck von dem Verdacht völlig frei gesprochen, die Abstimmung als Aushängeschild für die Wahlen zu benutzen, da ja Hoverbeck schon im vorigen Jahre erklärt habe, daß er in Folge des Wahlbezirksgesetzes keine Aussicht habe wieder gewählt zu werden. Vincke irrte sich — im Plenum hatte Hoverbeck keine solche Erklärung abgegeben.

Unmittelbar vor Schluß der Session und somit der Legislaturperiode ließ Vincke seinen Aerger über Hoverbeck noch einmal gründlich aus. Es war am 5. Juni, dem letzten Sitzungstage bei Berathung von Petitionen, die eine Revision des Vereinsgesetzes vom 11. März 1850 verlangten, namentlich eine Beseitigung der Bestimmungen, wonach die Verbindung eines politischen Vereins mit andern verboten ist, und untergeordnete Polizeibeamte befugt sind, Versammlungen nach Belieben aufzulösen. In der Debatte unterstützten die Abg. Waldeck und Schulze-Delitzsch die Anträge der Petenten, der Abg. v. Vincke aber sprach für den Uebergang zur Tagesordnung. Seine Rede beginnt mit einer Darlegung, die mit dem Gegenstand der Verhandlung kaum in Zusammenhang zu bringen war:

„Wir sind gewohnt daran, daß uns, in den letzten Wochen namentlich, in der Presse und selbst hier im Hause durch den Mund des verehrten Abgeordneten für Allenstein sehr häufig die Bemerkung entgegentritt, daß das Abgeordnetenhaus in den drei Jahren seiner Wirksamkeit . . . sehr wenig geschaffen habe."

Man thue nicht wohl die Wirksamkeit einer Versammlung, der man lange Zeit selbst angehört hat, in der öffentlichen Meinung herabzusetzen. Er ließ sich dann darauf ein, die Thätigkeit des Abgeordnetenhauses an fünf Gesetzen von hervorragender politischer Wichtigkeit nachzuweisen. Als das Allerwesentlichste bezeichnet er das Grundsteuergesetz, dessen Freund der Abgeordnete für Allenstein zu seinem Bedauern nicht sei u. s. w.

Hoverbeck antwortete:

„Ich will nicht darauf Anspruch machen, die besondere Zufriedenheit des Abgeordneten für Hagen mit unserer dreijährigen parlamentarischen Thätigkeit zu widerlegen. Ich halte seinen Standpunkt für einen um so berechtigteren, als er ja selbst wesentlich zu den Erfolgen unserer parlamentarischen Thätigkeit beigetragen hat. Meinerseits kommt es mir nur darauf an, daß nicht ein Irrthum entstehe, zu dem seine letzten Worte wohl Veranlassung geben möchten. Er hat nämlich gesagt, ich sei kein Freund des Grundsteuergesetzes. Damit das nicht mißverstanden werde, erkläre ich: ich bin ein Freund der Grundsteuer-Ausgleichung und ich hoffe, der Herr Abgeordnete für Hagen wird mir dies bezeugen; aber ich bin kein Freund dieses Gesetzes gewesen und ich freue mich, dagegen gestimmt zu haben, weil in diesem Gesetze das Schlimme das Gute überwiegt."

Vincke erwiderte spöttisch, Hoverbeck habe sich beim Grundsteuergesetz nur in hohlen Theorien und nicht auf praktischem Felde bewegt. Er wolle ihm rathen, sich zuerst einmal praktisch zu versuchen, dann würde er sich scheuen, dem Abgeordnetenhause, dem er zu seiner Ehre angehöre, einen Vorwurf zu machen, während noch kein Antrag bekannt sei, den er in den drei Jahren gestellt habe und der von diesem Hause abgelehnt wäre u. s. w.

Hoverbeck fand sich nicht veranlaßt, den Wortstreit fortzusetzen. Er zweifelte nicht daran, daß in ihrem Urtheil über dieses Abgeordnetenhaus die öffentliche Meinung auf seiner Seite stehe.

Ueber die Petitionen gegen das schlechte Vereinsgesetz wurde zur Tagesordnung übergegangen.

In dieser letzten Sitzung des Abgeordnetenhauses gab der Präsident Simson in der Schlußrede die übliche Uebersicht über die Geschäftsthätigkeit, über die „quantitative Arbeit" dieser Session, — davon verschieden sei freilich die qualitative Bedeutung derselben.

„Noch vor dem Ablauf des Jahres wird unser Volk dazu berufen sein, in neuen unbeirrten Wahlen über die Thätigkeit der von ihm diesmal hierher entsendeten Männer zu urtheilen."

Er selbst schloß sich in seinem Urtheil über die Leistungen der Session dem an, was von Vincke ausgeführt worden sei. Auch er stellte in die erste Linie die Regelung der Grundsteuer, unmittelbar danach aber stellte er „den schnellen entschiedenen und entscheidenden Entschluß, mit dem die preußische Legislation einen aus gemeinsamer deutscher Arbeit hervorgegangenen wichtigen und umfassenden Gesetzentwurf — nämlich das deutsche Handelsgesetzbuch — sich anzueignen verstanden habe."[20]) Die Sitzung endete um 2¼ Uhr. Um 4 Uhr wurde im weißen Saal der Landtag durch den König geschlossen. Der König sprach in der Thronrede wieder von der in „Europa regen Partei des Umsturzes" und forderte die Mitglieder des Landtages auf, seines Wahlspruches zu gedenken:

„Königthum von Gottes Gnaden, Festhalten an Gesetz und Verfassung, Treue des Volkes und des siegbewußten Heeres, Gerechtigkeit, Wahrheit, Vertrauen, Gottesfurcht!"

Anmerkungen zum siebzehnten Kapitel.

1) Aus Bulle, Geschichte der neuesten Zeit 1815—1871, Band 2 Seite 361.

2) Siehe Schulze-Delitzsch: Die arbeitenden Klassen und das Assoziationswesen in Deutschland als Programm zu einem deutschen Kongreß (1858).

3) Brämer, Rittergutsbesitzer, Landschaftsrath-Ernstberg bei Gumbinnen, Abg. von 1849—55 und von 59--61, Fraktion Vincke, verstorben Ende der 60er Jahre. Mitglied des Ausschusses des Nationalvereins.

4) Von den Anwesenden waren nur sieben Mitglieder des Frankfurter Parlaments gewesen, nämlich: Cetto-Trier, Groß-Leer, Hoffmann-Meiningen, Martiny-Kaukehmen, Dr. Riesser-Hamburg, Schüler-Jena, Welker-Heidelberg. Die Bedeutung dieser ersten Generalversammlung des Nationalvereins für die weitere politische Entwickelung Deutschlands erhellt auch aus der Thatsache, daß 27 von den Anwesenden später Mitglieder des norddeutschen oder deutschen Reichstages geworden sind: Albrecht-Hannover, Oberappelationsgerichtsrath Ausfeld-Gotha, v. Bennigsen, Crämer-Nürnberg, Hofbaurath Demmler-Schwerin, Franz Duncker-Berlin, Fries, Hering, Bergrath Hoffmann-Meiningen, Rechtsanwalt Jäger-Reuß, Kopfer-Mannheim, Knoch-Schwarzburg, Metz, Miquel, Ludolf Parisius, Dr. Planck-Göttingen, Professor Reyscher, Rittergutsbesitzer Rohland, v. Rochau, Rechtsanwalt später Landgerichtspräsident, Eduard Rückert, Rechtsanwalt Salzmann-Reuß, Professor Schmidt-Jena, Schulze-Delitzsch, Leopold Sonnemann-Frankfurt a. M., v. Swaine, v. Unruh, Major a. D., v. Baerst, Rechtsanwalt Weber-Stade. Außer diesen gehörten später mehrere Andere dem preußischen Abgeordnetenhause an, wie Kreisrichter Forstmann, Lukas, Lüning, Martiny, Werner Siemens-Berlin.

Von denjenigen Besuchern der zweiten Generalversammlung des Nationalvereins im September 1861 zu Heidelberg, die der ersten Koburger Versammlung nicht beigewohnt hatten, wurden später nicht weniger als 16 Mitglieder des norddeutschen oder deutschen Reichstages oder des Zollparlaments: Ahlmann-Kiel, Blum-Heidelberg, Born-Diez, Brandé-Hannover, Heinrich Bürgers-Köln, Buhl-Deidesheim, Dennig-Pforzheim, Eichholz-Hannover, Hilf-Limburg, Holtzmann-Karlsruhe, Kugler-Offenbach, Lipke-Danzig, Ludwig Löwe-Berlin, Rickert-Danzig, Schenck-Wiesbaden, Tafel-Stuttgart.

Im Reichstage gehörten die sämmtlich Genannten der Fortschritts- oder der nationalliberalen oder der deutschen Volkspartei an, mit Ausnahme von Demmler-Schwerin, der Sozialdemokrat wurde.

5) Den Anschauungen der großen Mehrheit der nicht preußischen Mitglieder, gab von den Rednern wohl Miquel den richtigsten Ausdruck; er meinte, es sei nicht entscheidend wichtig, ob man sich für die Rechtsverfassung erkläre, ob für Preußen. „Wir können nicht absehen, welches der „„letzte Ruck"" sein wird, der angesetzt werden muß, um zur Einheit zu gelangen — ob mit Hülfe Preußens, ob durch die Revolution oder durch die öffentliche Meinung" u. s. w.

6) v. Bernuth, August, geb. 1808 in Münster, norddeutscher Reichstag, dann deutscher Reichstag bis 1890. Justizminister vom Dezember 1860 bis März 1862 Kronsyndikus Herrenhaus, † 1882.

7) Krieger, Ferdinand, geb. 1826, Rechtsanwalt in Goldap, später in Tilsit, zuletzt in Königsberg, † 1885, Landtagsabgeordneter von 1861—1867.

8) Oberlehrer (Professor) W. O. Gorzitza in Lyck, Abg. von 1860—66 Fortschr., geb. 1811, † 1889. — Larz, Karl Julius, geb. 1805, Kreisgerichtsdirektor in Wehlau, Abg. v. 1859 bis 79 Frakt. Vincke, von 1862 Fortschr., † 1879. — v. Below, Rittergutsbesitzer Rutzan bei Putzig, Abg. 1859—61 Frakt. Vincke, †. — Weese, Gustav, Fabrikant in Thorn, Abg. für Thorn-Kulm 1849 und von 1859—78 Junglith. Fortschr., geb. 1801, † 1874.

9) Beseler, Georg, Professor, Geheimer Oberjustizrath, geb. 1809 Frankfurter Parlament, Abg. 1849—51, 1861, Herrenhaus seit 1875, Reichstag von 1874—81, † 1888. — Delius, Ludwig, geb. 1807, Landrath in Mayen (1754—59 zur Disposition gestellt) Abg. 1849—62 und 1867—85, altlib., zuletzt nationallib. . . .

10) In meinem 1878 erschienenen Buche „Deutschlands politische Parteien und das Ministerium Bismarck" ist S. 33 das von den Renitenten in die Fraktion Vincke eingebrachte Programm vom 18. Januar 1861 wörtlich abgedruckt. Ich verdanke es dem Abg. Krieger-Goldap, der das von ihm niedergeschriebene Original besaß. S. 229 desselben Buchs ist auch die Geschäftsordnung wörtlich abgedruckt. Diese besaß der Abgeordnete Häbler, der Schatzmeister von Junglithauen. Seine Wittwe hat sie mir geschenkt.

11) Im Dezember 1850 beantragte der Staatsanwalt den Grafen Oskar von Reichenbach, der mit dem Frankfurter Parlament nach Stuttgart gegangen war, wegen Hochverrath in den Anklagestand zu versetzen und zu verhaften. Das Kreisgericht Oppeln wies die Anklage zurück, ebenso der Senat des Appellationsgerichts zu Ratibor. Die Verhaftung wurde von beiden Gerichten verweigert. In § 12 der damals gültigen Verordnung vom 3. Januar 1849 über die Einführung des mündlichen und schriftlichen Verfahrens mit Geschworenen in Untersuchungssachen steht ausdrücklich, daß gegen den Beschluß eines Gerichts, durch den der Antrag auf Eröffnung einer Untersuchung zurückgewiesen wird, dem Staatsanwalt innerhalb 10 Tagen die Beschwerde an das Appellationsgericht offen steht. „Bei der Entscheidung dieses Gerichts muß es verbleiben." Trotzdem beschwerte sich der Oberstaatsanwalt Schwarck beim Obertribunal. Dieses befahl dem Kreisgericht die Anklage einzuleiten und den Grafen Reichenbach zu verhaften. Das Oppelner Gericht kam dieser Verfügung damals nach, das Appellationsgericht aber erklärte die Verfügung des Obertribunals für gesetzlich nicht zulässig und beauftragte das Kreisgericht die Akten fortzulegen und den Verhafteten freizulassen. Das Kreisgericht Oppeln beschloß mit fünf gegen drei Stimmen die Akten fortzulegen. Gegen die fünf Richter der Mehrheit wurde die Disziplinaranklage erhoben, die drei überstimmten Richter verlangten, als Zeugen vorgeladen, ebenfalls angeklagt zu werden, da auch sie die Verfügung des Obertribunals für nicht verbindlich erachteten. Die Angeklagten wurden freigesprochen, aber in zweiter Instanz vom Obertribunal zu einem Verweis verurtheilt. Später wurden auch die Mitglieder des Appellationsgerichtes disziplinirt. Unter den Oppelner Richtern befand sich der Kammergerichtsassessor v. Zitzewitz. Diesem wurde die kommissarische Verwaltung der Richterstelle entzogen und als er nach Berlin, seinem gesetzlichen Wohnorte zurückkehrte, wurde er im April 1851 nach Oberschlesien ausgewiesen. Der Justizminister Simons verfügte, daß er in Oberschlesien nicht beschäftigt werden sollte. Er kehrte nach Berlin zurück, wurde nun als beschäftigungsloser Beamter polizeilich verhaftet und dann wieder ausgewiesen. Er erklärte, daß er nur der Anweisung des Kammergerichts zu folgen habe, darauf wurde er zwangsweise auf den Bahnhof gebracht; nun verlangte er, weil er ins Ausland reisen werde, einen Paß. Diesen erhielt er nicht, dazu wurde ihm protokollarisch eröffnet, daß er, falls er sich noch am nächsten Tage in Berlin oder dessen zweimeiligen Umkreise sehen lasse, auf vier Wochen in's Arbeitshaus gesteckt werde. Der Kammergerichtspräsident Strampf und der Justizminister Simons ließen sich dies alles gefallen.

12) Mathis, wirklicher Geheimoberregierungsrath zur Disposition, geb. 1797, Abgeord. erste Kammer von 1850—52, dann Abghaus. 1852 bis 61, † 1874 als Präsident des Oberkirchenraths. — v. Carlowitz Albert, geb. 1802, sächsischer

Staatsminister a. D., Abgeordneter von 1852—55, von 1859—67, zuerst Fraktion Mathis, dann linkes Centrum, Reichstagsabgeordneter von 1867—68, † 1874.

[13]) Aßmann, Reinhold, geb. 1822, von 1856—1868 Mitglied des Abgeordnetenhauses, 1867 Mitglied des konstituirenden Reichstages, Kreisgerichtsrath in Liegnitz, nahm 1866 den Abschied, trat nach einigen Jahren wieder in den Justizdienst, 1879 Landgerichtsdirektor in Naumburg, 1862 stille Fortschrittspartei, dann linkes Centrum, 1866 Nationalliberal.

[14]) Dr. Fr. Morgen, Gutsbesitzer in Klemmenhof bei Memel, Abgeordneter von 1859—69, † 1885.

[15]) Ueber Thiel, siehe S. 33, Anmerkung 2d. — Stephann, Rittergutsbesitzer in Martinskirchen, Abg. für Liebenwerda-Torgau von 1859—66, † 1887. Sein Sohn und Nachfolger, im Besitz, Ernst Stephann, war seit 1890 Abg., seit 1893 Reichstagsabg., freikonservativ, † 1893.

[16]) Als diese Grundsätze nannte er: die Freiheit der Presse, die Freiheit des Vereinsrechtes, die Freiheit des religiösen Bekenntnisses, die Ungebundenheit des Eigenthums und der Industrie, vor allen Dingen die Gleichberechtigung vor dem Gesetze. Diese Grundsätze hätten 1848 alle Regierungen, alle Volksvertretungen in Berlin, Wien, Frankfurt ohne alle Diskussion in ihre Verfassung geschrieben, denn sie seien die reife Frucht einer geistigen Arbeit von Jahrhunderten, das Ergebniß glorreicher Arbeiten auch unserer Regenten, unserer Könige.

[17]) Aus Witt's, von mir im Reichsfreunde veröffentlichten Aufsatze.

[18]) von Ammon, geheimer Justiz- und Appellationsgerichtsrath in Köln, Abgeordneter von 1859—61, † 1874.

[19]) Witt, an den Hoverbeck den stenographischen Bericht gesendet hatte, schrieb ihm am 2. Juni 1861, daß er die Reden mit großem Vergnügen gelesen habe:

„Ein eigentlicher Schönredner wirst Du nie werden, wie ich glaube, aber Du bist bereits etwas viel Besseres als Einer, der nicht mehr als dies ist, Du verstehst die Kunst, die Cromwell obenan stellte, „to speak things! (Sachen sprechen). Auch Deine zweite Rede über die Kadettenhäuser ist in diesem Styl gehalten, Du scheust Dich nicht, die Dinge beim rechten Namen zu nennen. So unerfreulich Dir nun auch gewiß die Beschlüsse der letzten Tage gewesen sind, so hast Du doch sicher das Bewußtsein, daß Du gethan, was Du konntest, um sie aufzuhalten und das Land über ihre Bedeutung aufzuklären."

[20]) Das allgemeine deutsche Handelsgesetzbuch ist entworfen von einer Kommission von Rechtsgelehrten und Kaufleuten, die auf Grund eines Bundestagsbeschlusses am 15. Januar 1857 in Nürnberg zusammentrat. Unter den Mitgliedern der Kommission befanden sich sowohl Rechtsgelehrte als Kaufleute. Preußen stellte drei Juristen und sechs Kaufleute, unter letzteren den Abgeordneten Heinrich Behrend-Danzig. Die Kommission legte am 14. März 1861 den fertigen Entwurf der Bundesversammlung vor. Diese beschloß, die Bundesregierung aufzufordern, dem Entwurf bald, möglichst unverändert Gesetzeskraft zu verschaffen. Beide Häuser des Landtags in Preußen nahmen das Handelsgesetzbuch an, das nun am 1. März 1862 gültiges preußisches Landesgesetz wurde.

Achtzehntes Kapitel.

Gründung der deutschen Fortschrittspartei und ihr erster Wahlkampf.

Die Frage, wie die Neuwahlen zum Abgeordnetenhause vorzubereiten seien, war die letzten Wochen vor Schluß des Landtages Gegenstand lebhafter Besprechungen der Junglithauer.

Hoverbeck schrieb darüber am 23. Mai 1861 an seinen Freund Mahraun in Allenstein:

„Was Ihre Ansicht betrifft, der Nationalverein müsse namentlich auf die Wahlen Einfluß zu gewinnen suchen, so freue ich mich, daß wir uns auch in dieser Meinung so ganz begegnen. Wir haben hier im engen Kreise (ich nenne Ihnen zunächst Schulze-Delitzsch, Forckenbeck und mich) den Plan besprochen, unsere kleine Fraktion gewissermaßen mit dem Nationalverein zu verbrüdern, wozu der Name „Nationale Partei" gewählt und ein Wahl- und Parteiprogramm im Sinne des Nationalvereins ausgearbeitet werden sollte. Unsere Fraktion wird damit sicher einverstanden sein, leider vorläufig mit Ausnahme von Waldeck. Dieser hat einmal die Idee, ein Abgeordnetenhaus solle zu keinem Verein gehören (was wir übrigens von ihm auch gar nicht verlangen), dann aber auch, der Verein enthalte zu viele gothaische Elemente. Wir bleiben ihm natürlich nicht die Antwort auf diese Einwürfe schuldig, und ich glaube, er wird sich hier so gut der Majorität fügen, wie er es in sehr liebenswürdiger Weise schon öfter gethan hat."

Waldeck hielt zwar den Weg, der im Nationalverein geltend gemacht wurde, für durch und durch berechtigt, aber er war, wie er im Abgeordnetenhause am 2. März ausführte, nicht der Meinung, daß man grundsätzlich sich für den Bundesstaat entscheiden und damit gewissermaßen den Fortbestand unberechtigter kleiner Staaten unterstützen müsse, die nur diplomatische und politische Arrangements seien, die auf dem Wiener Kongreß, und zwar sehr zu unserem Schaden, gemacht worden.[1])

Wir müßten „mindestens in der Diplomatie, Heeresorganisation, in Handel und Gewerbe, Industrie und im Zollwesen zu einer Einigung in ganz Deutschland kommen". Die Führung könne nur der größeste deutsche Staat übernehmen. Die Reichsverfassung habe durch die Erblichkeit der Reichsgewalt schon das Anrecht Preußens anerkannt. Eine Abneigung der andern deutschen Volksstämme, die ja im Centralparlament vertreten sein würden, sei nicht zu fürchten, wenn es nur auf dem richtigen Wege angefangen werde.

„Natürlich ist der einzig richtige Weg der, daß derjenige, der eine so große Leitung übernimmt, ganz und vollkommen auf der Höhe der Zeit steht. Natürlich müssen alle Rechte, die der moderne Staat und der Fortschritt der Zeit erfordern, auch von diesem Staate anerkannt werden. Es wird keine Sympathie für Preußen entstehen, wenn wir es nicht dahin bringen, daß in unseren inneren Verhältnissen kein Deutscher Bruder eines anderen Landes sagen kann: „Das und das ist bei uns besser als in Preußen". „Das ist jetzt das Ei des Kolumbus."

Preußen zu einem deutschen Musterstaat zu machen, war ihm die erste von der preußischen Regierung zu erfüllende Vorbedingung. Die preußische Regierung müsse sodann die Initiative ergreifen, sie anzuregen sei Sache des Abgeordnetenhauses und noch mehr des deutschen Volkes.

Nach Erledigung des Militäretats reisten viele von den ostpreußischen Abgeordneten nach Hause; es waren nur noch Petitionen und andere weniger wichtige Angelegenheiten zu erledigen. Hoverbeck blieb. Er wollte vor Beendigung der Session schon deshalb nicht reisen, weil er, wie er an Witt am 31. Mai schrieb, die einmal als Abgeordneter übernommenen Pflichten seinem persönlichen Wunsche und Interesse nicht aufopfern wollte. Außerdem fesselte ihn aber an Berlin noch der Plan der Gründung der neuen Partei.

Die letzten Tage wurde mit gleichgesinnten Berliner Freunden, nicht bloß Demokraten, über Einsetzung eines Wahlkomitees auf Grund eines Programms verhandelt. Man legte das in die Fraktion Vincke von den Junglithauern eingebrachte Programm zu Grunde. Bei den Berathungen war der Hauptstreitpunkt das allgemeine gleiche Wahlrecht. Für dieses traten u. A. Hoverbeck, Krieger und die Berliner Demokraten entschieden ein. Andere wie Professor Mommsen widersprachen ebenso eifrig.

„Es galt, eine Vereinigung zwischen den Konstitutionellen und Demokraten herzustellen, wie solche im Nationalverein geglückt war. Man beabsichtigte — wie es in dem zur Unterschrift des Programms versendeten Begleitschreiben heißt — „alle unabhängigen und entschiedenen Männer des Landes", welche der Ueberzeugung waren, „daß die Begründung eines verfassungsmäßigen Rechtsstaates in Preußen und die große Aufgabe der Einigung Deutschlands auf wirklich nationaler Grundlage auf dem Wege der bisherigen Majorität des Abgeordnetenhauses nicht zu erreichen sei, zu einer einzigen Fortschrittspartei zu vereinigen." [3])

In Betreff des Wahlrechts einigte man sich schließlich, nichts davon in das Programm zu setzen, aber in dem Begleitschreiben auszusprechen, daß man diese wie manche andere hochwichtige Frage, über die innerhalb einer solchen Partei noch Meinungsverschiedenheiten entstehen konnten, als offene betrachte, zumal eine Lösung durch die nächste Legislatur nicht zu erwarten sei.

Ueber den Namen der neuen Partei ward ein Beschluß erst in der letzten Versammlung gefaßt, die am 6. Juni unter dem Vorsitz des Professors Virchow unter besonderer lebhafter Betheiligung von Schulze-Delitzsch, Hoverbeck und Werner Siemens stattfand. In seinen Lebenserinnerungen[4]) schreibt Werner Siemens darüber:

„Die Mehrheit war geneigt, für den Namen „demokratische Partei“ zu stimmen, während Schulze-Delitzsch sie „Deutsche Partei“ taufen wollte. Ich schlug vor, den Namen „Fortschrittspartei“ zu wählen, da es mir angemessener schien, die Thätigkeitsrichtung als die Gesinnung durch den Parteinamen zu bezeichnen. Es wurde beschlossen, meinen Vorschlag mit dem von Schulze-Delitzsch zu vereinigen und die neue Partei „Deutsche Fortschrittspartei“ zu nennen.[5])

Der das Wahlprogramm enthaltende am 6. Juni angenommene Wahlaufruf zum preußischen Abgeordnetenhause lautet wörtlich folgendermaßen:

„Im November dieses Jahres endigt die Legislaturperiode des gegenwärtigen Abgeordnetenhauses. Noch im Laufe des Jahres wird daher das ganze Volk zu einer Neuwahl seiner Abgeordneten berufen werden. Der drängende Ernst der Zeiten, die unsichere Lage der äußeren Verhältnisse unseres Vaterlandes, die inneren Schwierigkeiten, denen das gegenwärtige Abgeordnetenhaus sich nicht gewachsen zeigte, verpflichten wie noch nie zuvor jeden wahlberechtigten Preußen zu einer eifrigen und furchtlosen Bethätigung seiner politischen Ueberzeugung in Ausübung seines Wahlrechtes. Um dieser Pflicht zu genügen und den Mitbürgern, welche derselben Ueberzeugung mit uns sind, einen festen Mittelpunkt bei den bevorstehenden Wahlen zu geben, sprechen wir schon jetzt die politischen Grundsätze, die uns bei denselben leiten, in nachstehendem Wahlprogramm aus:

Wir sind einig in der Treue für den König und in der festen Ueberzeugung, daß die Verfassung das unlösbare Band ist, welches Fürst und Volk zusammenhält.

Bei den großen und tiefgreifenden Umwälzungen in dem Staatensysteme Europas haben wir nicht minder die klare Einsicht gewonnen, daß die Existenz und die Größe Preußens abhängt von einer festen Einigung Deutschlands, die ohne eine starke Centralgewalt in den Händen Preußens und ohne gemeinsame deutsche Volksvertretung nicht gedacht werden kann.[6])

Für unsere inneren Einrichtungen verlangen wir eine feste liberale Regierung, welche ihre Stärke in der Achtung der verfassungsmäßigen Rechte der Bürger sieht, es versteht, ihren Grundsätzen in allen Schichten der Beamtenwelt unnachsichtlich Geltung zu verschaffen, und uns auf diesem Wege die Achtung der übrigen deutschen Stämme erringt und erhält.

In der Gesetzgebung scheint uns die strenge und konsequente Verwirklichung des verfassungsmäßigen Rechtsstaats eine erste und unbedingte Nothwendigkeit. Wir verlangen daher insbesondere Schutz des Rechtes durch wirklich unabhängige Richter und diesen Schutz für Jedermann gleich zugänglich, demnach Beseitigung des Anklage-Monopols einer abhängigen Staatsanwaltschaft, Aufhebung des Gesetzes vom 8. April 1847 über das Verfahren bei Kompetenz-Konflikten, Aufhebung des Gesetzes vom 15. Februar 1854, betreffend die Konflikte bei gerichtlichen Verfolgungen wegen Amts- und Diensthandlungen, überhaupt wirkliche Verantwortlichkeit der Beamten, endlich Wiederherstellung der Kompetenz der Geschworenen für politische und Preßvergehen.

Wir verlangen dann weiter endlichen Erlaß des in Artikel 61 der Verfassung in Aussicht gestellten Gesetzes über Verantwortlichkeit der Minister.

Nicht minder nothwendig erscheint uns zu Preußens Ehre und zum Ausbau der Verfassung die Herstellung einer auf den Grundsätzen der Gleichberechtigung und der Selbstverwaltung gestützten Gemeinde-, Kreis- und Provinzial-Verfassung unter Aufhebung des ständischen Prinzipes und der gutsherrlichen Polizei.

Die in Artikel 12 der Verfassung gewährleistete Gleichberechtigung aller Religionsgenossenschaften muß mit Nachdruck gewahrt werden.

Die Hebung des Unterrichtswesens in der Volksschule, sowie in den Realschulen und den Gymnasien kann nur durch den endlichen Erlaß des Unterrichts-Gesetzes nach Beseitigung der ministeriellen verfassungswidrigen Regulative und Normal-Vorschriften erfolgen. In diesem Unterrichtsgesetze, sowie bei der dringenden Ehegesetzgebung muß, bei letzterer durch die Annahme der obligatorischen Civilehe, die Trennung des Staates von der Kirche festgehalten und vervollständigt werden.[7])

Die unerwartet großen Lasten, die in der vergangenen Legislatur-Periode dem Lande auferlegt sind, fordern unbedingt, daß die wirthschaftlichen Kräfte des Landes gleichzeitig entfesselt werden, somit, daß eine Revision der Gewerbegesetzgebung, wie sie bereits vom gegenwärtigen Abgeordnetenhause in seinen Resolutionen niedergelegt ist, in's Leben trete.

Für die Ehre und die Machtstellung unseres Vaterlandes, wenn diese Güter durch einen Krieg gewahrt oder erlangt werden müssen, wird uns niemals ein Opfer zu groß sein; im Interesse einer nachhaltigen Kriegführung aber erscheint uns die größte Sparsamkeit für den Militäretat im Frieden geboten. Wir hegen die Ueberzeugung, daß die Aufrechterhaltung der Landwehr, die allgemein einzuführende körperliche Ausbildung der Jugend, die erhöhte Aushebung der waffenfähigen Mannschaft bei zweijähriger Dienstzeit für die vollständige Kriegstüchtigkeit des preußischen Volkes in Waffen Bürgschaft leistet.[8])

Die Erreichung dieser Ziele wird aber, das muß auch dem blödesten Auge nach der Geschichte der drei letzten Jahre unbedingt klar sein, ein frommer Wunsch bleiben, so lange nicht auf verfassungsmäßigem Wege eine durchgreifende Reform des gegenwärtigen Herrenhauses erfolgt ist. Diese muß daher als der Anfang aller Reformen vor Allem mit Energie angestrebt werden.

Wir fordern nun alle Gleichgesinnten auf, Männer zu wählen, die diese Grundsätze, die Grundsätze der **deutschen Fortschrittspartei**, tief im Herzen tragen, Männer, deren Charakter und äußere Lebensstellung dafür bürgt, daß sie diese Grundsätze offen und von Rücksichten jeder Art unbeirrt im Abgeordnetenhause bekennen.

Wir halten es endlich für die Pflicht eines jeden Gleichgesinnten, den seine Mitbürger zum Abgeordneten wählen wollen, mit Hintansetzung allen eigenen Interesses dem Vertrauen seiner Mitbürger durch Annahme des Mandats zu entsprechen.

Im verfassungsmäßigen Staate werden Ziele nur durch ebenso furchtlose als konsequente und zähe Ausübung verfassungsmäßiger Rechte erreicht.

Mögen daher alsbald im ganzen Lande unsere gleichgesinnten Mitbürger, ferner liegende Meinungsunterschiede vergessend, von der verfassungsmäßigen Freiheit des Vereinsrechtes zum Zwecke der Wahlen — § 21 des Gesetzes vom 11. März 1850 — durch Bildung von Lokal-Wahlvereinen oder Komitees Gebrauch machen."

Das Programm erschien in den Berliner Zeitungen vom 9. Juni mit den, nach dem Alphabet geordneten Unterschriften der bei den Berathungen betheiligten Abgeordneten von Junglithauen (Forckenbeck, Hoverbeck, Häbler, Krieger, Lietz, Schulze-Delitzsch, Stephann) und 15 Berlinern, darunter die späteren Abgeordneten Professoren Mommsen und Virchow, Dr. med. Langerhans, Franz Duncker, v. Unruh, der Verlagsbuchhändler J. Guttentag, sowie Redakteure der drei demokratischen Zeitungen, der Vossischen, der Volkszeitung und der Nationalzeitung. Anfang Juli wurden zahlreiche Beitrittserklärungen veröffentlicht, darunter auch die von Hoverbeck's Vater, „Freiherr v. Hoverbeck, Landschaftsdirektor a. D. in Elbing." Die alten Demokraten bekannten meist schon durch ihre Unterschrift den Anschluß an die neue Partei. Die Konstitutionellen, die Gothaer hielten sich fern. Wie Virchow am 15. Juli als Vorsitzender einer Berliner Versammlung der Unterzeichner des Programms und deren politischer Freunde zur Beruhigung der Demokraten anführte, erklärten sich die Gothaer im Allgemeinen mit dem Programm einverstanden, aber unterzeichneten nicht, schon wegen des Tadels der bisherigen Mehrheit; man müsse jedoch „den energischeren Elementen auch ferner die Hand bieten".

Ueber die merkwürdige Wahlbewegung des Jahres 1861 sind in meinem Buche „Deutschlands politische Parteien und das Ministerium Bismarck" 1878, S. 40—54 ziemlich ausführliche Mittheilungen gemacht. Der Wahlkampf richtete sich seitens der Fortschrittspartei in den meisten Kreisen hauptsächlich gegen die konservative Partei, die sich eifrig rüstete, durch die Wahlen die vor drei Jahren verlorene Herrschaft wiederzugewinnen. Beim Schluß der Landtagssession wurde ein konservatives Centralwahlkomité eingesetzt, das sich mit einer zünftlerischen Handwerkerpartei, die sich vor der drohenden Gewerbefreiheit fürchtete, eng verbrüderte. Der deutschen Fortschrittspartei, zu der sich die meisten preußischen Nationalvereinsmitglieder bekannten, kam der für Preußen glänzende Erfolg der Generalversammlung des Nationalvereins zu Heidelberg zu statten, wo die Flottensammlung für den Bau der zum Schutze der Nord- und Ostseeküste dienenden Dampfkanonenboote innerhalb der preußischen Kriegsmarine angeregt und begonnen wurde, ebenso die dort gefaßte Resolution in der Verfassungsfrage:

„Die Generalversammlung erklärt es im Angesicht der gegenwärtigen inneren und äußeren Lage des Vaterlandes für die dringendste Pflicht der Vereinsmitglieder, bei den Wahlen zu den Volksvertretungen der Einzelstaaten darauf hinzuwirken, daß nur Abgeordnete gewählt werden, welche für die Herstellung einer einheitlichen Centralgewalt und eines deutschen Parlaments zu wirken entschlossen sind."

Der Ausschuß wurde von der Generalversammlung wieder gewählt. Er ergänzte sich durch Zuwahl, diesmal durch Aufnahme des Hannoveraners Miquel und von vier Mitbegründern der deutschen Fortschrittspartei: Behrend, Forckenbeck, Hoverbeck und Franz Duncker.

Die altliberalen preußischen Minister und ihre Anhänger kamen in Verlegenheit. Die Fraktion Vincke veröffentlichte einen ausführlichen Rechenschaftsbericht: „Die Legislaturperiode des Hauses der Abgeordneten von 1859 bis 1861". Sie gab sich das Zeugniß, „daß sie ihre Beschlüsse nach reiflicher und gewissenhafter Erwägung niemanden zu Liebe und zu Leide gefaßt habe"; sie rechnete sich als Verdienst an, daß sie den Verstimmungen, den in manchen Augenblicken gewiß gerechtfertigten Verstimmungen, welche die öffentliche Meinung herabdrückten, nicht nachgegeben habe, und sprach die Vermuthung aus, daß die große Mehrheit des Volkes die Aufrechthaltung der Einigkeit der Volksvertretung mit der Regierung billige:

„Nichts destoweniger hat diese, der Staatsregierung gegenüber eingehaltene Politik der konstitutionellen Partei eine Anzahl von Abgeordneten, die bis dahin in allen wesentlichen Punkten mit der liberalen Gesammtpartei übereingestimmt hatten, veranlaßt, aus derselben auszuscheiden und eine „entschieden liberale Partei" zu bilden. Das hauptsächlich von dieser Fraktion ausgegangene Wahlprogramm liefert den Beweis, daß die von ihr aufgestellten Forderungen im Wesentlichen keine andern sind, als diejenigen, welche die konstitutionelle Partei, seitdem sie im Vereinigten Landtag sich zuerst parlamentarisch zusammengefunden hatte, unter aller Ungunst der Verhältnisse aufrecht erhalten hat und niemals aufgeben kann, ohne sich selbst untreu zu werden."

Der König wollte sich nach alter Ueberlieferung, wie seine Vorfahren auf dem preußischen Königsthron, erst in Preußen, dann in Brandenburg von den Ständen huldigen lassen. Mit Recht sahen die liberalen Minister eine Erbhuldigung der nicht mehr zu Recht bestehenden Stände als verfassungswidrig an. Es kam darüber zu einer Ministerkrisis. Roon, der von seinem Amtsantritt an rastlos bemüht war, hinter dem Rücken seiner Kollegen mündlich und durch „freimüthige Briefe", den König in seinen mittelalterlichen Anschauungen von den Pflichten des Königs von Gottes Gnaden zu bestärken, und allmählich von der Nothwendigkeit des Verfassungsbruches zu überzeugen,[9]) hoffte bereits die Entlassung der liberalen Minister durchzusetzen, und machte Vorschläge zum Ersatz derselben.[10]) Er rechnete auch schon auf seinen Freund Bismarck. Dem war es, wie er schrieb, zwar nicht zweifelhaft, daß der König durch sein Verlangen, Huldigung in herkömmlicher Form zu fordern, in keinen Widerstreit mit der Verfassung trete, aber er wendete mit Recht ein, daß die „gut königliche Masse der Wähler" den Streit über die Huldigung nicht verstehen werde. Die Wahlen aber würden schlecht ausfallen. Nur „rechtzeitige Auflösung nach handgreiflichen Ausschreitungen der Majorität" erklärte er für „ein heilsames, vielleicht das richtigste Mittel, um einen gesunden Blutumlauf herzustellen".

Inzwischen wurde der Erbhuldigungsstreit durch ein Kompromiß beseitigt. Am 3. Juli[11]) erließ der König mit Gegenzeichnung sämmtlicher Minister eine feierliche Proklamation, deren Anfang lautet:

„Nach Gottes Rathschlusse haben Wir den Königlichen Thron Preußens bestiegen und Unseren Willen feierlich kund gegeben, nach der Verfassung und den Gesetzen des Königreichs die Uns durch die göttliche Gnade anvertraute Regierung zu führen. Unsere Vorfahren in der Krone haben Uns das ehrwürdige Herkommen überliefert, daß den Königen Preußens beim Regierungsantritt von dem Lande die Erbhuldigung geleistet wurde Wir halten dieses Herkommen als ein unverbrüchliches Anrecht Unserer Krone und wollen es ebenso Unseren Nachfolgern in der Regierung gewahrt wissen. . . ."

In Betracht der Veränderungen, die in der Verfassung eingetreten seien, habe er beschlossen anstatt der Erbhuldigung die feierliche Krönung zu erneuern, durch die von König Friedrich I., die erbliche Königswürde begründet sei. Die Feier der Krönung, in Gegenwart der Mitglieder beider Häuser des Landtages und der aus allen Provinzen zu entbietenden Zeugen, sollte „von dem geheiligten und dem in allen Zeiten unvergänglichen Rechte der Krone von Gottes Gnaden" Zeugniß ablegen und von neuem das durch eine glorreiche Geschichte geknüpfte Band zwischen dem Königshause und dem Volke Preußen befestigen.

Durch einen Erlaß des Königs an das Staatsministerium vom 23. September wurde der Beschluß mitgetheilt, das Hoflager am 14. Oktober nach Königsberg zu verlegen und die feierliche Krönung in der Schloßkirche am 18. zu vollziehen. Am 28. Oktober sollte dann der feierliche Einzug in Berlin folgen. Durch ein Reskript des Ministers Grafen Schwerin wurden die Abgeordneten unter Zusicherung von Reisekosten und Diäten auf acht Tage nach Königsberg eingeladen.

Die preußischen „Junglithauer" baten ihre Fraktionsgenossen zu einem letzten Beisammensein nach Königsberg zu kommen. Waldeck lehnte aus Gesundheitsrücksichten ab; er hatte, wie er in einem Briefe an Krieger-Goldap am 16. Oktober schrieb, sich schon vor längerer Zeit entschuldigt. Nachdem die Huldigung weggefallen sei, stünden keine politische Bedenken der Anwesenheit in Königsberg entgegen, die Feier habe keinen politischen Charakter.

Die Krönung fand programmmäßig statt. Mit großem Gefolge, wenn auch nicht mit 3000 Pferden wie König Friedrich I., war der König feierlich in Königsberg eingezogen. In einer Ansprache an beide Häuser des Landtages erklärte er, die Herrscher Preußens empfingen ihre Krone von Gott, deshalb würde er die Krone vom Tisch des Herrn nehmen und auf sein Haupt setzen, das sei die Bedeutung des Königthums von Gottes Gnaden und darin liege die Heiligkeit der unantastbaren Krone.

Bei der Krönung selbst hielt die Rede des Königs denselben Gedankengang fest. Er sprach von der Krone, die von Gott komme, und die er in Demut aus seinen Händen empfangen habe, von dem mit zeitgemäßen Einrichtungen umgebenen Throne, den er als erster König besteige, von dem seinem Volke im Vertrauen auf dessen Treue erlassenen althergebrachten Erbhuldigungs- und Unterthaneneide. Er schloß damit, vor äußeren Gefahren werde sein tapferes Heer das teure Vaterland schützen:

„Vor inneren Gefahren wird Preußen bewahrt bleiben; denn der Thron seiner Könige steht fest in seiner Macht und in seinen Rechten, und wenn die Einheit zwischen König und Volk, die Preußen groß gemacht hat, bestehen bleibt, so werden wir auf dem Wege beschworener Rechte den Gefahren einer bewegten Zeit und allen drohenden Stürmen widerstehen können. Das walte Gott!"

Von der preußischen Verfassung, den Rechten des Volkes und seiner Vertretung war in den Reden des Königs nichts enthalten. Auch Deutschland wurde nicht erwähnt. Die altliberalen Abgeordneten klagten darüber, sowie über Zurücksetzung hinter den Abgesandten der Provinzialstände. Man tröstete sich damit, daß das Prädikat „von Gottes Gnaden", das die deutschen Fürsten nach Einführung der modernen Verfassungen beibehalten hatten, nichts besage, daß die Reden der beiden Präsidenten der Häuser des Landtages nichts von übersinnlichen Ueberschwenglichkeiten enthielten und daß der König ja auf dem Wege des beschworenen Rechtes wandeln zu wollen erkläre.

Inzwischen hatte sich unter dem Vorsitz v. Unruh's ein Centralwahlkomité der deutschen Fortschrittspartei konstituirt. Zu ihm gehörten dem Namen nach auch noch eine Reihe bekannter einflußreicher Männer aus der Provinz, darunter Hoverbeck. Die Geschäftsführung hatten die Berliner Mitglieder, neben Unruh namentlich Virchow, Mommsen, Langerhans, Guttentag,[12]) und der durch sein Duell mit dem General Manteuffel schnell berühmt gewordene Stadtrichter Karl Twesten.[13]) Das Wahlbureau leitete Dr. Tempeltey, der spätere Kabinetsrath des Herzog von Koburg. Hoverbeck beantwortete von Nickelsdorf aus die an ihn von Parteigenossen gerichteten Briefe. Zu einer wirklichen agitatorischen Thätigkeit konnte er sich damals, wie früher und später nicht entschließen. In dem neu gebildeten Wahlkreise Allenstein-Rössel lehnte er jede Kandidatur ab. Er überließ seinen politischen Freunden ihn zur Wiederwahl in anderen ostpreußischen Kreisen aufzustellen.

Die deutsche Fortschrittspartei war die erste politische Partei in Preußen und Deutschland, welche die Einigung Deutschlands als erste und wichtigste Forderung auf ihre Fahnen schrieb. Sie fand in allen Provinzen und in allen Klassen des Volkes schnell lebhafte Zustimmung zu ihren Forderungen: Deutsche Centralgewalt in den Händen Preußens, deutsches Parlament, Verwirklichung des verfassungsmäßigen Rechtsstaates in Preußen. Die jüngere Generation der Gebildeten, namentlich unter den Aerzten, Rechtsanwälten und Richtern, unter den Künstlern und Gelehrten und unter den Kaufleuten und Fabrikanten, bekannte sich fast durchweg — wenn nicht zur Fortschrittspartei selbst, so doch zu deren Grundsätzen. In den protestantischen Theilen Ost- und Westpreußens schlossen sich fast alle bürgerlichen Rittergutsbesitzer und auch ein Theil des Adels der deutschen Fortschrittspartei an.

Mit der deutschen Gesinnung der andern politischen Parteien in Preußen sah es damals kläglich aus. Die Klerikalen wollten von einem Ausscheiden des katholischen Oesterreichs und von einer Hegemonie Preußens in Deutschland nichts wissen. Die wichtigste Partei, die Kreuzzeitungs- oder Junkerpartei, die Partei des beim Antritt der Regentschaft nach zehnjähriger Mißregierung entlassenen Ministeriums, war zwar von der in ihren Kreisen üblich gewesenen Mißachtung Deutschlands und Lobpreisung Rußlands[14]) etwas zurückgekommen, aber hatte sich verrannt, in allen ererbten Thronen Europas göttliche Einrichtungen zu sehen. Sie wollte deshalb nicht blos den Thron des Königs von Gottes Gnaden in Preußen, sondern auch alle deutschen Fürstenthrone konserviren. Der erste Hauptpunkt des bei der Gründung des preußischen Volksvereins als Anti-Nationalvereins Ende September einstimmig angenommenen Programms lautete:

„Einigkeit unseres deutschen Vaterlandes, doch nicht auf den Wegen des „Königreichs Italiens" durch Blut und Brand, sondern in der Einigung seiner Fürsten und Völker und in Festhaltung an Obrigkeit und Recht. Keine Verleugnung unseres Preußischen Vaterlandes und seiner ruhmreichen Geschichte; kein Untergehen in dem Schmutz einer deutschen Republik; kein Kronenraub und Nationalitäten-Schwindel."

Der Vorsitzende jener Versammlung war der Herrenhauspräsident Graf Eberhard zu Stolberg-Wernigerode, derselbe, der die Sammlung für den prachtvollen, feierlich überreichten silbernen Ehrenschild für den weggejagten König Franz II. als tapferem Vertheidiger des legitimen Königthums eingeleitet hatte. Er eröffnete im Namen der heiligen Dreieinigkeit die Versammlung, die durch den Choral „Nun danket alle Gott" geschlossen wurde. Zu den Unternehmern der Versammlung gehörten außerdem der Chefredakteur der Kreuzzeitung Wagener und andere Parteiführer, wie Kleist-Retzow, v. Blankenburg. Das Programm des Junkerthums in der deutschen Frage hatte ihr Führer Wagener schon im Abgeordnetenhause am 2. März ausführlich dargelegt. Ein deutscher Bundesstaat mit preußischer Spitze sei schädlich für die wahren Interessen Deutschlands; nur eine Einigung und Einheit mit den Fürsten und durch die Fürsten dürfe erstrebt werden; das vielhundertjährige Oesterreichische Kaiserthum wurzele tief im deutschen Volke; der Bundestag sei durch einen deutschen Fürstentag zu ersetzen. Die Kreuzzeitungspartei rechnete darauf, den König durch seine militairische Umgebung (Generäle Manteuffel, Roon u. s. w.) für sich zu gewinnen. Der König hatte damals noch eine starke Abneigung gegen die Kreuzzeitung und ihre Partei, aber einen wahren Abscheu gegen die Demokraten, die er den Aufständischen für die deutsche Reichsverfassung von 1849 gleichstellte. Ihm, dem König, lag vor allem daran, daß Preußen zu Macht und Einfluß in Deutschland komme, und daß er den Oberbefehl über die Bundeskontingente, wenigstens Norddeutschlands, erhalte. Aber er dachte nicht daran, den deutschen Fürsten ihre Rechte zu schmälern und Oesterreich aus Deutschland zu vertreiben.

Die deutsche Einheit interessirte ihn nicht. Aus Kaiser Friedrichs Tagebuch weiß man, daß er sich lange weigerte, Kaiser zu werden und „wie schwer es ihm wurde, von dem alten Preußen Abschied nehmen zu müssen". Noch am 17. Januar 1871 erklärte er: „Mein Sohn ist mit ganzer Seele bei dem neuen Stand der Dinge, während ich mir nicht ein Haarbreit daraus mache, und nur zu Preußen halte."

Auch Bismarck ahnte damals noch nichts von dem großen Verdienst, das er sich um die Herbeiführung der Einheit Deutschlands erwerben werde. Er war, als der streitbarste Genosse der Kreuzzeitungspartei wegen seiner Lobrede auf die Schmach von Olmütz für die Unterwerfung Preußens unter Oesterreich, Bundestagsabgesandter in Frankfurt geworden. Als er hinkam, war er, wie er dem General v. Gerlach 1856 schrieb, „ziemlich gut österreichisch." Von seiner Vorliebe für Oesterreich wurde er dort vollständig bekehrt; aber er blieb im allerengsten Zusammenhang mit der Hofkamarilla. Sein Briefwechsel mit Gerlach, dessen diplomatischen Säugling er sich nannte, zeigt, daß „seine Seele erfüllt war von dem Berufe, Preußen zu Macht und Blüthe zu erheben,"[15]) aber daß er an Deutschlands Einheit und Freiheit noch kein Interesse nahm. 1859 war er in dem Kriege zwischen Oesterreich und Frankreich für preußische Neutralität, garantirt von Rußland und Frankreich.[16]) 1861 jedoch sprach er sich in einem erst später veröffentlichten Briefe über jenen Satz des Programms seiner politischen Parteigenossen mit größter Schärfe aus. Er nannte es eine Donquixoterie, den ganz unhistorischen, gott- und rechtlosen Souveränitätsschwindel der deutschen Fürsten zum Schoßkind der konservativen Partei Preußens zu machen. Wir brauchten, erklärte er, eine straffere Konsolidation der deutschen Wehrkraft, eine neue und bildsame Einrichtung auf dem Gebiet des Zollwesens, und eine Anzahl gemeinsamer Institutionen. Dem Gedanken einer deutschen Centralgewalt in den Händen Preußens und eines deutschen Parlaments, wie dies die Fortschrittspartei forderte, hatte er sich bereits insofern genähert, als er nicht einsehen konnte, „warum wir vor der Idee einer Volksvertretung, sei es am Bunde, sei es in einem Zoll- und Vereinsparlament, so zimperlich zurückschrecken."

Die Wahlbewegung wurde nach der feudalen Versammlung zur Gründung des Preußischen Volksvereins lebhafter, auch die Regierung nahm durch ihr von dem späteren Reichstags- und

Landtagsabgeordneten Wehrenpfennig[17]) geleitetes Preßbureau bald lebhaft daran theil. Ein Rundschreiben des Ministers Grafen Schwerin warnte vor den „extremen, sowohl reaktionären, als demokratischen Richtungen.[18])

Auf das Volk machte dies keinen Eindruck. Das Ergebniß der Wahl übertraf die kühnsten Hoffnungen der fortschrittlichen Führer. Die konservative Partei behauptete nur wenige Sitze. Kaum ein Dutzend konservativer Staatsanwälte, Landräthe und Rittergutsbesitzer wurden gewählt, mehrere von ihnen, nachdem sie sich durch den Minister Grafen Schwerin hatten bescheinigen lassen, daß er gegen ihre Wahl nichts einzuwenden habe.

Die parlamentarischen Führer der Konservativen Wagener[19]) und v. Blankenburg waren durchgefallen. Auch die meisten Gothaer von dem rechten Flügel der Fraktion Vincke wurden nicht wieder gewählt. Vincke selbst hatte wegen einer Vormundschaft die Wahl abgelehnt. Von den Ministern waren Roon und Bethmann-Hollweg durchgefallen.

Dagegen wurden von Fortschrittsmännern dreimal gewählt Waldeck, Virchow, Hoverbeck und sein Schwager Dr. Bender, zweimal Schulze-Delitzsch, Forckenbeck, Taddel,[20]) Twesten, Franz Duncker, Otto Michaelis, Kerst.[21]) Von den Gewählten bekannten sich über 100 öffentlich zur deutschen Fortschrittspartei, und mindestens ebenso viele zu den Grundsätzen ihres Programms.

Hoverbeck wurde in drei ostpreußischen Wahlkreisen mit großer Mehrheit gewählt, in Tilsit-Niederung mit 299 gegen 40, in Sensburg-Ortelsburg mit 224 gegen 28 Stimmen, in Osterode-Neidenburg. Er nahm die Wahl in dem letztgenannten Wahlkreise an.

Aus dem Fraktiönchen Junglithauen war die stärkste Fraktion des Abgeordnetenhauses geworden. Bald mußte es sich zeigen, ob das Volk der Aufforderung des Centralwahlkomitees der deutschen Fortschrittspartei Folge geleistet und Männer gewählt habe, „von Charakter und Gesinnung, unabhängig von Rücksichten jeglicher Art," — Männer, die den Standpunkt der deutschen Fortschrittspartei rückhaltlos vertreten und von den verfassungsmäßigen Rechten einen entschiedenen Gebrauch machen — zum Heil des deutschen Vaterlandes!

Anmerkungen zum achtzehnten Kapitel.

1) Waldeck hatte schon in der Rede vom 2. März 1861 von den „zum Theil ganz unnöthiger Weise wiederhergestellten Souveränen" gesprochen und darunter den Kurfürsten von Hessen genannt. Hessen sei gegen des Freiherrn von Stein's Ansicht wiederhergestellt.

2) Ein zwingendes Bedürfniß für Herstellung der Einheit Deutschlands fand Waldeck in der gänzlichen Verschiedenheit der deutschen Länder untereinander, nicht nur in Ansehung des gemeinen öffentlichen Rechts, sondern auch in Ansehung der Niederlassungsfähigkeit, der Freizügigkeit, des Handels, der Gewerbe. Das seien die praktisch brennendsten Fragen, von denen der Wohlstand der ganzen Nation abhängig sei. Diese Rede, in der er seinen ganzen politischen Standpunkt entwickelt, hielt Waldeck in der Sitzung vom 2. März 1861 bei der Verhandlung über Petitionen des Direktors Amelung und Genossen in Stettin und des Doktor Heine und Genossen in Bitterfeld. In den Petitionen war unter andern verlangt, der Regierung dringend zu empfehlen, bald direkte geeignete Schritte zur Uebertragung der deutschen Centralgewalt an die Krone Preußens und zur Berufung des deutschen Parlaments zu thun. In der Verhandlung entwickelten außer Waldeck auch hervorragende Redner anderer Parteien ihren Standpunkt zur deutschen Frage. Namentlich Wagener, Blankenburg und Freiherr v. Zedlitz-Neukirch von den Konservativen, Beseler und Vincke-Hagen von den altliberalen Gegnern, Veit und v. Sänger von den altliberalen Mitgliedern des Nationalvereins, Reichensperger von den Ultramontanen, Aßmann (später stille Fortschrittspartei), von den entschieden Liberalen. Von den Ministern sprach nur Graf Schwerin, der unter großem Beifall der Konservativen die Einigkeit der deutschen Regierungen höher stellte als eine erzwungene Einheit und als ihr hauptsächlichstes Fundament das stete, treue und friedfertige Zusammengehen der beiden großen Staaten bezeichnete.

3) Aus meiner Schrift „Die deutsche Fortschrittspartei von 1861—1878" (1879).

4) Lebenserinnerungen von Werner v. Siemens (1892 S. 188).

5) Waldeck hat an der Versammlung vom 6. Juni, in der die deutsche Fortschrittspartei gegründet wurde, nicht theilgenommen. H. B. Oppenheim sagt in seinem Buche über Waldeck, Berlin 1873, das Beiwort „deutsch" in dem Namen der Partei habe Waldeck's Widerspruch erregt, der sich „dabei nichts denken konnte", Waldeck trat aber im neugewählten Abgeordnetenhaus 1862 sofort ohne irgend eine Verwahrung der Fraktion der deutschen Fortschrittspartei bei. Während der schweren Kämpfe der Konfliktszeit hat er bei Meinungsverschiedenheiten in der Fraktion, bei denen er seinen demokratischen Standpunkt betonte, mehrmals erwähnt, daß er das Programm der deutschen Fortschrittspartei niemals unterzeichnet habe, wenngleich er kein Bedenken gehegt, der Fraktion beizutreten.

6) Die ersten beiden Absätze des Programms stimmen fast wörtlich mit dem Programmentwurf vom 13. Januar 1861. (Siehe Parisius, Deutschlands politische Parteien S. 33).

7) Dieser Absatz ist ebenfalls dem Programm vom 13. Januar entlehnt und beruht auf einem Antrage von Krieger-Goldap. (Siehe a. a. O.)

8) Wörtlich aus dem Programm vom 13. Januar.

9) Die Briefe Roons vom 1. März, vom April und vom 10. November 1861 (S. 38—49 und S. 51—54, 2. Auflage der Denkwürdigkeiten) beweisen, mit welchem großen Geschick Roon den König im Interesse einer künftigen Beseitigung der Verfassung bearbeitete. Anfänglich freilich hoffte er in der That, man könne durch „eine ehrliche, offene und muthige Anwendung der verfassungsmäßigen Mittel" zum Ziele gelangen. In seinen Briefen an seinen Freund Perthes in Bonn suchte er unter Berufung auf Gott den HErrn sein Benehmen als „nicht falsch" und „nicht fanatisch" zu rechtfertigen. (Siehe z. B. S. 24 a. a. O.). — Aus den Briefen an den König

sind beim Abdruck öfters Stellen fortgelassen, in denen ohne Zweifel Verdächtigungen des Patriotismus und der monarchischen Gesinnung der liberalen Abgeordneten enthalten waren.

10) Von dem Ränkespiel, das der tapfere Soldat und „treue Diener" seines geliebten Königs, den er am Rande des Abgrundes erblickte, mündlich und durch Briefe „in tiefster Unterthänigkeit" trieb, hatten nicht einmal seine Kollegen, die liberalen Minister, auf deren Sturz er hinarbeitete, eine Ahnung, geschweige denn die liberalen Abgeordneten. Der König versicherte ihm für seinen „Freimuth seinen aufrichtigsten Dank für ewige Zeiten."

11) Der König war damals in einer so trüben Stimmung, daß er in der Nacht nach dem Duell (27. Mai) an Roon über die Nothwendigkeit das kriegsrechtliche Verfahren gegen Manteuffel eintreten zu lassen voller Verzweiflung schrieb. Der Brief (Denkwürdigkeiten Roons u. s. w., Band 2, S. 21) schließt:

„In diesem Moment Manteuffel's Dienste zu entbehren, der Triumph der Demokratie ihn aus meiner Nähe gejagt zu haben, das Aufsehen, was dies Ereigniß in meiner allernächsten Umgebung machen muß, das sind Dinge, die mir fast die Sinne rauben können, weil es meiner Regierung einen neuen unglückseligen Stempel aufdrückt!! Wo will der Himmel mit mir hin!"

Twesten wurde zu drei Monat Strafe verurtheilt. Vor Gericht erklärte er, er halte das Duell für ein mittelalterliches Vorurtheil, habe es aber nicht ablehnen können, um nicht von politischen Gegnern der Feigheit verdächtigt zu werden.

12) Theodor Mommsen, Professor; geb. 1817, Abg. von 1863—66 Fortschr., dann von 1873—79 Nationalliberal, Reichstagsabg. von 1881—84, Sezessionist. — Dr. med. Paul Langerhans, zur Zeit Stadtverordnetenvorsteher zu Berlin, Reichstags- und Landtagsabg., geb. 1820, Abg. von 1862—66 und von 1877 bis jetzt, Reichstagsabg. seit 1881, Fortschr. Freis. Volkspartei. — Guttentag, Imanuel, Begründer der Verlagsfirma seit 1853, † Februar 1862.

13) Karl Twesten (oben Anmerk. 11), geb. 1820, † 1870, war von 1862—70 Abg., seit 1866 nationalliberal, — Reichstagsabg. von 1867—70.

14) Die Begeisterung für Rußland hatte Friedrich Wilhelm IV. gefördert. Am 21. Mai 1852 brachte er bei einem Festessen zu Ehren der Anwesenheit des Kaisers Nikolaus von Rußland im weißen Saale folgenden Trinkspruch aus:

„In Meinem und Meines Heeres Namen, und im Namen aller treuen Preußenherzen bringe Ich die Gesundheit aus Sr. Kaiserlichen Majestät von Rußland. Gott erhalte Ihn dem Welttheile, den Gott Ihm zum Erbtheile gegeben, und dieser Zeit, der Er unentbehrlich ist." (Siehe: Reden Friedrich Wilhelms IV. herausgegeben von J. Killisch.)

Als Kaiser Nikolaus im März 1854 starb, erschien die Kreuzzeitung mit einem Trauerrande. In Berlin trieben, wie Bernhardi nach den Erzählungen seiner Freunde bezeugt, Gardeoffiziere und Aristokratie einen wahren Kaiserkultus, Herren und Damen trugen Trauermedaillen an schwarzem Bande mit dem Bildniß des Kaisers.

15) Sybel, die Begründung des deutschen Reiches durch Wilhelm I., Band 2, Seite 147.

16) Denkwürdigkeiten des General Gerlach, Band II, S. 704.

17) Dr. Wehrenpfennig, Wilhelm, geb. 1829 Oberlehrer von 1859 bis 62. Direktor des litterarischen Bureaus, dann z. D., nationallib. Abg. 1868—79, Reichstagsabg. 1869—81, seit 1878 Geh. Oberregierungsrath im Unterrichtsministerium.

18) Siehe Parisius, Deutschlands politische Parteien u. s. w., S. 49.

19) Wagener, Hermann, geb. 1815, Gründer der Kreuzzeitung und Chefredakteur bis 1854, Landtagsabg. 1853—61 und 1863—70, Reichstagsabg. 1867—72, nach einander Rechtsanwalt, Justizrath, Geh. Regierungsrath, Geh. Oberregierungsrath, dann z. D., † 1889.

[20]) Ueber den „alten Taddel“ habe ich nach seinem im November 1886 erfolgten Tode einen längeren Aufsatz „ein altpreußischer Richter“ in Nr. 48—50, Jahrgang 1868 des von mir herausgegebenen Reichsfreundes veröffentlicht: Gustav Ferdinand Taddel ist 1786 geb., 1813 wurde ihm als Offizier des Blücher'schen Husarenregiments in der Schlacht von Dennewitz beim Angriff auf ein Quarré ein Pferd unter dem Leibe erschossen, 1815 Kreisjustizrath, 1832 Kammergerichtsrath, November 1849 Präsident des Schwurgerichts im Prozeß Waldeck (S. 192), Abg. von 1858 bis Herbst 1866, 1861 nahm er nach 54jähriger Dienstzeit den Abschied. Ueber seine politische Thätigkeit und seine Beziehungen zu Hoverbeck, der an seinem Grabe sprach, im zweiten Theil des Buches.

[21]) Duncker, Franz, Besitzer der Volkszeitung, geb. 1822, † 1888, Mitbegründer der Fortschrittspartei, Abgeordneter von 1862—77, Mitglied aller Reichstage von 1867—77. — Dr. Otto Michaelis, geb. 1826, volkswirthschaftlicher Redakteur der Nationalzeitung, Abg. von 1862—67, Mitglied des konstituir. und des norddeutschen Reichstages bis Ende 1867, wo er vortragender Rath im Bundeskanzleramt wurde, später wirklicher Geh. Oberregierungsrath, Direktor im Reichskanzleramt. Nach Dellbrücks Amtsniederlegung Präsident der Verwaltung des Reichsinvalidenfonds, † 1890. — Kerst, Gottfried, geb. 1804, von 1825—32 Offizier in Brasilien, 1833 Oberlehrer, dann Direktor der Realschule zu Meseritz bis 1849, 1848 Frankfurter Parlament, beim Marineministerium Dirigent der Marineabtheilung, dann bis 1856 in der Marineabtheilung des preußischen Kriegsministeriums (thätig für Erwerbung des Kriegshafens im Jadebusen), als Geh. Regierungsrath z. D., fortschr. Abg. 1862—66 und 1871—75, † 1875.

Personenverzeichniß.

(Abg. heißt Mitgl. des preuß. Abg., RAbg. = Reichstagsabg., RLAbg. = Reichstags- und Landtagsabg. Auf der fettgedruckten Seite ist Biographisches zu finden).

Druck von A. W. Hayn's Erben, Potsdam.

FSC
www.fsc.org
MIX
Papier | Fördert
gute Waldnutzung
FSC® C083411

Kolibri 360 GmbH
Ferdinand-Jühlke-Straße 7
99095 Erfurt, Deutschland
produktsicherheit@kolibri360.de